江西省“十四五”普通高等教育本科省级规划教材
中国大学MOOC（慕课）精品在线开放课程配套教材
江西省线上一流课程配套教材
江西省线上线下混合式一流课程配套教材

新编21世纪金融学系列教材

公司金融

第二版

潜力 胡军 王青 主编
赖少杰 高祥 副主编

Corporate Finance

中国人民大学出版社
·北京·

内容简介

本书以企业投融资决策分析为主体，系统地阐述了现代公司的投融资决策理论和方法，并融合大量中国现代金融经济制度和现实案例，详细地展现了中国特色社会主义现代金融制度下公司的投融资决策实践与应用。本书力求突出以下几个特点：

●思想引领贯穿全书。深入推进习近平新时代中国特色社会主义思想进课堂，以专业知识本身蕴含的人生哲理为依托，以中国特色社会主义金融经济制度艰难探索、有益实践和辉煌成绩为实例，通过讲好“中国金融故事”，让公司金融专业知识有温度，让思政感悟有依托，学生在能力提升的同时，能感受到思政哲理的润物无声。

●案例分析贯穿全书。在内容编排上，本书改变了知识点堆砌的逻辑，针对重要课程内容，全书构建、引用了大量模拟案例和真实案例，有利于实现学以致用。

●中国实践解构知识。在内容选取上，本书改变了以理论阐述为主的知识传授方式，以中国公司实践讲授理论应用，用一个章节解构一个小知识体系，传授一种实践应用能力。

●课外拓展提升能力。在课外训练和拓展上，围绕课程主线，提供多样化的素材，让学生依托有序的拓展训练，通过学习学科交叉融合的素材、检索和使用数据库、操作和运用数据分析软件等来完成对自身知识体系的建构，实现综合能力的提升。

本书既可作为高等院校金融学、财务管理等专业本科生和硕士研究生以及MBA学生的专业教材，也可供经济类专业研究生及对公司金融有兴趣的学者和从业人员学习参考。

作者简介

潜　力　江西财经大学金融学院教授，博士生导师，主要从事公司金融、资产定价及金融大数据分析等方面的研究。他在国内权威期刊《经济研究》、《世界经济》及其他SSCI、CSSCI期刊上发表论文30余篇。主持国家自然科学基金项目2个、主持省部级项目10余个。获评江西省社会科学优秀成果奖二等奖、三等奖各1项，以及江西省教育科学优秀成果奖三等奖1项。主讲的“公司金融”获评江西省省级线上一流课程和线上线下混合式一流课程。

胡　军　江西财经大学金融学院副教授，硕士生导师，中国注册会计师（CPA），主要从事公司金融方面的研究和教学。第三届全国高校教师教学创新大赛省赛特等奖、国赛三等奖获得者，新时代赣鄱先锋（重点宣传对象），全国金融实验教学十佳教师、全国金融院校百名优秀教师、江西省“赣鄱英才计划”入选者，江西省高校骨干教师。主持立项并结项国家自然科学基金项目、教育部人文社会科学项目、江西省社会科学项目各1个。以第一作者/通讯作者身份在《经济研究》《金融研究》等期刊上发表多篇论文，获全国金融/保险专硕教指委优秀案例8篇。

王　青　江西财经大学金融学院讲师，硕士生导师，主要从事公司金融、私募与风险投资等方面的研究。近年以第一作者/通讯作者身份在*Journal of Corporate Finance*、*Journal of Banking & Finance*、*China Economic Review*和*Pacific-Basin Finance Journal*等权威期刊上发表多篇论文。此外，曾在新西兰恒天然集团担任三年国际贸易系统分析师。

前言

公司金融又可称为公司理财，是金融学的一个重要组成部分和金融专业学生的必修课程之一。它主要研究公司制企业财务相关决策，包括公司如何分配现有资源，公司如何获得投资所需的资金，以及公司如何分配利润。公司资源的分配问题也即公司的投资决策问题，公司必须决定如何将有限的资源优化配置到可选的投资项目上去，以使公司的投资收益最大化。公司的投资资金既可以来源于股东的出资，也可以从外部筹措，公司需要进行融资决策，以期实现最低的资本成本。公司所获得的利润也需要在公司的投资者即股东与债权人之间合理分配，以满足他们的需求。公司的投融资与分配决策综合反映了公司价值最大化目标。习近平在党的二十大报告中指出要健全资本市场功能，提高直接融资比重。我国应进一步优化融资结构，增强金融服务实体经济的能力，助力经济高质量发展。因此，本书以企业投融资决策分析为主体，系统地阐述了现代公司的投融资决策理论和方法，并融合大量中国现代金融经济制度和现实案例，详细地展现了中国特色现代金融体系下公司的投融资决策实践与应用。

本书共分为 6 篇 20 章。第 1 篇是概论篇（第 1 章至第 3 章），主要介绍公司金融相关概念和财务报表分析；第 2 篇是投资决策篇（第 4 章至第 6 章），主要介绍货币的时间价值和各种投资决策方法，以及这些方法的应用范围和在应用中存在的一些问题；第 3 篇是金融资产估值篇（第 7 章至第 9 章），主要介绍收益和风险以及常见金融资产债券与股票的估值；第 4 篇是资本结构与股利政策篇（第 10 章至第 14 章），主要介绍公司融资的资本成本以及公司的资本结构问题，讨论 MM 理论的不同情形和其他一些经典的资本结构理论，进而研究公司如何确定最优的资本结构，讨论杠杆企业估值与资本预算，介绍不同的股利类型以及股利政策向投资者传递的信号；第 5 篇是短期财务与计划篇（第 15 章至第 18 章），主要介绍公司短期资产的管理，包括营运资本管理、现金管理、应收账款管理以及存货管理；第 6 篇是公司金融专题篇（第 19 章和第 20 章），主要介绍公司的并购与重组以及行为公司金融的相关知识。

较上一版，本版主要有以下几点创新和改进：

（1）强化课程思政。一是在学习目标中明确课程的思政教育目标；二是在章节案例中融入社会主义核心价值观、社会责任等内容，培养学生的正确价值观和社会责任感；三是在每章末新增“思政课堂”专栏，强化价值导向，深化理论认识。

（2）增加前沿内容。为响应习近平总书记在党的二十大报告中指出的促进数字经济和实体经济深度融合的发展要求以及中央金融工作会议提出的加快建设金融强国的宏伟目标，本书在第1章和第8章新增了数字金融与公司治理，环境、社会和治理（ESG），金融科技，绿色金融等内容，并在书中丰富了供应链金融相关内容。

（3）案例更新。在“章前引例”和“中国公司金融实践”部分，将案例更新成最新、最热门、最具有代表性的中国资本市场真实案例，同时在每一篇后新增综合案例，帮助学生学以致用，培养综合分析能力。

在编写过程中，本书力求突出以下几个特点：

（1）思想引领贯穿全书。在课程思政上，深入推进习近平新时代中国特色社会主义思想和党的二十大精神进课堂，以专业知识本身蕴含的人生哲理为依托，以中国特色社会主义金融艰难探索、有益实践和辉煌成绩为实例，通过引用最新中国资本市场案例，讲好中国金融故事，让公司金融专业知识有温度，让思政感悟有依托，使学生在提升能力的同时感受到思政哲理的润物无声。

（2）在内容的编排上，本书改变了以理论阐述为主的知识传授逻辑，针对重要课程内容，构建了大量模拟案例和引用了中国具有代表性的真实案例。案例分析贯穿全书，每章设置章前和章后案例，用一个章节解构一个小知识体系，培养实践应用能力。同时，针对每一篇新增综合案例，增强学生综合运用知识的能力。

（3）课外拓展提升能力。在课外拓展上，围绕课程主线，提供多样化的素材，让学生依托有序的拓展训练，通过学习学科交叉融合的素材、检索和使用数据库、操作和运用数据分析软件等完成对自身知识体系的建构，实现综合能力的提升。

本书用通俗的语言、严谨的逻辑、丰富的案例系统介绍了公司金融的基本理论和最新发展与应用。本书既可作为高等院校金融学、财务管理学等专业本科生和硕士研究生以及工商管理硕士（MBA）的专业教材，也可供经济类专业研究生及对公司金融有兴趣的学者和从业人员学习参考。

本书由江西财经大学公司金融教学团队的教师编写，潜力老师负责制定大纲，团队逐章逐节讨论，经过数次修改，最后由潜力老师负责统稿。具体分工如下：潜力老师编写第1章、第2章、第3章、第10章、第11章、第12章、第17章、第18章；胡军老师编写第4章、第5章、第7章；王青老师编写第6章、第13章、第15章、第16章；赖少杰老师编写第14章、第19章、第20章；高祥老师编写第8章、第9章。感谢本书的合作者胡军、王青、赖少杰和高祥，作为骨干力量，他们支撑和推动着公司金融教学团队。通过本书的编写，我们实现了自我成长，围绕着共同的目标展开自由的探索。同时，感谢团队中的研究生李昱荻、宋娇、郑铭其、肖敏瑞、黄仲陵等，他们在本书编写过程中对文献查阅、资料整理等工作付出了大量的劳动。

此外，本书在中国大学 MOOC（慕课）平台上配备了相应的慕课课程讲解，平台上有完整的教学视频、课件、习题和案例等教学资料，多位授课教师在线互动教学。我们将乐于答疑解惑，带您轻松学好公司金融课程的内容。网址如下：https://www.icourse163.org/course/JXUFE-1206455816? utmcampaign＝share&utm_medium＝androidShare&utmsource＝。

扫码查看课程

本书在编写过程中参考了国内外公开出版的有关教材和发表的学术性文章，吸收了有关专家、学者的最新研究成果，在此一并向有关作者表示由衷的感谢。由于编写时间仓促、编者学识有限，书中难免有疏漏和不妥之处，恳请各位同行专家和广大读者批评指正。

目录

第 1 篇

概论篇

第 2 篇

投资决策篇

第 3 篇

金融资产估值篇

第 4 篇

资本结构与股利政策篇

第 5 篇

短期财务与计划篇

第 6 篇

公司金融专题篇

PART ONE

1

|第1篇|

概论篇

第1章

公司金融导论

章前引例

万科成立于1984年，经过40余年的发展，逐步成为国内房地产行业顶级公司。

1988年进行股份制改革时，按原计划王石可以获得4 100万股股本中的40%，但他最后放弃了。王石解释过放弃的原因：他自信做一名职业经理人，不通过股权控制，仍有能力管好万科。这一选择也成就了万科，在一个更为分散和均衡的股权结构下，职业经理人帮助万科稳步发展。但在1994年，万科被君安证券争夺过控制权，即“君万之争”。君万之争虽以管理层胜利告终，但也暴露了万科在治理上的问题。后来，万科作为我国知名的房地产企业在业绩上一直呈良性发展态势，也是资本市场上令广大投资者垂涎欲滴的“肥肉”。2015年，深圳宝能集团举牌万科，虽然最终以宝能退出股权争夺战而结束，但这次股权争夺战不单单是一次收购与反收购的博弈，更让万科背后复杂的管理层代理问题浮出水面。在2020年，万科创始人王石宣告将2亿股（按当时市值，价值53亿元）一次性捐给清华大学教育基金会，然而这笔捐赠却受到质疑。万科前员工韩世同举报表示，万科捐给清华的53亿元资产属于新老员工集体股，没有经过万科员工代表大会的审批，王石没有权力代捐。虽然万科公关人员表示此次捐赠是合理合法的，但此次捐赠也暴露了万科的所有权问题与代理问题。

管理层偏离股东价值最大化目标表明管理层与股东利益不一致，即存在代理问题。而解决代理问题可以从激励和监督两个方面入手。对于万科来说，管理层拥有控制权和股东固有的利益冲突使管理层偏离股东价值最大化目标，从而产生了代理问题。如何完善中国特色现代企业制度？习近平强调应把党的领导融入公司治理各环节。应加强党的领导，完善公司治理结构，使之既符合市场经济规律，又体现社会主义制度的特点，以此实现企业现代化和高效运营的目标。

学习目标

- 理解公司金融的基本定义，了解公司金融的主要研究领域。
- 了解公司的组织结构。

- 理解企业的组织形式与特征，了解公司制企业的优缺点。
- 了解公司金融活动的本质及内容。
- 理解公司金融目标的转变，理解为实现企业的高质量发展，为何要将追求利益相关者价值最大化作为目标。
- 了解代理问题与公司治理。
- 了解数字金融的基本概念，了解数字金融如何与公司治理相融合。
- 理解中国特色金融发展之路的本质。

第 1 节　什么是公司金融

1.1.1　公司金融的基本定义

公司金融是金融学的一个重要分支学科，又称公司财务管理、公司理财等，主要考察公司如何有效地利用各种融资渠道，找到最低成本的资金来源，形成合适的资本结构，以及按照公司金融的原则，组织企业财务活动，处理财务关系。公司金融根据公司的经营目标和战略，对可供选择的投资项目进行评估、选择，根据最优投资理论形成投资决策。

知识讲解

本视频节选自江西财经大学“公司金融”慕课，可登录慕课网站搜索查看完整视频。

什么是公司金融

1.1.2　公司金融的主要研究领域

公司金融所研究的领域大致包括四部分：公司估值、公司投资、公司融资以及公司治理问题。

一般来讲，公司的资产及获利能力取决于其内在价值，公司估值有利于投资者对公司或其业务进行正确评价，从而确立对各项交易进行定价的基础，即估值是投融资、交易的前提。

按照投资的性质，公司投资分为股份投资和债券投资。公司投资使公司资本得到有效利用，有利于公司扩大市场份额和追求利润，有利于资源的优化配置和经济效率的提高。

资金是公司进行生产经营活动的必要条件，融资是一家公司筹集资金的行为与过程。概括来说，融资方式分为内源融资和外源融资，其中，外源融资主要包括股权融资和债务融资。选择合理的融资方式，使各种资金来源和资本配比保持合理的比例，不同的融资方式会形成公司不同的资本结构，从而对公司股东价值和公司整体价值造成影响，信息不对称的存在使投资者从选择融资结构来判断公司市场价值。良好的投资项目是公司融资的前提，融资为估值投资提供资金基础。

公司治理是保证融资供给方自身投资收益的方式，是指关于公司剩余索取权和剩余控制权分配的一整套法律、文化和制度安排。公司治理主要协调股东、董事会和管理层等利益相关者之间的关系，而这些关系又潜在地决定着公司的业绩表现和发展方向。公司融资决定了公司利益相关者之间的权利义务关系，是公司治理机制的基础，公司不同融资方式的选择也就是不同治理结构的选择。

公司金融的四大研究领域是相互关联的，投资与融资往往是相伴而生的，某一主体的投资过程就是另一主体的融资过程。公司的投资决策就是公司治理机制的运行过程，治理机制对公司融资有着重要影响。公司估值来源于公司投资，完善公司治理面临的问题之一就是如何改进公司投资决策，反过来，公司治理影响公司的运营机制和业绩，从而影响公司估值。

1.1.3　公司的资产负债表模式

资产负债表是公司在一定时点的财务状况的报表，反映了公司的经营状况，因此我们可以借助资产负债表来理解公司金融的基本内容。资产负债表的左边是公司的资产，包括流动资产和长期资产。流动资产期限较短，包括货币资金、短期投资、存货等。长期资产包括固定资产和无形资产。固定资产有建筑物、机器和设备等；无形资产有商标权和专利权等。公司的资产状况反映了短期资产管理和长期资产管理的情况。资产负债表的右边列示了资金的筹集，公司一般通过发行债务凭证或股票来筹集资金，包括流动负债、长期负债和股东权益，股东权益是股东对公司的剩余索取权。公司在负债和股东权益上的分配结构，反映了公司的筹资偏好。图 1－1 展示了公司的资产负债表模式。

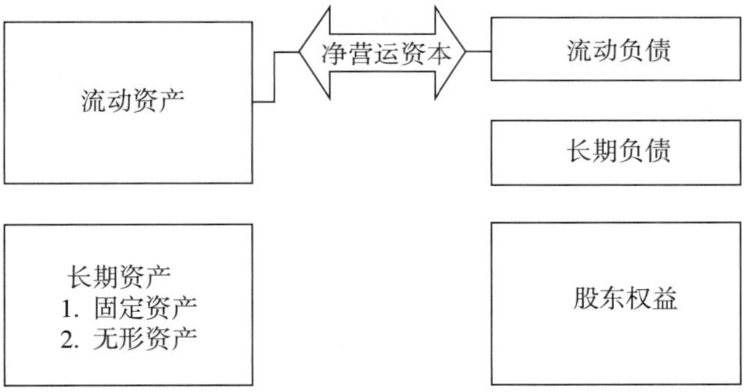

图 1－1　公司的资产负债表模式

1.1.4　公司的组织结构

公司的组织结构表明对于工作任务如何进行分工、分组和协调合作。在大型公司内部，公司的组织结构包括股东会、董事会、监事会三部分：股东会是权力机关，董事会是决策机关，监事会是监督机关。图 1－2 展示了一个典型的大型公司的一般组织结构。财务长和主计长负责向副总裁和首席财务官述职。财务长负责现金管理、信用管理、投资预算管理、财务计划等工作；主计长负责税务管理、成本会计管理、财务会计管理以及信息系统管理等工作。

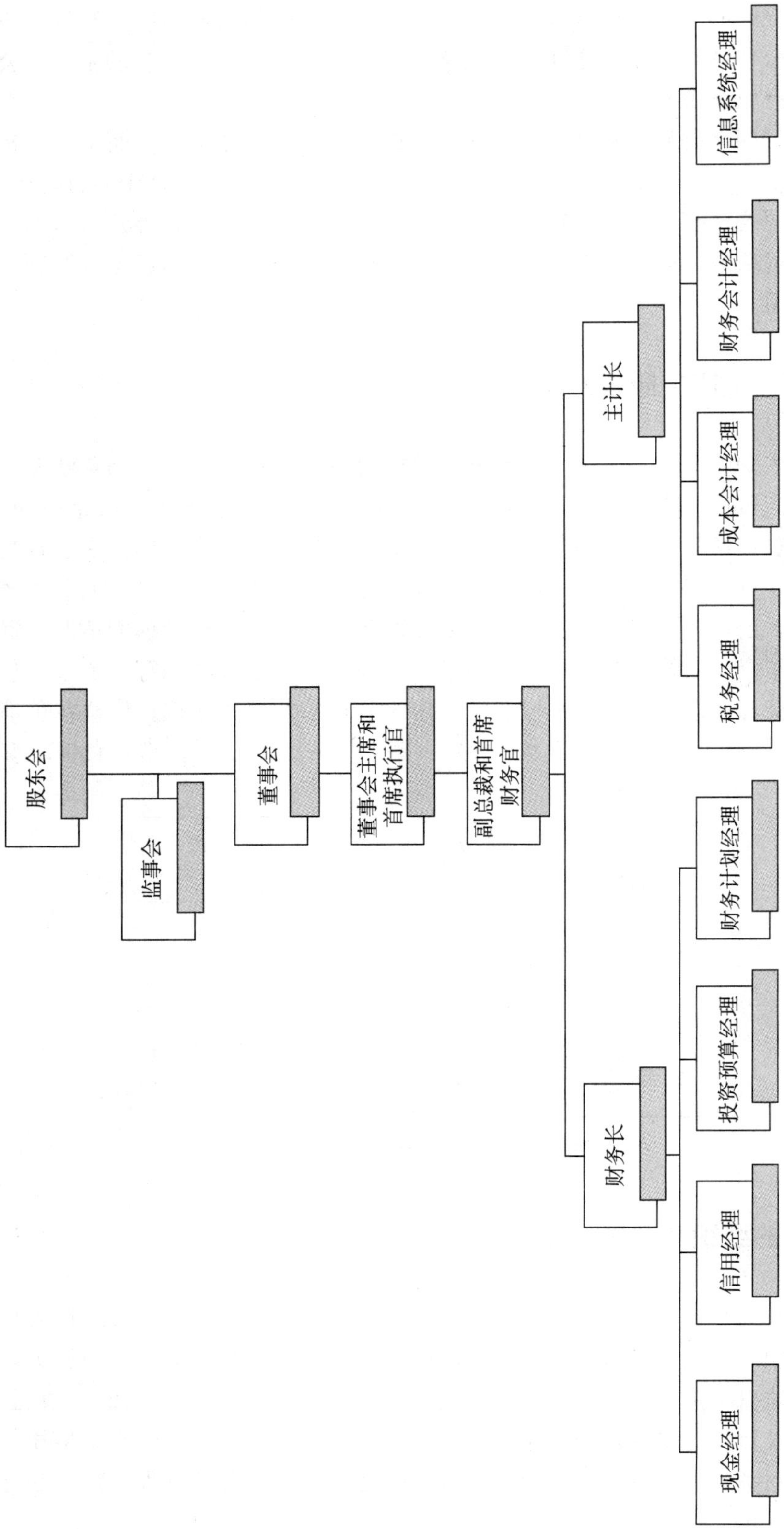

图 1-2　一个典型的大型公司的一般组织结构

第 2 节　企业的组织形式与特征

企业的组织形式是指企业存在的形态和类型，按照国际惯例划分，主要有个人独资企业、合伙企业和公司制企业三种形式。

> **知识讲解**
> 本视频节选自江西财经大学“公司金融”慕课，可登录慕课网站搜索查看完整视频。
> 企业的组织形式

1.2.1　个人独资企业

个人独资企业是指由一个人投资经营的企业，也称业主制企业。个人独资企业归个人所有和控制，由个人承担经营风险和享有全部收益，因此企业主对企业具有完全的决策权和经营权。

个人独资企业的特征有：第一，开业简便，解散程序简单。第二，投资者对企业的债务承担无限责任。由于个人独资企业的投资者为一个自然人，因此当企业的资产不足以清偿到期债务时，投资者需以个人全部财产用于清偿。第三，内部机构设置简单，经营管理方式灵活。个人独资企业的投资者既是企业的所有者，又是企业的经营者，因此法律对其内部机构设置和经营管理方式不像对公司制企业和其他企业那样加以严格规定。第四，企业税负较轻，企业不承担企业所得税，只需企业主缴纳个人所得税。第五，企业受外部制约因素影响较小，企业信息不用对外披露，财务信息容易保密，自主权充分。第六，企业规模有限。个人独资企业有限的经营所得和有限的个人财产，使得企业的资金来源受限，这些因素制约着企业的经营发展。第七，企业连续性差。企业主需承担无限责任，个人独资企业的存续性完全取决于企业主个人的得失和安危，即企业的经营权与自主权高度统一也表明企业是自然人的企业，企业主的病、死，个人的知识和能力的缺乏，都可能导致一个企业消亡。

1.2.2　合伙企业

合伙企业是指两个或两个以上的合伙人按照协议共同出资创办的企业，由全体合伙人共有，共同经营，共担风险。合伙人按出资比例享有收成并对企业债务承担无限连带责任。按照合伙人的责任不同，合伙企业可以分为普通合伙企业和有限合伙企业。

普通合伙企业由两个或两个以上普通合伙人根据协议出资，共同经营事业，合伙人以自己个人的财产对合伙企业的债务承担无限连带责任。有限合伙企业是指至少由一名普通合伙人和一名负有限责任的合伙人组成的企业。普通合伙人对合伙企业债务承担无限连带责任，有限合伙人对合伙企业债务只以其出资额为限承担相应责任，不参与企业管理。

合伙企业的特征有：第一，在合伙企业成立时，合伙人须签订合伙协议，明确每个合伙人的责任与义务。第二，合伙人对盈亏负有完全责任。第三，合伙企业可以从众多的合伙人处筹集资本，在一定程度上突破了个人独资企业的资金限制。第四，合伙企业的风险分散在众多所有者身上，风险较小，资信较好。第五，企业税负较轻，企业不承担企业所得税，税务部门只以个人为基础征税。第六，合伙企业决策时滞性较高。由于所有普通合伙人都有决策权和经营权，重大决策需得到所有普通合伙人的同意，因此这很容易造成决策上的延误。

拓展阅读

国有企业公司制改革全面推进

1.2.3 公司制企业

一、公司的概念

公司一般是指以营利为目的，为从事商业经营活动或某些目的而设立的组织。公司是法人实体，从法律的角度来看，它是由股东拥有的法人，公司可以订立合同，开展业务，借入及借出资金，以及起诉及被起诉。

当企业采用公司制的组织形式时，所有权与经营权发生分离，所有者只参与有关股东权益或资本权益变动的决策，经营者参与有关日常经营活动和理财活动的决策。

《中华人民共和国公司法》（以下简称《公司法》）明确规定制定公司章程是设立公司的条件之一，所以创办人必须起草公司章程及一系列规则，履行公司设立的程序。公司章程应包含公司名称和住所、公司经营范围、公司注册资本等内容。

二、公司的种类与特征

根据《公司法》，公司制企业有两种基本组织形式：有限责任公司和股份有限公司。

（一）有限责任公司

有限责任公司也叫有限公司，是指根据规定登记注册，由一个以上五十个以下股东出资设立，每个股东以其所认缴的出资额为限对公司承担有限责任，公司法人以其全部资产对公司债务承担责任的经济组织。有限责任公司的特点是：

（1）股东责任的有限性。有限责任公司由一个以上五十个以下股东共同设立，且股东以出资额为限承担责任，这不同于无限连带责任。

（2）股东出资的非股份性。有限责任公司的资本一般不分为等额的股份，股东出资并不以股份为单位计算，而是直接以出资额计算。股东权利与义务的范围也不以股份来计算，公司章程甚至可以规定一种其他的表决权行使方式。

（3）不公开发行股票。有限责任公司的股本只能由全体股东认缴。《公司法》第五十五条规定：有限责任公司成立后，应当向股东签发出资证明书。

（4）股东人数的限制性。股东必须为一个以上五十个以下。

（5）公司股份不能随意转让。《公司法》第八十四条规定，股东向股东以外的人转让股权的，应当将股权转让的数量、价格、支付方式和期限等事项书面通知其他股东，其他股东在同等条件下有优先购买权。股东自接到书面通知之日起三十日内未答复的，视为放弃优先购买权。

（6）公司组织的简便性。有限责任公司的设置比股份有限公司简单、灵活。

（二）股份有限公司

股份有限公司又称股份公司，通过发行股票筹集资本，即公司资本由股份组成，股东以其认购的股份为限对公司承担责任，公司以其全部资产对公司债务承担责任的企业法人。股份有限公司的特点是：

（1）股份有限公司的设立和解散有严格的法律程序，手续复杂。

（2）根据《公司法》的规定，股份有限公司的发起人在一人以上两百人以下。

（3）股份有限公司的全部资本被划分为等额的股份，通过向社会公开发行的办法筹集资金，任何人在缴纳了股款之后，都可以成为股东，没有资格限制。

（4）股份有限公司的股份可以在资本市场上自由买卖，但不能退股。

（5）股份有限公司的信息须向社会披露，以便投资者了解公司情况，做出投资决策。

（6）股份有限公司的所有权与经营权相分离，法人治理结构完善。股东通过公司的董事会行使权利，选择公司代理来行使经营权。

三、 公司制企业的优缺点

公司制是企业普遍采取的形式，几乎所有大型企业都采用公司制。相比于个人独资企业和合伙企业，公司制企业的优点有：第一，无限存续。相比于个人独资企业和合伙企业的有限生命，一个公司在最初的所有者和经营者退出后仍可继续存在。第二，有限债务责任。公司债务是法人的债务而不是所有者的债务，公司的债务仅限于股东的投入资本，而与股东的个人财产无关。第三，所有权流动性强，易于转让。第四，筹资渠道多元化。股份有限公司可以在资本市场上发行股票或发行债券来筹集资金。第五，融资灵活性强。相比于个人独资企业和合伙企业，公司规模大，股票、债务融资具有开放性，盈利水平较高，这些都使公司制企业更易于灵活运用融资工具。

相比于个人独资企业和合伙企业，公司制企业也有缺陷。例如：第一，双重课税。公司作为法人要缴纳企业所得税，股东在公司税后取得的收入还要缴纳个人所得税。第二，存在代理问题。公司所有权与经营权分离，代理人可能为了自身利益而损害股东利益，存在道德风险和逆向选择行为。

表 1－1 对公司制企业与合伙企业进行了比较。

表 1－1　公司制企业与合伙企业的比较

	公司制企业	合伙企业
成立基础	以公司章程为基础，较多法定特征	以合伙协议为基础，较多约定性特征
所有者责任	承担有限责任	承担无限连带责任
税负	公司和股东，存在双重课税	企业不承担企业所得税，只需企业主缴纳个人所得税
所有权的交易和转让	股权可以交易和转让，股份有限公司的股份可以上市	合伙企业的份额不能自由转让

续表

	公司制企业	合伙企业
治理和投票权	所有权和经营权分离，在有限责任公司中由股东按照出资比例行使投票权，在股份有限公司中股东所持每一股份有一投票权	有限合伙人有一些投票权，普通合伙人有绝对的控制权和经营权
利润再投资和分红	公司在股利支付政策上自由度高	一般不允许把合伙企业的利润进行再投资，所有现金利润必须分给合伙人
规模与存续期限	规模大、无限存续	规模小、有限寿命

第3节　公司运营中的金融活动

1.3.1　公司金融活动——资金运作

公司金融活动的本质主要体现为资金的循环与周转。资金循环主要通过资金筹集、资金运用、价值增加、价值实现四个过程实现。资金是企业资产的价值表现，资金运作不仅以资金循环的形式存在，而且伴随着企业再生产过程的不断进行，表现为一个周而复始的过程。公司首先运用各种金融工具筹集资金，以获得流动资产以及长期资产。一方面，将筹集到的资金通过经营主渠道投入生产资料市场，通过人力资源作用于物质资源，再在商品市场上销售，最后回笼现金；另一方面，公司将这些资金用于投资活动以再创造资金。得到的现金超过所投入成本（营业成本、营业税金、销售费用、管理费用、财务费用等）的部分用于支付股东的股利、债权人的利息以及以税收的形式支付给国家及地方财政，所剩下的部分利润则留在公司，参与下一轮公司金融活动。公司金融活动就表现为资金的循环与周转这样一个过程。图1-3展示了资金运作过程。

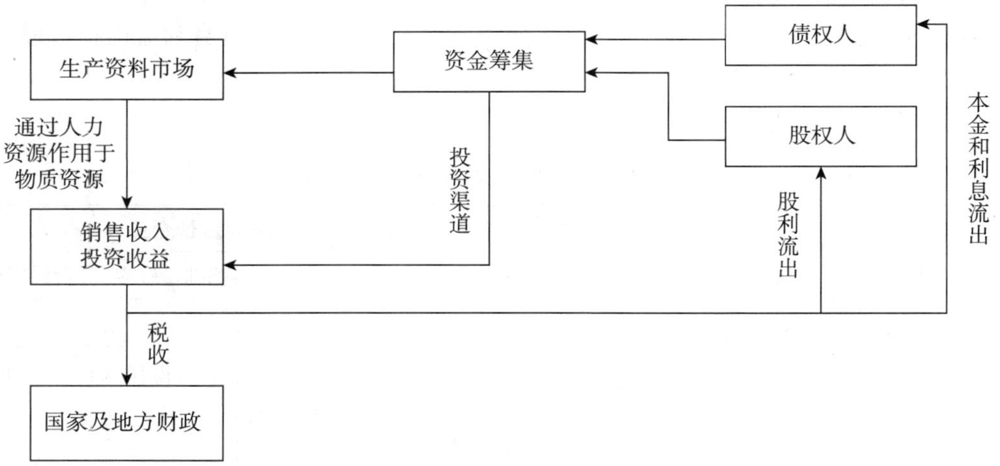

图1-3　资金运作过程

1.3.2　公司金融活动的内容

从资金的运动来看，公司金融活动可以分为公司投资、公司融资、营运资本管理和收益分配管理四个方面，下文分别对这四个方面进行介绍。

一、 公司投资

公司投资是为了实现收益最大化，公司获得资金后必须投入使用以获取收益，这样才能不断增加公司价值。公司投资分为对内投资和对外投资。对内投资就是公司把筹集到的资金用于公司内部的经济运营活动，形成对流动资产、固定资产、无形资产及其他资产的投资；对外投资是公司以购买股票、债券等有价证券的方式向境内外其他单位进行投资。公司的投资活动这一问题涉及资产负债表的左边，有些资产的投资例如固定资产投资一般具有不可逆性，所以公司在进行投资决策时，必须考虑投资项目的规模，对投资项目进行可行性分析和深入研究，合理配置各类资产，确定投资结构，以降低投资过程中的风险，达到投资的预期效益。公司投资决策还可以正确处理公司投资所需的资金和资源有限性的矛盾。

二、 公司融资

融资即筹集资金的行为与过程，公司融资是使公司及其内部各环节之间资金供求由不平衡到平衡的过程，涉及资本结构问题，体现在资产负债表的右边。在市场经济条件下，无论是新建立公司、规模扩张公司还是日常经营中的公司都需要在金融市场上筹集资金以满足生产发展需要。公司的资金来源主要包括内源融资和外源融资两个渠道。内源融资是指公司的自有资金和生产经营中的资金积累，主要由留存收益和折旧构成；外源融资是指通过一定方式向其他公司筹集资金，主要包括直接融资和间接融资两种方式。公司融资面临着各种内外不确定因素，包括公司自身所处的状态等内部因素，以及经济环境、法律环境等影响融资决策的外部因素。公司在进行融资决策时，要科学预测融资总规模，确定合理的融资结构，控制融资成本，评估融资风险，以及关注利率和汇率等价格因素。

三、 营运资本管理

营运资本管理是对流动资产以及流动负债的管理，体现在资产负债表两边的上方，一个公司要维持正常的运转就必须拥有合适的营运资本。净营运资本是流动资产与流动负债的差额，营运资本管理的问题是短期资金如何管理的问题。在流动资产的资金运用上主要涉及现金管理、应收账款管理和存货管理，以及公司怎样进行流动资产的融资管理，包括银行短期借款管理和商业银行信用管理等。营运资本周转时间短、来源渠道广、波动性大，因为流动资产和流动负债容易受公司内外因素的影响。在相同条件下，营运资本周转越快，现金流入量与现金流出量越匹配，就可以生产越多产品，获得越高的收益，所以营运资本管理是公司管理的重要组成部分。

四、 收益分配管理

收益是会计期间内经济利益的增加，指公司收入和利润。收益分配是公司的资本提供者对收益总额进行分割，为利益相关者对经营成果的分配。收益分配管理解决的问题主要是根据公司的具体经营状况和未来发展要求，在股东股息和留存收益两者之间合理地进行分配。如果留存收益较多，股东股息较少，则可能减少股东收益、降低股东信心，从而影响投资者的积极性；如果股东股息较多，公司内部留存收益不足，则公司发展资金不足，影响公司的长远盈利能力。要保证公司的价值增加，必须根据实际情况确定分配比率，制定合理的收益分配管理政策。

第 4 节　公司金融的目标

目前，人们对公司金融目标的认识尚未统一，微观金融和财务学界有多种提法，人们普遍认同的主要有四种观点：利润最大化、股东价值最大化、利益相关者价值最大化和 ESG 可持续发展新路径。

> **知识讲解**
>
> 本视频节选自江西财经大学“公司金融”慕课，可登录慕课网站搜索查看完整视频。
>
> 公司金融的目标

1. 4. 1　利润最大化

利润最大化目标就是假定在投资预期收益确定的情况下，财务管理行为将朝着有利于公司利润最大化的方向发展。在早期西方资本主义国家，西方经济学家都是以利润最大化来分析和评价公司行为和业绩的。他们认为：利润代表了公司新创造的财富，利润越多则公司增加的财富越多，越接近公司的目标。利润最大化目标的主要优点是，利润最大化是一项综合指标，利润代表了公司新创造的价值，公司从事生产经营活动的目的就是获得相应的收益价值，从而可以创造出更多剩余产品。利润最大化目标使公司必须讲究经济核算，有利于公司加强管理，提高劳动生产率，促进资源的合理配置。

以利润最大化为目标也存在缺点。例如：第一，利润是指公司一定时期实现的税后净利润，它没有充分考虑利润取得的时间因素，没有考虑货币的时间价值；第二，利润最大化是一个绝对指标，它以利润总额为公司目标，没有考虑投入与产出的关系，不同规模公司之间的利润不能比较；第三，可能会导致公司短期行为，公司可能会通过削减股利来增加现金流，片面追求短期收益，损害公司的长期价值，与公司发展的战略目标相背离；第四，没有考虑风险问题，一般来说，公司所追求的利润越高，风险越大，利润最大化目标伴随着风险的增长。

1.4.2　股东价值最大化

股东价值最大化是指通过公司的合理经营，使股东的财富总额达到最大，英国、美国学者普遍接受股东价值最大化这一观点。股东创办公司的目的在于获得财富，在上市公司中，股东价值是由其拥有的股票数量和股票价格决定的，在股票数量一定时，则由股票价格决定。之所以认同股东价值最大化这一观点，是因为：第一，股东价值最大化是基于满足其他利益相关者索取权之后的股东剩余索取权；第二，股东价值最大化这一目标考虑了货币的时间价值和风险因素，它们都会反映在股票价格上；第三，股东财富基于预期流向股东的现金流，用股票价格来反映股东财富简洁明确，易于量化，便于考察，可形成整个公司的共同语言和专一目标；第四，以股东财富最大化为目标有利于克服公司的短期行为，因为股票价格不仅可以反映当前利润，也可以反映预期利润，这符合公司资产保值增值的要求。以股东价值最大化作为公司金融的目标，是世界范围内公司的主流观点。

以股东价值最大化为目标也同样存在缺点，只适合上市公司，对非上市公司很难适用。股价反映股东财富要求市场必须是有效的，股价受多种因素影响。在实行股票期权激励计划的公司中，管理层可能会做假而抬高股价，这样股价就不一定能真实反映股东权益的实际价值，反而可能导致股东与其他利益相关者的冲突。

1.4.3　利益相关者价值最大化

不同于英美等国家，在我国，主流的观点是将利益相关者价值最大化作为公司金融的目标。利益相关者价值最大化是通过财务上的合理运营，运用最优的财务政策，使公司价值达到最大。它通过一系列契约将各利益相关者联系在一起，其基本思想是将公司长期稳定发展摆在首位，强调在公司价值中协调满足各方的利益要求。现代公司理论认为，公司是多边契约关系的总和，公司的利益相关者包括外部的利益相关者和内部的利益相关者，客户、供应商、债权人、股权人、企业家、一般员工、政府缺一不可，各方都有各自的利益，公司的目标不应只是股东价值最大化，应该平等对待各利益相关者。

利益相关者价值最大化强调了风险与收益的平衡，将风险限制在公司可以承受的范围内，并强调了公司与股东之间的协调关系，加强了与债权人的关系，培养了可靠的资金供应者，保护了客户的长期利益，加强了与供应商的协作等。这些都有利于公司长期稳定发展，有利于实现经济效益与社会效益的统一，即从长期发展来看，不是只强调公司单独谋取利润，而是要考虑利益相关者的利益，承担相应的社会责任。但利益相关者价值最大化存在的最主要问题在于，由于评估公司价值的标准和方法都存在较大的主观性，而且难以量化，因此确定利益相关者价值的难度较大。

1.4.4　ESG 可持续发展新路径

在 20 世纪，“可持续发展”理念出现。人们一直在寻找合适的评价体系，以指导企业在追求经济效益和社会环境的可持续发展间取得平衡。在经历了企业可持续发展理念、企业社会责任理念、社会责任投资理念等多种理念后，综合考虑环境影响、社会效益和公司治理水平的 ESG 理念逐渐被采纳。自从 2004 年联合国提出 ESG 概念，ESG 已成为被发达国家的企业广泛使用的评价企业可持续发展绩效的方法。

ESG 是从环境（environmental）、社会（social）和治理（governance）三个维度评估企业经营的可持续性与对社会价值观念的影响。我国在正式引入 ESG 之前，与之相关的研究与探索主要集中在环保信息披露和绿色金融等方面。我国的 ESG 起步虽然较晚，但发展速度极快。一方面是因为不断增长的市场需求，另一方面是因为其“可持续发展”“绿色”等核心思想与我国长期以来的发展战略不谋而合。自中国人民银行等七部委联合发布《关于构建绿色金融体系的指导意见》以来，中国绿色金融和 ESG 发展驶入快车道，强调企业在追求经济效益的同时应积极履行社会责任，关注环境保护和公司治理结构的优化。

ESG 的评价指标与传统财务指标不同，它从可持续发展的角度去审视企业应对风险、长期发展的能力，是一种新兴的企业评价方式。企业应不断坚定 ESG 理念，走绿色发展之路，引入负责任投资模式，并将 ESG 相关要素融入企业战略、经营管理、内控合规、风险管理和文化建设当中。于投资者而言，可以通过观测企业 ESG 绩效，评估企业投资行为和企业在促进经济可持续发展、履行社会责任等方面的贡献。于企业而言，ESG 理念也是一种更加先进、更加合理、更加具有大局观和全面性的企业治理思路。例如，越来越多的投资者将 ESG 作为投资决策的一部分，ESG 表现良好的企业往往能吸引更多的长期投资者，这有助于稳定股价和降低资本成本。随着全球对 ESG 的重视，许多国家和地区出台了相关法规和政策激励，如税收优惠、补贴和绿色债券等，符合 ESG 标准的企业可以获得额外的资金支持和竞争优势。因此，追求更高的 ESG 水平成了当前企业发展的新目标。

第 5 节　代理问题与公司治理

1.5.1　公司治理：委托代理关系

委托代理关系是指在市场交易中，由于信息不对称，处于信息劣势的委托方与处于信息优势的代理方相互博弈达成的合同法律关系。委托代理关系主要是因为公司所有者不能亲自经营公司或亲自经营公司的效益不能达到预期而将公司交给他人代为经营时所形成的契约关系。委托代理关系的形成有赖于以下基本条件：一是存在两个或两个以上相互独立的行为主体，他们在约束条件下各自追求效用最大化；二是参与者均面临不确定风险，且掌握的信息处于非对称状态。

知识讲解

本视频节选自江西财经大学“公司金融”慕课，可登录慕课网站搜索查看完整视频。

代理问题

1.5.2　股东与管理层之间的委托代理关系

公司治理面临的核心问题是股东和管理层之间的代理问题。管理层成为公司的实际控制者，双方在追求各自利益最大化的情况下，产生了管理层作为代理人其利益与股东利益不一致的问题。由于委托人和代理人的利益不一致，双方的契约是不完全的，信息是不对称的，代理成本必然会产生。代理成本包括股东的监督成本和实施控制方法的成本。为了降低代理成本，公司就必须建立完善的代理人激励和约束机制，使管理层的利益和股东的利益一致。

股东可以使用以下几种措施来使管理层的利益与自己的利益一致：一是股东通过投票决定董事会成员，股东控制董事会成员，董事会成员选择管理层。二是股权激励，它是代理成本的支付方式之一，是对管理层拥有人力资本最直接的承认。薪酬，尤其是股权薪酬，是解决代理问题的主要手段。设计科学而合理的股权激励方案，能够有效地激励管理层努力最大化股东价值，比如可以根据管理层的经营业绩，奖励管理层业绩股。三是形成合理有效的管理层竞争机制。

1.5.3　股东与债权人之间的委托代理关系

债务融资不仅可以降低筹资成本，减轻公司税负，而且能充分利用债务融资的杠杆效应增加企业财富。当公司向债权人借入资金，两者就形成了一种委托代理关系。股东是公司的出资者，享有分享收益、做出重大决策和选择管理层等权利；债权人作为公司的预付款者，有到期收回贷款本息的权利。实际上，公司的部分经营所得是由股东和债权人共有的，如果二者都以各自利益为出发点，就会为争夺这部分利益而产生冲突。可以通过以下措施协调股东和债权人的冲突：一是债权人通过贷款的限制性条款保障其利益，包括在债务契约中对公司在债务存续期间的再举债行为进行合理的限制；二是完善债权人参与机制，对于高资产负债率公司应建立股权与债权的共同治理模式。

拓展阅读

洛阳钼业首推员工持股计划

1.5.4　大股东与中小股东之间的委托代理关系

在公司的内部制衡中，存在大股东和小股东相互制衡的问题。在决定公司事务时，持有较多股份的股东较持有较少股份的股东拥有更大的话语权，这是无可非议的。为了使股权平等，使公司民主不流于形式，必须对大小股东相互制衡的机制予以完善。可以通过完善股东会决议制度、在董事及监事选举中引入累积投票制等措施平衡大小股东之间的关系，小股东也可以诉诸公司法、证券法等法律或者各类相关监管机构来确保其利益，也可通过授权委托来保护其利益。

此外，与一般市场经济理论假设公司金融的目标是股东价值最大化有所不同，我国有大量的国有企业，它们其实肩负着经济和政治双重目标。它们一方面要追求国有资产的保值增值，另一方面是国家执行各类政策的重要载体和抓手。党的二十大报告提出，推进国有企业、金融企业在完善公司治理中加强党的领导。习近平在 2022 年 12 月召开的中央经济工作会议上强调，要完善中国特色国有企业现代公司治理，真正按市场化机制运营。

第 6 节 数字金融与公司治理

1.6.1 数字金融概述

21 世纪，数字技术的快速发展正在重塑全球经济结构，尤其是金融行业。科技与金融的深度融合，是推动高质量发展的重要动力。数字金融作为科技与金融结合的产物，被看作提升金融服务效率、增强经济活力的关键领域。数字金融，作为这一趋势的核心组成部分，不仅改变了金融服务的方式，也对公司的治理模式产生了深远影响。本节旨在探讨数字金融如何与公司治理相融合，以及这种融合带来的机遇与挑战。

1.6.2 公司治理的主要问题

在探究大数据时代下公司治理新路径之前，应该挖掘现有公司治理的主要问题。我们将公司治理的主要问题归为以下两类：

一、 公司内部信息不对称问题

公司内部信息不对称问题是指在一个组织内部，不同的个体或部门之间存在信息获取和理解的差异。信息不对称可能会导致一系列负面后果，如决策质量下降，管理层无法获得全面准确的信息，难以做出最佳决策，导致资源浪费、战略方向错误或错失商机等。

在巨量的数据冲击下，大数据从两个方面对公司内部信息不对称问题产生了不同程度的影响。一方面，大数据技术提高了公司信息的透明度，加强了股东对公司财务状况、运营数据和治理结构的监控和评估，有效减少了决策不确定性并降低了试错成本。另一方面，大数据的指数级、爆炸式增长导致了信息过载问题，尤其是当决策数量增加时，管理层的决策能力受信息过载影响而大幅下降。虽然公司可以轻易挖掘各类信息，但是想要整理出有效信息则变得更加困难，加剧了信息壁垒，提高了信息获取成本。

二、 监管有效性不足问题

监管是确保公司稳定和发展的重要一环，我国对公司的监管主要包括内部监管和外部监管两个方面。

内部监管的核心是建立健全的管理制度和内部控制制度，公司内部可设立监事会、内部审计、合规以及内部监察等职能部门，以确保公司内部运营的合规性和规范性。然而，部分公司往往由于规模庞大、层级复杂，内部监管机制没有有效地建立起来。内部监管机构存在职能分散、信息传递不畅通等问题，导致无法及时发现和处置风险。

外部监管的目标是保障市场的公平、公正和透明，维护金融体系的稳定和安全。外部监管主要由国家税务总局、国家金融监督管理总局和中国证监会等机构负责。外部监管机构加强对企业的监督检查和评估，确保其合规运营，如要求企业按照规定披露真实的财务信息、风险管理情况等。然而，外部监管仍存在如监管机构缺位、监管落实不到位等问题。

1.6.3 大数据时代下公司治理路径研究

一、 利用大数据打破信息壁垒

在数据爆炸的信息时代，各类数据搜集工作更加便捷，获取的数据更加精确。企业管理者和大股东可以整合各大平台数据，对企业发展前景进行有效评估，为企业各个层级制定合理的经营目标，改善各部门人员工作懈怠情况，提高企业生产经营效率，推动经济高质量发展。债权人和中小股东则可以通过网络媒体平台的曝光，实时关注企业的经营状况，了解所投入的资金流向。

二、 提高企业对数字化冲击的反应能力

提高企业对数字化冲击的反应能力，关键在于提升组织的协同能力与信息传递效率。从资源配置方面来看，企业应该利用好大数据技术，建立企业人才数据库，为岗位合理配置合适的人力资源，使资源的效用发挥到最大。从组织结构方面来看，企业应根据自身情况科学制定合适的规章制度，完善组织结构体系。从授权模式方面来看，传统分级授权模式虽然能够做到决策合规、一权一责，但是在程序上较为烦琐，具有滞后性，因此，升级授权模式、优化决策程序可以提高企业的反应能力。

三、 建立数字化交易风险监测模型

企业可以将人工智能和大数据技术相结合，建立数字化交易风险监测模型。利用该模型，通过对公司内外部庞大的交易量进行动态监测和量化分析，企业可以快速发现异常模式和风险信号，采取相应的措施来保护客户利益和自身利益。同时，模型监测数据也可帮助监事会甄别授权交易虚实，确保各级部门授权的合规性，加强授权监管和责任追究，提高企业自身治理水平，降低代理问题和机会主义带来的风险，达到保护企业利益和股东权益的目的。

1.6.4 大数据时代下企业控制权与监管机制设计

在大数据时代，企业控制权和监管机制也需要进一步优化。内部管理涉及股东、管理层以及其他利益相关方之间的权力配置和监督，如何合理分配控制权、有效监管企业运作对企业的稳定和发展至关重要。

一、企业控制权设计

企业控制权赋能的逻辑动态如图1-4所示，以大数据赋能为基础，以数字技术为驱动力，对传统的公司治理模式进行重构。具体而言，新时代企业应建立顶层统筹、分级授权的组织结构，设置专门的数字管理委员会，并以大数据技术为导向，通过吸收数字企业入股、管理层科技赋能等权力配置方式进一步推动企业的数字化进程。

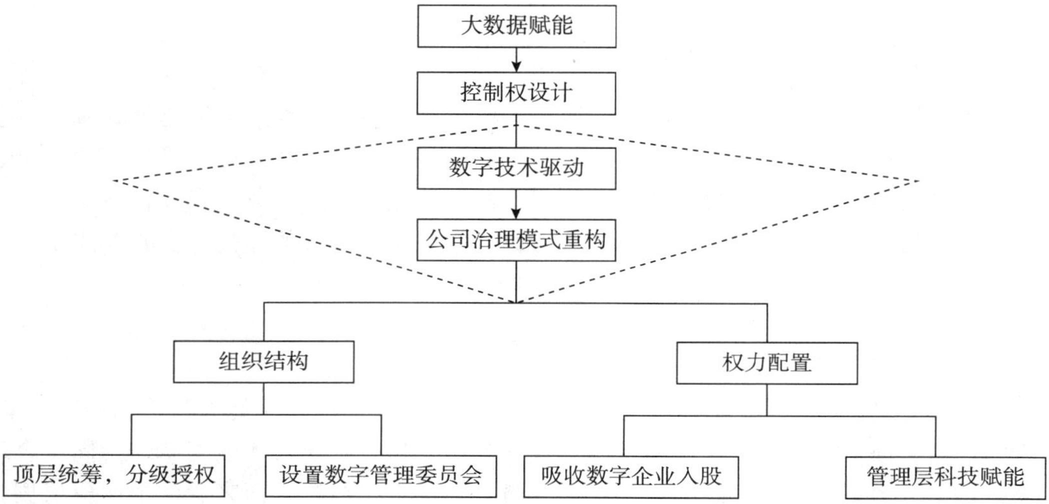

图1-4 企业控制权设计

二、企业监管机制设计

企业监管任务重、难度大，依靠原有的人工经验判断无法准确分析出整个金融系统的潜在风险。打造全方位、多层次、立体化的智慧监管体系，推进监管数字化转型已成为当今时代企业发展的必然趋势。

一是加强信息披露和提高信息披露透明度。传统的财务报表难以满足外部投资者和内部管理者的需求，可以建立数字信息披露平台，通过搜集企业资料和客户数据，根据客户和投资者的需要和爱好进行个性化信息发送，推动企业年报数字化，打造及时、全面、透明的一站式数据披露渠道，提高数据的准确性和真实性，进而提升企业的受信任度和市场价值。二是设立专门的大数据部门，提供企业内部存储的互联网和物联网等有关数据，并运用数据对各部门进行总体筹划，充分利用大数据技术实现全面、准确、高效、实时的企业监管。

思政课堂

2024年1月16日，习近平在省部级主要领导干部推动金融高质量发展专题研讨班开班式上发表重要讲话。他强调中国特色金融发展之路既遵循现代金融发展的客观规律，更具有适合我国国情的鲜明特色。金融是国民经济的血脉，是国家核心竞争力的重要组成部分。金融活，经济活；金融稳，经济稳。在百年未有之大变局下，推动金融高质量发展，牵一发而动全身。推动金融高质量发展、建设金融强国，要坚持法治和德治相结合，积极培育中国特色金融文化。习近平指出要做到诚实守信，不逾越底线；以义取利，不唯利是图；稳健审慎，不急功近利；守正创新，不脱实向虚；依法合规，不胡作非为。习近平以五个“不”字为金融系统划红线、明底线、筑防线，为走好中国特色金融发展之路提供了更清晰的指引。

本章小结

本章介绍了公司金融的基本知识。公司金融是用于考察公司如何有效地利用各种融资渠道，找到最低成本的资金来源，形成合适的资本结构，以及按照公司金融的原则，组织企业财务活动，处理财务关系的一项经济工作。公司金融的研究内容主要围绕公司估值、公司投资、公司融资和公司治理几个方面展开。结合当下数字化发展大趋势，本章加入了数字金融与公司治理相融合的相关内容。

按照国际惯例，企业组织形式可划分为个人独资企业、合伙企业和公司制企业三种。公司金融的研究对象以公司制企业为主，公司制企业可划分为有限责任公司和股份有限公司两类。

公司金融活动的本质主要体现为资金的循环与周转。从资金的运动来看，公司金融活动可以分为公司投资、公司融资、营运资本管理和收益分配管理四个方面。

人们对公司金融目标的认识尚未统一，普遍认同的目标有：利润最大化、股东价值最大化、利益相关者价值最大化和ESG可持续发展新路径。在我国，普遍将利益相关者价值最大化作为公司金融的目标，不过，以股东价值最大化作为公司金融的目标是世界范围内公司的主流观点。

委托代理关系是指在市场交易中，由于信息不对称，处于信息劣势的委托方与处于信息优势的代理方相互博弈达成的合同法律关系。一般认为，公司中存在股东与管理层之间、股东与债权人之间以及大股东与中小股东之间这三类委托代理关系。

数字金融与公司治理的融合是一个动态发展的过程，它既为公司带来了前所未有的机遇，也提出了新的挑战。未来，随着技术的不断进步和市场的逐渐成熟，我们有理由相信，数字金融将在公司治理中发挥更加重要的作用，促进公司和社会的共同繁荣。

中国公司金融实践

马大山拥有一家经营十分成功的汽车经销店。多年来，马大山一直坚持独资经营，身兼所有者和经营者两职。现在他已经 70 岁了，打算从管理岗位上退下来，但是他希望汽车经销店仍能掌握在家族手中，他的长远目标是将这份产业留给自己的儿孙。

马大山正在考虑是否应该将他的汽车经销店转为公司制企业。如果他将汽车经销店改组为股份制形式，那么他就可以给自己的每一个儿孙留下数目合适的股份。另外，他也可以选择将汽车经销店整个留给儿孙，让他们进行合伙经营。为了找到最优的企业组织形式，马大山制定了下列目标：

（1）所有权。马大山希望他的两个儿子各拥有 25%，五个孙子各拥有 10%。

（2）存续能力。马大山希望即使发生儿孙死亡或放弃所有权的情况也不会影响经营的存续性。

（3）管理。退休后，马大山希望将这份产业交给一位长期服务于汽车经销店的雇员王强来管理。虽然马大山希望家族保持产业的所有权，但他并不相信家族成员有足够的时间和经验来完成日常的管理工作。事实上，马大山认为他有两个孙子根本不具有经济头脑，所以并不希望他们参与管理工作。

（4）所得税。马大山希望所采取的企业组织形式可以尽可能减少他的儿孙应缴纳的所得税。他希望每年的经营所得都可以尽可能多地被分配给所有者。

（5）所有者的债务。马大山知道经营汽车经销店会出现诸如因对客户的汽车修理不当而发生车祸之类的意外事故，这要求保有大量的资金。虽然已投了保，但马大山还是希望能够确保在汽车经销店发生损失时，他的儿孙的个人财产不受任何影响。

思考题

1. 根据你掌握的知识，你认为该汽车经销店应采用公司制还是合伙制？
2. 公司制还是合伙制对企业财务管理会产生哪些影响？
3. 企业组织形式与企业规模是否存在必然的联系？

课后习题

简答题

1. **企业组织形式** 请简述企业的组织形式。思考为什么公司制是普遍被接受的企业组织形式。

2. **公司运营中的金融活动** 如何从资金循环视角来看待公司金融？

3. **公司金融的目标** 相比于利润最大化，为什么股东价值最大化是世界范围内企业目标的主流？

4. **代理问题** 如何协调与解决股东与管理层之间的利益冲突？

5. **数字金融** 数字金融和传统金融相比有什么优势和劣势？

计算题

1. 一家公司仅由 10 个投资者组成，每个投资者将获得该公司收益的 10%。该公司预计每年的税前收入为100万元。假设公司税率为34%，公司投资者的个人税率为35%。该公司不需要留存任何收益，因此其所有税后收入都将作为股息分配给投资者。投资者需对所收到的股息缴纳个人所得税。如果这家公司被组织为合伙企业，那么每个投资者将增加多少可支配收入？

2. 假设公司税率为34%，个人税率为35%。一家新成立的企业的创始人在将企业建立为合伙企业与公司制企业之间争论不休。该企业不需要留存任何收益，因此其所有税后收入都将支付给投资者，而投资者则必须对所收到的任何收入缴纳个人所得税。投资者在公司制企业和合伙企业形式下实际获得并可以支配的收入百分比有何不同？

3. 甲公司现在是一家“常规”公司，但它正在考虑转为合伙企业。该公司由100位股东拥有，每位股东持有1%的股份，每位股东面临35%的个人税率。该公司每年的税前利润为200万元，并且不需要留存任何收益，因此将所有利润都作为股息支付。假设公司税率为34%，个人税率为35%。如果该公司选择合伙企业形式，每位股东将会增加（或减少）多少可支配收入？

第2章
财务报表与现金流

章前引例

2019年5月17日，瑞幸咖啡在美国纳斯达克敲钟上市，创造了从创立到IPO不到18个月时间的资本市场神话。截至2019年底，疯狂燃烧本金的瑞幸咖啡直营门店已达到4 507家，仅用约两年时间，就超越了已在华耕耘20年的星巴克的门店数量。2020年1月17日，瑞幸咖啡的市值迎来巅峰，按当日收盘价50美元计算，总市值高达约126亿美元。就在资本市场为这一明星独角兽喝彩时，著名做空机构浑水公司公布匿名做空报告，直指瑞幸咖啡自2019年第三季度开始捏造财务和运营数据。

那么，浑水公司是如何从财务报表中发现造假端倪的呢？报告显示，瑞幸咖啡在2019年第三季度财报中所披露的单件商品净售价为11.2元，而浑水公司的实地调查结果表明瑞幸咖啡单件商品的净售价不到10元，虚增幅度高达12%。瑞幸咖啡2019年第三季度财报显示广告费用为3.82亿元，但根据央视市场研究股份有限公司（CTR）给出的点击通过率数据分析，瑞幸咖啡2019年第三季度在主要广告商分众传媒上的支出为4 600万元，仅占瑞幸咖啡财报所公布广告费用的12%，这一比例远低于第一季度的56%与第二季度的48%。仅此一项费用虚增金额就在3亿元以上，虚增的广告费用与瑞幸咖啡门店虚高的收入非常接近，前者约为3.36亿元，而后者约为3.97亿元。受自曝财务造假影响，瑞幸咖啡在美股开盘后触发6次熔断。截至收盘，跌幅为75.57%，最高跌幅超过80%。与此同时，此前看好瑞幸咖啡的投资者也注定度过了一个不眠之夜。

2022年和2023年财务状况表明，公司已经从之前的危机中恢复过来，并正在经历一个强劲的增长阶段。2022年，瑞幸咖啡的总净收入达到了132.93亿元，同比增长66.9%，全年净新开门店数为2 190家，显示出快速的市场渗透和品牌扩张。2023年全年总净收入为249.03亿元，同比增长87.3%，创下历史新高。2023年美国会计准则下的营业利润为30.26亿元，较2022年实现翻倍增长。

2022—2023年，瑞幸咖啡成功地巩固了其在中国咖啡市场的领先地位，通过高效运营和广泛的门店覆盖提升了品牌影响力。未来，瑞幸咖啡可能会继续专注于门店扩张、产品创新和数字化升级，同时寻求进一步的成本优化和效率提升，以维持其盈利势头和市场份额。此外，随着品牌知名度的提升和消费者基础的扩大，瑞幸咖啡可能也会考虑国际市场的机会，进一步扩大其全球足迹。

财务报表分析为企业管理人员进行财务管理和风险防范提供了主要方向，也为企业外部人员了解企业的经营和财务状况提供了重要信息。习近平在《当前经济工作的几个重大问题》（2022 年 12 月 15 日）中指出，“要统筹好防范重大金融风险和道德风险，压实各方责任，及时加以处置，防止形成区域性、系统性金融风险”。通过学习财务报表分析，我们能够探索财务报表各项数据的前因后果及虚实真假，对企业的生产经营活动和财务状况进行综合评价，帮助学生树立正确的人生观和价值观，增强社会责任感，培养职业道德。

学习目标

- 掌握资产负债表、利润表、现金流量表，能够识别并得到报表中各项目提供的信息。
- 了解财务现金流量与会计现金流量的区别。
- 认识现金流对企业的重要性，学会分析现金流量。
- 遵循诚实守信原则，认识企业社会责任与可持续发展的关系，了解风险管理与内部控制。

第 1 节　财务报表

财务报表是对企业财务状况、经营成果和现金流量的结构性描述，反映了大量关于企业生产经营活动和财务状况的综合信息，有助于投资者了解企业的过去，评价企业的现在和预测企业的未来，为报表使用者的各项决策行动提供依据。一套完整的企业财务报表主要包括以下四个报表：

（1）资产负债表：反映企业在某一特定日期的财务状况的会计报表，表明企业拥有或控制的资源及其分布情况。

（2）利润表：反映企业在一定会计期间的经营成果的会计报表，是企业经营业绩的综合体现。

（3）现金流量表：反映企业在一定会计期间的现金和现金等价物流入和流出情况的会计报表，有助于投资者了解和评价企业在一定会计期间内获取现金和现金等价物的能力。

（4）股东权益变动表：反映股东权益各组成部分当期增减变动情况的会计报表，便于投资者准确理解股东权益增减变动的根源。

2.1.1 资产负债表

知识讲解

本视频节选自江西财经大学“公司金融”慕课，可登录慕课网站搜索查看完整视频。

资产负债表

资产负债表是反映企业在某一特定日期的全部资产、负债和股东权益的会计报表，记录的是企业在特定日期的时点指标，属于静态报表。如图 2－1 所示，资产负债表的左边列示资产，右边列示负债和股东权益。资产负债表的编制基础为权责发生制，它必然满足以下会计恒等式：

资产＝负债＋股东权益

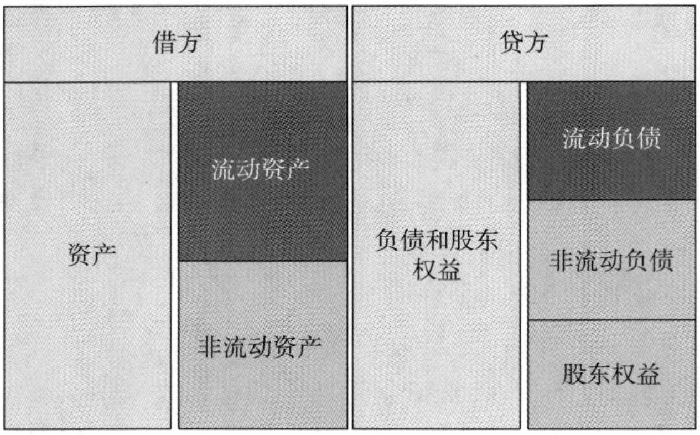

图 2－1 资产负债表示意

资产是指由企业过去的交易事项形成的、由企业拥有或控制的、预期会给企业带来经济利益的资源。资产按流动性可划分为流动资产和非流动资产两大类。一般而言，流动资产是指企业可以在一年内或者超过一年的一个营业周期内变现或者耗用的资产，包括货币资金、应收账款、存货等。其中，货币资金是指企业拥有的、以货币形式存在的资产，包括现金、银行存款和其他货币资金。应收账款是指在企业的日常经营活动中，销售商品或提供劳务后应向客户收取而未收取的款项。存货是指在企业的日常经营活动中持有以备出售的产成品、处在生产过程中的在产品以及耗用的原材料。非流动资产是指不能在一年内或者超过一年的一个营业周期内变现或者耗用的资产，即除流动资产以外的长期资产，包括固定资产和无形资产等。其中，固定资产是指企业拥有或控制的有实物形态的非流动资产，包括建筑物、机械以及其他与生产经营活动有关的设备、器具等；无形资产是指企业拥有或控制的没有实物形态的非流动资产，如商标、专利等。

资产的流动性越大，其对短期债务的偿付能力也就越强，相应地，其收益率也就越低，这也印证了收益总是与风险相伴相随的关系。例如，现金的流动性最强，能够随时用于支付，却无法给持有人带来收益。

负债是指由企业过去的交易或事项形成的、预期会导致企业经济利益流出的现时义务。负债按流动性也可分为流动负债与非流动负债。流动负债是指在一年内或者超过一年的一个营业周期内应偿还的债务，包括短期借款、应付票据、应付账款等。其中，短期借款是指企业根据生产经营的需要，从银行或其他金融机构借入的偿还期在一年以内的各种借款。非流动负债，也即长期负债，指偿还期在一年以上或一个营业周期以上的债务，包括长期借款和应付债券等。其中，长期借款指企业向银行及其他金融机构借入的期限在一年以上（不含一年）的各种款项。应付债券指企业为筹措长期资金而发行的债券的本金和利息。对企业而言，非流动负债相对于流动负债能给企业带来更稳定的现金流，有利于优化企业资本结构，减轻企业的短期偿债压力，以降低企业的财务风险。因此，非流动负债的融资成本也高于流动负债。

股东权益，是企业资产扣除企业负债后，由所有者享有的剩余权益。企业的股东权益又称所有者权益，主要包括股本（实收资本）、资本公积、盈余公积、其他综合收益和未分配利润等项目。企业持有的股东权益越多，说明企业资本实力越强，能够提高抵御财务风险的能力，增强市场信心。

表2-1是A公司资产负债表，其中资产按流动性由大到小排列，负债和股东权益按偿付的先后顺序排列。

表2-1　A公司资产负债表　　单位：百万元

资产	期初余额	期末余额	负债和股东权益	期初余额	期末余额
流动资产：			流动负债：		
货币资金	277	322	短期借款	12	21
应收票据	96	111	应付票据	118	174
应收账款	69	89	应付账款	70	106
存货	70	114	一年内到期的非流动负债	89	121
其他流动资产	27	80	其他流动负债	21	34
流动资产合计	539	716	流动负债合计	310	456
非流动资产：			非流动负债：		
长期股权投资	24	30	长期借款	34	50
固定资产	115	174	应付债券	0	24
无形资产	29	42	长期应付款	42	70
其他非流动资产	31	50	非流动负债合计	76	144
非流动资产合计	199	296	负债合计	386	600
			股东权益合计	352	412
资产合计	738	1 012	负债和股东权益合计	738	1 012

需要注意的是，在我国，固定资产科目填列的是固定资产原值减去折旧后的净值，无形资产科目填列的是无形资产原值减去摊销后的净值。A公司财务报表附注显示固定资产与无形资产累计折旧与摊销之和为4 400万元。

2.1.2 利润表

利润表是反映企业在一定会计期间的经营成果的会计报表。由于它反映的是某一期间的情况，所以也被称为动态报表。它揭示了企业在某一特定时期实现的各种收入，发生的各种费用、成本和支出，以及企业实现的利润或发生的亏损情况。利润表是根据“收入－费用＝利润”的基本关系来编制的，我国的利润表采用“多步式”格式，分为营业收入、营业利润、利润总额、净利润、每股收益、其他综合收益和综合收益总额七个盈利项目。表 2－2 为 A 公司 2023 年度的利润表。

知识讲解

本视频节选自江西财经大学“公司金融”慕课，可登录慕课网站搜索查看完整视频。

利润表

表 2－2 A 公司利润表

项目	本期金额
一、营业收入	457
减：营业成本	324
销售费用	26
管理费用	28
财务费用	14
二、营业利润（亏损以“－”号填列）	65
加：营业外收入	18
减：营业外支出	8
三、利润总额（亏损以“－”号填列）	75
减：所得税费用	9
四、净利润（亏损以“－”号填列）	66
五、每股收益	3
六、其他综合收益	－6
七、综合收益总额	60

注：表中除每股收益的单位是元/股外，其他各项单位均为百万元。

营业收入是指在一定时期内，企业销售商品或提供劳务所获得的货币收入。营业利润是指企业从事生产经营活动取得的利润，等于营业收入减去营业成本、销售费用、管理费用、财务费用后的金额。利润总额是指企业实现的全部税前利润，等于营业利润加上营业外收入减去营业外支出的金额。净利润指企业缴纳所得税费用后的金额。每股收益也称每股盈利，指净利润与股票总数的比率，是普通股股东每持有一股所能享有的企业净利润或承担的企业净亏损。其他综合收益是指企业根据会计准则规定未在当期损益中确认的各项利得或损失。与净利润相比，其他综合收益包含了那些未实现的、超出利润和损失的因素，能更好地反映当期净资产的全部变动情况。综合收益总额反映净利润与其他综合收益相加所得到的合计金额。

在公司金融这门课程中，我们还常常会用到“息税前利润”（EBIT）这个概念。息税前利润是指利润表中企业在扣除利息费用和所得税费用前的利润，它等于利润总额与利息费用之和，亦等于净利润、所得税费用与利息费用之和。需要注意的是，在我国的利润表中，“利息费用”这一项目并没有单独列示，而是包含在财务费用科目中。

2.1.3　现金流量表

知识讲解

本视频节选自江西财经大学“公司金融”慕课，可登录慕课网站搜索查看完整视频。

现金流量表

现金流量表是反映企业在一定会计期间的现金及现金等价物流入和流出情况的会计报表。在市场经济条件下，企业的现金流动在很大程度上影响着企业的生存和发展。现金流量表将以权责发生制为编制基础的利润表所提供的净利润调整为以收付实现制为基础的现金流量信息，便于会计信息使用者了解企业的盈利质量，弥补利润表所提供信息的不足，为其经济决策提供有力依据。

依据不同经济活动对企业现金流量的影响，我们可将企业的现金流量分为经营活动产生的现金流量、投资活动产生的现金流量和筹资活动产生的现金流量三类。确定企业现金变动的第一步是计算企业经营活动产生的现金流量，即企业生产及销售商品、提供劳务等正常经营活动引起的现金流入和流出；第二步是考虑企业长期资产的构建与处置等投资活动产生的现金流量；第三步是确定企业筹资活动产生的现金流量，包括当年对债权人和所有者的净支出（不包括利息费用）。

一、　经营活动产生的现金流量

经营活动产生的现金流量有两种填列方式：直接法和间接法。在我国，经营活动产生的现金流量用直接法填列。所谓直接法，是指通过现金收入和现金支出的主要类别列示现金流量。在直接法下，通过现金收入和现金支出的主要类别列示各类现金流量，以利润表中的营业收入为起点，根据经营活动有关项目的增减变动，计算经营活动产生的现金流量。表 2－3 为 A 公司 2023 年以直接法计算填列的经营活动产生的现金流量。其中，销售商品、提供劳务收到的现金＝营业收入＋(应收票据期初余额－应收票据期末余额)＋(应收账款期初余额－应收账款期末余额)＝457＋(96－111)＋(69－89)＝457－15－20＝422（百万元）。

表 2－3　经营活动产生的现金流量（直接法）　　单位：百万元

一、经营活动产生的现金流量	本期金额
销售商品、提供劳务收到的现金	422
收到其他与经营活动有关的现金	42

续表

一、经营活动产生的现金流量	本期金额
经营活动现金流入小计	**464**
购买商品、接受劳务支付的现金	276
支付给职工以及为职工支付的现金	10
支付的各项税费	9
支付其他与经营活动有关的现金	34
经营活动现金流出小计	**329**
经营活动产生的现金流量净额	**135**

而间接法是以净利润为起算点，根据非现金的收入、费用，营业外收支以及应收应付等项目的增减变动，计算并列示经营活动产生的现金流量。现在以间接法来计算经营活动产生的现金流量。表 2－4 为 A 公司 2023 年以间接法填列的经营活动产生的现金流量。

表 2－4　经营活动产生的现金流量（间接法）　　单位：百万元

一、经营活动产生的现金流量	本期金额
净利润	66
加：资产减值准备	12
固定资产折旧	39
无形资产摊销	5
处置固定资产、无形资产和其他长期资产的损失（收益以“－”号填列）	－10
财务费用（收益以“－”号填列）	14
存货的减少（增加以“－”号填列）	－44
其他	53
经营活动产生的现金流量净额	**135**

我们可以看到，经营活动产生的现金流量用直接法和间接法填列的依据虽然不同，但结果应当一致。

二、 投资活动产生的现金流量

投资活动是指企业长期资产的构建和不包括在现金等价物范围内的投资及处置活动，即现金流量表中的投资既包括对外投资，也包括长期资产的构建与处置。通过投资活动，既可以判断投资活动对企业现金流量净额的影响程度，也可以反映企业为了获得未来收益和现金流量而导致资源转出的程度。表 2－5 为 A 公司 2023 年投资活动产生的现金流量。

表 2-5　投资活动产生的现金流量　　单位：百万元

二、投资活动产生的现金流量	本期金额
收回投资收到的现金	6
取得投资收益收到的现金	58
处置固定资产、无形资产和其他长期资产收回的现金净额	24
收到其他与投资活动有关的现金	9
投资活动现金流入小计	**97**
购建固定资产、无形资产和其他长期资产支付的现金	118
支付其他与投资活动有关的现金	110
投资活动现金流出小计	**228**
投资活动产生的现金流量净额	**−131**

三、 筹资活动产生的现金流量

筹资活动是指导致企业权益和债务规模及构成发生变化的活动，包括企业发行股票、分配利润、取得和偿还银行借款或公司债券等。筹资活动是企业开展经营活动和投资活动的基础和前提，有效的筹资活动能够及时为经营活动和投资活动提供可靠的、低成本的资金来源。通过分析企业筹资活动的现金流量，可以分析企业通过筹资活动获取现金的能力，判断其对企业现金流量净额的影响程度。表 2-6 为 A 公司 2023 年筹资活动产生的现金流量。

表 2-6　筹资活动产生的现金流量　　单位：百万元

三、筹资活动产生的现金流量	本期金额
吸收投资收到的现金	44
取得借款收到的现金	52
收到其他与筹资活动有关的现金	15
筹资活动现金流入小计	**111**
偿还债务支付的现金	3
分配股利、利润或偿付利息支付的现金	58
支付其他与筹资活动有关的现金	9
筹资活动现金流出小计	**70**
筹资活动产生的现金流量净额	**41**

现金流量表采用报告式的结构，按照现金流量的性质，依次分类反映经营活动产生的现金流量、投资活动产生的现金流量和筹资活动产生的现金流量，最后汇总反映企业现金及现金等价物净增加额。把以上三项企业活动产生的现金流量加总起来，就可以得到 A 公司 2023 年现金流量的净变动额。表 2-7 为 A 公司 2023 年的会计现金流量表。

表 2-7　现金流量表

单位：百万元

项目	本期金额
一、经营活动产生的现金流量	
销售商品、提供劳务收到的现金	422
收到其他与经营活动有关的现金	42
经营活动现金流入小计	**464**
购买商品、接受劳务支付的现金	276
支付给职工以及为职工支付的现金	10
支付的各项税费	9
支付其他与经营活动有关的现金	34
经营活动现金流出小计	**329**
经营活动产生的现金流量净额	**135**
二、投资活动产生的现金流量	
收回投资收到的现金	6
取得投资收益收到的现金	58
处置固定资产、无形资产和其他长期资产收回的现金净额	24
收到其他与投资活动有关的现金	9
投资活动现金流入小计	**97**
购建固定资产、无形资产和其他长期资产支付的现金	118
支付其他与投资活动有关的现金	110
投资活动现金流出小计	**228**
投资活动产生的现金流量净额	**−131**
三、筹资活动产生的现金流量	
吸收投资收到的现金	44
取得借款收到的现金	52
收到其他与筹资活动有关的现金	15
筹资活动现金流入小计	**111**
偿还债务支付的现金	3
分配股利、利润或偿付利息支付的现金	58
支付其他与筹资活动有关的现金	9
筹资活动现金流出小计	**70**
筹资活动产生的现金流量净额	**41**
四、汇率变动对现金及现金等价物的影响	0
五、现金及现金等价物净增加额	45
加：期初现金及现金等价物余额	277
六、期末现金及现金等价物余额	322

在一定会计期间内，不考虑汇率变动对现金及现金等价物的影响，现金及现金等价物净增加额等于企业经营活动产生的现金流量净额、投资活动产生的现金流量净额以及筹资活动产生的现金流量净额三者的代数之和，也即期末现金及现金等价物余额与期初现金及现金等价物余额的差额，反映企业在这一会计期间的总体现金流状况。换句话说，期末现金及现金等价物余额等于期初现金及现金等价物余额加上现金及现金等价物净增加额。

2.1.4　股东权益变动表

股东权益变动表是反映股东权益各组成部分当期增减变动情况的会计报表。在一定时期内，股东权益的变动不仅包括股东权益总量的变动，而且包括股东权益增减变动的重要结构信息，特别是要反映直接计入股东权益的利得和损失，便于投资者准确理解股东权益增减变动的根源。

股东权益变动表应单独列示的项目有净利润、直接计入股东权益的利得和损失、会计政策变更、前期差错更正、所有者投入和减少资本、利润分配、实收资本（或股本）、资本公积、盈余公积、未分配利润的期初和期末余额及其调节情况等。A 公司的股东权益变动表如表 2-8 所示。

表 2-8　股东权益变动表　　单位：百万元

项目	本年金额					
	实收资本（或股本）	资本公积	减：库存股	盈余公积	未分配利润	股东权益合计
一、上年年末金额	22	213	0	22	95	352
加：会计政策变更						
前期差错更正						
二、本年年初余额	22	213	0	22	95	352
三、本年增减变动金额（减少以“—”号填列）						
（一）净利润					66	66
（二）直接计入股东权益的利得和损失		—6				—6
（三）所有者投入和减少资本					44	44
（四）利润分配						
1. 提取的盈余公积				25	—25	0
2. 对所有者（或股东）的分配					—44	—44
（五）股东权益内部结构						
四、本年年末余额	22	207	0	47	136	412

引起股东权益变动的因素主要有增加或减少注册资本、资本公积发生增减变化、留存收益增加或减少等。通过对股东权益构成的增减变动进行分析，可进一步了解企业对偿还负债的保证程度、企业自己积累资金和融通资金的能力和潜力。

拓展阅读

强化上市公司信息披露质量

第 2 节　现金流量分析

2.2.1　现金及现金流量概念

通常来讲，现金是指各主权国家法律确定的，在一定范围内立即可以投入流通的交换媒介。但此处的现金不是指手持的现金，而是指企业的库存现金和银行存款以及现金等价物。其特性主要有持有期短、流动性强、变现能力强等。现金流量指的是企业在一定会计期间按照收付实现制，通过一定经济活动（包括经营活动、投资活动、筹资活动）产生的现金流入、现金流出及现金总量情况的总称，也就是企业在一定时期的现金和现金等价物的流入和流出数量。

2.2.2　净营运资本

净营运资本是企业流动资产总额减去各类流动负债后的余额，反映由长期负债融资负担的流动资产的数额。净营运资本的计算公式如下：

净营运资本＝流动资产－流动负债

当流动资产总额大于流动负债总额时，净营运资本为正，表明企业在未来的 12 个月里所得到的现金要大于所付出的现金，说明该企业的偿债能力较强。反之，当流动资产总额小于流动负债总额时，净营运资本为负，说明该企业的资金短缺，偿债能力较弱，财务风险较大。根据表 2－1 可算得 A 公司在 2023 年的净营运资本为 716－456＝260（百万元），在 2022 年的净营运资本为 539－310＝229（百万元）。

知识讲解

本视频节选自江西财经大学“公司金融”慕课，可登录慕课网站搜索查看完整视频。

净营运资本

净营运资本变动额是指当期净营运资本与上一期净营运资本之间的差额，于是 2023 年 A 公司的净营运资本变动额为 2023 年和 2022 年净营运资本的差额，即 260－229＝31（百万元）。一般而言，成长型公司的净营运资本变动额是正的。

流动负债包括应付账款、应付票据等。分析师经常对“无息”负债（如应付账款）和有息应付票据（产生利息费用，作为公司利润表的融资成本）进行重要区分。考虑到这一区别，分析师通常关注净经营性营运资本（NOWC），这与净营运资本不同，因为有息应付票据是从流动负债中减去的。而这里减去的有息应付票据被纳入筹资活动产生的现金流量，其利率是资本收益率。于是净经营性营运资本由下述公式求出：

净经营性营运资本＝流动资产－(流动负债－有息应付票据)

净经营性营运资本变动额是指当期净经营性营运资本与上一期净经营性营运资本之间的差额。2023 年 A 公司的净经营性营运资本为 716－(456－174)＝434(百万元)，2022 年该公司的净经营性营运资本为 539－(310－118)＝347(百万元)，净经营性营运资本变动额为 434－347＝87(百万元)。

2.2.3　财务现金流量

知识讲解

本视频节选自江西财经大学“公司金融”慕课，可登录慕课网站搜索查看完整视频。

财务现金流量

会计现金流量表说明了现金及现金等价物是如何变动的，从 A 公司的现金流量表中我们可以看到，A 公司的现金及现金等价物余额在 2022 年为 27 700 万元，在 2023 年为 32 200 万元，变动额为 4 500 万元。除了从会计角度来观察现金流量，我们还可以从财务角度来讨论现金流量（见表 2－9），企业的价值就在于其产生现金流量的能力。

常见问题

现金流量与净营运资本变动的关系

需要说明的是，现金流量与净营运资本变动并不一致。例如，当增加存货时，需要支付现金，由于存货和现金均属于流动资产，因此这一交易并不会改变净营运资本，而存货的增加导致现金的减少，进而引起了现金流量的减少。

从资产负债表中我们可以得知，资产的价值等于负债的价值与股东权益的价值之和。同理，资产的现金流量 $CF(A)$ 等于流向债权人的现金流量 $CF(B)$ 与流向股东的现金流量 $CF(S)$ 之和：

$$CF(A)=CF(B)+CF(S)$$

表 2－9　A 公司的财务现金流量　　单位：百万元

项目	金额
企业现金流量	
经营性现金流量 (息税前利润加折旧、摊销再减税＝89＋39＋5－9)	124
资本性支出 (固定资产的取得减固定资产的出售)	141
净营运资本的增加	31
合计	**－48**
企业流向投资者的现金流量	
债务 (利息加到期本金减长期负债融资)	－54
权益 (股利加股票回购减新股融资)	6
合计	**－48**

拓展阅读

科大讯飞抗风浪能力增强

一、经营性现金流量

经营性现金流量是企业现金流量的重要组成部分之一，也是计算企业现金流量的第一步。它是指企业通过包括销售商品和提供劳务在内的经营活动所获取的现金流量，等于息税前利润加折旧、摊销再减税（所得税），用来反映企业经营活动所带来的现金增加额。其计算公式如下：

经营性现金流量＝息税前利润＋折旧＋摊销－所得税

通常情况下，经营性现金流量是正的，当它为负时，说明该企业经营活动的现金是入不敷出的。这一状况对于有一定年头的企业而言是一个不好的信号，但对于一个刚起步、处于快速成长期的企业来讲是正常的现象。表 2-10 给出了 A 公司的经营性现金流量。

表 2-10　A 公司的经营性现金流量　　单位：百万元

息税前利润	89
折旧	39
摊销	5
所得税	9
经营性现金流量	**124**

二、资本性支出

固定资产的变动额即资本性支出（capital expenditure）也是企业现金流量的重要组成部分之一。资本性支出是指企业为获得、建造和更新固定资产（如厂房和设备）以及取得无形资产和其他长期资产而发生的支出，特别是指那些为了提高企业经营能力或预期可以增加企业商品和劳务需求而发生的支出。资本性支出可通过固定资产的取得减固定资产的出售得出，即

资本性支出＝固定资产的取得－固定资产的出售
＝期末非流动资产净额－期初非流动资产净额＋折旧＋摊销

根据 A 公司 2023 年的资产负债表，可以算出 A 公司的资本性支出为 296－199＋39＋5＝141（百万元）（见表 2-11）。

表 2-11　A 公司的资本性支出　　单位：百万元

期末非流动资产净额	296
期初非流动资产净额	199
折旧	39
摊销	5
资本性支出	**141**

三、 净营运资本的增加

企业的现金流量除了用于资本性支出外，还用作净营运资本。A公司2023年增加的净营运资本为260－229＝31(百万元)（见表2-12）。

表2-12 A公司净营运资本的增加 单位：百万元

净营运资本的增加	**31**

通过经营性现金流量、资本性支出以及净营运资本的增加就可以算出财务现金流量，即：

财务现金流量＝经营性现金流量－资本性支出－净营运资本的增加

表2-13给出了A公司的财务现金流量。

表2-13 A公司的财务现金流量 单位：百万元

经营性现金流量	124
资本性支出	141
净营运资本的增加	31
财务现金流量	**－48**

四、 流向债权人的现金流量

前面所介绍的是企业现金流量的流入，接下来我们介绍企业现金流量的流出。企业现金流量的流出分为两个部分：流向债权人的现金流量和流向股东的现金流量。

流向债权人的现金流量包括支付给债权人的利息以及到期偿还的本金，还要减去在此期间企业发行的新债。长期债务的增加额等于期末长期负债减去期初长期负债，也等于企业发行的新债减去到期偿还的本金。从A公司的资产负债表和利润表中我们可以看出，2023年A公司向债权人支付的利息为1 400万元，长期负债的增加额为144－76＝68(百万元)。由此可以计算出流向债权人的现金流量：

流向债权人的现金流量＝支付的利息－净增借款
＝支付的利息－(期末长期负债－期初长期负债)
＝14－(144－76)
＝－54(百万元)

表2-14给出了A公司流向债权人的现金流量。

表2-14 A公司流向债权人的现金流量 单位：百万元

利息	14
期末长期负债	144
期初长期负债	76
合计	**－54**

五、 流向股东的现金流量

流向股东的现金流量包括支付给股东的股利以及股票回购，还要减去企业发行的新股。可以通过下述公式来计算：

流向股东的现金流量＝股利分配－(发行的新股－回购的股票)

另外，流向股东的现金流量还可以这样计算：

流向股东的现金流量＝股利分配－股权资本净增加
＝净利润－留存收益增加－股权资本净增加
＝净利润－股东权益增加
＝66－(412－352)
＝6(百万元)

六、 财务现金流量与会计现金流量的区别

会计现金流量包括经营活动产生的现金流量、投资活动产生的现金流量以及筹资活动产生的现金流量。财务现金流量包括经营性现金流量、资本性支出以及净营运资本的增加、流向债权人的现金流量、流向股东的现金流量。

常见问题

会计现金流量与财务现金流量的差异

在美国会计准则中会计现金流量与财务现金流量的主要差异是利息费用，在财务现金流量中计算流向债权人的现金流量时，加上了企业举债所需支付的利息费用，而在计算会计现金流量中筹资活动产生的现金流量时，并未计入利息费用；但根据我国的会计准则，利息费用则总是归于筹资活动。此外，会计现金流量局限于整个企业主体，而财务现金流量则拓展到企业的项目、股东和债权人等主体。

2.2.4 自由现金流量

自由现金流量是指公司产生的，在满足投资需求之后剩余的，可以分配给公司投资者的现金流量，它被定义为在不影响公司经营能力和产生未来现金流的情况下可以提取的现金数量。自由现金流量是股东评估公司价值的一个重要测量工具。它是公司给付所有现金开支以及运营投资后所持有的剩余资金，也是公司为各种求偿权者尤其是股东所能提供的回报。许多投资者把公司产生自由现金流量的能力摆在考察指标的第一位。

知识讲解

本视频节选自江西财经大学“公司金融”慕课，可登录慕课网站搜索查看完整视频。

自由现金流量

自由现金流量可分为股权自由现金流量（FCFE）和公

司自由现金流量（FCFF）。股权自由现金流量是公司给付所有营运费用、再投资支出、所得税和净债务支出（即利息、本金支付减新发行的债务）后可分配给股东的剩余现金流量，其计算公式如下：

FCFE＝净利润＋折旧＋摊销－资本性支出－净营运资本的增加－债务本金偿还＋新发行的债务

根据该公式可算出 A 公司 2023 年的 FCFE＝66＋39＋5－141－31＋(144－76)＝6（百万元）。

公司自由现金流量是公司支付了所有营运费用、进行了必需的固定资产与营运资本投资后可以向所有求偿权者（包括债权人和股东）分派的税后现金流量，其计算公式如下：

FCFF＝息税前利润－所得税＋折旧＋摊销－资本性支出－净营运资本的增加

由此公式可算出 2023 年 A 公司的 FCFF＝(75＋14)－9＋39＋5－141－31＝－48(百万元)。

股权自由现金流量是归属于股东的现金流量，而公司自由现金流量则是归属于公司的现金流量。一些债务负担重、在一定时期内固定资产投资需求巨大或者属于周期性行业的企业，容易出现股权自由现金流量为负值的情况。A 公司 2023 年固定资产的增加以及长期负债的增加正好说明了 A 公司股权自由现金流量为负的现象。当公司自由现金流量为正时，表明该公司能够产生足够多的现金来为对固定资产和营运资本的当前投资提供资金。相反，负的公司自由现金流量意味着公司没有足够的内部资金来为对固定资产和营运资本的投资融资，它将不得不在资本市场筹集新的资金来支付这些投资。公司价值与公司自由现金流量存在正相关关系，也就是说，在其他条件不变的情况下，公司自由现金流量越大，公司价值就越大，而 A 公司 2023 年的公司自由现金流量为负说明 A 公司 2023 年的公司价值有所下降。

2.2.5　现金流量管理

现金流量管理是指以现金流量作为管理的重心并兼顾收益，围绕企业经营活动、投资活动和筹资活动而构筑的管理体系，是对当前或未来一定时期内的现金流动在数量和时间安排方面所做的预测与计划、执行与控制、信息传递与报告以及分析与评价。现金流量管理的基本目标是要确保企业有实现正常经营及发展所需的资金，同时加强现金的流动性，提高其营运效率，使得企业在稳定发展中壮大实力，扩大规模。

现金流量表以收付实现制为编制原则，不会受权责发生制的应计、递延、摊销和分配程度的影响，所以通常认为经营活动产生的现金流量与基于权责发生制的会计盈余相比，不容易被操纵，是相对可靠的。然而，现金流量表并非那么完善，编制现金流量表的“三分法”为经营活动产生的现金流量的确认提供了“会计选择”的余地，进而导致操纵现金流量的现象发生。管理层会为了隐瞒公司的真实财务状况和投资价值而对公司的经营活动产生的现金流量进行操纵，营造公司运营良好的假象，进而达到粉饰财务报表、满足各种契约门槛要求、获取某种私利等目的。途径主要有如下两个：

一是同时虚增主营业务收入与“销售商品、提供劳务收到的现金”。东方电子是以炒股所得支撑利润高速增长的神话，配合二级市场股价炒作的典型案例。作为以电力自动化设备制造为主业的工业企业，该公司竟然将逾10亿元炒股所得纳入主营业务收入，同时计入“销售商品、提供劳务收到的现金”，在2000年年报中主营业务收入高达13.75亿元（后调减为8.71亿元），相应的“销售商品、提供劳务收到的现金”达11.09亿元。2002年，该公司被迫进行重大会计差错更正，将2000年每股收益从0.52元/股调减为0.107元/股，将每股经营活动产生的现金流量净额从0.41元下调至0.12元。

二是同时虚增“销售商品、提供劳务收到的现金”与投资支出的现金。轰动一时的蓝田股份操纵财务报表的手法比银广夏技高一筹，虚增主营业务收入的同时兼顾销售收现率，虚增的现金通过投资活动现金流出中的“购建固定资产、无形资产和其他长期资产支付的现金”被部分抵消，结果又虚增了长期资产。这样做不仅提高了经营活动产生的现金流量，而且相应地降低了投资活动产生的现金流量。

从上面的例子我们可以看到，公司管理层可以通过各种手段提高经营活动产生的现金流量，以达到其目的，但这些手段并不能影响企业的总现金流量，因此，我们不应该仅仅关注经营性现金流量，还应该注意总现金流量。

2.2.6 市场增加值和经济增加值

财务报表是用来反映企业或预算单位一定时期资金、利润状况的会计报表。它所反映的是企业的历史价值，而不是当前的企业价值，并且企业价值还会随着时间的推移而受利率和通货膨胀的影响。因此，在一定程度上，从财务报表中我们很难看出企业真实的价值。20世纪80年代美国思腾思特咨询公司提出了一种用来分析企业价值的指标——市场增加值（MVA），它是指一家上市公司的股票市场价值与这家公司的股权和债务调整后的账面价值之间的差额。它用来反映资本市场对企业盈利能力的估计，或者说是企业变现价值与原投入资金之间的差额，能有效反映上市公司的企业价值。其计算公式如下：

MVA＝总股本市值－资本总投入

对于企业而言，MVA越高，说明企业为股东创造的财富就越多。但当MVA小于0时，企业总股本市值要小于资本总投入，说明企业不但没给股东带来好消息，反而损害了股东的价值。当MVA等于0时，企业总股本市值恰好等于资本总投入，说明企业只是刚好补偿了股东的投入资本。因此，企业的目的不是最大化企业价值，而是最大化企业的MVA，因为企业可以只通过增加投资就能实现企业价值的增长。

MVA可以反映在证券市场中企业获取经济增加值的能力大小。证券市场越有效，说明企业的市场价值越接近其内在价值。此外，MVA还能被用来评价管理者合理利用企业资源的能力以及企业未来的发展前景，是评价管理者长期业绩的最佳外部指标。如果将MVA与管理者的收入挂钩，就能促使管理者更加有效地管理企业，进而促进企业价值的增加。

MVA 只是针对上市公司而言的，对非上市公司的分析却难以实现。基于增加值的思想，美国思腾思特咨询公司开发了经济增加值（EVA）工具，它是建立在对一些财务数据进行调整的基础上的。EVA 是指从税后净营业利润中扣除包括股权和债务的全部投入资本成本后的所得。其计算公式如下：

EVA＝税后净营业利润－资本成本
　　＝税后净营业利润－债务成本－权益成本
　　＝营业利润－所得税费用－债务利息－投资收益

如果 EVA 大于 0，那么企业的税后净营业利润就会超过产生该利润所需的资本成本，这说明管理层为股东增加了价值。如果 EVA 小于 0，那么企业的税后净营业利润就会低于资本成本，这意味着管理层并没有利用好资源，导致股东的价值减少了。

EVA 是一种从基本面来评价企业的指标，可以被用来评价企业管理者有效使用资本和为股东创造价值的能力，全面反映企业当期的业绩表现。EVA 有助于管理者做出更明智的决策，因为 EVA 要求考虑包括股权和债务在内的全部投入资本成本。这一资本成本的概念令管理者更勤勉、更理智地利用资本以迎接挑战，创造竞争力。但是，在利用 EVA 进行业绩评价时，也会有一些不足之处，例如，对非财务信息不够重视。此外，EVA 仅关注企业当期的经营状况，并没有反映企业未来的经营收益预测。

思政课堂

拓展阅读

央企司库体系建设

在数字化浪潮下，全面提升财务管理标准化、集约化、精益化、智能化水平，推动财务管理再上新台阶成了大多数企业必须做的改革。2022 年，国务院国资委发布《关于推动中央企业加快司库体系建设 进一步加强资金管理的意见》，对央企司库体系做出明确规定，并要求所有中央企业力争在 2023 年底前基本建成“智能友好、穿透可视、功能强大、安全可靠”的司库信息系统，实现所有子企业银行账户全部可视、资金流动全部可溯、归集资金全部可控的目标。这也是我国针对中央企业首个明确司库体系建设目标、标准和内容的政策文件，是央企司库体系建设的核心政策。加快推动财务管理数智化转型升级，是企业实现高质量发展的必然选择。同时，企业也应树立正确的经济伦理观，将诚信、责任、公正等价值观融入日常运营和财务管理中，政府和行业协会应加强对企业财务报告的监管，推动行业自律，保障财务信息的公信力，维护资本市场的稳定和投资者的信心。

本章小结

本章介绍了资产负债表、利润表、现金流量表、股东权益变动表四张主要的企业财务报表，它们综合反映了企业的经营成果和财务状况。资产负债表是反映企业在某一特定日期的全部资产、负债和股东权益的会计报表；利润表是反映企业在一定会计期间的经营成果的会计报表；现金流量表反映企业现金及现金等价物的来源和使用，其项目按经营活动、投资活动和筹资活动三项基本活动分别列示；股东权益变动表反映股东权益各组成部分当期增减变动情况。

企业财务报表中最重要的项目可能要算现金流量，现金流量是现金及现金等价物流入和流出的数量。净现金流量是指现金流入和现金流出的差额，可能为正，也可能为负。一般来讲，现金流入大于现金流出反映了企业现金流量的积极现象和积极趋势。会计现金流量表说明了现金及现金等价物是如何发生变动的。我们还从另外一个角度——财务的角度讨论了现金流量。从财务的角度来看，企业的价值体现为其产生现金流量的能力。企业财务现金流量等于流向债权人的现金流量和流向股东的现金流量之和。会计现金流量与财务现金流量紧密相连，二者的主要差异在于对利息费用的处理不同。

许多投资者把公司产生自由现金流量的能力摆在考察指标的第一位。自由现金流量是指公司产生的，在满足投资需求之后剩余的，可以分配给公司投资者的现金流量，它是公司为各种求偿权者尤其是股东所能提供的回报。

现金流量管理是指以现金流量作为管理的重心并兼顾收益，围绕企业经营活动、投资活动和筹资活动而构筑的管理体系，基本目标是要确保企业有实现正常经营及发展所需的资金，同时加强现金的流动性，提高其营运效率，使得企业在稳定发展中壮大实力，扩大规模。

市场增加值是指一家上市公司的股票市场价值与这家公司的股权和债务调整后的账面价值之间的差额。经济增加值是指从税后净营业利润中扣除包括股权和债务的全部投入资本成本后的所得。EVA 与 MVA 之间的正相关性越强，表明市场增加值越能反映企业现在和未来获取经济增加值的能力。

中国公司金融实践

中船科技股份有限公司的前身是由江南造船（集团）有限责任公司（以下称“江南集团”）独家发起，以下属的钢结构机械工程事业部为主体，通过社会募集方式于 1997 年成立的上市公司。2016 年底公司完成改革重组，更名为中船科技股份有限公司，并定位为高科技、新产业的多元化上市平台。截至 2023 年底，该公司股数为 736 249 883 股，控股股东为中国船舶工业集团有限公司（以下称“中船集团”）。中船集团持有该公司股票 275 204 726 股，占该公司股数的 37.38%，江南集团持有该公司股票28 727 521 股，占公司股数的 3.9%。

以下是中船科技股份有限公司 2022 年和 2023 年的资产负债表（见表 2－15）以及 2023 年的利润表（见表 2－16）。

表 2－15　中船科技股份有限公司资产负债表　单位：亿元

资产	2023 年	2022 年	负债和股东权益	2023 年	2022 年
流动资产：			流动负债：		
货币资金	72.311 3	81.678 0	短期借款	11.644 5	33.472 3
应收票据	0.790 5	0.570 1	应付票据	38.011 1	50.294 7

续表

资产	2023 年	2022 年	负债和股东权益	2023 年	2022 年
应收账款	124.125 5	97.616 9	应付账款	102.420 4	89.936 7
预付款项	1.764 8	4.927 6	预收款项	0.003 3	0.000 7
其他应收款	4.601 4	4.009 6	合同负债	13.048 6	17.571 6
其中：应收利息	0.112 5	0.077 1	应付职工薪酬	0.141 6	0.130 9
存货	45.491 0	57.660 4	应交税费	2.067 3	1.896 7
合同资产	18.703 8	22.452 5	其他应付款	3.626 4	4.871 0
一年内到期的非流动资产	0.590 8	5.013 2	其中：应付股利	0.003 2	0.696 9
其他流动资产	6.215 3	8.153 4	一年内到期的非流动负债	25.681 7	25.919 5
流动资产合计	274.594 4	282.081 7	其他流动负债	6.771 7	5.453 9
非流动资产：			流动负债合计	203.416 6	229.548 0
可供出售金融资产	0	0	非流动负债：		
长期应收款	0	3.277 2	长期借款	146.118 4	55.515 8
长期股权投资	10.350 7	9.727 3	租赁负债	4.861 1	2.519 1
其他权益工具投资	2.478 3	2.298 0	长期应付款	0	0.023 3
其他非流动金融资产	0	2.976 0	长期应付职工薪酬	0.179 8	0.188 9
投资性房地产	3.971 8	4.439 8	预计负债	7.667 4	7.338 0
固定资产	57.679 0	57.112 6	递延收益	1.620 3	1.575 7
在建工程	68.310 0	21.069 7	递延所得税负债	1.527 0	0.728 5
无形资产	11.079 2	7.745 8	其他非流动负债	1.775 2	6.725 5
开发支出	3.614 9	2.918 0	非流动负债合计	163.749 2	74.614 8
长期待摊费用	0.707 7	0.654 1	负债合计	367.165 8	304.162 8
递延所得税资产	6.459 6	5.049 9	股东权益：		
其他非流动资产	41.562 4	22.005 6	实收资本（或股本）	15.065 2	7.362 5
非流动资产合计	206.213 6	139.274 0	资本公积	81.493 7	60.173 7
			其他综合收益	0.512 4	0.404 3
			专项储备	0.125 1	0.074 7
			盈余公积	2.763	2.728 8
			未分配利润	8.983 5	7.773 2
			归属于母公司股东权益合计	108.942 9	78.517 2
			少数股东权益	4.699 3	38.675 7
			股东权益合计	113.642 2	117.192 9
资产合计	480.808 0	421.355 7	负债和股东权益合计	480.808 0	421.355 7

表 2-16　中船科技股份有限公司利润表　　单位：亿元

项目	2023 年
一、营业总收入	144.862 4
其中：营业收入	144.862 4
利息收入	0
已赚保费	0
手续费及佣金收入	0
二、营业总成本	146.656 3
其中：营业成本	122.467 6
利息支出	0
手续费及佣金支出	0
退保金	0
赔付支出净额	0
提取保险责任准备金净额	0
保单红利支出	0
分保费用	0
税金及附加	0.887 2
销售费用	8.378 0
管理费用	6.400 7
研发费用	4.819 1
财务费用	3.703 6
其中：利息费用	4.759 9
利息收入	1.218 6
加：其他收益	0.583 2
投资收益（损失以"—"号填列）	5.551 7
其中：对联营企业和合营企业的投资收益	1.440 9
以摊余成本计量的金融资产终止确认收益	0
汇兑收益（损失以"—"号填列）	0
净敞口套期收益（损失以"—"号填列）	0
公允价值变动收益（损失以"—"号填列）	0.062 1
信用减值损失（损失以"—"号填列）	—2.748 1
资产减值损失（损失以"—"号填列）	0.107 1
资产处置收益（损失以"—"号填列）	0.141 8
三、营业利润（亏损以"—"号填列）	1.903 9

续表

项目	2023 年
加：营业外收入	0.027 9
减：营业外支出	0.336 1
四、利润总额（亏损总额以“—”号填列）	1.595 7
减：所得税费用	0.176 0
五、净利润（净亏损以“—”号填列）	1.419 7
（一）归属于母公司股东的净利润（净亏损以“—”号填列）	1.618 2
（一）少数股东损益（净亏损以“—”号填列）	−0.198 5
六、其他综合收益的税后净额	0.065 7
（一）归属于母公司所有者的其他综合收益的税后净额	0.065 7
（二）归属于少数股东的其他综合收益的税后净额	
七、综合收益总额	1.485 4
（一）归属于母公司所有者的综合收益总额	1.683 9
（二）归属于少数股东的综合收益总额	−0.198 5
八、每股收益：	
（一）基本每股收益（元/股）	0.107 4
（二）稀释每股收益（元/股）	0

思考题

假设你被雇用去分析中船科技股份有限公司的财务报表（如上面的两张报表）。已知 2023 年中船科技股份有限公司的折旧为 7.050 2 亿元，总市值约为 194 亿元。要求你根据所给信息，并结合前面所学知识来回答下列问题。

1. 计算中船科技股份有限公司的经营性现金流量、资本性支出以及净营运资本的变动额；
2. 计算中船科技股份有限公司的财务现金流量；
3. 分别计算中船科技股份有限公司流向股东的现金流量和流向债权人的现金流量，并给出中船科技股份有限公司的财务现金流量表；
4. 计算中船科技股份有限公司的股权自由现金流量和公司自由现金流量；
5. 计算中船科技股份有限公司的经济增加值和市场增加值。

课后习题

简答题

1. **财务报表**　我国上市公司年度报告中的主要财务报表有哪些？请给出相关定义。

2. **财务报表** 请解释这句话：如果我们描述资产负债表和利润表，那么可以说资产负债表更像是一张快照，而利润表更像是一段视频。

3. **会计利润与现金流量** 为什么说公司报告的利润与其同一时间的现金流量之间可能存在很大差异？

4. **现金流量** 试说明会计现金流量与财务现金流量二者的不同之处。

5. **会计利润与现金流量** 在财务方面，为什么投资者通常对现金流量更感兴趣而不是对会计利润更感兴趣？现金流量和会计利润到底哪个重要？

6. **净营运资本** 什么是净营运资本？公司净营运资本的变动额有可能为负吗？

7. **净经营性营运资本** 净经营性营运资本与净营运资本有何不同？

8. **EVA** EVA与会计利润有什么不同？

9. **MVA与EVA** MVA和EVA是如何评价管理层业绩的？二者存在什么联系？

计算题

1. **每股账面价值** 捷成公司2023年12月31日的资产负债表显示，已发行普通股20 000股，总计405 000元。2023年，该公司的净收入为450 000元，并支付了100 000元的股息。那么2023年12月31日每股账面价值是多少？

2. **市值与账面价值** 晨曦软件的当前资产负债表显示，普通股总股本为5 242 500元。该公司有45万股发行在外的股票，以每股24.50元的价格出售。该公司股票市场价值和每股账面价值相差多少？

3. **净经营性营运资本** 中华公司的资产负债表显示，流动资产总额为4 250万元，所有这些资产都是运营所需要的。中华公司的流动负债包括应付账款975万元、应付银行短期票据600万元和应计工资及税款250万元。中华公司的净经营性营运资本是多少？

4. **EBIT** 基容建筑公司最近报告了2 050万元的销售额、除折旧以外的1 260万元运营成本和300万元的折旧。它有850万元的未偿债券，利率为7.0%，税率为40%。基容建筑公司的净利润和EBIT分别是多少？

5. **自由现金流量** 朗润公司最近公布的营业收入为275万元，折旧为120万元，税率为40%。该公司的固定资产和净营运资本支出总计60万元。该公司的自由现金流量是多少？

6. **MVA** 多年来，雅玛公司的股东提供了2 000万元的资本。该公司目前拥有100万股普通段，每股价格为38.50元。雅玛公司的管理层在一年里为股东财富增加了多少价值？

7. **EVA** 旭日汽车公司最近报告了以下信息：净收入为60万元，税率为40%，利息支出为20万元，营运资本投资总额为900万元，税后资本成本为10%。该公司的EVA是多少？

8. **自由现金流量** 去年，中华咨询公司报告了1 125万元的销售额、450万元的运营成本（扣除折旧）和125万元的折旧。该公司有350万元的未偿债券，利率为6.5%，税率为35%。去年，该公司的固定资产和净营运资本支出总计200万元。这些支出对它维持业务和产生未来的销售和现金流量是必要的。预计今年的多数数据将保持不变，折旧预计将增加72.5万元。折旧变化将导致：

（1）公司的净收入变化多少？

（2）自由现金流量如何发生变化？

9. **应纳税额**　浩然公司有以下现金流：营业收入 250 000 元，收到的利息 10 000 元，已付利息 45 000 元，收到的股息 20 000 元，已支付的股息 50 000 元。如果公司适用的税率为 40%，并且收到的 70%的股息免税，则公司的应纳税额是多少？

10. **资本性支出**　维欧公司 2022 年的资产负债表显示净固定资产为 245 万元；2023 年的资产负债表显示净固定资产为 293 万元，折旧为 34 万元。请问维欧公司 2023 年的资本性支出是多少？

11. **流向债权人的现金流量**　金吉公司 2022 年的资产负债表显示长期负债为 234 万元；2023 年的资产负债表显示长期负债为 225 万元，这一年的利息费用为 22.5 万元。请问金吉公司 2023 年流向债权人的现金流量是多少？

12. **流向股东的现金流量**　金吉公司 2022 年的资产负债表显示实收资本为 23 万元，资本公积为 240 万元；2023 年的资产负债表显示实收资本为 34 万元，资本公积为 320 万元。已知该公司当年支付了 47 万元的现金股利。请问金吉公司 2023 年流向股东的现金流量是多少？

13. **编制财务报表**　假定税率为 40%，请根据表 2－17 中的信息编制福昕公司 2023 年的资产负债表和利润表。

表 2－17　福昕公司的财务信息　　单位：元

	2022 年	2023 年
营业收入	383 900	371 500
营业外收入	1 660	7 488
财务费用	6 631	4 356
销售费用	4 842	5 808
货币资金	131 800	201 300
应付票据	7 000	16 050
固定资产	759 200	978 100
存货	134 300	121 800
长期借款	171 900	154 300
应收账款	132 900	133 600
应付账款	154 500	194 900
营业成本	379 900	291 000
营业外支出	2 384	3 978
短期借款	189 700	212 500

第3章

财务报表分析与财务预测模型

章前引例

习近平在2023年10月中央金融工作会议上的讲话中指出，要依法打击会计造假、审计造假，确保金融数据真实性。2024年3月，经中国证监会查明，恒大地产披露的2019年、2020年年度报告存在虚假记载。针对恒大地产的违法违规行为，中国证监会拟决定对恒大地产处以41.75亿元的罚款等相关处罚。恒大地产通过提前确认收入的方式进行财务造假，导致2019年、2020年各虚增收入2 139.89亿元、3 501.57亿元，占当期营业收入的比例分别为50.14%、78.54%；对应虚增利润分别为407.22亿元、512.89亿元，占当期利润总额的比例分别为63.31%和86.88%。除了精心“粉饰”财报外，恒大地产还利用公开发债融资。由于恒大地产在相关债券发行文件中分别引用了存在虚假记载的2019年、2020年年度报告的相关数据，因此债券涉嫌欺诈发行。除了上述两项违法违规行为外，恒大地产还未按规定及时披露年报及逾期债务等相关信息。恒大集团成立于1996年，曾借助房价上涨东风，短时间内一举跃进中国房地产行业十强，然而近年来恒大地产的这一系列财务造假行为让其陷入债务风波。由此可知，财务报表分析是发现财务造假的重要手段之一，大量投资者也可以通过分析公司的财务报表来做出自己的投资决策，更好地规避风险，具体的分析方法需要我们接下来进行学习。

学习目标

- 掌握相关财务比率的计算方法。
- 了解杜邦分析法的内涵以及它的运用。
- 领会共同比报表、百分比报表的制作方法和内涵。
- 了解财务预测的方法及模型，学会运用销售收入百分比法、外部融资公式法去预测公司的外部融资需求量。
- 培养对财务法规和会计准则的重视，强调财务报表分析合法合规的重要性。

随着市场经济的不断发展和企业经营管理的规范化，企业财务报表分析在企业财务管理中的地位越来越重要。企业若要及时发现财务会计及经营管理中的问题，就必须通过财务报表分析做出正确的判断。在分析财务报表的过程中一定要注意综合运用不同的分析方法，通过财务数据发现企业存在的问题，从而为利益相关者做出决策提供正确的帮助。进行财务报表分析必须掌握科学的方法，并应充分考虑其适用性与局限性。财务报表是反映一定时期内会计主体的财务状况、经营成果及现金流量的信息载体，因此财务报表分析是揭示企业财务信息的主要手段。财务报表的使用者如何解剖报表信息的内涵，解读报表所传递的信息，又该如何科学分析这些信息，这些问题是企业财务报表分析的关键所在。通过前面的内容，我们已经学习了相关的财务报表。本章以企业的基本活动为分析对象，以财务和财务相关信息为依据，以决策的有用性为目标，介绍财务报表分析的方法和原则，利用相关财务指标，包括短期偿债能力指标、长期偿债能力指标、资产管理与周转指标、盈利性指标、企业价值度量指标来对财务报表进行分析；探讨杜邦分析法、净资产收益率（ROE）的组成以及如何提高增长率；讲解如何利用销售收入百分比法、外部融资公式法来预测外部融资需求量，以便更好地利用财务报表的相关信息来指导企业做出财务决策。

第1节　财务比率分析

在学习财务比率分析之前，许多人都会将财务报表数据仅仅视为会计上的一种处理，但它们实际上远不只如此。正如你将在本章看到的，这些数据提供了丰富的信息，可用于管理层、投资者、贷款人、客户、供应商和监管机构的决策，对报表的分析可以突出公司的优点和缺点，管理层可以利用这些信息来改善公司的业绩，其他人也可以利用这些信息来预测未来的结果。

> **知识讲解**
>
> 本视频节选自江西财经大学“公司金融”慕课，可登录慕课网站搜索查看完整视频。
>
> 财务比率分析

股东价值最大化是财务管理的目标。因此，如何提升公司股价是每个经理人首先要考虑的问题。从财务报表入手不失为一个好办法，通过进行财务报表分析，找到公司的薄弱环节，并有针对性地采取措施予以纠正，这对股价的提升有正向的促进作用。各种财务比率就是我们分析财务报表的重要工具，通过进行财务比率分析，可以评价过去的经营业绩、衡量现在的财务状况、预测未来的发展趋势。

当然，进行财务报表分析也有一定的步骤，具体步骤如下：

（1）明确分析目的。财务报表分析的目的依分析的类型不同而不同：信用分析的目的主要是分析企业的偿债能力和支付能力；投资分析的目的主要是分析投资的安全性和盈利性；经营决策分析的目的主要是分析企业产品、生产结构和发展战略方面；等等。

（2）搜集有关信息。企业各项经济活动都与内外部环境的变化相关联，会计信息只反映经济活动在某一时期的结果，并不反映经济活动发展的全过程。财务报表能反映产生当前结果的原因，但不能全面揭示所分析的问题。因此，需要分析者搜集宏观经济信息、行业情况信息、企业内部数据等。

（3）按目的将各个部分分类。将整体分为各个部分，对各个部分进行详细的分析。例如，想要分析企业的权益收益率时，要综合分析经营状况、资产周转情况等。

（4）深入研究各个部分的特殊本质。需要对各个部分的经济含义进行深入的研究，分析各个部分是如何影响整体目标的。

（5）解释结果。对整体和部分进行分析后，根据分析结果提供对决策有帮助的信息。

下面我们就来学习财务比率分析的具体内容。

财务比率分析，是依据同一会计期间财务报表上的有关数字计算出相应的财务比率，进而对企业的财务状况和经营成果进行分析和比较的一种方法。我们应该知道一个比率没有唯一正确的值，好坏完全取决于对企业的深刻分析。在进行财务比率分析时，必须结合一个企业的管理知识及经济环境、实际情况，如行业特点、季节性趋势和通货膨胀等，还要结合财务报表后的“附注”或“注释”部分，以防止企业进行“盈利操纵”。财务比率指标一般分为五大类，分别是短期偿债能力指标、长期偿债能力指标、资产管理与周转指标、盈利性指标、企业价值度量指标。

短期偿债能力指标反映企业偿还一年内到期债务的能力；长期偿债能力指标反映企业为资产融资的方式，以及企业偿还长期债务的能力；资产管理与周转指标反映企业使用资产的效率；盈利性指标反映企业经营和利用资产来盈利的能力；企业价值度量指标反映投资者对企业及其未来前景的看法。

财务比率分析的核心在于财务比率指标的比较，包括横向比较和纵向比较。横向比较是指在同一时点（时期）对企业各财务比率指标与行业平均水平进行比较。横向比较能直观地揭示企业各财务比率指标与其所属行业平均水平的差别，判断企业在该行业的经营水平。纵向比较是指对企业近几期的财务比率指标进行对比。纵向比较清晰地表明企业近年财务比率指标的变化趋势，反映企业经营状况的变化以及为自身财务状况改善所做出的努力。这些研究有助于管理者识别缺陷并采取纠正措施。下面我们就对各个指标进行详细的阐述。

3.1.1 短期偿债能力指标

短期偿债能力对企业各利益相关者的利益都有着非常重要的影响。对企业管理者来说，短期偿债能力的高低意味着企业承受财务风险能力的大小；对投资者来说，企业的短期偿债能力是判断投资机会是否良好的一个标志；对债权人来说，这意味着债权人的钱能否如期收回。任何一个企业都必须重视短期偿债能力，因此我们也必须学会各种衡量短期偿债能力的指标并学会在实践中加以运用。衡量短期偿债能力的指标主要有流动比率、速动比率、现金比率，下面我们就一一来学习这些比率。

1. 流动比率

首先我们来学习流动比率。它是人们最为熟悉的一个比率，用来衡量企业流动资产在短期债务到期前，可以变为现金用于偿还债务的能力。其计算公式为：

$$流动比率=\frac{流动资产}{流动负债}$$

流动资产包括现金、有价证券、应收账款和存货等，流动负债包括应付账款、应付工资和税款以及应付票据等，这些都将在一年内到期。如果一家公司出现财务困难，它通常会开始放慢支付应付账款的速度，并向银行借更多的钱，这两种情况都会增加流动负债。如果流动负债的增长速度快于流动资产，流动比率就会下降。我们在本章将沿用上一章 A 公司的财务数据进行举例并计算分析，则 A 公司 2023 年的流动比率为：

$$\text{流动比率}=\frac{716}{456}=1.57$$

由表 3-1 可知，对于 A 公司而言，2023 年的流动比率为 1.57，相当于对于每 1 元流动负债，A 公司有 1.57 元的流动资产来偿还，或者说 A 公司流动资产对流动负债的覆盖倍数为 1.57。同时我们也可以看到，A 公司所在行业 2023 年的流动比率平均水平为 1.25，所以 A 公司流动比率高于行业平均水平，说明其短期偿债能力较强。此外，对 A 公司的流动比率进行纵向比较，A 公司 2022 年的流动比率为 1.74，2021 年的流动比率为 1.85，由此可知，A 公司的流动比率逐年降低，其短期偿债能力是在减弱的。

表 3-1　2021—2023 年 A 公司的流动比率与行业平均水平

	A 公司	行业平均水平
2023 年	1.57	1.25
2022 年	1.74	1.28
2021 年	1.85	1.36

一般来说，流动比率越高，企业资产的变现能力越强，短期偿债能力也越强，反之则弱。通常认为流动比率的值应大于 2，表示流动资产是流动负债的两倍，即使有一半的流动资产在短期内不能变现，也能保证全部流动负债得以偿还。但不同行业对流动比率的要求不尽相同。除特殊情况外，流动比率应至少达到 1。如果低于 1，说明企业的净营运资本（流动资产－流动负债）小于 0，企业的运营状况不太理想。当然，流动比率也不是越高越好，过高的流动比率除了反映企业短期偿债能力强之外，还说明流动资产占用了企业过多的资金，不利于提高企业的经营效率和盈利能力。

2. 速动比率

作为进一步分析流动性的指标，速动比率（酸性测验比率）是指企业速动资产与流动负债的比率。速动资产是企业的流动资产减去存货后的余额。速动比率的计算公式为：

$$\text{速动比率}=\frac{\text{速动资产}}{\text{流动负债}}=\frac{\text{流动资产}-\text{存货}}{\text{流动负债}}$$

存货通常是公司流动资产中流动性较低的一种。如果销售放缓，它们可能不会像预期的那样迅速转化为现金。此外，存货是在清算时最有可能发生损失的资产。因此，速动比率很重要，速动比率衡量企业在不依赖销售库存的情况下偿还短期债务的能力。

A 公司 2023 年的速动比率为：

$$\text{速动比率}=\frac{716-114}{456}=1.32$$

由表 3－2 知，A 公司 2023 年的速动比率为 1.32，说明 A 公司每 1 元流动负债就有 1.32 元易于变现的流动资产来抵偿。由于 A 公司的存货占流动资产的比例较小，所以速动比率与流动比率的数值相差不大。但对于其他像超市之类的企业而言，存货占流动资产的比例很大，速动比率就会很低，与流动比率的数值相差较大。同时，我们也可得知，2023 年 A 公司速动比率行业平均水平为 1.03，A 公司的速动比率高于行业平均水平，说明 A 公司的短期偿债能力高于行业平均水平。此外，A 公司 2022 年和 2021 年的速动比率分别为 1.51 和 1.66，可见 A 公司的速动比率也在逐年下降，但仍大于 1，说明 A 公司有比较可靠的短期偿债能力。

表 3－2　2021—2023 年 A 公司的速动比率与行业平均水平

	A 公司	行业平均水平
2023 年	1.32	1.03
2022 年	1.51	1.05
2021 年	1.66	1.07

通常来说，速动比率的值越高，短期偿债能力越强，一般认为速动比率维持在 1 的水平比较正常，它表明企业每 1 元流动负债就有 1 元速动资产来偿还，短期偿债能力有可靠的保证。若速动比率过低，企业的短期偿债风险较大，若速动比率过高，速动资产占用的企业资金过多，会增加企业投资的机会成本，但以上判断标准也不是绝对的，在实际工作中应考虑不同企业的性质。

3. 现金比率

也有很多债权人关心企业的现金比率，它是当企业大量赊销而形成大量应收账款时，考察企业变现能力所运用的指标。现金比率将存货和应收账款排除在外，只度量所有资产中相对于当前流动负债最具流动性的项目，是三个短期偿债能力指标中最保守的一个。

其计算公式为：

$$现金比率=\frac{货币资金}{流动负债}$$

A 公司 2023 年的现金比率为：

$$现金比率=\frac{322}{456}=0.71$$

通常认为现金比率维持在 0.2 以上较好。由于现金类资产几乎不具有获利能力，所以现金比率过高说明企业资金未能得到合理运用，影响企业的获利能力。

由表 3－3 知，A 公司 2023 年的现金比率为 0.71，说明对于每 1 元流动负债，A 公司在不依靠存货销售和应收账款的情况下，有 0.71 元的现金用于偿还。A 公司 2023 年的现金比率行业平均水平为 0.50，低于 A 公司 2023 年的现金比率，说明 A 公司的短期偿债能力是高于行业平均水平的。此外，A 公司 2021 年和 2022 年的现金比率分别为 0.80 和 0.89，可见 A 公司的现金比率先上升后下降，公司的管理者可以据此进行现金管理。

表 3-3 2021—2023 年 A 公司的现金比率与行业平均水平

	A 公司	行业平均水平
2023 年	0.71	0.50
2022 年	0.89	0.46
2021 年	0.80	0.49

3.1.2 长期偿债能力指标

长期偿债能力反映了企业偿还长期债务的保证程度。进行长期偿债能力分析，有利于优化公司资本结构和降低财务风险。如果公司从资产上获得的收益率大于它支付债务的利率，那么债务的使用就会增大 ROE。然而，与仅以股权融资相比，债务使公司面临更大的风险。在本小节中，我们将讨论长期偿债能力指标。下面我们来看看三种常用的度量指标，通过理解这些指标公式的内涵，更好地理解长期偿债能力指标设置的意义。

在介绍总负债率之前，我们先看这样一个例子，来说明与债务相关的潜在利益和风险。

在这里，我们分析两家除了融资方式之外完全相同的公司（见表 3-4）。公司 U（无杠杆）没有债务，因此，它使用 100%的普通股。公司 L（有杠杆）以 10%的利率以债务形式获得 50%的资本。两家公司的总资产均为 100 元，税率均为 40%，它们的销售额预计从 75 元增至 150 元。无论两家公司的销售水平如何，两家公司的运营成本（如租金）都是固定的（即表 3-4 中的固定成本），都为 45 元，而其他成本（如制造人工和材料成本）则随销售额（营业收入）的变动而变动。当经济状态良好时，销售额为 150 元，可变成本为 60 元；当经济状态糟糕时，销售额为 75 元，可变成本为 30 元。

请注意，有杠杆公司和无杠杆公司的息税前利润（EBIT）是一样的，然而，公司 U 没有债务，不支付利息，所以其应税收入与 EBIT 相同。当经济状态良好时，它支付了 40%的税后净利润为 27[=(150−45−60)×(1−40%)] 元；当经济状态糟糕时，它支付了 40%的税后净利润为 0[=(75−45−30)×(1−40%)] 元。如果将公司 U 的净利润除以股东权益，它的 ROE 根据经济状态为从 0 到 27%不等。

公司 L 在不同经济状态下的 EBIT 和公司 U 相同，但是公司 L 有 50 元的债务，利率为 10%，所以它有 5 元的利息。这 5 元从息税前利润中扣除以获得应税收入，税金被扣除后，剩下的就是净利润，根据情况的不同，净利润从−5 元到 24 元不等。起初，看起来公司 U 在所有情况下都更好，但这是不正确的，我们需要考虑两家公司股东的投资额。公司 L 的股东只拿出了 50 元，当经济状态良好时，公司 L 的 ROE 高达 48%（对公司 U 来说是 27%）。然而，当经济状态糟糕时，公司 L 的 ROE 会跌至−10%，这意味着如果这种情况持续几年，公司 L 将会破产。

表 3-4　例子

公司 U（无杠杆）					
流动资产	50		负债		0
固定资产	50		股东权益		100
总资产	100		负债和股东权益总额		100
			经济状态		
			良好	一般	糟糕
营业收入			150	100	75
营业成本		固定成本	45	45	45
		可变成本	60	40	30
			105	85	75
息税前利润			45	15	0
利息（利率＝10%）			0	0	0
所得税（税率＝40%）			18	6	0
净利润			27	9	0
ROE			27%	9%	0

公司 L（有杠杆）					
流动资产	50		负债		50
固定资产	50		股东权益		50
总资产	100		负债和股东权益总额		100
			经济状态		
			良好	一般	糟糕
营业收入			150	100	75
营业成本		固定成本	45	45	45
		可变成本	60	40	30
			105	85	75
息税前利润			45	15	0
利息（利率＝10%）			5	5	5
税前利润			40	10	−5
所得税（税率＝40%）			16	4	0
净利润			24	6	−5
ROE			48%	12%	−10%

注：金额的单位为元。

因此，当经济状态良好时，负债率相对较高的公司通常会有较高的预期收益率，但如果经济陷入衰退，收益率就会较低，甚至可能破产。因此，债务的使用要求公司在更高的预期收益率和更高的风险之间进行平衡。

1. 总负债率

总负债率，又称举债经营比率，用来衡量企业利用债务资金来开展经营活动的能力，通过将企业的总负债与总资产相比得出。在企业管理中，总负债率的高低不是一成不变的。从债权人的角度来说，总负债率越低，说明企业偿债越有保证，越有利于债权人；从股东的角度来说，在资本收益率高于借款利率时，总负债率越高，股东所得到的利润越多；从经营者的角度来说，他们最关心的是在充分利用借入资金给企业带来好处的同时尽可能降低财务风险。一般来说，总负债率的适宜水平是0.4～0.6。

拓展阅读

《2018年降低企业杠杆率工作要点》

其计算公式为：

$$总负债率=\frac{总负债}{总资产}$$

A公司2023年的总负债率为：

$$总负债率=\frac{600}{1\ 012}=0.59$$

由表3-5知，A公司2023年的总负债率为0.59，这意味着债权人为其提供了超过一半的资金。简单来说，A公司每1元资产中有0.59元来自债权人资金，有0.41元来自股东权益。A公司所属行业2023年总负债率的平均水平为0.63，即A公司总负债率低于行业平均水平，这说明A公司的总负债率相对来说还是比较合理的，在短期不会存在破产风险。A公司2021年和2022年的总负债率分别为0.47和0.52，说明A公司的总负债率逐年提高，这可能是因为举债融资对A公司更加有利。

表3-5 2021—2023年A公司总负债率及行业平均水平

	A公司	行业平均水平
2023年	0.59	0.63
2022年	0.52	0.56
2021年	0.47	0.53

与总负债率相关的两个比率分别是负债权益比和权益乘数，它们的计算公式分别如下：

$$负债权益比=\frac{总负债}{总权益}$$

$$权益乘数=\frac{总资产}{总权益}$$

A 公司 2023 年的负债权益比和权益乘数分别是：

$$负债权益比=\frac{600}{412}=1.46$$

$$权益乘数=\frac{1\ 012}{412}=2.46$$

我们可以看到 A 公司的权益乘数等于负债权益比加上 1，这并非偶然，对任何企业而言，这个关系都存在。

$$\begin{aligned}权益乘数&=\frac{总资产}{总权益}\\&=\frac{总负债+总权益}{总权益}\\&=负债权益比+1\end{aligned}$$

在总负债率、负债权益比和权益乘数这三个比率中，如果给定任意一个，就能立即推算出其他两个。

2. 利息保障倍数

另一个常用于衡量企业长期偿债能力的指标是利息保障倍数，是企业生产经营获得的息税前利润与利息费用的比率。要维持企业的正常经营，利息保障倍数应至少等于 1。利息保障倍数越高，说明企业的长期偿债能力越强；利息保障倍数过低，说明企业将面临亏损、偿债安全性和稳定性不足的风险。

其计算公式为：

$$\begin{aligned}利息保障倍数&=\frac{\text{EBIT}}{利息费用}\\&=\frac{税前利润+利息费用}{利息费用}\\&=\frac{净利润+所得税费用+利息费用}{利息费用}\end{aligned}$$

值得注意的是，在我国的会计实务中利息费用不单独记录，而是被计入财务费用当中，所以外部使用者通常得不到准确的利息费用数据，分析人员通常用财务费用代替利息费用进行计算，所以容易存在误差。

A 公司 2023 年的利息保障倍数为：

$$利息保障倍数=\frac{75+14}{14}=6.36$$

由表 3-6 知，A 公司 2023 年的利息保障倍数为 6.36，说明对于每 1 元利息费用，A 公司有 6.36 元经营利润可用于支付，表明公司的偿债能力较强。A 公司所属行业 2023 年的利息保障倍数均值为 2.15，A 公司 2023 年的利息保障倍数远远高于行业平均水平。A 公司 2022 年和 2021 年的利息保障倍数分别为 7.32 和 6.54，可见在 2021—2023 年 A 公司利息保障倍数先上升后下降，但始终维持在较高水平。

表 3-6 2021—2023 年 A 公司利息保障倍数及行业平均水平

	A 公司	行业平均水平
2023 年	6.36	2.15
2022 年	7.32	3.56
2021 年	6.54	2.45

3. 现金对利息的保障倍数

通过观察利息保障倍数的公式，我们可以知道利息保障倍数是存在缺陷的。在计算 EBIT 时非现金项目折旧和摊销已被减去，因而 EBIT 并不能真正度量可用于支付利息的现金有多少，而利息在多数情况下是对债权人的现金流出，所以可以定义现金对利息的保障倍数。它反映了企业在某一时点所拥有的现金是利息支出的多少倍，该倍数更明确地表明了企业现金偿付债务利息的能力，所以基于净现金流量的利息保障倍数比基于收益的利息保障倍数更可靠。

现金对利息的保障倍数的计算公式为：

$$现金对利息的保障倍数=\frac{EBIT+折旧+摊销}{利息费用}$$

A 公司 2023 年现金对利息的保障倍数为：

$$现金对利息的保障倍数=\frac{75+14+39+5}{14}=9.50$$

由表 3-7 知，A 公司 2023 年现金对利息的保障倍数为 9.50，说明对于每 1 元利息费用，A 公司有 9.50 元的现金可用于支付。A 公司所属行业 2023 年现金对利息的保障倍数均值为 3.00，A 公司现金对利息的保障倍数远远高于行业平均水平。此外，A 公司 2022 年和 2021 年现金对利息的保障倍数分别为 10.42 和 9.73，可知 A 公司在 2021—2023 年现金对利息的保障倍数先升高后降低。

表 3-7 2021—2023 年 A 公司现金对利息的保障倍数及行业平均水平

	A 公司	行业平均水平
2023 年	9.50	3.00
2022 年	10.42	3.23
2021 年	9.73	3.14

3.1.3 资产管理与周转指标

企业的营运能力是指企业充分利用现有资源创造价值的能力，通过对资产周转状况的分析可以客观评价企业的经营状况、经营管理水平和资产利用效率，其中存货和应收账款是两种十分重要的资产。下面就让我们来看看企业能在多大程度上利用这两种资产来实现自身的良好运转。

1. 存货周转率与存货周转天数

存货周转率，是企业在一定时期内营业成本与存货平均余额的比率，用于反映存货的周转速度，是衡量企业销售能力和存货运营效率的综合性指标。一般情况下，存货周转率越高，表明企业的销售能力越强，存货变现速度越快，存货的资金占用水平越低。反之可能是企业销售能力差、存货管理水平低导致库存积压，但过高的存货周转率可能是由于存货水平太低、采购过于频繁、批量太小。

拓展阅读

房地产去库存迫在眉睫

其计算公式为：

$$存货周转率=\frac{营业成本}{存货平均余额}$$

其中：

$$存货平均余额=\frac{存货期初余额+存货期末余额}{2}$$

此外，还可以进一步计算存货周转天数来反映企业存货周转一次所需要的时间。其计算公式为：

$$存货周转天数=\frac{360}{存货周转率}$$

A 公司 2023 年的存货周转率和存货周转天数分别为：

$$存货周转率=\frac{324}{(114+70)/2}=3.52$$

$$存货周转天数=\frac{360}{3.52}=102.3(天)$$

由表 3-8 知，A 公司 2023 年的存货周转率为 3.52，说明 A 公司在 2023 年存货周转 3.52 次，即在这一年出售存货 3.52 次。存货周转天数为 102.3 天，说明当前存货大约需要 102.3 天才能被销售出去。2023 年 A 公司对应的存货周转率行业平均水平为 3.61，存货周转天数约为 100 天，说明 A 公司的存货周转率低于行业平均水平，存货周转存在一定的问题，而 A 公司 2022 年和 2021 年的存货周转率分别为 3.79 和 5.33，可见 A 公司的存货周转率逐年下降，存货管理水平有待提高。

表 3-8　2021—2023 年 A 公司存货周转率及行业平均水平

	A 公司	行业平均水平
2023 年	3.52	3.61
2022 年	3.79	2.94
2021 年	5.33	2.77

2. 应收账款周转率和应收账款周转天数

与存货周转率不同的是，应收账款周转率衡量的是销售货款的收回速度，是企业在一定时期内营业收入与应收账款平均余额的比率，表明企业应收账款在一年中的周转次数。一般情况下，应收账款周转率越高越好，表明企业收账速度快，平均收账期短，坏账损失少。与之相对应，应收账款周转天数则是越少越好。如果公司实际收回账款的天数超过了企业规定的天数，则说明债务人拖欠时间长，资信度低，增大了发生坏账损失的风险；同时也说明企业催收账款不力，使资产形成了呆账甚至坏账，造成了流动资产不流动，这对企业正常的生产经营不利。但如果企业的应收账款周转天数太少，则表明企业奉行较紧的信用政策，付款条件过于苛刻，这样会限制企业销售量的扩大，特别是当这种限制的代价（机会收益）大于赊销成本时，会影响企业的盈利水平。

其计算公式为：

$$应收账款周转率=\frac{营业收入}{应收账款平均余额}$$

其中：

$$应收账款周转率=\frac{应收账款期初余额+应收账款期末余额}{2}$$

此外，还可以通过计算应收账款周转天数来反映企业应收账款的平均收账期。其计算公式为：

$$应收账款周转天数=\frac{360}{应收账款周转率}$$

A 公司的应收账款周转率和应收账款周转天数为：

$$应收账款周转率=\frac{457}{(69+89)/2}=5.78$$

$$应收账款周转天数=\frac{360}{5.78}=62.3(天)$$

由表 3-9 知，A 公司 2023 年的应收账款周转率为 5.78，表明 A 公司在这一年收回货款后赊销次数大约为 5.78 次。应收账款周转天数为 62.3 天，说明 A 公司在 2023 年平均 62.3 天收回赊销账款，也可以认为目前该公司还有相当于 62.3 天的销售货款尚未收回。2023 年 A 公司对应的应收账款周转率行业平均水平为 3.52，可见 A 公司的应收账款周转率远高于行业平均水平。A 公司 2022 年和 2021 年的应收账款周转率分别为 2.09 和 1.79，可见 A 公司近年来应收账款周转率在逐年提高，相应地，应收账款周转天数在逐年减少。

表 3-9　2021—2023 年 A 公司应收账款周转率及行业平均水平

	A 公司	行业平均水平
2023 年	5.78	3.52
2022 年	2.09	2.59
2021 年	1.79	2.67

3. 总资产周转率和总资产周转天数

除了存货和应收账款这些特定的资产项目外，我们还可以从总资产的角度来度量公司的营运能力。总资产周转率是企业一定时期的营业收入与总资产平均值之比，它反映企业的总资产在一定时期内的周转次数，是用于衡量资产投资规模与销售水平之间配比情况的指标。总资产周转率体现了企业经营期间全部资产从投入到产出的流转速度，反映了企业全部资产的管理质量和利用效率。一般情况下，该数值越高，表明企业的总资产周转速度越快，销售能力越强，资产利用效率越高。总资产周转率越低，周转天数越多，说明企业利用资产进行经营的效率越差。这不仅会影响企业的获利能力，而且会直接影响上市公司的股利分配。

其计算公式为：

$$总资产周转率=\frac{营业收入}{总资产平均余额}$$

其中：

$$总资产平均余额=\frac{总资产期初余额+总资产期末余额}{2}$$

此外，也可用总资产周转天数来表示总资产周转情况，其计算公式为：

$$总资产周转天数=\frac{360}{总资产周转率}$$

A 公司的总资产周转率和总资产周转天数为：

$$总资产周转率=\frac{457}{(1\ 012+738)/2}=0.5$$

$$总资产周转天数=\frac{360}{0.5}=720(天)$$

由表 3-10 知，A 公司 2023 年的总资产周转率为 0.5，总资产周转天数为 720 天，说明 A 公司每 1 元资产带来了 0.5 元的营业收入，总资产完整地周转一次需要 720 天。2023 年 A 公司所属行业的总资产周转率平均水平为 0.4，可见 A 公司的总资产周转率高于行业平均水平。此外，A 公司 2022 年和 2021 年的总资产周转率分别为 0.4 和 0.5，近年来波动不大。

表3-10　2021—2023年A公司总资产周转率及行业平均水平

	A公司	行业平均水平
2023年	0.5	0.4
2022年	0.4	0.4
2021年	0.5	0.5

3.1.4　盈利性指标

财务报表反映了过去发生的事件，但它也提供了关于未来可能发生的事件的线索，在前面我们所学的短期偿债能力指标、长期偿债能力指标、资产管理与周转指标告诉了我们一些有关公司政策和运营的信息。现在我们来看看盈利性指标，它反映了公司所有融资政策和经营决策的净结果，能够较好地衡量公司的经营管理水平，接下来介绍的几个比率也是较为常用的。

1. 净利润率

可以说，只要是生产产品的企业，都十分注重净利润率，它是企业净利润与营业收入的比率，是以净利润为基础分析企业获利能力的指标。净利润率与净利润成正比，与营业收入成反比，因此要想提高净利润率，企业必须在保持营业收入不变的前提下提高净利润，或者使净利润的增长幅度超过营业收入的增长幅度。其计算公式为：

$$\text{净利润率}=\frac{\text{净利润}}{\text{营业收入}}\times 100\%$$

A公司2023年的净利润率为：

$$\text{净利润率}=\frac{66}{457}\times 100\%=14.4\%$$

由表3-11知，A公司2023年的净利润率为14.4%，说明A公司每100元营业收入带来的净利润是14.4元。2023年A公司净利润率行业平均水平为5.3%，可见A公司净利润率远远高于行业平均水平。A公司2022年和2021年的净利润率分别为16.2%和20.6%，即A公司近年来的净利润率虽远高于行业平均水平，但是在逐年下降，管理者应该重视是什么原因导致公司净利润率持续下降，以防止影响未来收益。

表3-11　2021—2023年A公司净利润率及行业平均水平（%）

	A公司	行业平均水平
2023年	14.4	5.3
2022年	16.2	4.7
2021年	20.6	7.2

2. EBITDA 利润率

另一个常用的盈利性指标是 EBITDA 利润率，EBITDA 是税前营运现金流的度量指标，它在净利润的基础上将非现金项目折旧和摊销加回，并且包含所得税和利息费用。EBITDA 利润率是指企业在一定时期的息税前利润加上折旧、摊销的和与营业收入的比率，表明企业每 1 元营业收入为企业所带来的利息、税收、净利润、折旧和摊销之和。该指标越大，说明企业的盈利能力越强。

EBITDA 利润率的计算公式为：

$$\text{EBITDA 利润率}=\frac{\text{EBITDA}}{\text{营业收入}}\times 100\%$$

其中：

$$\text{EBITDA}=\text{EBIT}+\text{折旧}+\text{摊销}$$

A 公司 2023 年的 EBITDA 利润率为：

$$\text{EBITDA 利润率}=\frac{75+14+39+5}{457}\times 100\%=29.1\%$$

由表 3-12 知，A 公司 2023 年的 EBITDA 利润率为 29.1%，说明 A 公司每 100 元营业收入带来的经营性现金流入为 29.1 元。2023 年 A 公司所在行业平均 EBITDA 利润率为 18.2%，A 公司的 EBITDA 利润率高于行业平均水平。A 公司 2022 年和 2021 年的 EBITDA 利润率分别为 30.4%和 34.2%，可见 A 公司的 EBITDA 利润率在连续下降。

表 3-12　2021—2023 年 A 公司 EBITDA 利润率及行业平均水平（%）

	A 公司	行业平均水平
2023 年	29.1	18.2
2022 年	30.4	21.5
2021 年	34.2	20.1

3. 资产收益率

资产收益率，又称资产回报率，是企业在一定时期内获得的净利润与总资产平均余额的比率，是用来衡量每单位资产创造多少净利润的指标。资产收益率主要用来衡量企业利用资产来获利的能力，反映总资产的利用效果。资产收益率越高，说明企业资产的经营管理水平越高，资产的利用效率越高，企业的盈利能力越强；反之，如果一家企业的资产收益率过低，说明资产利用效率低，经营管理存在一定的问题，应加强经营管理。

其计算公式为：

$$\text{资产收益率}=\frac{\text{净利润}}{\text{总资产平均余额}}\times 100\%$$

其中：

$$\text{总资产平均余额}=\frac{\text{总资产期初余额}+\text{总资产期末余额}}{2}$$

A公司的资产收益率为：

$$资产收益率=\frac{66}{\frac{1\,012+738}{2}}\times100\%=7.54\%$$

由表3-13知，A公司2023年的资产收益率为7.54%，说明A公司平均每100元资产所带来的净利润为7.54元。A公司所在行业2023年资产收益率的平均水平为4.74%，2022年和2021年A公司的资产收益率分别为8.06%和10.32%，可见A公司近年来资产收益率呈下降趋势。

表3-13　2021—2023年A公司资产收益率及行业平均水平（%）

	A公司	行业平均水平
2023年	7.54	4.74
2022年	8.06	4.85
2021年	10.32	5.01

4. 权益收益率

权益收益率，也称净资产收益率，是净利润与权益平均余额的比率。该指标反映股东权益的收益水平，用以衡量公司运用自有资本的效率。权益收益率体现了自有资本的获利能力，权益收益率越高，说明投资带来的收益越高。企业适当地运用财务杠杆可以提高资金的使用效率，借入资金会增大企业的财务风险，但一般可以增加盈利，提高权益收益率。

其计算公式为：

$$权益收益率=\frac{净利润}{权益平均余额}\times100\%$$

其中：

$$权益平均余额=\frac{权益期初余额+权益期末余额}{2}$$

A公司2023年的权益收益率为：

$$权益收益率=\frac{66}{\frac{412+352}{2}}\times100\%=17\%$$

由表3-14知，A公司2023年的权益收益率为17%，说明A公司平均每100元股东权益所带来的净利润为17元。A公司所属行业2023年的权益收益率平均水平为7%，可见A公司2023年权益收益率远远超过行业平均水平。A公司2022年和2021年的权益收益率分别为15%和20%，由此可知，A公司的权益收益率在2022年先下降，在2023年又有所提升。

表 3-14　2021—2023 年 A 公司权益收益率及行业平均水平（%）

	A 公司	行业平均水平
2023 年	17	7
2022 年	15	4
2021 年	20	8

3.1.5　企业价值度量指标

企业价值是对企业有形资产和无形资产价值的市场评价，它等于发行在外的股票与付息债务的市场价值之和减去所持有的现金。企业价值度量指标为估算企业整体价值提供了一个可靠途径。

1. 市盈率

市盈率（P/E），也称本益比，是指普通股每股市价与每股收益（EPS）的比率。市盈率通常用来衡量股票潜力，比较不同价格的股票是否被高估或者低估。市盈率也可用于表明投资者愿意为股票的当前每元利润支付多少钱。一般认为，如果一家公司股票的市盈率过低，则股票价值被低估，相反，如果市盈率过高，那么该股票的价值被高估，价格具有泡沫。当一家公司增长迅速以及未来的业绩增长非常被看好，利用市盈率来比较不同股票的投资价值时，这些股票必须属于同一个行业，因为此时公司的每股收益比较接近，相互比较才有效。

其计算公式为：

$$市盈率=\frac{每股市价}{每股收益}$$

其中：

$$每股收益=\frac{净利润}{发行在外股数}$$

已知 A 公司有 2 200 万股发行在外的股票，年末股票价格为每股 120 元，净利润为 6 600 万元，则 A 公司 2023 年的市盈率计算过程为：

$$每股收益=\frac{6\ 600}{2\ 200}=3(元/股)$$

$$市盈率=\frac{120}{3}=40$$

由表 3-15 知，A 公司 2023 年市盈率为 40，表示 A 公司的股票按照每股收益 4C 倍的价格交易。2023 年 A 公司所属行业市盈率平均值为 38，可见 A 公司 2023 年的市盈率高于行业平均水平。A 公司 2022 年和 2021 年的市盈率分别为 36 和 32，近年来 A 公司的市盈率逐年上升。

表 3-15　2021—2023 年 A 公司市盈率及行业平均水平

	A 公司	行业平均水平
2023 年	40	38
2022 年	36	35
2021 年	32	34

常见问题

关于投资者过于恐惧高市盈率

高市盈率给人的直观感觉就是透支了若干年的业绩，可能会高估公司的价值，而未来成长往往充满着不确定性，应当给未来成长打折。

这个看法在逻辑上并无问题，但在实际应用中之所以经常成为误区，是因为可能忽视了下述现象：公司的广告营销或渠道建设投入加大，受益长远，但对短期利润冲击较大；公司研发费用计入管理费用且未资本化而研发成果产生回报时间延后；中小成长型公司在公司成长进入某个阶段后，由于规模经济效应，利润的增长速度可能显著大于投资者或市场共识；等等。所以，要理性看待高市盈率，以免错过投资机会。

2. 市值面值比

第二个常常被使用的指标为市值面值比，它是指上市公司普通股每股市价与每股账面价值的比率，每股账面价值是资产负债表反映的会计上的历史成本，每股市价是当前市场上投资者愿意支付的股票价格，因而市值面值比大致上是将公司投资的市场价格与投资成本进行比较。若市值面值比大于 1，说明公司增加了股东财富；若市值面值比小于 1，说明公司未能成功地为股东创造价值。

其计算公式为：

$$市值面值比=\frac{每股市价}{每股账面价值}$$

其中：

$$每股账面价值=\frac{总权益}{发行在外股数}$$

A 公司 2023 年的市值面值比为：

$$市值面值比=\frac{120}{\frac{412}{22}}=6.41$$

由表 3-16 知，A 公司 2023 年的市值面值比为 6.41，说明 A 公司每股市价为每股账面价值的 6.41 倍。同年，A 公司所在行业的市值面值比平均水平为 5.53，可见 A 公司市值面值比高于行业平均水平。此外，A 公司 2022 年和 2021 年的市值面值比分别为 5.45 和 5.98，可知 A 公司的市值面值比处于波动阶段。

表 3-16　2021—2023 年 A 公司市值面值比及行业平均水平

	A 公司	行业平均水平
2023 年	6.41	5.53
2022 年	5.45	5.33
2021 年	5.98	5.45

3. 企业价值乘数

在认识企业价值乘数之前，我们需要先了解两个与之紧密相关的概念：公司市值和企业价值。公司市值等于公司每股股票市值乘以公司发行在外的股票数量。对于 A 公司而言，公司市值为每股市价与发行在外股数之积即 264 000（＝120×2 200）万元。这意味着对于想要收购 A 公司的买主而言，至少需要支付 264 000 万元来购买 A 公司所有发行在外的股票。

企业价值（EV）衡量的是收购一家公司需要支付的对价，只有购买了公司所有发行在外的股票并清偿了债务才算真正实现了企业价值，所以企业价值等于公司发行在外的股票市值加上公司有息负债的市值，减去公司手中的现金。通常情况下，公司有息负债的市值难以获知，一般运用公司有息负债的账面价值作为替代。对于 A 公司而言，企业价值计算如下：

$$
\begin{aligned}
\text{企业价值} &= \text{公司市值} + \text{有息负债市值} - \text{现金} \\
&= 2\ 640 + (174 + 50 + 24) - 322 \\
&= 2\ 566(\text{百万元})
\end{aligned}
$$

企业价值可以更好地估计购买公司所有发行在外的股票并偿还公司债务需要支付的金额。之所以要减去现金，是因为对于公司的收购者而言，公司当前拥有的现金能立即被用于偿还债务或支付股利。

为了估算公司整体业务的企业价值，分析师运用企业价值乘数。常用的企业价值乘数为企业价值除以 EBITDA，企业价值乘数的优点在于其不受公司资本结构、税收和资本性支出方面的直接影响，也就是说，即使公司在资本结构、税收和资本性支出方面存在差异，仍然可以比较不同公司在这项乘数上的差异。一般来说，企业价值乘数越高越好，企业价值乘数高于行业平均水平表明企业未来发展潜力良好。

企业价值乘数的计算公式如下：

$$\text{企业价值乘数} = \frac{EV}{EBITDA}$$

A 公司 2023 年的企业价值乘数的计算过程如下：

$$\text{企业价值乘数} = \frac{2\ 566}{75 + 14 + 39 + 5} = 19.29$$

由表 3-17 知，A 公司 2023 年的企业价值乘数为 19.29，同年行业平均水平为 15.45，即 A 公司 2023 年企业价值乘数高于行业平均水平。2022 年和 2021 年 A 公司企业价值乘数分别为 14.56 和 18.63，可见 A 公司近年来企业价值乘数先下降后上升。

表 3-17　2021—2023 年 A 公司企业价值乘数及行业平均水平

	A 公司	行业平均水平
2023 年	19.29	15.45
2022 年	14.56	13.74
2021 年	18.63	14.32

经过以上财务比率分析，我们可知 A 公司的短期偿债能力和长期偿债能力较强，在 2021—2023 年各项指标的波动不是很大，都处在合理区间。从这些简单的财务比率我们可以看出，A 公司的财务状况还是比较好的。但是仅从财务比率来判断一家公司财务状况的优劣存在一定的局限性。具体来说，财务比率分析有以下几个不足的地方。

（1）财务比率体系结构不严密。

每一个比率都只能反映企业财务状况的某一方面，如流动比率只反映短期偿债能力。所以，每一个比率都会过分强调该比率本身所反映的方面，导致整个指标体系不够严谨。

（2）财务比率的可比性不大。

因为不同行业公司或者同一家公司所处时期不同，采取的财务政策和会计方法可能不同，所以不能从其他公司借鉴财务指标的合理区间，需要根据公司自身情况确定相应比率的合理区间。

（3）财务比率的有效性不高。

由于财务报表数据是历史数据，用其预测公司未来的经济动态并不完全有效，不能提出具体解决方案，对公司未来的发展只能提供历史参考。

（4）财务报表的可靠性不强。

财务比率分析是以财务报表数据为基础的，但是很多公司都会为了使财务报表更加好看而粉饰财务报表，所以相关的比率分析会产生偏差。

第 2 节　杜邦分析

知识讲解

本视频节选自江西财经大学“公司金融”慕课，可登录慕课网站搜索查看完整视频。

杜邦分析

通过上节内容，我们可以清晰地知道各种财务比率的计算方法以及它们的内涵，但是这些单个的财务比率不能从一个宏观的角度去衡量一家公司财务状况的优劣，所以杜邦分析法应运而生。它是一种以 ROE 为核心财务指标，利用各主要财务比率的内在联系，系统地分析企业盈利水平的财务绩效综合评价方法。对一家公司来说，ROE 总是很重要，它与股东的利益密切相关，为了实现股东价值最大化，ROE 是管理人员十分重视的指标。该方法的基本思想是将企业

ROE逐级分解为多项财务比率的乘积，揭示企业盈利能力、资产运用效率、财务杠杆三方面对企业投资收益的影响以及各指标之间的相互作用关系。这种分析方法最早是由美国杜邦公司使用，因此而得名。杜邦分析的基本结构如图3-1所示。

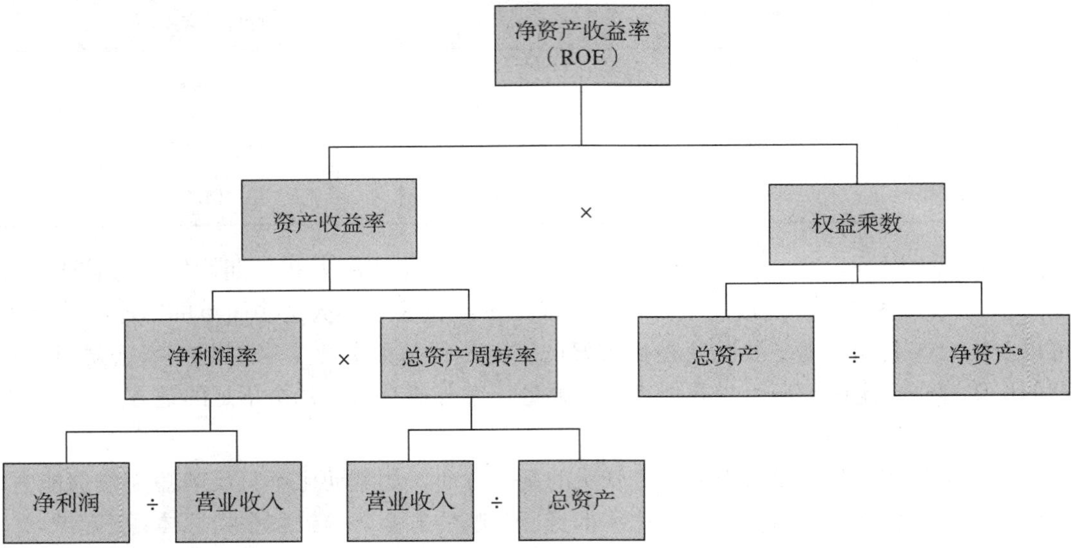

图3-1 杜邦分析的基本结构

a. 净资产和总权益在财务上是相同的概念，它们都指企业的所有者权益，即企业资产减去企业负债后的剩余价值，反映企业实际拥有的、可自由支配的资产价值，是衡量企业财务状况的重要指标。

我们可以得到净资产收益率的如下表达式：

$$
\begin{aligned}
\text{ROE} &= \text{资产收益率} \times \text{权益乘数} \\
&= \text{净利润率} \times \text{总资产周转率} \times \text{权益乘数} \\
&= \frac{\text{净利润}}{\text{营业收入}} \times \frac{\text{营业收入}}{\text{总资产}} \times \frac{\text{总资产}}{\text{净资产}} \\
&= \left(\frac{\text{息税前利润}}{\text{营业收入}} - \frac{\text{利息}}{\text{营业收入}}\right) \times (1-\text{所得税税率}) \times \frac{\text{营业收入}}{\text{总资产}} \times \frac{\text{总资产}}{\text{净资产}}
\end{aligned}
$$

上述ROE表达式因杜邦公司的推广应用而被称为杜邦恒等式。我们假设某公司的净利润率为14.44%，总资产周转率为0.52，权益乘数为2.46，则ROE计算结果如下：

$$
\begin{aligned}
\text{ROE} &= \text{净利润率} \times \text{总资产周转率} \times \text{权益乘数} \\
&= 14.44\% \times 0.52 \times 2.46 = 18.47\%
\end{aligned}
$$

杜邦恒等式说明，提升ROE有以下三条具体路径：

①提升经营效率（以净利润率度量）。扩大营业收入、降低成本费用是提高企业净利润率的根本途径。

②提高资产运用效率（以总资产周转率度量）。扩大营业收入也是提高总资产周转率的必要条件和途径。

③加大财务杠杆（以权益乘数度量）。按照杜邦恒等式，增加企业负债有利于提高权

益乘数，但是负债增加的同时会引起利息增加，而利息的增加会导致净利润率的下降，从而引起ROE的下降。因此，负债的增加可能引起ROE的提升，也可能导致ROE的下降，视情况而定。

杜邦分析法有助于企业管理层更加清晰地看到ROE的决定因素，以及净利润率与总资产周转率、权益乘数之间的相互关系，给管理层提供了一个明晰的考察企业资产管理效率和判断是否最大化股东投资收益的路线图。如果企业ROE不尽如人意，那么我们可以通过杜邦分析法来寻找具体原因。

格力电器成立于1991年，是一家集研发、生产、销售、服务于一体的国际化家电企业，多次上榜美国《财富》杂志“中国上市公司100强”。2017年，格力电器的ROE为36.70%（见表3-18），2019年下降至23.49%，是什么原因导致格力电器ROE的下降呢?

表3-18　2017—2019年格力电器ROE及杜邦分析

	ROE（%）	净利润率（%）	总资产周转率	权益乘数
2017年12月	36.70	15.00	0.76	3.22
2018年12月	30.74	13.19	0.86	2.71
2019年12月	23.49	12.38	0.75	2.53

要了解格力电器ROE连年下降的原因，我们应从经营效率、财务杠杆和资产运用效率三方面来分析格力电器的表现。

首先，从经营效率角度看，从表3-18可知，格力电器2017—2019年的净利润率连年下降，从2017年的15.00%下降至2019年的12.38%，这说明格力电器的经营效率是不断下降的，从公司报表可知主要原因是在企业当期经营成本、主营业务成本增加的同时，企业当期期间费用也在增加，导致企业当期利润总额减少。

其次，从财务杠杆角度看，权益乘数的下降可能源于旧债的到期、权益的增加。权益乘数从2017年的3.22连续下降至2019年的2.53，主要原因是格力电器出于防范风险的目的，减少了债务融资。

最后，从资产运用效率角度看，其下降可能是源于更低的销售量、更低的价格和更高的成本。

综上所述，通过杜邦分析，格力电器ROE的下降是经营效率、财务杠杆和资产运用效率三方面共同作用的结果。

虽然ROE是衡量业绩的重要指标，但正如我们在前面提到的，管理者应该努力使股东价值最大化。如果一家公司采取措施来改善其ROE，这是否意味着股东价值也会增加？答案是“不一定”。事实上，如果一家公司过于依赖ROE来衡量业绩，可能会出现三个问题：

第一，ROE不考虑风险。股东关心ROE，但他们也关心风险。举例来说，考虑同一家公司的两个部门。S部门现金流稳定，预期ROE为15%；R部门的预期ROE为16%，但现金流风险相当大，因此，预期ROE可能无法实现。同样，财务杠杆可以提高预期 ROE，但杠杆越大风险越大，因此，通过使用杠杆来提高 ROE 可能不是件好事。

第二，ROE 不考虑投入资本的数量。为了说明这一点，考虑一家在两个相互排斥的项目之间进行选择的公司。项目 A 需要投资 5 万美元，预期 ROE 为 50%，而项目 B 需要投资 100 万美元，预期 ROE 为 45%。在其他条件相同的情况下，项目 A 的预期 ROE 较高，但规模较小，总收益较小，而项目 B 应该被选中，因为它会给股东带来更多财富。

第三，对 ROE 的关注可能会导致管理者拒绝盈利项目。例如，假设你管理一家大公司的一个部门，而这家公司仅仅根据 ROE 来发放奖金。你预测你所在部门今年的 ROE 将达到令人瞩目的 45%。现在你有机会投资一个大型、低风险的项目，预期 ROE 为 35%，远高于公司 10%的资本成本。即使这个项目非常有利可图，你也可能不愿意投资它，因为它会降低你所在部门的平均 ROE，从而降低你的奖金。

第 3 节　共同比报表与百分比报表

通过前两节的学习，我们现在对公司的相关财务比率和 ROE 的构成有了清晰的了解，但我们还是无法快速发现一家公司的问题所在。为此，我们需要了解财务报表各个项目金额之间的比例关系，接下来学习的共同比报表和百分比报表会帮助我们更深刻全面地掌握一家公司的财务状况。

3.3.1　共同比报表

首先，我们来学习一下什么是共同比报表。共同比报表是将财务报表上某关键项目的金额作为基础，将其余项目金额分别除以该关键项目金额而得出其余项目金额占该关键项目金额的百分比。这种仅有百分比而无金额的财务报表就是共同比报表。共同比报表反映了同一报表内有关项目之间的比例关系，显示了各项目的相对重要地位，有利于分析比较同一报表内各项目变动的适当性。

知识讲解

本视频节选自江西财经大学“公司金融”慕课，可登录慕课网站搜索查看完整视频。

共同比报表

1. 共同比资产负债表

共同比资产负债表就是将资产负债表的每个项目金额比上资产总额，从而得出各个项目金额占资产总额的百分比。从共同比资产负债表中，投资者可以了解企业负债与权益的组成比例以及各项资产占资产总额的百分比，并可由此研究该企业长、短期偿债能力等。在这里，我们还是引用第 2 章 A 公司的资产负债表，我们易得到 A 公司的共同比资产负债表（见表 3 - 19）。

表 3－19　A 公司共同比资产负债表（%）

资产	期初	期末	增减	负债和股东权益	期初	期末	增减
流动资产：				流动负债：			
货币资金	37.53	31.82	−5.72	短期借款	1.63	2.08	0.45
应收票据	13.01	10.97	−2.04	应付票据	15.99	17.19	1.20
应收账款	9.35	8.79	−0.56	应付账款	9.49	10.47	0.99
存货	9.49	11.26	1.78	一年内到期的非流动负债	12.06	11.96	−0.10
其他流动资产	3.66	7.91	4.25	其他流动负债	2.85	3.36	0.51
流动资产合计	73.04	70.75	−2.28	流动负债合计	42.01	45.06	3.05
非流动资产：				非流动负债：			
长期股权投资	3.25	2.96	−0.29	长期借款	4.61	4.94	0.33
固定资产	15.58	17.19	1.61	应付债券	0.00	2.37	2.37
无形资产	3.93	4.15	0.22	长期应付款	5.69	6.92	1.23
其他非流动资产	4.20	4.94	0.74	非流动负债合计	10.30	14.23	3.93
非流动资产合计	26.96	29.25	2.28	负债合计	52.30	59.29	6.99
				股东权益合计	47.70	40.71	−6.99
资产合计	100.00	100.00	0	负债和股东权益合计	100.00	100.00	0

相比 A 公司的资产负债表，表 3－19 数据的阅读与比较更加容易，通过观察各个项目的百分比变化，能够清晰地了解到 A 公司的发展情况。就流动资产而言，A 公司的流动资产占总资产的比例从 73.04%下降到 70.75%，负债的比例从 52.30%上升到 59.29%，股东权益的比例从 47.70%下降到 40.71%。如果从绝对数来观察，很难得出这些结论，有可能引导决策者做出错误的决策。

2. 共同比利润表

在学习完共同比资产负债表后，我们会自然而然地想到编制共同比利润表。其实共同比利润表的制作原理与共同比资产负债表的制作原理相似，它是把每个项目金额比上营业收入来得出各个项目金额占营业收入的百分比，以此考察利润的结构。在这里，我们还是引用 A 公司的利润表来制作共同比利润表（见表 3－20）。

表 3－20　A 公司共同比利润表（%）

项目	本期
一、营业收入	100.0
减：营业成本	70.9

续表

项目	本期
销售费用	5.7
管理费用	6.1
财务费用	3.1
二、营业利润（亏损以“－”号填列）	14.2
加：营业外收入	3.9
减：营业外支出	1.8
三、利润总额（亏损以“－”号填列）	16.4
减：所得税费用	2.0
四、净利润（亏损以“－”号填列）	14.4
五、每股收益	0.7
六、其他综合收益	－1.3
七、综合收益总额	13.1

相比 A 公司的利润表，从表 3－20 中我们可以清晰地看出 A 公司每 100 万元营业收入的各部分组成比。根据表 3－20，A 公司营业成本耗用了 70.9%，所得税费用占了 2.0%，通过将这些数据标准化，可以在很多方面进行公司间各数据的比较，从而了解到竞争对手的成本控制以及利润、支出等方面的内容。

3.3.2 百分比报表

通过学习共同比报表，我们可以对报表各个项目的相对重要地位做出一个大致的区分，但是如果我们想要比较期初和期末各项目金额或者比较某几年各项目金额的变化情况，共同比报表显然没有百分比报表有优势。百分比报表是以某年作为基期，找出相对于基期的百分比变化，设基期为 0，后期的财务报表数据是在基期的基础上算出百分比，从中我们能够更加清楚地了解相关财务数据的变化。百分比报表分为百分比利润表和百分比资产负债表。接下来，让我们详细了解一下百分比报表是如何制作的。

知识讲解

本视频节选自江西财经大学“公司金融”慕课，可登录慕课网站搜索查看完整视频。

百分比报表

1. 百分比利润表

百分比利润表是将基期利润表的各项目金额看成 0，以此来算出后期财务报表数据的相对变化。具体的百分比利润表我们以 A 公司为例，表 3－21 是 A 公司的百分比利润表。通过观察，可以了解一些我们所关心的数据变化情况。

表 3-21　A 公司的百分比利润表（%）

项目	2022 年	2023 年
一、营业收入	0	70.0
减：营业成本	0	72.9
销售费用	0	24.2
管理费用	0	18.6
财务费用	0	14.6
二、营业利润（亏损以“一”号填列）	0	44.5
加：营业外收入	0	20.0
减：营业外支出	0	44.0
三、利润总额（亏损以“一”号填列）	0	21.5
减：所得税费用	0	12.3
四、净利润（亏损以“一”号填列）	0	43.5
五、每股收益	0	23.5
六、其他综合收益	0	2.6
七、综合收益总额	0	23.8

由表 3-21 知，A 公司 2023 年的营业收入相较 2022 年增加了 70.0%，净利润增加了 43.5%，所以 A 公司的盈利能力越来越强。得出的这些信息有利于决策者掌握公司的经营状况，以帮助决策者做出后续的经营决策。

2. 百分比资产负债表

接下来，我们来学习百分比资产负债表。顾名思义，百分比资产负债表是将基期资产、负债和股东权益的各项目的金额看作 0，在此基础上，得出后期财务数据的百分比。我们以 A 公司的资产负债表为蓝本，制作 A 公司的百分比资产负债表，如表 3-22 所示。

表 3-22　A 公司的百分比资产负债表（%）

资产	期初	期末	负债和股东权益	期初	期末
流动资产：			流动负债：		
货币资金	0	16.25	短期借款	0	75.00
应收票据	0	15.63	应付票据	0	47.46
应收账款	0	28.99	应付账款	0	51.43
存货	0	62.86	一年内到期的非流动负债	0	35.96
其他流动资产	0	196.30	其他流动负债	0	61.90

续表

资产	期初	期末	负债和股东权益	期初	期末
流动资产合计	0	32.84	流动负债合计	0	47.10
非流动资产：			非流动负债：		
长期股权投资	0	25.00	长期借款	0	47.06
固定资产	0	51.30	应付债券	0	
无形资产	0	44.83	长期应付款	0	66.67
其他非流动资产	0	61.29	非流动负债合计	0	89.47
非流动资产合计	0	48.74	负债合计	0	55.44
			股东权益合计	0	17.05
资产合计	0	37.13	负债和股东权益合计	0	37.13

由表 3－21 和表 3－22 知，A 公司资产以 37.13％的速度增长，而营业收入以 70.0％的速度增长，这说明 A 公司的资产利用率较高。另外，A 公司的货币资金增加了 16.25％。从公司资本结构的角度看，A 公司的负债增加了 55.44％，权益增加了 17.05％。

3.3.3 财务报表分析的局限性

在我们进行财务报表分析时，无论是因为报表数据本身还是因为外部因素的影响，都会存在局限性，下面我们将从几个方面进行分析。

（1）报表数据的时效性。通常来说，报表所反映的数据是历史资料，但由于企业面临的是现实问题，因而不能过分依赖这些数据。如果不能得到及时有效的财务数据，我们分析得出的结果往往会失去现实意义。

（2）会计方法的差异性。不同企业或同一企业在不同时期会根据自身情况采用不同的会计方法，使得在进行财务报表分析时不能进行有效的比较。

（3）报表数据的可靠性。在很多情况下，企业出于各种目的，会出现人为操纵的结果，这极有可能会使信息使用者得到的报表信息与企业实际状况相去甚远，从而误导信息使用者。

（4）通货膨胀。人民币的价值时刻在变化，从数字上很难判断财务状况的好坏，我们必须考虑通货膨胀因素，否则，我们进行数据比较的时候可能会得出错误的结论。

（5）对比率的判断存在困难。不同的比率会给出不同的信号，有时很难判断比率是“好”还是“坏”，因此很难从总体上判断一家公司财务状况的优劣。

第4节 财务预测模型

财务预测也称财务计划，它是指企业综合分析内外部因素，从而制定未来一定期间内经济目标的过程。财务预测主要有三个目标：第一，财务预测有助于改善投资决策，使投资决策建立在可行的基础上；第二，根据财务预测，我们可以设定合适的目标以达到激励管理层的效果；第三，通过财务预测，我们可以评估企业的经营策略对企业价值的影响。

知识讲解

本视频节选自江西财经大学“公司金融”慕课，可登录慕课网站搜索查看完整视频。

财务预测模型

3.4.1 销售收入百分比法

销售收入百分比法也称报表法，是根据销售收入与资产负债表及利润表各项目之间的比例关系，来预测企业外部融资需求量的一种方法。资产负债表的各项目可以被划分为敏感项目与非敏感项目。敏感项目是指会随销售收入变动而变动并呈现一定比例关系的项目；非敏感项目就是指不随销售收入变动而变动的项目。敏感项目在短期内随销售收入的变动而发生成比例的变动，敏感项目与销售收入成正比。该方法的优势是有助于企业制订较准确的短期财务计划，比较简单易用。运用销售收入百分比法的具体步骤如下：

（1）根据未来宏观经济的变化预测销售收入。

（2）确定销售收入百分比，要区分哪些资产、负债项目随销售收入变动而变动，哪些资产、负债项目不随销售收入变动而变动。

（3）确定资产和负债。根据基期的有关销售收入百分比和预测期销售收入，分别计算预测期的资产、负债。

（4）计算留存收益的增加额。根据预测期销售收入、净利润率和留存比率或股利支付率计算预测期留存收益的增加额。

（5）计算外部融资需求量。我们基于A公司的资产负债表来编制预测资产负债表，预测外部融资需求量。其中，随销售收入变动的项目表示为销售收入百分比的形式，不随销售收入变动的项目用n/a（not available，不可用）表示。在资产部分，资产各项目会随着销售收入的变动而变动；在负债与股东权益方面，应付账款会随着销售收入的变动而变动，应付票据等代表银行借款的短期负债不会随着销售收入的变动而变动。

留存收益与销售收入是相关的，但它和销售收入不是一种简单的百分比关系，而是由预测净利润和股利支付率计算而来的。假设A公司下一年度的销售额增长了20%，则预测净利润＝457×(1＋20%)×14.4%＝78.97（百万元），又假设A公司的股利支付率为2/3，则预测留存收益增加额＝78.97×(1－2/3)＝26.32（百万元）。A公司的预测资产负债表如表3-23所示。

表 3-23　A公司的预测资产负债表　　单位：百万元

资产	下年度金额	下年度比本年度增加额	负债和股东权益	下年度金额	下年度比本年度增加额
流动资产：			流动负债：		
货币资金	386.40	64.40	短期借款	21	n/a
应收票据	133.20	22.20	应付票据	174	n/a
应收账款	106.80	17.80	应付账款	127.2	21.2
存货	136.80	22.80	一年内到期的非流动负债	121	n/a
其他流动资产	96.00	16.00	其他流动负债	34	n/a
流动资产合计	859.20	143.20	流动负债合计	477.2	n/a
非流动资产：			非流动负债：		
长期股权投资	36.00	6.00	长期借款	50	n/a
固定资产	208.80	34.80	应付债券	24	n/a
无形资产	50.40	8.40	长期应付款	70	n/a
其他非流动资产	60.00	10.00	非流动负债合计	144	n/a
非流动资产合计	355.20	59.20	负债合计	621.2	21.2
			股东权益合计	438.32	26.32
资产合计	1 214.40	202.40	负债和股东权益合计	1 059.52	47.52

从预测资产负债表可知，资产预计增加 20 240 万元，负债和股东权益预计增加4 752 万元，外部融资需求量为两者之差，即 15 488 万元。

3.4.2　外部融资公式法

其实，如果我们知道解决问题的思路，也可以不借助预测资产负债表，直接计算外部融资需求量。具体计算方法如下：

$$\text{外部融资需求量(EFN)}=\left(\frac{A}{S}\right)\Delta S-\left(\frac{L}{S}\right)\Delta S-M\times S_1\times \mathrm{RR}$$

其中，$\frac{A}{S}$是指达到该销售收入所需要的资产，也称资本密集率，ΔS 是指销售收入增长率，S_1 是指预测的销售收入，$\frac{L}{S}$是指自然增长负债，M 是净利润率，RR 是留存比率。

利用该公式，EFN＝1 012×20％－106×20％－14.4％×457×(1＋20％)×1/3＝154.88（百万元），可以看到，两种方法的计算结果是一样的。

3.4.3　融资政策与增长率

在计算外部融资需求量时，我们发现企业的外部融资需求量与增长率具有密切的关系，企业的融资政策对企业的增长率具有决定性作用，恰当的融资政策能够减少代理成本、提高企业发展速度。我国上市公司的增长率与融资政策存在高度的依赖关系。因此，我们要根据融资政策的不同来探讨企业的增长率。为了更好地了解企业增长能力，下面介绍内部增长率和可持续增长率。

1. 内部增长率

内部增长率就是在没有外部融资的情况下公司能实现的最大增长率，之所以称为内部增长率，是因为该增长率是仅仅靠内部融资实现的。

其公式为：

$$\text{内部增长率}=\frac{\mathrm{ROA}\times b}{1-\mathrm{ROA}\times b}$$

其中，ROA 是资产收益率，b 是留存比率。

【例 3-1】　某公司的净利润为 100 元，总资产为 1 000 元，其中有 50 元的利润被留存下来，从中可以得知 ROA＝100/1 000＝10%，b＝50/100＝0.5，则内部增长率＝10%×0.5/(1－10%×0.5)＝5.26%。

由此可知，该公司在没有外部融资的情况下所能实现的最大增长率为 5.26%。

2. 可持续增长率

可持续增长率是在允许外部债务融资且保持负债权益比不变的情况下公司所能实现的最大增长率，它的假设条件是不能筹集新的权益资本，其公式为：

$$\text{可持续增长率}=\frac{\mathrm{ROE}\times b}{1-\mathrm{ROE}\times b}$$

通过观察，我们可以发现，除了以 ROE 代替 ROA 外，该公式与内部增长率公式完全相同。

【例 3-2】　某公司的净利润为 100 元，权益总额为 500 元，留存比率为 0.5，所以 ROE＝100/500＝20%。通过计算得知，可持续增长率为$\frac{20\%\times 0.5}{1-20\%\times 0.5}=11.1\%$。由此我们可以得知，A 公司在有外部融资的情况下所能实现的最大增长率为 11.1%。

3. 可持续增长率的影响因素

通过对前面内容的学习，我们了解到 ROE 可以分解为三个部分，即 ROE＝净利润率×总资产周转率×权益乘数，再结合可持续增长率的计算公式我们可以发现，ROE 越大，可持续增长率越高，所以影响 ROE 的三个因素会间接影响可持续增长率。综合发现，影响一家公司的可持续增长率的因素有四个。

(1) 净利润率。该因素可用来度量经营效率对企业增长能力的影响，净利润率的提高将增强企业从内部获取资金的能力，可以提高 ROE，从而增大可持续增长率。

（2）总资产周转率。该因素可用来度量资产运用效率对企业增长能力的影响，总资产周转率的提高意味着每单位资产能产生更多的营业收入，从而会减少企业对新增资本的需求，提高可持续增长率。

（3）权益乘数。该因素可用来度量融资策略对企业增长能力的影响。企业如果在融资策略上加大杠杆，提高权益乘数，会使额外的债务融资成为可能，在公司息税前利润覆盖债务利息的条件下，会提高企业增长率。

（4）留存比率。该因素可用来度量股利政策对企业增长能力的影响。企业在制定股利政策时，降低股利支付率会提高留存比率，这样会增加内部权益资本，提高企业增长率。

思政课堂

习近平对财务造假问题给予了高度关注，强调了财会监督工作的重要性。针对财务造假问题我们可以从以下几点着手：

（1）强调诚信原则。诚信是市场经济的基石，财务造假破坏了市场经济秩序，影响了社会公平正义，必须坚决予以打击。

（2）加强法律制度建设。完善相关法律法规，加大对财务造假的法律责任追究力度，提高违法成本，确保财务信息的真实性。

（3）强调监管责任。要求监管部门切实履行职责，加强对会计师事务所、上市公司的监管，有效防范和惩治统计造假、弄虚作假的行为。

（4）推动高质量发展。高质量发展要求企业摒弃短视行为，坚决刹住数据造假之风，确保数据的真实性和可靠性。

（5）强调国际形象和信誉。财务造假不仅损害国内经济，也影响中国的国际形象和信誉，必须采取有效措施维护国家经济安全。

本章小结

本章集中讨论了财务报表分析，具体包括如何将报表标准化以及进行相应的比率分析，我们可运用相关比率来描述企业的偿债能力、盈利能力、周转能力、企业价值。虽然比率分析是有用的，但在应用时必须谨慎和有良好的判断力，为改善一个比率而采取的行动可能会对其他比率产生负面影响。例如，可能通过使用更多的债务来提高 ROE，但额外债务的风险可能导致市盈率的下降，从而导致企业股价的下降。定量分析比如比率分析是有用的，但对结果的思考更重要。我们还重点学习了杜邦分析法，通过分解 ROE，我们可以发现各财务比率的关系。如果企业的 ROE 低于行业平均水平和基准企业的平均水平，杜邦分析可以帮助确定需要加强的领域，以便我们采取具体行动来提高 ROE，从而提高企业的股价。在介绍财务预测模型时，我们重点介绍了销售收入百分比法、外部融资公式法以计算外部融资需求量。什么时候举债是企业面临的一项决策，财务部门只有未雨绸缪，才能保证企业的资金需要，否则极易造成资金链断裂，导致企业破产。因此，预测企业的外部融资需求量是财务人员尤其是财务主管要掌握的一门基本功。

表3-24总结了主要财务比率公式。

表3-24　主要财务比率公式

1. 短期偿债能力指标

$流动比率=\frac{流动资产}{流动负债}$　　$速动比率=\frac{速动资产}{流动负债}=\frac{流动资产-存货}{流动负债}$

$现金比率=\frac{货币资金}{流动负债}$

2. 长期偿债能力指标

$总负债率=\frac{总负债}{总资产}$　　$利息保障倍数=\frac{EBIT}{利息费用}$

$现金对利息的保障倍数=\frac{EBIT+折旧+摊销}{利息费用}$

3. 资产管理与周转指标

$存货周转率=\frac{营业成本}{存货平均余额}$　　$存货周转天数=\frac{360}{存货周转率}$

$应收账款周转率=\frac{营业收入}{应收账款平均余额}$　　$应收账款周转天数=\frac{360}{应收账款周转率}$

$总资产周转率=\frac{营业收入}{总资产平均余额}$　　$总资产周转天数=\frac{360}{总资产周转率}$

4. 盈利性指标

$净利润率=\frac{净利润}{营业收入}\times 100\%$　　$EBITDA利润率=\frac{EBITDA}{营业收入}\times 100\%$

$资产收益率=\frac{净利润}{总资产平均余额}\times 100\%$　　$权益收益率=\frac{净利润}{权益平均余额}\times 100\%$

5. 企业价值度量指标

$市盈率=\frac{每股市价}{每股收益}$　　$市值面值比=\frac{每股市价}{每股账面价值}$

$企业价值乘数=\frac{EV}{EBITDA}$

中国公司金融实践

贵州茅台的财务报表分析与财务计划

贵州茅台的全称为贵州茅台酒股份有限公司，所属行业为食品饮料行业，主营业务为茅台酒及系列酒的生产与销售。2023年贵州茅台编制的合并利润表显示营业总收入为1 505.60亿元，实现归属于母公司股东的净利润747.34亿元，其2023年相关的财务报表如表3-25和表3-26所示。

表 3-25　2023 年合并资产负债表　单位：亿元

资产		负债和股东权益	
流动资产：		流动负债：	
货币资金	690.70	应付账款	30.93
拆出资金	1 055.54	合同负债	141.26
交易性金融资产	4.01	吸收存款及同业存放	120.34
应收票据	0.14	应付职工薪酬	54.02
应收账款	0.60	应交税费	69.50
预付款项	0.35	其他应付款	52.13
其他应收款	0.28	一年内到期的非流动负债	0.57
买入返售金融资产	35.05	其他流动负债	18.22
存货	464.35	流动负债合计	486.98
其他流动资产	0.71		
流动资产合计	2 251.73	非流动负债：	
		租赁负债	2.67
非流动资产：		递延所得税负债	0.79
发放贷款和垫款	21.31	非流动负债合计	3.46
债权投资	53.23	负债合计	490.43
其他非流动金融资产	40.02		
投资性房地产	0.04	股东权益：	
固定资产	199.09	实收资本（或股本）	12.56
在建工程	21.37	资本公积	13.75
使用权资产	3.14	其他综合收益	−0.06
无形资产	85.72	盈余公积	389.99
开发支出	2.18	一般风险准备	10.62
长期待摊费用	1.60	未分配利润	1 729.83
递延所得税资产	46.46	归属于母公司股东权益合计	2 156.69
其他非流动资产	1.10	少数股东权益	79.88
非流动资产合计	475.27	股东权益合计	2 236.56
资产总计	2 727.00	负债和股东权益总计	2 727.00

表 3－26　2023 年合并利润表

项目	2023 年
一、营业总收入	1 505.60
其中：营业收入	1 476.94
利息收入	28.67
二、营业总成本	469.61
其中：营业成本	118.67
利息支出	1.14
手续费及佣金支出	0.00
税金及附加	222.34
销售费用	46.49
管理费用	97.29
研发费用	1.57
财务费用	－17.90
其中：利息费用	0.13
利息收入	19.42
加：其他收益	0.35
投资收益	0.34
公允价值变动收益	0.03
信用减值损失	0.38
资产处置收益	－0.00
三、营业利润	1 037.09
加：营业外收入	0.87
减：营业外支出	1.33
四、利润总额	1 036.63
减：所得税费用	261.41
五、净利润	775.21
按所有权归属分类	
归属于母公司股东的净利润	747.34
少数股东损益	27.87
六、其他综合收益的税后净额	0.05
归属于母公司所有者的其他综合收益的税后净额	0.05
七、综合收益总额	775.26
归属于母公司所有者的综合收益总额	747.39

续表

项目	2023 年
归属于少数股东的综合收益总额	27.87
八、每股收益：	
基本每股收益	59.49
稀释每股收益	59.49

注：表中除每股收益的单位为元/股外，其他各项单位均为亿元。

思考题

1. 按照所给报表数据，计算贵州茅台 2023 年的流动比率、速动比率、总资产周转率、存货周转率、净利润率、权益乘数、资产收益率、权益收益率。

2. 相关数据显示，2023 年贵州茅台分红 387.86 亿元。请计算 2023 年贵州茅台的可持续增长率。如果 2024 年贵州茅台希望营业收入达到 2 000 亿元，那么外部融资需求量为多少？（假设 2023 年贵州茅台达到满负荷状态。）

3. 我们在计算外部融资需求量时，隐含着一个假设，即贵州茅台的资产满负荷运转。如果贵州茅台的生产能力尚未被全部运用，外部融资需求量会受何影响？

课后习题

简答题

1. **财务分析** 财务分析的目的是什么？

2. **流动比率、速动比率** 流动比率和速动比率的局限性表现在哪些地方？

3. **可持续增长率** 什么是可持续增长率？可持续增长率的决定因素有哪些？

4. **ROA 与 ROE** ROA 与 ROE 都是盈利性指标，在对两家公司进行比较时，哪个指标更加有用？为什么？

5. **共同比报表** 在进行报表分析时，我们有共同比资产负债表和共同比利润表，为什么不将现金流量表转化成共同比形式呢？

计算题

1. **速动比率、应收账款周转率** 某企业 2023 年的销售成本为 40 000 元，期初存货为 5 000 元，存货周转率为 5，该年度的赊销收入为 5 000 元，期初应收账款为 6 000 元，期末应收账款为 10 000 元。该年度实现总利润为 20 000 元，期末流动负债为 8 000 元，流动比率为 2.2。请计算速动比率和应收账款周转率。

2. **ROE** 某银行的长期预期 ROA 为 2%，总资产为 2 000 亿元，总负债为 1 600 亿元。假定该银行将总负债增加 200 亿元，其他因素不变，该银行的长期预期 ROE 是多少？

3. **杜邦分析法** 某公司 2023 年的销售收入为 800 万元，净利润率为 10%。流动资产为 400 万元，固定资产为 600 万元，净营运资本为 200 万元，长期负债为 400 万元。请运用杜邦分析法来计算 ROE。

4. **可持续增长率、外部融资需求量**　某公司 2023 年的销售收入为 400 万元，净利润为 80 万元，其中支付股利 40 万元。流动资产为 80 万元，固定资产为 400 万元，流动负债为 40 万元，长期负债为 120 万元，普通股为 300 万元，留存收益为 20 万元。

（1）请计算该公司的可持续增长率。

（2）如果该公司按照可持续增长率增长，那么它的外部融资需求量是多少？

综合案例

康美药业的罪与罚

2 PART TWO

|第2篇|

投资决策篇

第 4 章
现金流折现

章前引例

在 20 世纪 70 年代末，中国产生了一个词——“万元户”。顾名思义，万元户是指年收入达到或超过 1 万元的家庭或个人，也泛指高收入人家。在改革开放前后，万元户是相当了得的，是可以炫耀炫耀的。那时候物价低，1 万元可以买很多东西了。工人工资一般是每个月几十元。如果现在你说自己是万元户，恐怕别人不会觉得你很有钱。那么为什么曾经的有钱人代名词“万元户”到如今却不值一提呢？答案就在本章中。学完本章内容后，对于上述问题，你心中自有答案。

本章将介绍货币的时间价值和现金流折现、单利和复利以及一些典型的现金流如年金等。

学习目标

- 掌握货币的时间价值和复利的含义。
- 理解复利发挥威力的条件。
- 掌握典型现金流的现值和终值的计算。
- 了解复利的应用。
- 更好地理解“不积跬步，无以至千里”的道理。

第 1 节　货币的时间价值和折现思想

4.1.1　货币的时间价值

知识讲解

本视频节选自江西财经大学“公司金融”慕课，可登录慕课网站搜索查看完整视频。

货币的时间价值

先来思考一个问题。假如今天你有 1 万元，你会选择借给朋友并在一年后拿回这 1 万元还是存进银行赚取利息？一般情况下我们都会选择后者。从经济学的角度来看，当前 1 单位货币与未来 1 单位货币的购买力之所以不同，是因为要节省现在 1 单位的货币而改在未来消费，假设物价不变，则在未来消费时必须有大于 1 单位的货币可供消费，以作为延迟消费的补偿。这种货币随着时间的推移会不断发生增值的过程其实就体现了一个非常重要的金融学概念——货币的时间价值（time value of money）。

欧文·费雪在《利息理论》中提出了一个概念——人性不耐，即人们对现在获得的财货的偏好优于将来获得的财货。这其实就是我们常说的现在的 1 元钱比未来的 1 元钱更值钱。货币的时间价值意味着现在持有的货币比未来获得的等量货币更有价值。如果当前拥有一定量的货币，可以进行投资，赚取利息，那么在未来就能拥有更多的货币。

4.1.2 单期现金流折现

1. 现金流量图

货币具有时间价值意味着不同时刻的货币是无法进行直接比较的，那么如何描绘并比较不同时刻货币（现金流）的价值呢？有一个非常有用的工具——现金流量图。它展示了货币（现金流）的三个重要维度——时点、方向和大小。

具体如图 4－1 所示。需要说明的是，考虑货币的时间价值一定要具体到某个时刻，所以图 4－1 中的 0、1、2 表示时刻，而非时期。0 到 1 和 1 到 2 的间隔才被称为期，分别对应第 1 期和第 2 期。0 时刻表示当前，是第 1 期的开始，1 时刻是第 1 期的期末或第 2 期的期初。箭头向下表示现金流出，箭头向上表示现金流入。不同时刻现金流的大小，通过带箭头的线段的长短来体现。

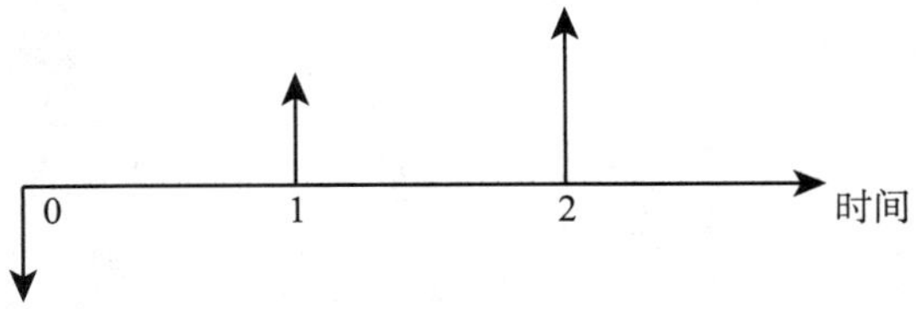

图 4－1　现金流量图

【例 4－1】　张某正在考虑出售郊区的一块土地。昨天，他的朋友甲提出以 100 万元购买。他正准备接受这一报价，这时候他的另一个朋友乙也过来竞购，出价为 114 万元，但是一年以后付款。张某认为两个朋友都有购买诚意，并且均有支付能力。他应该卖给谁呢？

张某需要考虑不同时刻现金流的价值应该如何进行比较。我们先看这个例子给出的两个关键点：第一，两个朋友都有购买诚意；第二，他们均有支付能力。这其实就意味着两个朋友的出价都可以看成是无风险的。那么又该如何比较这两个无风险的出价呢？有两种思考方式：一种是把当前的支付换算到一年以后进行比较；另一种是反过来，把一年后的支付换算到现在进行比较。

（1）比较一年后的现金流价值。

相对于未来的 114 万元，如何评价现在的 100 万元呢？我们可以想象一下，如果张某现在就接受 100 万元的价格，且张某把它投资到无风险资产上，一年后张某可以获得多少本息和呢？这时候张某就可以知道现在的 100 万元相当于一年后的多少钱。

假设无风险利率是 12%，那么 100 万元投资一年后的本息和为 112 万元，小于一年后的 114 万元，这意味着以一年后的 114 万元卖掉该块土地更划算。图 4-2 的现金流量图描述了该换算思路。

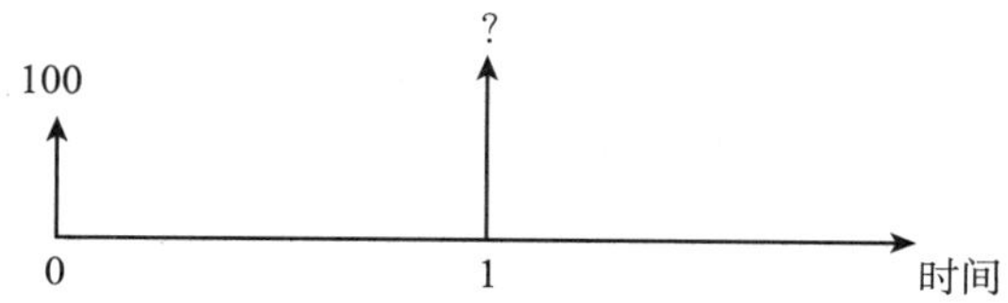

图 4-2　现在换算成未来的思路

(2) 比较当前的现金流价值。

第二种思路，张某可以反过来想。若接受的是一年后收到另外一个朋友 114 万元的付款，张某应该怎么思考呢？张某会想：为了在一年后获得 114 万元，现在需要存多少钱。通过简单计算可知，现在需要存 101.8 $\left(=\frac{114}{1+12\%}\right)$ 万元，大于现在收到的 100 万元，这同样意味着以一年后的 114 万元卖掉该块土地更划算。图 4-3 的现金流量图描述了该换算思路。

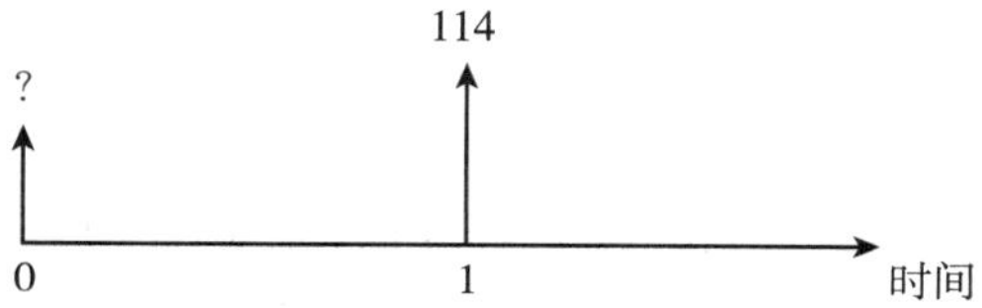

图 4-3　未来换算成现在的思路

从上述分析我们发现无论是哪种思路，最终的评价结果都是一样的，即一年后的 114 万元优于现在的 100 万元。

2. 现金流折现公式

从例 4-1 我们可以看出，上述两种思路其实背后对应着以下这个简单的公式：

$$PV=\frac{FV}{1+R}$$

其中，PV 称为现值，FV 称为终值，R 是折现率，这个公式被称为现金流折现公式。它可以让我们对期初、期末不同时刻的现金流进行换算。

终值（future value，FV）是指在给定利率下，当前资金在未来某一时刻的价值。现值（present value，PV）是指在给定利率下，未来某一时刻一笔资金在现在的价值。

3. 考虑风险的情况

上述例子其实有一个前提，即两个朋友都有购买诚意，并且均有支付能力，也就是不同时刻的现金流都是无风险的。然而，现实中很多投资都是有风险的，比如进行股票投资、购买商品房或者购买公司债券等。如果有风险，这时候该怎么考虑问题呢？思考如下例 4-2 风险投资的例子。

【例 4－2】 某投资公司正在考虑购买齐白石的一幅画，拍卖价格为 1 000 万元，同时预期一年后该幅画能涨到 1 200 万元。该投资是否值得呢？

类似地，我们也可以画出该投资的现金流量图，如图 4－4 所示。与之前不同的是，投资艺术品本身是一件高风险的事情，所以不能再使用无风险利率进行折现。那么该使用什么样的利率进行折现呢？单纯就单一投资而言，折现率其实就是我们期望该投资所能带来的最低收益率，通常风险越大，我们要求的单一投资的收益率就会越高。

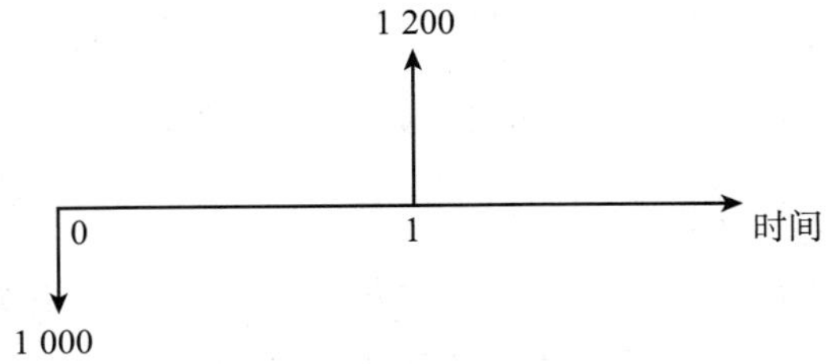

图 4－4　投资风险资产的情况

如果你认为该投资尽管有风险，但风险不大，决定使用 15%的折现率进行折现[①]，那么这时未来 1 200 万元的现值就是：

$$\frac{1\ 200}{1+15\%}=1\ 043(\text{万元})$$

因此就现在花 1 000 万元去购买该艺术品而言，该笔投资是划算的，因为未来收到的 1 200 万元对应现在的 1 043 万元，大于 1 000 万元。

但是如果该公司认为最近艺术品市场波动不断加剧，投资该幅画需要使用 25%的折现率进行折现，那么这时未来 1 200 万元的现值就是：

$$\frac{1\ 200}{1+25\%}=960(\text{万元})$$

因此就现在花 1 000 万元去购买该艺术品而言，该笔投资是不划算的，因为未来收到的 1 200 万元现在只值 960 万元。

从上文我们可以看到，对风险的考虑可以通过调整折现率来达到，风险越大，我们应该使用越高的折现率进行折现。[②] 于是更一般化的折现公式是：

$$\mathrm{PV}=E\left(\frac{\mathrm{FV}}{1+R}\right)$$

其中，E 表示期望，说明括号内的 FV 是有风险的，而 R 是考虑风险以后对应的折现率。

① 具体如何确定折现率我们在以后的章节会进行介绍。
② 要使这句话成立，其实还需要该风险是系统性风险。

4.1.3　多期现金流折现

1. 多期的情况

刚刚我们讲的折现方法仅适用于单期，接下来我们把情形稍微扩展，把它扩展到 3 个时点、2 期的情况（见图 4-5）。假设现在你有 1 元钱可以投资。投资两年，两年后能获得多少钱呢？我们假设投资者要求的收益率是 R。

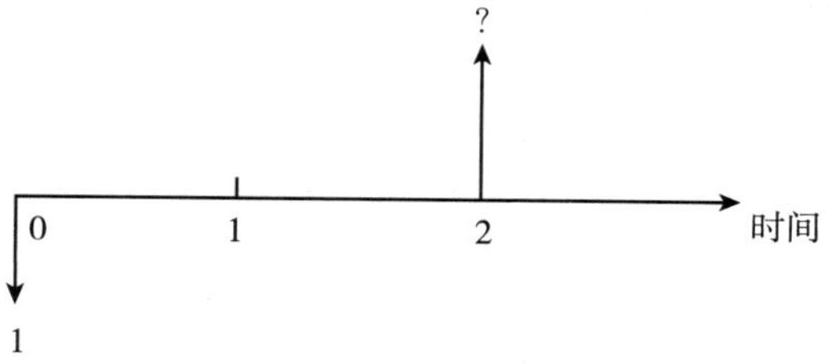

图 4-5　多期的情况

一种可能就是本金加上两倍的单期投资利息，那么两年后可获得（$1+2R$）的本息和。

另一种可能是，先拿 1 元钱投资一年，年末便得到本息和（$1+R$）。在拿到（$1+R$）后，在下一年将其作为本金进行投资，所以，下一年在本金（$1+R$）的基础上，可以获得（$1+R$）×（$1+R$）的总本息和。这种情况最后得到的结果是（$1+R)^2$。

第一种计息方式我们称为单利。为什么称为单利呢？因为它的利息是不产生利息的。第二种计息方式我们称之为复利，也叫利滚利，也就是每一期产生的利息在下一期都会作为本金，再产生利息。

2. 单利和复利

单利（simple interest）是指按照固定的本金计算的利息，即每一期开始的时候，上一期产生的利息不作为本金继续产生利息。将情况扩展到一般的 n 期，单利计息的本息和的数学表达式为 $P(1+nr)$，其中 P 为本金，n 为期数，r 为利率。

复利（compound interest）是指每一期结束所产生的利息在下一期投资的时候，与上一期本金一起作为新的本金进行投资。这种投资计息方式，被称作复利计息。简单来讲就是本金和当期利息会一起在下一期产生利息，其数学表达式为 $P(1+r)^n$。

复利计息可以是一年计息一次，也可以是半年计息一次、一个季度计息一次，甚至可以是每天计息一次。假设一年计息 m 次，年利率为 r，那么每一期的利率为 r/m，一年后可以获得的实际收益率 R 按如下公式计算：

$$R=\left(1+\frac{r}{m}\right)^m-1$$

其中，r 称为年百分比利率（annual percentage rate，APR）或者报价年利率，R 称为有效年利率（effective annual rate，EAR）。在公式中要注意年末价值包括了本金和利息，因此要减去 1 以扣除本金，才能得到真正的收益率。

当 $m=1$ 时就退化为一年付息一次的情形。而当 m 趋于无穷大时，我们称之为连续复利（continuous compounding），此时有：

$$R=\lim_{m\to\infty}\left(1+\frac{r}{m}\right)^{m}-1=\mathrm{e}^{r}-1$$

3. 名义利率和实际利率

名义利率（nominal interest rate）是指名义本金在一定时期内实现增值的比例。货币所能购买到的实物的变动就是实际利率（real interest rate），从专业角度来讲就是货币购买力的变动。

知识讲解

本视频节选自江西财经大学“公司金融”慕课，可登录慕课网站搜索查看完整视频。

名义利率与实际利率

在持有的财富不变的情况下，如果商品的价格上涨了，相当于持有的财富贬值。因此，一个真正理性的消费者或者投资者不应该仅关心名义量，更应该关心实际量。

为了更好地理解名义利率与实际利率到底是什么样的关系，接下来看一个例子。假设只有包子一种消费品，现在的价格是 1 元/个，即当前的 1 元钱所具有的购买力是一个包子。现在可以将 1 元钱存进银行，银行的名义利率为 r_n。一年后，存银行的 1 元钱变成了（$1+r_n$）元。相应地，包子也涨价了，用 π 表示涨价幅度，包子涨价到了（$1+\pi$）。一年前的 1 元在一年后具有的购买力就是 $(1+r_n)/(1+\pi)$，实际利率就是 $\{[(1+r_n)/(1+\pi)]/1\}-1$。因此，(1＋名义利率)＝(1＋实际利率)×(1＋通货膨胀率)，这就是著名的费雪效应。有时为了计算方便，会做如下近似处理：名义利率≈实际利率＋通货膨胀率。

4. 多期的折现公式

有了上面的基础，对于任意两个时点的现金流价值的换算就有如下公式：

$$\mathrm{FV}=\mathrm{PV}\times(1+R)^{n}$$

其中，R 是每一期的利率，n 是期数，PV 是现值，FV 是终值。式中，$(1+R)^n$ 为复利终值系数（future value interest factor），可缩写为 FVIF(R，n)，表示 1 元钱以利率 R 投资 n 期的终值。该公式是一个按复利计算本息和的过程。

用 100 元投资三年，年利率为 5%，第一年年末的本息和为 100×(1＋5%)＝105(元)，投资两年的本息和为 105×(1＋5%)＝110.25(元)，第三年年末的本息和为 110.25×(1＋5%)＝115.762 5(元)。投资三年的终值为 115.762 5 元，即 115.762 5＝110.25×(1＋5%)＝105×$(1+5\%)^2$＝100×$(1+5\%)^3$。

如果用 100 元投资 10 年，年利率仍为 5%，则 100 元在第十年年末的终值为 FV＝100×FVIF(5%，10)＝100×1.628 9＝162.89(元)。

终值可以手算，比如上面的式子也能用 100×$(1+5\%)^{10}$ 计算，但是过于麻烦。可以通过查表得到复利终值系数，表 4－1 是复利终值系数表的一部分，先找到利率 5%对应的那一列，然后找到期数 10 对应的那一行，交会处的数值 1.628 9 就是 FVIF(5%，10)。[①]

① 此外，很多常见的软件都提供了计算终值和现值的相关函数，可直接调用。如在 Excel 中，FV、PV 函数可直接计算现金流的终值和现值。

表 4-1 复利终值系数表

期数	利率				
	3%	4%	5%	6%	7%
1	1.030 0	1.040 0	1.050 0	1.060 0	1.070 0
2	1.060 9	1.081 6	1.102 5	1.123 6	1.144 9
3	1.092 7	1.124 9	1.157 6	1.191 0	1.225 0
4	1.125 5	1.169 9	1.215 5	1.262 5	1.310 8
5	1.159 3	1.216 7	1.276 3	1.338 2	1.402 6
6	1.194 1	1.265 3	1.340 1	1.418 5	1.500 7
7	1.229 9	1.315 9	1.407 1	1.503 6	1.605 8
8	1.266 8	1.368 6	1.477 5	1.593 8	1.718 2
9	1.304 8	1.423 3	1.551 3	1.689 5	1.838 5
10	1.343 9	1.480 2	1.628 9	1.790 8	1.967 2

反过来，如果知道未来的本息和，想知道这一本息和相当于现在的多少钱，只需要将上述式子调整一下，即

$$PV=\frac{FV}{(1+R)^n}$$

这种计算现值的过程叫作现金流折现，所以上述公式被称为现金流折现公式。上式所采用的利率通常被称作折现率（discount rate）。式中，$\frac{1}{(1+R)^n}$被称作折现系数（discount factor）或者复利现值系数（present value interest factor），可缩写为PVIF(R，n)，表示未来第 n 期期末获得 1 元钱，在利率为 R 的情况下现在需要投资多少钱。

前面介绍了在年利率为5%的条件下投资 100 元在三年后的终值。那么为了在三年后获得 100 元，现在应该投资多少钱呢？按照现金流折现公式可以得到：

$$PV=\frac{100}{(1+5\%)^3}=86.38(\text{元})$$

上述例子的现值同样可以通过查表来计算。通过查表得到复利现值系数，求得现值为：

$$PV=100\times PVIF(5\%,3)=100\times 0.8638=86.38(\text{元})$$

表 4-2 是复利现值系数表的一部分。

表 4-2 复利现值系数表

期数	利率				
	3%	4%	5%	6%	7%
1	0.970 9	0.961 5	0.952 4	0.943 4	0.934 6
2	0.942 6	0.924 6	0.907 0	0.890 0	0.873 4

续表

期数	利率				
	3%	4%	5%	6%	7%
3	0.915 1	0.889 0	0.863 8	0.839 6	0.816 3
4	0.888 5	0.854 8	0.822 7	0.792 1	0.762 9
5	0.862 6	0.821 9	0.783 5	0.747 3	0.713 0
6	0.837 5	0.790 3	0.746 2	0.705 0	0.666 3
7	0.813 1	0.759 9	0.710 7	0.665 1	0.622 7
8	0.789 4	0.730 7	0.676 8	0.627 4	0.582 0
9	0.766 4	0.702 6	0.644 6	0.591 9	0.543 9
10	0.744 1	0.675 6	0.613 9	0.558 4	0.508 3

从表 4－2 中我们可以看出：时间不变，折现率越高，现值越低；在同一折现率下，时间越长，现值越低。由此可以做出总结：现值与时间和折现率均成反比。

注意事项

对现实生活中的现金流进行折现会遇到很多困难。例如未来的现金流无法精准确定，都是通过估算得出的，这也导致有时估值出现很大的不确定性。2023 年 8 月，上市公司经纬纺机在财务上没有触发任何退市条件的情况下，自己主动申请退市。经纬纺机以现场结合通信方式举行第十届董事会 2023 年第八次临时会议。经中国恒天集团有限公司、中国恒天控股有限公司提议，由于市场变化，经纬纺机经营面临重大不确定性，可能会对公司造成重大影响。为保护中小股东利益，公司拟以股东大会决议方式主动撤回股票在深圳证券交易所的上市交易，并转而申请在全国中小企业股份转让系统转让。此提议以 9 票同意、0 票反对、0 票弃权通过。

第 2 节　复利的威力

4.2.1　单利和复利的对比

我们可以通过一个实例来比较两种计息方式的差别。假设投资 1 元，年利率为 10%，投资期限为两年。单利本息和为 $1+2\times10\%=1.2$(元)，而复利本息和为 $(1+10\%)^2=1.21$(元)。可以发现复利计息产生的利息更多，因为第一年的利息在第二年也被作为本金产生利息，尽管两年仅多了 0.01 元，看起来差额不大，但复利却被爱因斯坦称为世界第八大奇迹，他甚至说复利的威力超过了原子弹。

4.2.2　复利发挥威力的条件

1. 期限要足够长

现在假设我们以 10%的利率进行投资。有两种方式可以选择：一种是单利计息，另一种是复利计息。两种方式都假设期初有 1 元钱用于投资，与上面例子的区别是，我们这次把时间拉长，都连续地投资 50 年。50 年以后 1 元钱的本息和会是多少呢？我们发现了一个非常吃惊的结果：50 年以后单利计息的本息和只有 6 元，而复利计息的本息和却达到了惊人的 117.4 元，几乎是单利计息的 20 倍（见图 4－6）。

知识讲解

本视频节选自江西财经大学“公司金融”慕课，可登录慕课网站搜索查看完整视频。

单利与复利

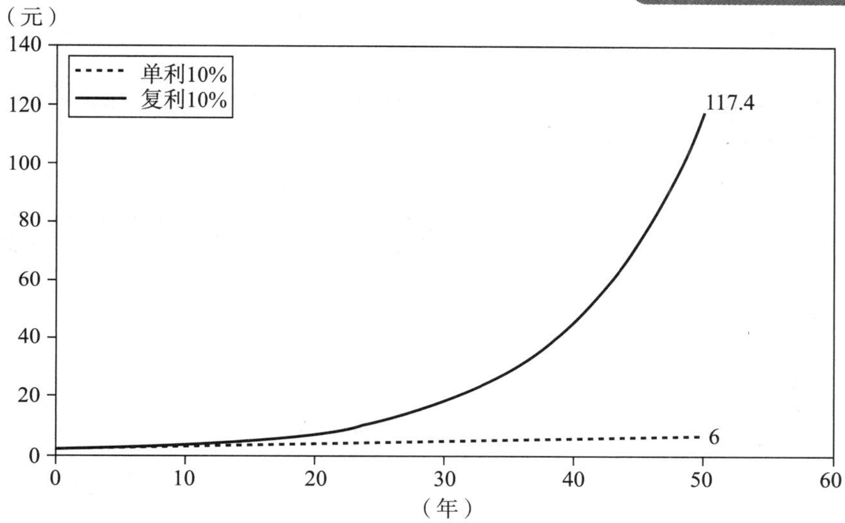

图 4－6　长期限下单利和复利的本息和对比

因此，足够长的复利期是复利能够发挥威力的重要条件之一。

2. 利率要合适

第二种情况我们假设都是进行复利投资，只是利率不太一样。我们选择三种利率进行投资，分别是 5%、10%和 15%。同样是复利 50 年，我们发现结果更加令人惊奇：在利率为 5%的条件下复利 50 年也只有 11.5 元的本息和，在利率为 10%的条件下则是 117.4 元的本息和，而以 15%的利率复利本息和居然高达 1 083.7 元，是以 5%的利率复利的本息和的 94.2 倍，是以 10%的利率复利的本息和的 9.2 倍（见图 4－7）。

因此，从该例子中我们可以看到，复利发挥威力的第二个条件是利率要合适。注意，这里说的是利率要合适，而非越高越好，为什么这样说呢？现实中，过高的利率往往会带来过高的风险，投资的波动性就会很大，而波动性的增大会大大削弱复利的威力。

在表 4－3 中我们假设了四种情形，每种情形下利率的算术平均数都是 8%，每 5 年重复一轮，总共持续 30 年。我们来看看四种情形下的累计投资收益如何。从图 4－8 中

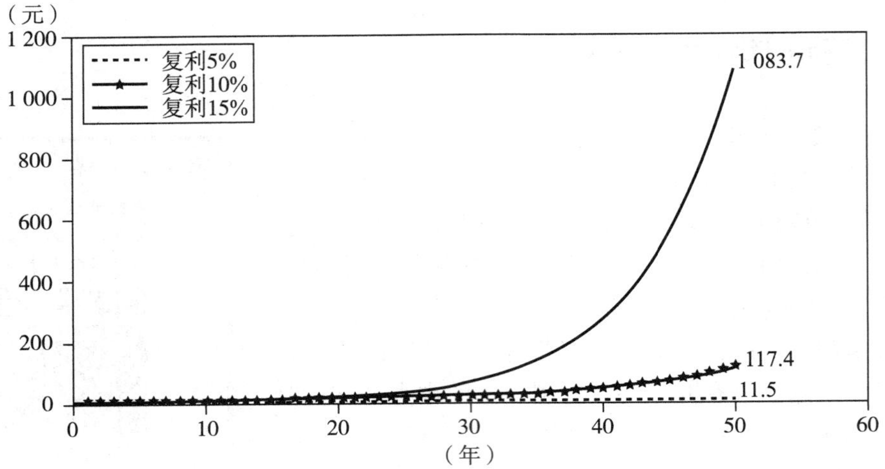

图 4－7　不同利率水平下复利的本息和对比

可以看到，在波动最小的情形 1 下，累计投资收益率超过 900%，而在波动剧烈的情形 4 下，从第 7 期开始就已经亏光了（0.035）。

表 4－3　不同利率波动性假设

时期	情形 1	情形 2	情形 3	情形 4
1	8%	24%	50%	100%
2	8%	−8%	−34%	−84%
3	8%	24%	50%	8%
4	8%	8%	−34%	100%
5	8%	8%	8%	−84%
……				
26	8%	24%	50%	100%
27	8%	−8%	−34%	−84%
28	8%	24%	50%	8%
29	8%	8%	−34%	100%
30	8%	8%	8%	−84%

尽管利率越高复利效果越好，但高利率背后通常是高风险。过高的风险带来的是高波动性，而高波动性则会大大削弱复利的威力。因此，合适的利率是复利能够发挥威力的重要条件之一。

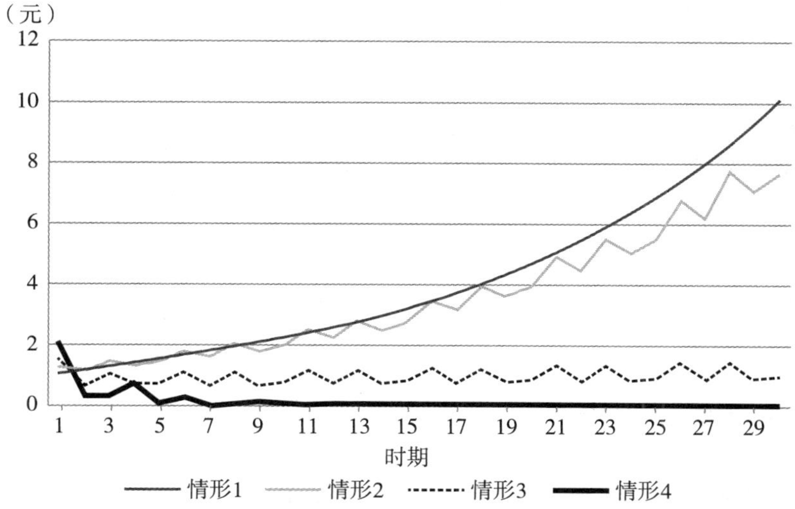

图4-8 不同利率波动下的本息和对比

3. 本金要尽可能高

假设年利率为5%，初始本金1元复利50年，得到的本息和为11.5元，但是如果初始本金只有0.1元，则为了获得11.5元的本息和需要的时间是97.2年，时间几乎翻了一番（见表4-4）。

表4-4 不同初始本金的差异

初始本金（元）	利率（%）	时间（年）	本息和（元）
1	5	50	11.5
0.1	5	97.2	11.5

同时还应该注意到，97.2年后的11.5元，相比于50年后的11.5元，其价值在考虑了货币的时间价值之后还将进一步大大缩水。

总结一下，复利产生威力，需要如下三个很重要的条件：

第一，时间要足够长；

第二，利率要比较合适；

第三，本金不能太低。

这三个条件很容易理解。巴菲特的传记——《滚雪球：巴菲特和他的财富人生》，将复利及其发挥威力的过程形象地比喻为滚雪球：时间长，也就是要选一个坡道比较长的雪场；利率合适，也就是雪道的厚度要合适；本金不能太低，也就是初始的雪球要比较大。满足这样的条件，在复利的加持下，财富这样一个雪球就会越滚越大，而且是以加速的方式增大。

拓展思考

2024年4月30日中共中央政治局会议在部署因地制宜发展新质生产力时，提出要积极发展风险投资，壮大耐心资本。2024年7月18日，党的二十届三中全会通过的

《中共中央关于进一步全面深化改革　推进中国式现代化的决定》同样提出要鼓励和规范发展天使投资、风险投资、私募股权投资，更好发挥政府投资基金作用，发展耐心资本。从字面意思来理解，“耐心资本”提倡的是一种价值投资观，即资本要以长远眼光和思维来对待风险投资。你觉得应该如何理解“耐心资本”呢？

第 3 节　典型的现金流

4.3.1　普通年金与先付年金

在现实生活中，许多资产会提供一连串的现金流；许多负债，例如抵押贷款，需要一连串的支出。每次支付金额相等且时间间隔固定的现金流叫作年金（annuity）。如果支付发生在期末，叫作普通年金（ordinary annuity）。如果支付发生在期初，则称先付年金（annuity due）。

图 4-9 表示的是每期期末支付 A 元，时间为 3 年，利率为 5%的普通年金。图 4-10 表示先付年金，即每期期初支付相同金额。

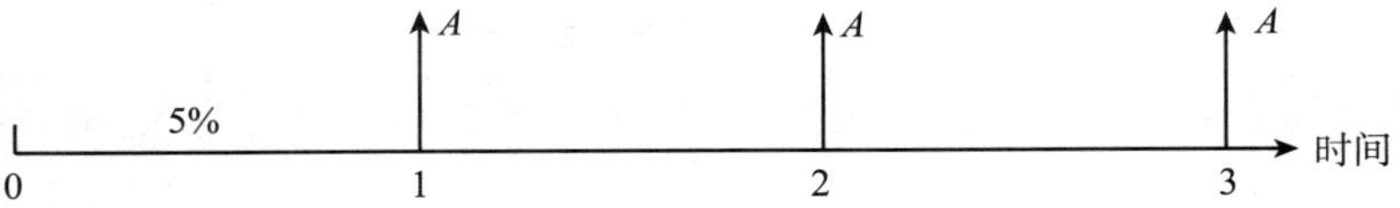

图 4-9　普通年金现金流情况

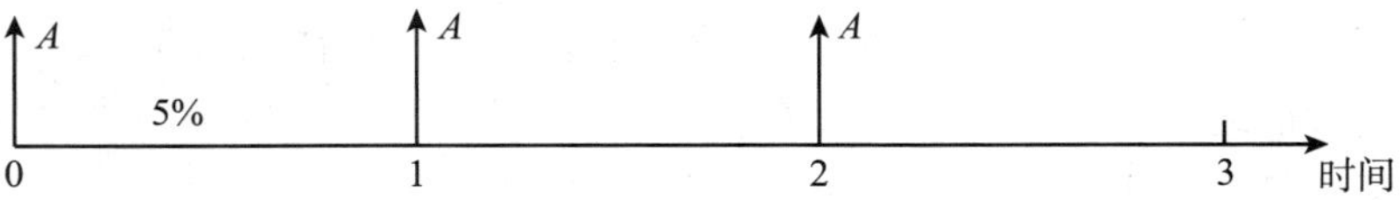

图 4-10　先付年金现金流情况

1. 普通年金终值

第一期支付要计算（$t-1$）期的利息，第二期要计算（$t-2$）期的利息，到第 t 期不用计算利息，年金终值为：

$$FV=A(1+R)^{t-1}+A(1+R)^{t-2}+\cdots+A(1+R)+A=A\left[\frac{(1+R)^t-1}{R}\right]$$

其中，A 为每一期的现金流，R 为适用的折现率。

方括号里的 $\frac{(1+R)^t-1}{R}$ 为年金终值系数（future value interest factor of annuity），可缩写为 FVIFA(R，t)。像复利终值系数一样，年金终值系数也可以通过查表得到。

2. 普通年金现值

普通年金现值就是将每一期的现金流 A 折现到 0 时刻的价值加总。

拓展阅读

人社部调整年金基金投资范围

$$PV=\frac{A}{1+R}+\frac{A}{(1+R)^2}+\frac{A}{(1+R)^3}+\cdots+\frac{A}{(1+R)^t}$$
$$=A\left[\frac{1}{R}-\frac{1}{R(1+R)^t}\right]$$

方括号里的 $1/R-1/R(1+R)^t$ 为年金现值系数（present value interest factor of annuity），可缩写为 PVIFA(R，t)。同复利现值系数一样，年金现值系数也可以通过查表得到。

新闻政策

普通年金最常见的一种形式就是等额本息的住房按揭（抵押）贷款。不过，2024年5月，平安银行正式推出了适用于个人商住两用房按揭业务的“气球贷”还款方式。“气球贷”是一种特色还款方式：借款人按约定的总期数（固定20年）计算每期月供，在贷款期限内分期归还贷款本息，最后一期一次性偿还剩余本金。

如果贷款期限是10年，在“气球贷”还款方式下，同一笔贷款可分至20年还款，且每个月的还款金额都比较少，最后一期一次性偿还“大头”（剩余金额）。以100万元贷款为例，贷款利率为3.95%，贷款时间为10年。分摊到20年的“气球贷”等额本息还款方式是：前期月供约6 033元，第10年到期一次性偿还60.3万元，贷款到期共偿还本息约132.7万元。正常等额本息的还款方式是：月供约10 100元，到期共偿还本息121.2万元。

最后，思考等额本息、等额本金和“气球贷”还款方式的差异和适用情形。

4.3.2 永续年金

永续年金（perpetuity）是一种期数为无穷的年金，其现值计算公式为：

$$PV=\frac{A}{1+R}+\frac{A}{(1+R)^2}+\cdots=\sum_{t=1}^{\infty}\frac{A}{(1+R)^t}=\frac{A}{R}$$

【例4-3】 小胡买了一家公司的优先股，这家公司每年发放2.5元/股的股利。假设这家公司会永久经营下去，优先股可被视为永续年金，折现率为5%，求该公司每股优先股股利的现值。

解：$PV=A/R=2.5/5\%=50$(元)。

4.3.3 永续增长年金

永续增长年金（growing perpetuity）是以固定增长率增长的、定期支付的、期数为无穷的年金。

图 4－11 表示第一笔支付为 A、增长率为 g 的永续增长年金。将每一期的现金流折现到 0 时刻，得到：

$$PV=\frac{A}{1+R}+\frac{A(1+g)}{(1+R)^2}+\cdots+\frac{A(1+g)^{t-1}}{(1+R)^t}+\cdots=\sum_{T=1}^{\infty}\frac{A(1+g)^{T-1}}{(1+R)^T}=\frac{A}{R-g}$$

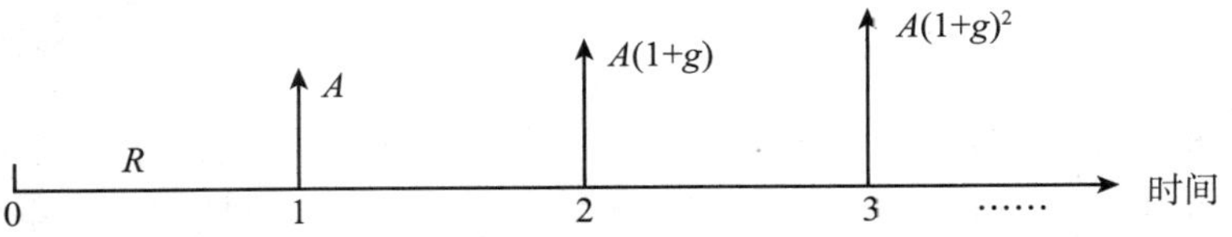

图 4－11　永续增长年金

拓展阅读

企业年金

4.3.4　增长年金

增长年金（growing annuity）是一定时期内定期发生的增长率不变的年金。

图 4－12 表示第一笔支付为 A、增长率为 g、总共 t 期的增长年金。将每一期的现金流折现到 0 时刻，得到：

$$PV=\frac{A}{1+R}+\frac{A(1+g)}{(1+R)^2}+\cdots+\frac{A(1+g)^{t-1}}{(1+R)^t}$$
$$=A\left[\frac{1}{R-g}-\frac{\left(\frac{1+g}{1+R}\right)^t}{R-g}\right]$$

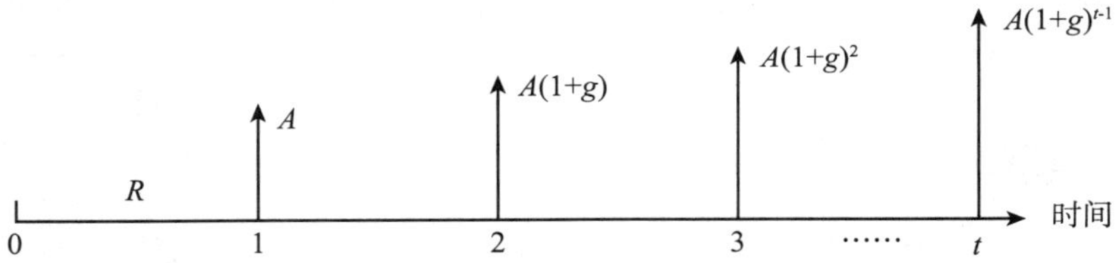

图 4－12　增长年金

因为增长年金是有期限的，故当 $g>R$ 时，增长年金现值公式仍然有效。

思政课堂

复利的思维：来自股神巴菲特的告诫

当有人问巴菲特他成功的关键是什么时，他指了指身边的一沓书说："像这样的书，每天读 500 页。这样知识才能发挥作用，一点点积累，就像是复利一样。"

本章小结

本章一开始就提到了一个重要概念——货币的时间价值，它意味着现在持有的货币比未来获得的等量货币更有价值。接着介绍了单期和多期的现金流折现，由此引出了两个基本概念：终值和现值。

a. 终值是指在给定利率下，当前资金在未来某一时刻的价值。

b. 现值是指在给定利率下，未来某一时刻一笔资金在现在的价值。

c. 单期现金流折现公式为：$PV=\frac{FV}{1+R}$。

d. 多期的终值计算公式为：$FV=PV(1+R)^n$。

e. 多期的现值计算公式为：$PV=\frac{FV}{(1+R)^n}$。

本章还介绍了单利、复利以及一年计息多次的实际收益率如何计算，并讨论了名义利率和实际利率。

a. 单利是指按照固定的本金计算的利息。

b. 复利是指每一期结束所产生的利息在下一期投资的时候，与上一期本金一起作为新的本金进行投资。

c. 设每年计息 m 次，R 为有效年利率，r 为报价年利率，有 $R=\left(1+\frac{r}{m}\right)^m-1$。

d. 名义利率是指名义本金在一定时期内实现增值的比例。

e. 实际利率是指货币购买力的变动。

被爱因斯坦称为世界第八大奇迹的复利如何产生巨大的威力，本章对此进行了详细的说明。复利产生威力需要三个重要条件：

a. 时间要足够长。

b. 利率要比较合适。

c. 本金不能太低。

本章最后介绍了一些典型的现金流，如普通年金、先付年金、永续年金、永续增长年金、增长年金以及它们的终值与现值的计算。

a. 每次支付金额相等且时间间隔固定的现金流叫作年金。

b. 如果支付发生在期末，叫作普通年金。

c. 如果支付发生在期初，则称先付年金。

d. 普通年金终值计算公式为：

$$FV=A(1+R)^{t-1}+A(1+R)^{t-2}+\cdots+A(1+R)+A=A\left[\frac{(1+R)^t-1}{R}\right]$$

e. 普通年金现值计算公式为：

$$PV=\frac{A}{1+R}+\frac{A}{(1+R)^2}+\frac{A}{(1+R)^3}+\cdots+\frac{A}{(1+R)^t}=A\left[\frac{1}{R}-\frac{1}{R(1+R)^t}\right]$$

f. 永续年金是一种期数为无穷的年金，其现值计算公式为：

$$PV=\frac{A}{1+R}+\frac{A}{(1+R)^2}+\cdots=\sum_{t=1}^{\infty}\frac{A}{(1+R)^t}=\frac{A}{R}$$

g. 永续增长年金是以固定增长率增长的、定期支付的、期数为无穷的年金，其现值计算公式为：

$$PV=\frac{A}{1+R}+\frac{A(1+g)}{(1+R)^2}+\cdots+\frac{A(1+g)^{t-1}}{(1+R)^t}+\cdots=\sum_{T=1}^{\infty}\frac{A(1+g)^{T-1}}{(1+R)^T}=\frac{A}{R-g}$$

h. 增长年金是一定时期内定期发生的增长率不变的年金，其现值计算公式为：

$$PV=\frac{A}{1+R}+\frac{A(1+g)}{(1+R)^2}+\cdots+\frac{A(1+g)^{t-1}}{(1+R)^t}=A\left[\frac{1}{R-g}-\frac{\left(\frac{1+g}{1+R}\right)^t}{R-g}\right]$$

中国公司金融实践

自 2022 年 1 月 1 日起，对个人养老金实施递延纳税优惠政策。在缴费环节，个人向个人养老金资金账户的缴费，按照 12 000 元/年的限额标准，在综合所得或经营所得中据实扣除；在投资环节，计入个人养老金资金账户的投资收益暂不征收个人所得税；在领取环节，个人领取的个人养老金不并入综合所得，单独按照 3%的税率计算缴纳个人所得税，其缴纳的税款计入“工资、薪金所得”项目。对不同收入群体，税收政策的优惠力度是有差异的。一般来说，收入越高，省下来的税会越多，若再加上账户投资收益，更为可观。但是对那些在 2019 年个税改革后已经无须交税的低收入群体而言，领取的时候按照 3%来缴纳，税负反而增加了一些。

思考题

1. 不同个人所得税税负的个体如何决定是否参与个人养老金缴费？
2. 个体的投资能力是否会影响其上述决策？如果会，如何影响？
3. 检索相关国家政策和资料，对于做好养老金融大文章，你有什么建议？

课后习题

简答题

1. **货币的时间价值** 什么是货币的时间价值？
2. **终值和现值** 请写出现金流折现公式并解释终值和现值。
3. **单利和复利** 简述单利计息与复利计息的区别。
4. **复利的威力** 发挥复利的威力需要什么条件？

计算题

1. **复利终值** 如果张某存 1 万元到一个银行账户，银行每年支付 10%的利息，采用复利计息方法，5 年后张某的账户里会有多少钱？

2. **复利终值**　在下列情况下，计算 2 000 元按复利计息的终值：

（1）年利率为 5%，为期 15 年。

（2）年利率为 10%，为期 15 年。

（3）年利率为 10%，为期 20 年。

3. **增长年金现值**　小胡的女儿上大学，学费在每年开始时交。第一年的学费为 5 000 元，预计在她 4 年的上学期间，学费将以每年 2%的比例逐年递增。如果年利率为 5%。4 年的学费现值是多少？

4. **普通年金终值**　小吴开始存养老金。每年年末存入银行 3 000 元，年利率为 5%。假如小吴 30 年后退休，那时小吴总共存了多少钱？

5. **先付年金终值**　假如张某在未来 10 年中每年年初存入银行 2 000 元，银行利率为 10%，请问第 8 年年末张某的银行存款总额为多少？

6. **报价年利率与有效年利率**　若报价年利率为 10%，在下述几种方式下 5 000 元的存款 10 年后的终值是多少？

（1）每年计息一次；

（2）每半年计息一次；

（3）每季度计息一次。

7. **普通年金**　小李 3 年后需要 10 万元，计划每年年末向银行存入等额现金，年利率为 5%，请问小李每年应存入银行多少钱？

8. **现金流折现**　查找并使用如下 Excel 函数：PV，FV，PMT，EFFECT，NOMINAL，等等。

第5章
投资决策方法

章前引例

2023年8月，上海积塔半导体有限公司（以下简称积塔半导体）完成了135亿元的融资盛举。此次融资汇聚了国家基金、产业投资人及知名财务投资人的力量，彰显了半导体行业的强劲吸引力和巨大发展潜力。积塔半导体专注于模拟电路、功率器件等特色工艺的研发与制造，其产品广泛应用于汽车电子、工业控制等高端领域。这轮融资成功不仅为公司未来的产能扩张和技术创新提供了坚实支撑，也为投资者带来了丰厚的收益预期。在半导体行业持续升温的情况下，积塔半导体的投资决策无疑为业界树立了标杆。

同样是在2023年，新能源领域的华晟新能源宣布完成超20亿元的C轮融资，由中国绿发投资集团领投，多家知名投资机构跟投。华晟新能源专注于硅基异质结太阳能技术的研发与产品规模化量产，其异质结电池技术处于行业领先地位。此轮融资不仅为华晟新能源的产能扩张和市场拓展提供了资金保障，也进一步巩固了其在新能源领域的领先地位。面对新能源市场的广阔前景和激烈竞争，华晟新能源的投资决策展现了其对行业趋势的深刻洞察和前瞻布局。

我们在这一章将介绍几种投资决策中常用的方法。

学习目标

- 学习并掌握净现值法，了解净现值法的优缺点。
- 学习并掌握回收期法，了解回收期法的优缺点，尤其是了解折现回收期法。
- 学习并掌握内部收益率法，重点了解内部收益率法存在的问题和解决方案。
- 了解其他投资决策方法，如盈利指数法。
- 了解投资决策实务。
- 提升批判和思辨能力。

第 1 节　净现值法

5.1.1　净现值法的定义

知识讲解

本视频节选自江西财经大学“公司金融”慕课，可登录慕课网站搜索查看完整视频。

净现值法

折现方法既可以用于对金融资产的估值，也可以用于对项目的评估。接下来我们将会讲到如何运用折现方法进行投资项目评估。

第一种也是最重要的一种投资项目评估方法叫作净现值法（net present value method，NPV 法）。前面我们讲过现金流折现的思想，通过折现可以评估不同时刻现金流在现在的价值。但是，对于某个具体的投资项目而言，往往很多时刻都会产生现金流，有时候是流入，有时候是流出。我们想知道在既有流入现金流又有流出现金流时，这个项目到底值不值得投资，对投资者来说它的价值是多少。

如果一个项目有很多期，我们可以对这个项目在完整期限内不同时刻所发生的现金流都进行折现，然后不管现金流是流入还是流出。当然，流出的现金流用负号表示，流入的现金流用正号表示。把所有现金流折现到现在的值再加起来就得到了净现值。净现值法是使用投资项目的净现值来进行投资项目评价与决策的基本方法。

净现值法在计算时，需要将投资项目所有时刻的现金流入和现金流出都按照预定的折现率折现。那么净现值到底是什么意思呢？特别地，净现值等于零意味着什么呢？我们可以通过一个例子来说明这些问题。假设市场上的无风险利率是 6%，那么现在投资 100 元在无风险资产上，一年以后的本息和就是 106 元。对应的现金流量图就是图 5-1。

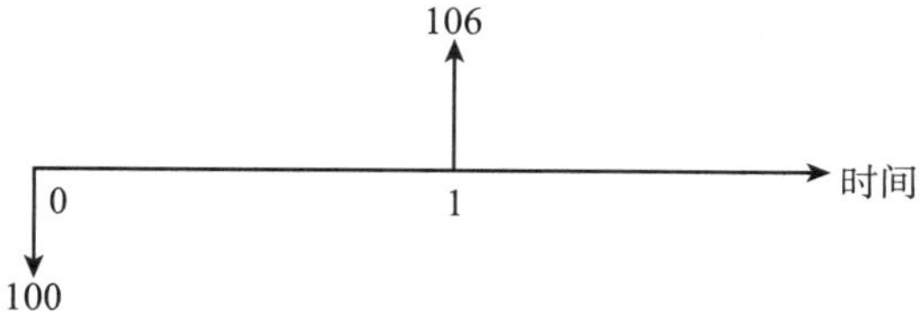

图 5-1　净现值法现金流量图

我们按定义计算出净现值为：

$$NPV = -100 + \frac{106}{1.06} = 0(元)$$

通过此例，可知 NPV=0(元) 意味着项目恰好获得了市场的无风险收益。如果市场无风险利率是 6%，而该无风险资产能提供的收益率是 7%，此时将 100 元投资于该资产的净现值为：

$$-100+\frac{107}{1.06}=0.94(\text{元})$$

净现值为 0.94 元，即这个项目的净现值是正的。接下来的问题是，0.94 元这样一个数到底表示什么意思呢？

其实可以再思考一下，这里面有一句话是说市场上的无风险利率是 6%，那么这个 6%的利率到底是什么意思呢？这个 6%的利率就是这个市场的一种普遍认识，即如果投资者不投资该项目，而是把这 100 元投资于风险与这个项目很接近的备选项目所能获得的收益率。

如果市场评估是一致的，就意味着这类风险投资项目所能获得的收益率就是 6%。这家公司如果不投资这个项目，而是投资别的风险类似的项目，这时候公司的价值应该是公司本身的价值 V 加上这 100 元。而若投资这个项目，公司的价值就变成公司本身的价值 V 加上投资项目所具有的价值，也就是 107 除以 1+6%。这时候可以算出来，公司的价值等于 V 加上 100.94 元。也就意味着投资这个项目所创造的价值会大于投资别的风险类似的项目所创造的价值，这个项目额外创造的价值就是 0.94 元。0.94 元正好等于我们之前计算出来的 NPV。所以，NPV 指的就是某个项目所创造的超过市场要求它所具有的价值，即项目创造的超额价值。

如果 NPV 等于零，又是一种什么状态呢？如果理解了前面所描述的内容，就可以发现，NPV 等于零意味着这个项目创造了它应该创造的价值。NPV 等于零意味着是一个均衡的市场，在这个市场中不再存在套利机会，此时这个项目恰好值得投资。基于这样的观点，我们就有了使用 NPV 法来评价投资项目的基本逻辑：首先计算项目的 NPV，如果项目的 NPV 大于零，就接受这个项目，如果项目的 NPV 小于零，就拒绝这个项目。

因此，我们得到净现值决策法则，如式（5-1）所示：

$$\text{NPV}=\text{现金流入量现值}-\text{现金流出量现值} \tag{5-1}$$

若 NPV 大于零，则项目被接受；若 NPV 小于零，则项目不被接受。

【例 5-1】 A 公司现在计划投资一个 1 000 元的无风险项目。该项目只在第 1 期获得 1 090 元的现金流量，没有其他收入。无风险利率为 6%。

很容易计算出该项目的 NPV 为：

$$\text{NPV}=-1\,000+\frac{1\,090}{1.06}=28.3(\text{元})$$

NPV 为正，所以这个投资项目是可以接受的。该项目从 1 000 元的投资中获得了 1 090 元的未来现金流，而投资类似无风险项目只能获得 1 060 元。

为什么净现值决策法则会带来正确的决策呢？考虑 A 公司管理层可以采用的两种策略，具体如下：

（1）当期用 1 000 元投资此项目，而 1 090 元在下一期用于支付股利；

（2）放弃此项目，把 1 000 元作为当期的股利支付给股东。

如果策略（2）被采用，股东可以将收到的股利存入银行 1 年。在利率水平为 6%的情况下，年末策略（2）可以带来 1 060 元。但股东将更加喜欢策略（1），因为策略（2）所产生的未来现金流低于 1 090 元。

基于上述分析，净现值决策法则告诉我们：接受净现值为正的项目将使股东受益。

5.1.2　净现值法的主要优点

NPV 法是现实中使用最广泛的方法之一，为什么其使用如此广泛？因为它从设计上来讲是相对合理的，它考虑了几乎所有的因素。NPV 法最重要的三个特点是：

（1）NPV 法使用的是现金流，而不是盈利，这主要区别于会计指标，如 ROA 和 ROE 等；

（2）NPV 法包含全部时刻的现金流，这主要区别于后面讲的回收期法；

（3）NPV 法还对现金流进行了合理的折现，考虑了货币的时间价值和风险。

5.1.3　净现值法的缺陷

正是因为 NPV 法考虑了很多方面，所以使用 NPV 法的工作量其实也不小，在使用 NPV 法的时候需要注意的是：

（1）折现率的确定其实是比较复杂的，也是比较困难的，需要使用很多数据来估计；

（2）任何现金流量折现模型其实都有一个内在的假定，即收到的现金流可以以折现率进行再投资，但现实中未来利率是不能确定的；

（3）因为 NPV 法通常被用来比较投资数额接近的项目，所以，如果使用 NPV 法来比较两个规模相差很大的互斥项目，可能会存在问题。

拓展阅读

今年目标
为何这样定

第 2 节　回收期法

5.2.1　回收期法的定义

现实中经常被用来代替净现值法的是回收期法（payback period method）。我们先讨论一个初始投资为 7 000 元的项目。项目前三年末的现金流量依次为 4 000 元、3 000 元和 1 000 元，该项目的现金流量图如图 5 - 2 所示。

期初投资 7 000 元，箭头向下表示对投资者而言是现金流流出，后续现金流流入发生在每一期期末，而第 1 笔现金流则发生在我们做决策的时点（现在，时刻 0）。

公司在项目运营的前两年末将分别收到 4 000 元和 3 000 元，加起来就相当于初始投资 7 000 元。这意味着公司在两

知识讲解

本视频节选自江西财经大学“公司金融”慕课，可登录慕课网站搜索查看完整视频。

回收期法

年内就可以收回初始投资。两年就是项目的投资回收期，也被称为静态回收期。

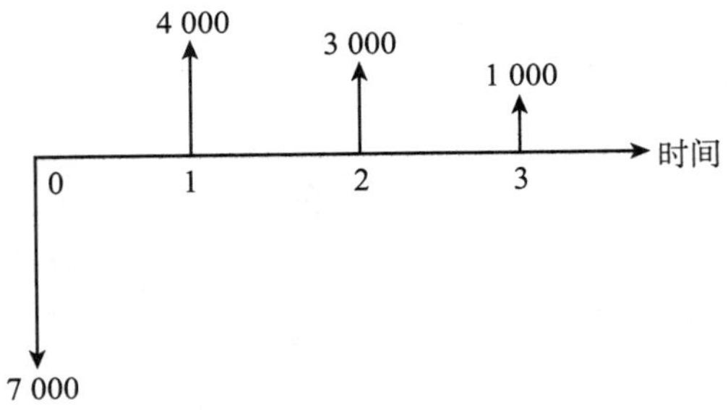

图 5-2　回收期法现金流量图

回收期法的决策过程很简单，分为以下两步：

（1）选择一个具体的回收期决策标准，比如两年。

（2）进行选择。所有回收期等于或小于两年的项目都可行，而那些回收期在两年以上的项目不可行。

5.2.2　回收期法存在的问题

1. 忽视了回收期内现金流的时间序列

假设有两个项目 A 和 B，A 和 B 的初始投资都为 5 000 元，且产生未来现金流的期限都为三年。项目 A 未来的现金流量依次为 3 000 元、2 000 元、1 000 元，而项目 B 未来的现金流量依次为 4 000 元、1 000 元、1 000 元。这两个项目的回收期相同。根据回收期法，这两个项目都满足回收期为两年的要求。但事实上项目 A 和项目 B 的净现值不同，项目 B 的净现值大于项目 A 的净现值。这一点在回收期法中无法体现出来。

2. 忽略了回收期以后的现金流

假设现在有两个项目 C 和 D，C 和 D 的初始投资均为 5 000 元，且投资期限为三年。项目 C 未来的现金流量依次为 3 500 元、1 500 元、1 000 元。项目 D 未来的现金流量依次为 3 500 元、1 500 元、1 500 元。项目 C 和项目 D 的回收期都为两年且这两年的现金流量相同，但项目 D 在第三年末的现金流量为 1 500 元，大于项目 C 的 1 000 元。也就是说，回收期法存在另一个问题——它忽略了所有回收期以后的现金流量。由于回收期法只考虑回收期内的收益，因此有一些有价值的长期项目就会被拒绝，而净现值法不存在这个问题。因为净现值法考虑了项目所有的现金流量。

3. 回收期的确定具有较大的主观性

对于回收期长短的选择，并不存在较为统一的决策标准。因此，利用回收期法所做出的选择有些过于主观。

5.2.3　回收期法的优势

1. 简单易懂

回收期法的规则十分简单，相比于净现值法，回收期法易于理解，且不需要考虑折现率等因素。

2. 便于管理，常被用来筛选大量的小型投资项目

当需要对大量小型投资项目进行筛选时，使用回收期法将会十分便利，而净现值法需要对每个项目进行计算，不便于管理。

5.2.4　折现回收期法

由于回收期法存在许多不足，一些投资决策人员转而采用一种变通的方法——折现回收期法（discounted payback period method）。这种方法先对现金流量进行折现，然后求出使折现现金流达到初始投资所需要的时间长短，该期限被称为折现回收期，也被称为动态回收期。

例如，假设折现率为 10%，项目的现金流量如图 5－3 所示。

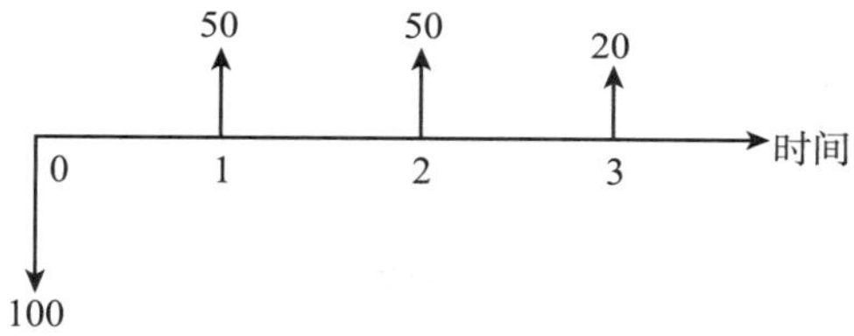

图 5－3　折现回收期法现金流量图

由图 5－3 可知，该投资的静态回收期为 2 年。为计算折现回收期，我们首先对每期现金流量按 10%的折现率进行折现，可以得到：

$$(-100,\ 50/1.1,\ 50/1.1^2,\ 20/1.1^3)=(-100,\ 45.45,\ 41.32,\ 15.03)$$

简言之，初始投资的折现回收期就是针对这些折现现金流的回收期。由于前三年的折现现金流之和为 101.80（＝45.45＋41.32＋15.03）元，因而折现现金流的回收期略小于 3 年。在各期现金流量均为正数的情况下，由于折现会使现金流量变小，折现回收期一定不短于相应的静态回收期。

初看起来，折现回收期似乎很有吸引力，但仔细分析后我们会发现，它仍然存在许多类似于回收期的严重缺陷。和静态回收期一样，折现回收期的决策标准不是客观标准，依旧忽略了回收期以后所有的现金流量。再者，既然我们已经花了大量人力物力去估计折现率，并基于此计算出折现现金流，不如利用净现值法来进行决策。折现回收期法使回收期法在计算上简便或便于管理控制的好处也无法体现。折现回收期法有些类似净现值法，但它只是回收期法与净现值法二者之间并不很明智的折中方法。

第 3 节　内部收益率法

5.3.1　内部收益率的定义

> **知识讲解**
> 本视频节选自江西财经大学“公司金融”慕课，可登录慕课网站搜索查看完整视频。
> 内部收益率法

内部收益率（internal rate of return，IRR）是指使项目的净现值为零的折现率。内部收益率本身不受资本市场利率的影响，而是取决于项目的现金流量，是每个项目的完全内生变量。这也是该项指标被称为“内部收益率”的原因所在。

【例 5－2】　如图 5－4 所示，现在有一个简单的投资项目 A，初始投资为 100 元，一年后获得 105 元的现金流量。设折现率为 R，则净现值为：

$$\mathrm{NPV}=-100+\frac{105}{1+R}$$

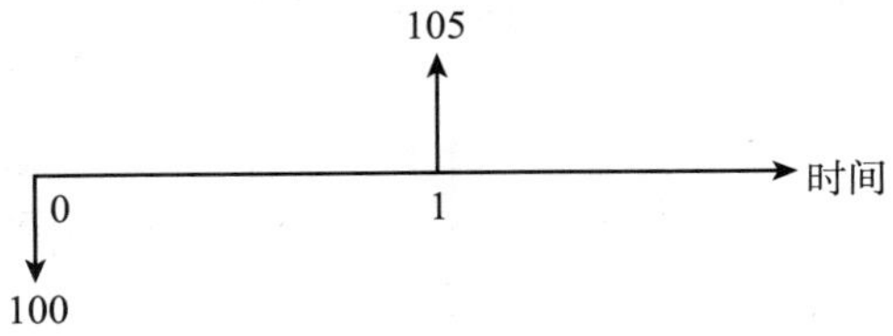

图 5－4　内部收益率法现金流量图

通过简单计算可以得出，当 $R=5\%$时，

$$\mathrm{NPV}=-100+\frac{105}{1.05}=0(\text{元})$$

通过上述计算，我们得出了使得 NPV 为零的折现率 R，这个 R 就是内部收益率。这个例子表明，当市场折现率为 5%时，这个项目的净现值为零。但要注意，这时该项目的投资者仍然是获利的——100 元的期初投资额，在年末获得了 105 元的本息和。5%的回报一方面是市场一般投资者承担该项目风险所要求的回报（主观的），另一方面是该项目能够提供给投资者的回报（客观的）。因此，投资者从这个项目中获得了要求的回报，但没有超额回报。当市场折现率低于 5%时，项目净现值大于零，应当接受该项目；当市场折现率高于 5%时，净现值小于零，应当拒绝该项目。

所以，内部收益率决策法则就是：客观提供的回报如果比主观想要的回报高，就接受该项目，否则就拒绝。若内部收益率大于折现率，则项目可以接受；若内部收益率小于折现率，则项目不可接受。①

① 结合后续的阐述，你一定会发现，这一决策法则其实默认项目是投资项目。

5.3.2　内部收益率法存在的问题

内部收益率法之所以在投资评价中得到广泛应用，主要在于它用一个数字就能够概括项目的特性，涵盖项目的主要信息，这是净现值法无法做到的。然而，如果项目的现金流量是非常规现金流量，令 NPV 等于零来求解 IRR 时会存在多个解。另外，在评价互斥项目时，投资规模差异和时间序列问题也会使内部收益率法失效，导致投资者做出错误的决策。下面我们通过例子来看看内部收益率法在决策中可能存在的问题。

1. 投资项目还是融资项目

我们来看如图 5－5 所示的两个项目：

（a）项目A　　（b）项目B

图 5－5　投资项目还是融资项目

通过对比可以发现，项目 A 和项目 B 在不同时点具有大小相等、方向相反的现金流，进一步计算可以发现：

（1）两个项目具有一样的内部收益率，即 IRR＝30％；

（2）两个项目的 NPV 大小相等，方向相反。

如果采用 NPV 法，当一个项目的 NPV 大于零的时候，另一个项目的 NPV 就一定小于零。这意味着，在接受某个项目的同时一定拒绝另外一个。而使用 IRR 法做决策时则会发现，两个项目的 IRR 同时大于或小于折现率，这意味着 IRR 法将同时接受或拒绝这两个项目。因此，此时使用 IRR 法会得出错误决策。出错的原因何在？我们来进一步分析这两个项目。

项目 A：现金流先流出，再流入，这是一个典型的投资过程。对投资项目而言，IRR 应该越高越好，因为这体现的是项目所能提供的投资回报。

项目 B：现金流先流入，再流出，类似现实中的借款，这是一个典型的融资过程。对融资项目而言，IRR 应该越低越好，因为这反映的是项目所承担的融资成本。

因此，在使用 IRR 法时必须区分项目本身是投资项目还是融资项目。本书中若没有特别说明，相关项目一般默认是投资项目。然而在现实中区分项目本身是投资项目还是融资项目并不那么容易，我们继续看下面的例子。

拓展阅读

两融市场继续上演争夺战

2. 存在多个内部收益率

相比于上一个例子，如图 5－6 所示的项目涉及 2 期、3 个时点的现金流，这样的项目是投资项目还是融资项目呢？

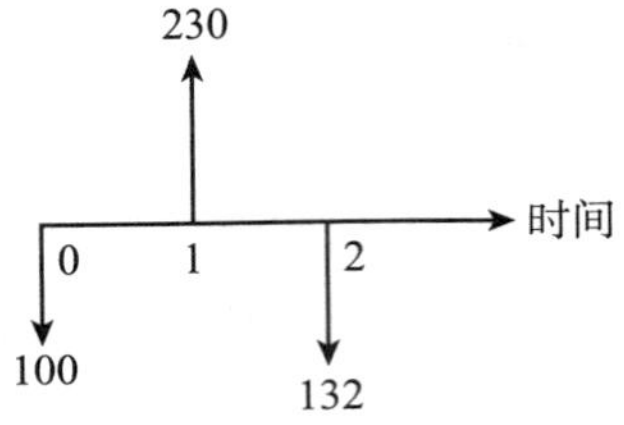

图 5-6　多个内部收益率

仅看时点 0 和时点 1 的现金流，这是典型的投资项目；仅看时点 1 和时点 2 的现金流，这又是典型的融资项目。放一起呢？我们会发现无法做出准确判断，其实我们可以按定义计算该项目的 IRR。

$$100=\frac{230}{1+R}-\frac{132}{(1+R)^2}$$

简单求解可以得到：

$$R=10\%\text{或者 }R=20\%$$

这个项目存在两个 IRR，分别是 10%和 20%。存在多个 IRR 的话如何判断呢？比如现在想要的回报是 15%，我们是接受还是拒绝该项目呢？很显然，在这种情况下 IRR 法失灵了。让我们直接看看万能的 NPV 法的决策结果是怎样的。

图 5-7 展示了不同折现率下项目所具有的 NPV。从图 5-7 中我们可以看到，只有当折现率处于 10%和 20%之间时，项目才是可以接受的，在其他区间 NPV 都小于零，应当拒绝。

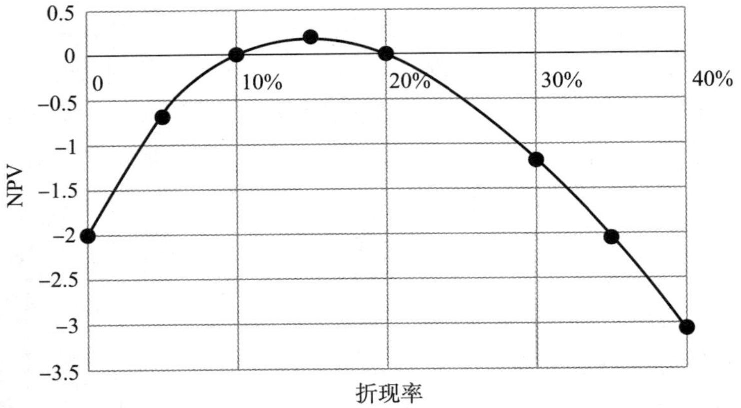

图 5-7　不同折现率下的 NPV（多个 IRR）

通过上面两个例子我们可以发现，在能确定是投资项目还是融资项目的前提下我们可以用 IRR 决策法则来做判断，如果不能确定，最好不要用 IRR 决策法则来做判断。那么是不是在能确定项目类型的前提下使用 IRR 决策法则就一定不会出错呢？让我们再看下一个例子。

3. 规模问题

我们再来看如表 5-1 所示的两个互斥项目。

表 5-1　项目 1 和项目 2 的现金流、NPV、IRR

	期初现金流	期末现金流	NPV	IRR
项目 1	−1	1.5	0.5	50%
项目 2	−10	11	1	10%

这一次，我们能很容易就确定项目所属类型。项目 1 和项目 2 都是典型的投资项目，最大的差别是规模差异：项目 1 的投资规模为 1 单位，而项目 2 的投资规模为 10 单位。与此同时，项目结束后项目 1 和项目 2 分别获得 1.5 单位和 11 单位的现金流。

此外，假设上述两个项目是互斥的，即不能同时投资，且假设项目 1 和项目 2 都有且仅有 1 个。基于 NPV 决策法则我们应该选择项目 2，因为其能带来的超额价值是 1 单位，大于项目 1 的 0.5 单位。

但是，如果我们继续看两个项目的 IRR，会发现项目 1 的 IRR 高达 50%，而项目 2 的 IRR 则仅有 10%。这意味着从 NPV 的角度来看更好的项目，其 IRR 反而更低，原因就在于两个项目规模的差异。

在了解规模差异导致 IRR 决策失误后，那是不是意味着只要能确定项目类别，且项目的规模也类似，就可以说 IRR 越高，项目越好呢？我们在下一个例子中解答这一疑问。

4. 时间序列问题

如果两个互斥项目的投资回收速度不等，即使两个项目的初始投资额相等，IRR 法也仍然可能导致错误的判断。我们再来看一个例子（见表 5-2)。

表 5-2　项目 A 和项目 B 的现金流、IRR

	0	1	2	3	IRR
项目 A	−10 000	10 000	1 000	1 000	16.04%
项目 B	−10 000	1 000	1 000	12 000	12.94%

在这个例子中，我们对差异加以控制，即两个项目都是现金流先流出、再流入——典型的投资项目，同时两个项目的规模相同。唯一的明显差异是收回的现金流时间序列有差异。项目 A 在第 1 期期末就收回初始投资，而项目 B 则在第 3 期期末才收回初始投资。当然，因为收回得晚，项目 B 的现金流总额略大于项目 A。

我们可以计算出两个项目的 IRR 分别是 16.04%和 12.94%，此时是否可以说 IRR 越高，项目越好，即我们应该选择项目 A 呢？让我们再次看看在不同折现率的情况下两个项目 NPV 的差异。

从图 5-8 中我们可以发现，基于 NPV 来考量，并不是某个项目总是优于另一个项目。当折现率小于 10.6%时，反而是项目 B 总是优于项目 A，而当折现率处于 10.6%和 12.94%之间时，项目 A 才优于项目 B。

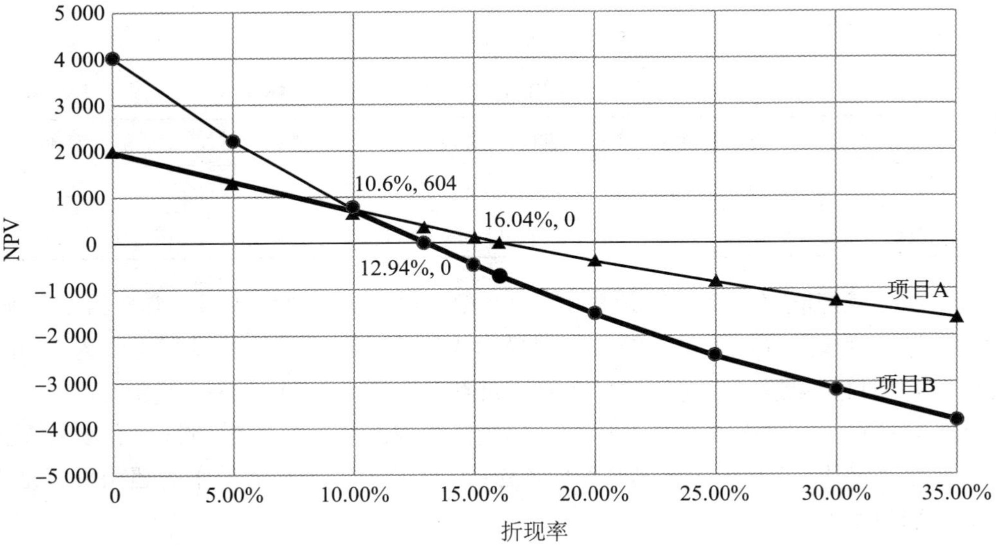

图 5-8 不同折现率下的 NPV（时间序列差异）

是什么原因导致这种情形呢？由于项目 B 的初始投资在后面才收回来，其 NPV 受到折现率的影响会更大，因此相对于项目 A 而言，项目 B 的图形会更加陡峭，即随着折现率的提高，项目 B 的 NPV 下降速度会更快。

分析结束后，我们总结相关结论如下：

（1）IRR＞必要折现率⇔NPV＞0；

（2）由于存在规模差异和时间序列差异，IRR 越大，NPV 不一定越高。

常见问题

PE 基金之 IRR 陷阱

IRR 作为重要的投资指标，在对项目进行投资评价时得到了广泛应用，且使用效果得到了一致认可，但是在对 PE 基金（私募股权基金）的绩效进行评价时，只关注 IRR 可能会陷入 IRR 陷阱。在 PE 基金的招募材料中，IRR 是最常见的数字，基本上市面上活跃的基金 IRR 都不低，甚至能达到 30％、40％。然而在如此高的 IRR 背后存在着一些问题：首先，PE 基金的招募材料使用的是账面 IRR，而大多数基金的费用结构都是 2％＋20％（认购费＋业绩报酬），这会降低投资者的实际收益；其次，投资项目的初期估值会偏高，从而使得 IRR 随之升高。随着时间的推移，项目的估值会逐渐下降，IRR 自然也下降。

第 4 节　盈利指数法

知识讲解

本视频节选自江西财经大学“公司金融”慕课，可登录慕课网站搜索查看完整视频。

盈利指数法

5.4.1　盈利指数的定义

除了净现值法、回收期法和内部收益率法，盈利指数法也常被用于项目评估。盈利指数（profitability index，PI）是初始投资以后所有预期未来现金流量的现值和初始投资的比值。

盈利指数的计算公式如下：

$$\text{PI}=\frac{\text{初始投资所带来的后续现金流量的现值}}{\text{初始投资}} \tag{5-2}$$

5.4.2　盈利指数法的决策逻辑

下面我们分析三种不同情况下的盈利指数。

1. 独立项目

如果两个项目都是独立项目，根据净现值法的基本法则，只要净现值为正就可以采纳。净现值为正，也就是盈利指数大于 1。

因此，PI 的决策法则为：对于独立项目，若 PI＞1，可以接受；若 PI＜1，必须放弃。

2. 互斥项目

盈利指数法在互斥项目中应用所面临的问题，实际上与内部收益率法一样，也忽略了互斥项目之间的规模差异。

3. 资本配置

前文我们总是假设公司有充足的资金用于投资。现在我们分析一下当资金不足以支付所有净现值为正的项目时的情况。在这种情况下，公司就需要进行资本配置（capital rationing）。

我们假设有三个投资项目，如表 5－3 所示。

表 5－3　盈利指数法应用于资本约束问题

	时点 0 现金流量	时点 1 现金流量	时点 2 现金流量	现金流入量的现值 （折现率 10%）	盈利指数	净现值
A	－50	30	40	60.33	1.207	10.33
B	－10	10	10	17.36	1.736	7.36
C	－40	40	15	48.76	1.219	8.76

同时，我们假设这三个项目相互独立，公司只有 50 万元用于投资。所以，公司有两种投资方案：

（1）投资项目 A；

（2）同时投资项目 B 和 C。

从表 5-3 中我们可知，虽然项目 B 和项目 C 的净现值都比项目 A 小，但是净现值之和比项目 A 要大。这一结论说明在资金有限的情况下，我们不能仅仅依据单个项目的净现值进行排序，而应该根据现金流入量现值与初始投资的比值进行排序。这就是盈利指数的决策法则。由于项目 B 和项目 C 各自的盈利指数均大于项目 A，因此，我们在进行资本配置时就应该优先考虑它们。

但是要注意，使用盈利指数来对项目排序，要得到正确的结论，必须满足如下充分条件之一：

（1）项目投资无限可分；

（2）每个项目的投资额接近。

第 5 节　投资决策实务

格雷厄姆（Graham）和哈维（Harvey）在 2001 年发表过一篇文章，他们通过调查问卷分析了这些投资决策方法在实际中的使用频率到底如何，2022 年格雷厄姆更新了相关的问卷结果（见表 5-4）。比较令我们意外的是回收期法，该方法在现实中的运用比较广泛，尽管它可能存在我们在前面所提到的很多问题。但实际上仔细想想，你会发现，回收期法所存在的问题很多时候更像是“欲加之罪，何患无辞”。现实中导致回收期法决策失误的情况其实并没有我们所举的例子那么夸张。

表 5-4　投资决策方法的使用频率（%）

	大公司		小公司	
	2001	2022	2001	2022
内部收益率法	84.81	75.00	68.72	39.67
净现值法	84.52	77.38	67.92	40.22
回收期法	45.89	63.86	64.29	66.40
盈利指数法	8.03	38.75	14.50	30.56

资料来源：John R. Graham, “Presidential Address: Corporate Finance and Reality,” *The Journal of Finance*, 2022, 77 (4): 1975-2049.

注：公司使用的频率用量表来衡量，即从 0（从不）到 4（总是）。表中的数据是回答 3 或 4 的占比。

最后，我们会发现，在现实中净现值法和内部收益率法是经常被使用的，而回收期法的使用频率仅次于净现值法和内部收益率法；回收期法在小公司中的使用频率高于大公司。剩下的方法则使用频率较低。

思政课堂

中国人的智慧：集中力量办大事

本章讨论的投资项目评估都是从经济利益角度出发。我国坚持公有制为主体、多种所有制经济共同发展，按劳分配为主体、多种分配方式并存，社会主义市场经济体制等社会主义基本经济制度。在这一前提下，我国存在大量国有企业——通常存在经济目标和政治目标双目标，这造就了中国经济发展过程中的一个重要特色和优势——集中力量办大事。历史充分证明，集中力量办大事是中国特色社会主义制度优势的突出特征，是我们战胜各种重大风险和挑战的不二法宝，是中华民族实现从站起来、富起来到强起来的历史性飞跃的强大动力。集中力量办大事体现了社会化大生产规律的要求，根本立场是以人民为中心，根本政治保证是党的领导，既是国民经济行稳致远的压舱石，也是国家经济治理的重要职能，具有无可比拟的优越性。

本章小结

本章介绍了几种十分常用的投资决策方法：净现值法、回收期法、折现回收期法、内部收益率法和盈利指数法。通过分析，我们对净现值法有了进一步的认识。

我们首先介绍了净现值的计算方法以及如何用净现值去进行投资决策，我们得出，当某项目的净现值大于零时，该项目可以进行投资的结论。但是净现值法也存在一些问题，最重要的问题就是折现率可能不准确，这会影响净现值法的使用效果。

其次我们介绍了回收期法。回收期法易于理解且操作方便，在对大量小型投资项目进行筛选时效率非常高。然而，回收期法存在几个问题：(1) 忽视了回收期内现金流的时间序列；(2) 忽略了回收期以后的现金流；(3) 回收期的确定具有较大的主观性。

内部收益率法存在以下问题：(1) 要区分投资项目和融资项目。(2) 存在多个内部收益率。当项目的现金流量是非常规现金流量时，会出现多个内部收益率。(3) 规模问题。规模问题指的是在使用内部收益率法时，我们只关注内部收益率与折现率的比较而忽略了项目的规模。当项目规模相差较大时，使用内部收益率法反而有可能放弃净现值更高的项目，而选择净现值较低的项目。(4) 时间序列问题。如果两个互斥项目的投资回收速度不等，即使两个项目的初始投资相等，内部收益率法也仍然可能导致错误的判断。

最后我们讲述了不同公司所使用的各种投资决策方法所占的比例，比较了大公司与小公司在选择投资决策方法时存在的差异。

中国公司金融实践

IRR 在年金保险中的实际运用（以弘康弘福今生年金保险为例）

随着人们储蓄和养老意识的不断加强，越来越多的养老保险类产品被创造出来，比如弘康人寿推出的弘康弘福今生年金保险等。然而，一般人对这类年金保险的实际收益率为多少并没有直观的感受，没有基础金融知识的人往往会掉入其中的陷阱。在学习了 NPV 法、IRR 法等投资决策方法后，我们可以根据这些保险产品未来的现金流计算出其真正的价值。

以弘康弘福今生年金保险为例，30 岁的张先生一次性投入 10 万元，选择保 10 年，对应的保额为 13.29 万元，保单满 5 年就可以领取生存年金，即满 35 岁就可以每年领取相当于保费 2%的生存年金，到 40 岁时就可以领取 13.29 万元的满期保险金。具体现金流如表 5－5 所示。

表 5－5　保险现金流

保单年度/年龄	年交保费（元）	每年领取金额（元）
0/30	−100 000	0
1/31		0
2/32		0
3/33		0
4/34		0
5/35		2 000
6/36		2 000
7/37		2 000
8/38		2 000
9/39		2 000
10/40		132 900
总收益（元）	142 900	

思考题

（1）请计算出该保险产品的 IRR，并判断在折现率为 4%的情况下是否应该购买该产品。

（2）自主检索并阅读相应保险条款，如果投保人张先生购买保险满两年就去世了，此时的现金流是多少？第（1）题的计算是否有缺陷？

（3）结合本案例，思考 IRR 与金融学资产定价中的必要收益（折现）率有何关系。

课后习题

简答题

1. **净现值法**　简要回答什么是净现值法，净现值法的优缺点是什么。

2. **回收期法**　为何说折现回收期法相比回收期法和净现值法没有什么优势。

3. **内部收益率法**　什么是内部收益率？如何使用内部收益率进行投资决策？

4. **投资决策方法**　本章所述的投资决策方法适用于非营利组织吗？为什么？政府在进行项目投资决策时应该用什么方法？这类项目投资与一般的项目投资有什么差异？

5. **投资决策方法的比较**　对于评估PE基金绩效，目前流行使用DPI（distributed to paid-in capital）即投入资本分红率来评估。请查找资料以了解该方法，并与净现值法和内部收益率法进行比较。

计算题

1. **项目评估**　VS公司有如表5-6所示的项目需要评估是否值得投资。

表5-6

时点	现金流（元）
0	−24 000
1	9 700
2	13 700
3	6 400

（1）假设该项目适用的折现率是9%，请使用IRR法评估上述项目的可行性。

（2）假设该公司设定的回收期为3年，计算出该项目的回收期并判断是否应该投资。

2. **项目评估**　A公司正在评估一个现在需要投资7.5万元的项目。该项目第一年年末流入15.5万元，随后的第二年年末再流出6.5万元。该项目的IRR是多少？折现率是多少时这个项目的NPV最大？

3. **项目评估**　查找并使用如下Excel函数：NPV，IRR，等等。

第6章
资本预算

章前引例

近年来，随着新能源汽车市场的爆发式增长，产能扩张和供应链优化成为推动行业发展的重要因素。在这个背景下，宁德时代作为全球领先的动力电池供应商，积极响应国家关于促进绿色能源发展和加强国际合作的战略部署，计划扩建其欧洲电池生产基地。这一重大决策不仅有助于提升企业的国际竞争力，同时也体现了中国企业在海外积极履行社会责任、促进当地经济发展和就业的决心。在这里，宁德时代决定扩建欧洲电池生产基地就是一项典型的资本预算决策。要做出此类投资决策，宁德时代主要使用的是 NPV 法。那么，财务经理如何量化此类项目的成本及收益，又如何计算项目的 NPV 呢？

公司财务经理的一个重要职责是，决定公司应该从事哪些项目并进行投资。本章的核心内容——资本预算——就是分析投资机会并确定哪些项目值得投资的过程。在所有投资决策方法中，NPV 法是合理配置公司资源以实现公司价值最大化的最准确、最可靠的方法。运用 NPV 法，我们需要估计项目带来的现金流，并确定现金流风险，然后计算出项目的 NPV，最后接受 NPV 为正的项目。而在这一过程中，我们首先预测项目的收入与成本，并基于此估计项目产生的现金流。本章将详细介绍估计项目现金流的过程。其次，通过这些现金流，我们计算出项目的 NPV，即项目对公司价值的贡献。当然，在学习如何利用 NPV 评估项目进行选择的时候，我们不仅要考虑经济效益，也要考量对社会公平正义、环境保护及可持续发展的贡献，在财务管理中更好地体现社会主义核心价值观。

学习目标

- 掌握投资案例中的管理层是如何做出决策的，以及如何客观地评价它们。
- 理解资本预算的概念。
- 掌握增量净利润以及自由现金流量的概念及计算。
- 掌握不同生命周期项目的评估方法。
- 掌握净现值的应用，并思考如何在财务管理中体现社会责任。

第 1 节　预测增量净利润

6.1.1　估计收入和成本

知识讲解

本视频节选自江西财经大学“公司金融”慕课，可登录慕课网站搜索查看完整视频。

资本预算

资本预算（capital budgeting）指的是规划公司在未来一段时间内将要从事的长期资本投资的过程。至于到底接受哪些项目进行投资，则需要对项目进行系统的评估。资本预算通过预测公司在选定资本项目上的投资金额、项目产生的现金流及其风险，计算出项目的 NPV，评估项目对公司价值的影响。在前面的章节中，我们给定了项目的现金流，但是这些现金流是如何进行预测的呢？在现实生活中，财务经理预测现金流一般是从预测收入和成本开始的。因此，我们先看看如何预测一个项目的增量净利润，随后在增量净利润的基础上预测项目给公司带来的增量现金流。

考虑宁德时代（以下简称宁德）管理层正在面临的一项资本预算决策。宁德是一家动力电池供应商，能量密度和安全性向来是衡量电池优劣的两个重要指标。宁德为了提升本公司电池产品的竞争力，正在考虑从电池包的物理结构入手，通过优化电池包的结构来提升电池的能量密度。为了实现该目的，宁德已经投入 1 000 万元，进行了比较严谨的可行性分析。

新电池包将通过简化传统电池包的模组结构来提升整个电池包的能量密度，预期能够提升 10%的能量密度。基于比较广泛的市场调查，预测该新电池包每年会带来销售量 10 GWH（吉瓦时），每 GWH 动力电池单价为 15 亿元，且该项电池包技术所形成的技术壁垒将会使宁德在同类厂商中维持约 4 年的相对优势。因为更多的是从物理结构来改善电池的能量密度以及空间利用率，所以整个电池包初始的研究和开发成本并不高，预计将为 3 亿元。一旦设计完成，宁德将会以每 GWH 10 亿元的生产成本进行生产，并且因为电池包内部物理结构的改变，因而需要对生产工艺及生产线进行改进。该改进费用将会达到 75 亿元，主要是对新生产设备的购买。宁德预计为了推广该新电池包每年的市场营销和服务支持费用为 2 亿元。

给定预测的销售收入和销售成本，我们可以逐步预测出新电池包项目的增量净利润。

销售收入和销售成本。如表 6-1 所示，在第 0 年改进电池包结构后，该项目在未来 4 年的每年将会产生销售收入 10×15＝150（亿元），每年的生产成本为 10×10＝100（亿元）。所以该电池包项目每年将会产生的毛利润为 150－100＝50（亿元），如表 6-1 的第 1～3 项所示。注意，我们在这里假设所有收入和成本都发生在年末，虽然在现实生活中，这些变量更具有随机性。

项目的营业费用包括每年 2 亿元的市场营销和服务支持费用，在表 6-1 中以“销售及一般管理费用”列示，见表中第 4 项。在第 0 年，宁德将花费 3 亿元来改进电池包的物理结构，总的研究和开发支出为 3 亿元，如表 6－1 的第 5 项所示。

表 6－1　预测该新电池包项目的增量净利润　　单位：亿元

	第 0 年	第 1 年	第 2 年	第 3 年	第 4 年	第 5 年
预测增量净利润						
1. 销售收入		150	150	150	150	
2. 销售成本		100	100	100	100	
3. 毛利润		50	50	50	50	
4. 销售及一般管理费用		2	2	2	2	
5. 研究和开发支出	(3)					
6. 折旧		15	15	15	15	15
7. 息税前利润（EBIT）	(3)	33	33	33	33	(15)
8. 所得税（25%）	0.75	(8.25)	(8.25)	(8.25)	(8.25)	3.75
9. 无杠杆净利润	(2.25)	24.75	24.75	24.75	24.75	(11.25)

注：表中括号表示现金流流出。

资本性支出与折旧。电池包技术改进会带来生产设备的更新，为此公司购置了 75 亿元的生产设备，以适应电池包技术改进所带来的新机会。在会计上，一次性购入大规模的固定资产，通常会以折旧的方式将它们计入相应成本中。因为宁德生产动力电池所用设备具有消耗比较均匀的特点，公司计划采用年限平均法，即在使用期内将折旧平均分配到各个时期。假设新生产设备的使用期限为 5 年，即每年的折旧为 15 亿元，如表 6－1 第 6 项所示。扣除折旧后的利润则构成了 EBIT。对资本性支出的这种处理，也从另一个角度解释了收益为什么不能精准地代表现金流，因为折旧并没有引起相应现金流的发生。

在这里我们对折旧做一个补充，计提折旧的会计方法有很多，这些方法包括：年限平均法、工作量法、双倍余额递减法以及年数总和法。根据业务及资产转移规律，公司选择了年限平均法。

利息费用。要计算公司的净利润，必须从 EBIT 中先扣除利息费用，但是在资本预算中，为了单纯评估项目本身，我们通常将其与融资决策分开，并假设项目的所有资金都是内源资金（无论这是否为事实）。在后文中，我们会专门对融资决策进行讲述。因此，我们将如表 6－1 第 9 项所示的净利润称作无杠杆净利润，以表明它不考虑任何与债务相关的费用。

税费。计算所得税是进行净利润测算的最后一个步骤，所使用的税率是公司边际税率，该税率所针对的是增量税前利润。在表 6－1 中，我们假设该税率为 25%。所得税的计算公式为：

$$所得税=EBIT\times t$$

其中 t 为公司边际税率。例如，在 4 年内，该项目每年带来的税费均为 8.25 亿元。宁德是一家高新技术企业，其实际税率可能会比 25%低，也可能会收到退税补贴等，本章对这些情况不予考虑。在这里我们要注意，即使应纳税所得额为负数，所得税公式依然成立，其经济意义为可以用来抵扣当年其他项目的所得税。比如在第 0 年，宁德可少交 $3\times0.25=0.75$(亿元) 的税费，公司应贷记这笔税费节约。类似地，在第 5 年，公司计提设备最后一笔折旧时，也应做同样的贷记处理。

最后，利用如下公式计算项目全部利用内源资金给公司带来的增量净利润（也称无杠杆净利润）：

$$\text{无杠杆净利润}=\text{EBIT}\times(1-t)$$
$$=(\text{销售收入}-\text{销售成本}-\text{销售及一般管理费用}-\text{折旧})\times(1-t)$$

6.1.2 对增量净利润的间接影响

增量净利润是指有投资项目时公司的净利润与无该项目时公司的净利润之间的差额。由定义，增量净利润的计算公式为：增量净利润＝公司的净利润（采纳该项目）－公司的净利润（拒绝该项目）。目前，我们只是分析了宁德改进电池包结构对公司净利润的直接影响，但是该电池包项目可能会间接给宁德内部其他业务带来影响。这些间接影响，我们也要纳入投资决策的分析当中。

（一）机会成本

机会成本（opportunity cost）是指企业为从事某个项目而舍弃的其他项目的最高价值，或者利用一定资源获得某项收入时放弃的其他机会所能带来的最高收入。简言之，机会成本是为了得到某种东西而所要放弃的另一些东西的最大价值。许多项目会使用到公司内部的其他资源。因为公司往往不会为这部分资源付费，所以会让决策者认为这些资源的取得是免费的。但是在现实生活中，这些“免费”的资源能够给公司创造额外的财富。例如，在新电池包项目中，新生产设备的安放需要占用一定的空间，这部分空间如果不被新生产设备占用，可以为公司创造额外的收入，那么我们就必须考虑使用这部分空间的机会成本。

假设宁德新电池包技术的生产设备将会占用一定的生产空间，原本这一空间是可以用于出租的，1～4 年每年租金为 2 亿元，这种机会成本的存在显然会对增量净利润造成很大的影响。以前文所述案例为例，这一机会成本每年对税后利润的影响为：$2\times0.25=0.5$（亿元）。税前这部分机会成本可以计入销售及一般管理费用。

我们通常会认为，如果一项资产当前被闲置，它的机会成本为零。但是很多时候，这项资产被闲置可能是因为预期要从事新项目，否则公司早已将其投入使用。即使公司对这项资产没有其他使用途径，也可以通过选择出租或者变卖来获得收益。这部分租金或者出售收入，即为该资产的机会成本，应当在计算项目的增量净利润时加以考虑。

（二）关联效应

关联效应指的是项目带来的可能增加或者减少公司其他经营活动利润的间接效应。

这部分效应也被称为项目的外部性。以宁德电池包技术为例，新电池包技术侵蚀了现有电池包技术的一部分市场，通过大量数据调查与分析得知侵蚀比例为 40%。如果没有新电池包，消费者仍然会购买现行的电池包。新产品的销售部分地取代了已有产品的销售，这种现象通常被称为侵蚀作用。因此，在考虑新电池包项目的增量净利润时，必须考虑关联效应。

考虑了关联效应和机会成本之后，我们重新计算出的增量净利润如表 6－2 所示。由于研发新电池包技术所需设备占用生产空间所带来的机会成本，每年的销售及一般管理费用从 2 亿元上升到 4 亿元，如表 6－2 的第 4 项所示。假设原有电池包销售单价为 12 亿元/GWH，则关联效应所带来的侵蚀收入损失将会达到：10×40%×12＝48（亿元）。

假设原有电池包生产成本为 8 亿元/GWH，因损失所对应的份额不需要进行生产，每年将节省生产成本 10×40%×8＝32（亿元）。总体上看，一旦考虑外部性，毛利润将下降 48－32＝16（亿元）。

表 6－2 考虑关联效应和机会成本后的增量净利润 单位：亿元

	第 0 年	第 1 年	第 2 年	第 3 年	第 4 年	第 5 年
预测增量净利润						
1. 销售收入		102	102	102	102	
2. 销售成本		68	68	68	68	
3. 毛利润		34	34	34	34	
4. 销售及一般管理费用		4	4	4	4	
5. 研究和开发支出	(3)					
6. 折旧		15	15	15	15	15
7. 息税前利润（EBIT）	(3)	15	15	15	15	(15)
8. 所得税（25%）	0.75	(3.75)	(3.75)	(3.75)	(3.75)	3.75
9. 无杠杆净利润	(2.25)	11.25	11.25	11.25	11.25	(11.25)

注：表中括号表示现金流流出。

从表 6－2 中我们可以看出，由于受到机会成本和关联效应的影响，无杠杆净利润从 24.75 亿元下降到 11.25 亿元。

（三）沉没成本

沉没成本是指公司已经发生且不可收回的成本。无论项目是否被接受，该项费用都需要支付。因此，沉没成本与现有的投资决策无关，在做决策分析时不予考虑。例如，在宁德的例子中，宁德对电池包市场进行了可行性分析，已经投入 1 000 万元。这部分支出在做决策之前就已经发生，因此是一项沉没成本，不会影响项目的现金流，那么该费用就不该包含在宁德是否应该对电池包结构进行改进的决策当中。

如果公司在做出正式的决策之前做了大量的可行性研究，并且投入了大量的资源，可能会出现这样一种错误思维：即使可行性研究表明新产品不适合，公司也会倾向于继续投资该产品，仅仅是为了不让前期的投资白费。有的情况是，公司之所以放弃一款新产品的研发，理由仅仅是新产品的盈利弥补不了前期的投入。这两种观点都是不可取的，已经发生了的费用属于沉没成本，不应该被纳入投资决策的考虑因素当中。

在决定研发某款新产品时，公司往往会考虑新产品是否会对现有产品造成很大的冲击，但是如果该公司的竞争对手引入新产品，从而导致公司的销售收入受到一定的影响，那么这种销售收入的减少就是一项沉没成本，在做投资决策时应不予考虑。

常见问题

关于沉没成本的悖论

新能源汽车的势头此起彼伏，最惹人争议的就是某企业家造车事件。前几年该企业家斥资造新能源汽车，当时前期投入超 100 亿元进行产品研发，未取得明显进展。虽然已经支出的 100 亿元属于沉没成本，但在考虑是否继续这项投资时，再次引入某大型房地产公司作为战略投资者。因为如果放弃造车，则意味着已经投入的大量资金彻底“作废”。在现实生活中，经理在做项目评估时，出于理性人角色的小扭曲，会经常在不经意间将沉没成本考虑进去。

（四）已分配成本

已分配成本是指一项成本会涉及公司的很多业务板块，从一定角度来看，这些成本是固定的，不会随着决策而变化，因而不属于决策项目的增量支出。因此，在计算项目的增量净利润时，不应将其考虑在内。比如，假设宁德技术经理每个月工资为 2 万元。公司安排其负责新电池包项目，则该项工资支出属于已分配成本。如果该经理因为负责这项投资而临时涨工资了，那么增长的这部分工资不属于已分配成本，应当从项目的增量净利润中扣除。

（五）筹资成本

在上文，我们假设宁德所需资金全部是内源资金，以达到单独评估项目本身、与融资决策相分离的目的。当然，在现实的生产经营活动中，筹资成本是投资决策的重要考量因素之一，会影响项目的最终决策，特别是在一些高杠杆行业，比如房地产和银行。筹资成本对于为项目提供资金的投资者而言是现金流，而对于项目而言是融资的资本成本，并不是来自项目的现金流。如果项目使用 NPV 进行分析，在分子项增量现金流中，我们不应考虑筹资成本带来的现金流的改变。这部分成本已经体现在分母项折现率当中。我们在之后有关融资决策的章节再详细讲解。

在宁德的案例中，我们做了很多简化。例如，我们假设新电池包的销量是固定的，并且假设 4 年后因为相对优势降低，其销量递减至零。在现实世界中，价格和成本往往随着经济的变化而变化。尤其是技术密集型产品，产品更新换代迅速，价格和销量分布都会受到影响。在预测项目的收入与成本时，我们应该考虑这些因素。

拓展阅读

华为不依靠手机业务也能够生存

第 2 节　确定自由现金流量和 NPV

6.2.1　根据收益计算自由现金流量

净利润为公司业绩的一种会计度量，并不能代表公司的真实状况。公司通常需要使用现金来购买原材料、支付工资、发放股利等。因此，在评估一项资本预算决策时，我们必须考虑项目对公司现金流的影响。

本节运用上节所预测的增量净利润来预测宁德新电池包项目的自由现金流量。然后基于这一预测，计算宁德新电池包项目的 NPV。

知识讲解

本视频节选自江西财经大学“公司金融”慕课，可登录慕课网站搜索查看完整视频。

增量现金流

6.2.2　直接计算自由现金流量

如第 2 章所述，净利润与现金流有显著差异。增量净利润包含非现金支出，因此必须对这些非现金项目进行调整，才能得到新电池包技术对现金流的影响。

固定资产支出和折旧。按照定义可知，折旧并不是企业当年的现金流支出。折旧是出于纳税和会计目的，分期分摊资产初始购买成本的一种方法。为了计算新电池包项目的自由现金流量，我们要将生产设备的折旧费用（非现金支出）15 亿元加到净利润上，同时在期初减去购买生产设备所支出的金额 75 亿元。表 6－3 的第 10 项和第 11 项列出了上述调整。

表 6－3　新电池包项目的自由现金流量　　单位：亿元

	第 0 年	第 1 年	第 2 年	第 3 年	第 4 年	第 5 年
预测增量净利润						
1. 销售收入		102	102	102	102	
2. 销售成本		68	68	68	68	
3. 毛利润		34	34	34	34	
4. 销售及一般管理费用		4	4	4	4	
5. 研究和开发支出	(3)					
6. 折旧		15	15	15	15	15
7. 息税前利润（EBIT）	(3)	15	15	15	15	(15)
8. 所得税（25%）	0.75	(3.75)	(3.75)	(3.75)	(3.75)	3.75
9. 无杠杆净利润	(2.25)	11.25	11.25	11.25	11.25	(11.25)
预测自由现金流量						

续表

	第0年	第1年	第2年	第3年	第4年	第5年
10. 折旧		15	15	15	15	15
11. 资本性支出	(75)					0.75
12. 净营运资本的增加		(5.1)	0	0	0	5.1
13. 自由现金流量	(77.25)	21.15	26.25	26.25	26.25	9.60

注：表中括号表示现金流流出。

残值。不再需要的资产通常会转售，将该资产出售得到的市场价值如果高于其账面净值，公司必须对其中的差额计算税费，计算出的税后残值应当计入项目的当期自由现金流量。某项资产的清算价值可能为负，比如处置一些过旧的设备可能需要花钱。

在计算自由现金流量时，要将任何不再使用和可能被处置的资产的残值包含在内。资产的出售利得即为资产的市场价值与账面净值（购置成本扣除累计折旧）之差：

出售利得＝市场价值－账面净值

必须调整项目的自由现金流量，考虑因资产出售而产生的税后现金流（税后残值）：

税后残值＝市场价值－t×出售利得

在第5年年底，宁德设备的账面净值为0。如果该设备第5年年底在市场上的售价为1亿元，在25%的税率下，公司应该缴纳的所得税为25%×1＝0.25（亿元）。因此，该设备的税后残值为1－0.25＝0.75（亿元）。在计算宁德新电池包项目的NPV时，我们需要把这部分残值加入第5年的自由现金流量当中，如表6－3第11项所示。但是，如果账面净值超过市场价值，那么这一部分差额则可以作为一项税收抵免。

净营运资本。在第2章，净营运资本（NWC）被定义为公司一定时期内流动资产与流动负债的差额。

NWC＝流动资产－流动负债

大多数投资项目都需要公司投入净营运资本。比如，客户可能不会立即支付购买产品的款项，虽然销售收入立即被算作收益，但公司没有收到任何现金。此外，公司也可能因为生产模式的原因而购买了大量原材料。当然，如果供应商的货款没有及时结算，公司便占用了上游公司的商业信用。以上种种都会对公司的现金流造成影响。

在宁德的案例中，假设新电池包项目没有增量现金或存货需求。同时设定其应收账款为销售收入的15%，事实上其应收账款周转率也一直徘徊在6周左右。设定其应付账款为销售成本的15%。最终宁德新电池包项目净营运资本的变动如表6－4所示。

表6－4 净营运资本的变动 单位：亿元

	第0年	第1年	第2年	第3年	第4年	第5年
预测净营运资本						
1. 现金需求						

续表

	第0年	第1年	第2年	第3年	第4年	第5年
2. 存货						
3. 应收账款（销售收入的15%）		15.3	15.3	15.3	15.3	
4. 应付账款（销售成本的15%）		10.2	10.2	10.2	10.2	
5. 净营运资本		5.1	5.1	5.1	5.1	
6. 净营运资本的增加		5.1	0	0	0	−5.1

净营运资本的变化反映对资金的占用，$\Delta NWC = NWC_t - NWC_{t-1}$。以宁德新电池包项目为例来进行分析，第1年净营运资本增加额为5.1亿元。从第1年到第4年，净营运资本无变化。到第5年的时候，因为公司收回了项目的应收账款，并且对相应的应付账款进行清偿，净营运资本下降5.1亿元，被占用的资金得到回笼。从自由现金流量的角度对增量净利润表进行改进，如表6-3的第12项所示，但第1年净营运资本的增加表现为现金流的减少，而第5年净营运资本的减少表现为现金流的增加。

自由现金流量计算公式。资本预算过程通常从预测收益开始。不过，通过运用下面的简化公式，我们可以直接计算宁德新电池包项目的自由现金流量：

$$\text{自由现金流量}=\underbrace{\underbrace{\left(\text{销售收入}-\text{销售成本}-\text{销售及一般管理费用}-\text{折旧}\right)\times(1-t)}_{\text{无杠杆净利润}}+\text{折旧}}_{\text{经营性现金流量}}-\text{资本性支出}-\Delta NWC$$

我们在第2章曾提及经营性现金流量，可知在计算项目的净利润时需要先减去折旧，但是在计算项目的经营性现金流量时，需要加回折旧（折旧为非现金项目）。因此，在计算经营性现金流量时，折旧带来的唯一效应就是减少了公司的应税所得。我们可将自由现金流量的计算公式改写成：

$$\text{自由现金流量}=\underbrace{\left(\text{销售收入}-\text{销售成本}-\text{销售及一般管理费用}\right)\times(1-t)+\text{折旧}\times t}_{\text{经营性现金流量}}-\text{资本性支出}-\Delta NWC$$

式中，折旧$\times t$的经济含义为折旧所带来的节税效应，简称税盾效应。同时，此处的折旧是公司报税时所用的折旧，因为会计折旧和税收折旧有所不同，影响现金流的仅仅是税法意义上的折旧。

6.2.3 计算NPV

为了计算项目的NPV，我们必须对预测的自由现金流量选择一个合适的折现率来进行折现。该折现率一般会根据项目的风险和期限来决定，具体怎么求折现率，我们会在其他章节介绍。在本案例中，假设同等风险项目要求的收益率为15%。第t年的自由现金流量的现值为：$NPV=\frac{FCF_t}{(1+r)^t}$，其中$\frac{1}{(1+r)^t}$为第 t 年的折现因子。具体到案例中，如表 6-5 所示，第 2 项为折现因子，第 3 项为自由现金流量的现值，由自由现金流量和折现因子相乘得来。第 4 项项目净现值为各期现值之和。最终算得宁德新电池包项目的净现值为－1.97 亿元，即如果同等风险项目要求的收益率为 15%，则宁德应该拒绝投资新电池包项目。

表 6-5　新电池包项目的 NPV　　单位：亿元

	第 0 年	第 1 年	第 2 年	第 3 年	第 4 年	第 5 年
1. 自由现金流量	－77.25	21.15	26.25	26.25	26.25	9.60
2. 折现因子	1.00	0.869 6	0.756 1	0.657 5	0.571 8	0.497 2
3. 自由现金流量的现值	－77.25	18.39	19.85	17.26	15.01	4.77
4. 净现值（NPV）	－1.97					

第 3 节　不同生命周期的项目选择

6.3.1　循环匹配法

在处理不同生命周期的项目时，往往一个项目本身是有期限的，但企业通常是永续经营的主体，针对这种情况，我们可以通过循环匹配法来摆脱窘境。具体做法是找寻两种不同生命周期项目周期的公约数，统一两种不同生命周期项目的生命周期，最后考虑两种项目在整个公约数周期内 NPV 的大小，再做出投资决策。以动力电池生产线为例，假设甲设备的生命周期为 3 年，乙设备的生命周期为 4 年。这里我们可以算出这两种设备生命周期的公约数为 12。在 12 年内，甲设备完成 4 次循环使用，乙设备完成 3 次循环使用。甲设备的 4 个使用周期分别是 1～3 年、4～6 年、7～9 年和 10～12 年；乙设备的 3 个使用周期分别是 1～4 年、5～8 年和 9～12 年。甲设备相当于在第 1、4、7 和 10 年每期投入了 75.28 亿元，乙设备相当于在第 1、5 和 9 年每期投入了 85.89 亿元。假设折现率为 20%。

> **知识讲解**
>
> 本视频节选自江西财经大学“公司金融”慕课，可登录慕课网站搜索查看完整视频。
>
> 不同周期项目比较

甲设备 12 年周期的净现值为：

$$75.28+\frac{75.28}{1.2^3}+\frac{75.28}{1.2^6}+\frac{75.28}{1.2^9}=158.65(亿元)$$

乙设备 12 年周期的净现值为：

$$85.89+\frac{85.89}{1.2^4}+\frac{85.89}{1.2^8}=147.29(亿元)$$

假设甲、乙设备在 12 年内都有比较合适的重置周期，将它们统一在 12 年内进行比较是合理的。NPV 越小，成本现值越小。从结果可以看出，乙设备的 NPV 比较小，从这个角度出发，选择乙设备才是明智之举。

6.3.2 约当年均成本法

有时候，公司需要在不同生命周期的项目中做出选择，比如购买设备时有不同生命周期可供选择。假设其他条件都相同，这个时候我们又将如何进行决策呢？

还是以动力电池生产线为例，有甲、乙两种选择，甲比乙便宜，但是生命周期也比较短。两种选择的现金流量如表 6－6 所示。

表 6－6 不同生产线的现金流量 单位：亿元

设备	第 0 年	第 1 年	第 2 年	第 3 年	第 4 年
甲	50	12	12	12	
乙	60	10	10	10	10

甲设备的购买成本为 50 亿元，寿命为 3 年，3 年中每年年末都需要支付 12 亿元的维修费。乙设备的购买成本为 60 亿元，寿命为 4 年，4 年中每年年末都需要支付 10 亿元的维修费。按照通常的决策步骤，假设折现率为 20%，计算甲、乙的 NPV：

$$\text{甲设备的 NPV}=50+\frac{12}{1.2}+\frac{12}{1.2^2}+\frac{12}{1.2^3}=75.28(\text{亿元})$$

$$\text{乙设备的 NPV}=60+\frac{10}{1.2}+\frac{10}{1.2^2}+\frac{10}{1.2^3}+\frac{10}{1.2^4}=85.89(\text{亿元})$$

按照一般思维逻辑，应该选择甲设备来作为投资对象，但是乙设备的使用周期更长，它的年均成本可能会更小。当我们评估两种生命周期不同的设备时，我们如何调整它们在使用周期方面的差异呢？

当然，大家可以使用之前的循环匹配法，计算出两种设备在整个公约数周期也就是 12 年里 NPV 的大小，但是如果一种设备生命周期是 8 年，另一种设备生命周期是 11 年，循环匹配法就显得相当烦琐。相比之下，约当年均成本（equivalent annual cost，EAC）法就简单很多。EAC 法的核心思想是首先计算出设备 NPV 的大小，然后将成本年化，最后比较两种设备年均成本的大小。

在我们刚才的例子中，甲设备的 NPV 为 75.28 亿元，相当于期初一次性投资了 75.28 亿元。EAC 法把这笔初始投资看成在设备生命周期 3 年里支付的年金。这 3 年年金的现值与初始一次性支付的金额相等。利用之前章节所学的年金知识，甲设备的 EAC 计算如下：

$$75.28=C\times \text{PVIFA}(20\%,3)$$

其中，PVIFA(20%，3）是每年 1 元钱的年金在为期 3 年、折现率为 20%时的现值系数，C 为未知的每年支付的年金。在这里，PVIFA(20%，3）等于 2.106 5，C 则等于

35.74 亿元。因此，现金支付（50，12，12，12）等同于 3 年的年金支付（0，35.74，35.74，35.74）。每年的年金支付 35.74 亿元则为甲设备的 EAC。

同理，乙设备的 EAC 计算如下：

$$85.89=C\times \text{PVIFA}(20\%,4)$$

由于 PVIFA(20%，4）等于 2.588 7，因此 C 等于 33.18 亿元。类似地，现金支付（60，10，10，10，10）等同于 4 年的年金支付（0，33.18，33.18，33.18，33.18）。乙设备的 EAC 为 33.18 亿元。

此处我们还可以使用 Excel 中的 PMT 函数来计算 EAC，PMT 函数是基于固定折现率和等额分期付款方式，返回每期支付额的函数。在 Excel 中，构造结果如下：

=PMT(20%，3，−75.28)=35.74

即一次性支付 75.28 亿元等同于连续三期每期支付 35.74 亿元。同理，对乙设备而言，每期支付额的 Excel 函数如下：

=PMT(20%，4，−85.89)=33.18

即乙设备的 EAC 为 33.18 亿元。

因此，EAC 法使比较两种不同生命周期设备变得更简单。比如，站在宁德的角度，公司是愿意每年支付 35.74 亿元来购买甲设备，还是每年支付 33.18 亿元来购买乙设备呢？理性的宁德投资经理必定会选择后者。

在上述分析中，我们假设甲、乙设备都可以进行重置，但是在现实生活中可能会存在无法重置的情形，这个时候就需要结合企业的业务需求进行分析。假设在我们的例子中甲、乙设备不能重置，乙设备能够为公司创造 4 年的销售收入，然而甲设备只能给公司带来 3 年的销售收入。在这种互斥项目中，传统的 NPV 法可能更加有效。

第 4 节　通货膨胀与资本预算

现金流本质上是购买力的体现，上文的现金流分析没有考虑到外部宏观环境的冲击。众所周知，宏观经济的核心之一利率波动会对现金流的购买力造成冲击。

我们先来分析利率与通货膨胀的关系。假设银行一年期存款利率为 2.5%，某人买入一年期的存款产品 10 000 元，一年后将得到 10 250 元。

假设通货膨胀率约为 3.0%。一年前 1 元能买一个包子，到年末买一个包子需要 1.03 元，这个时候从银行得到的 10 250 元能够购买 10 250/1.03=9 951 个包子。所以从购买力出发的实际利率为 9 951/10 000−1=−0.49%。

根据费雪效应，名义利率和实际利率的关系为：

1+名义利率=(1+实际利率)×(1+通货膨胀率)

将此公式运用到上述案例中，可以得到实际利率为$\frac{1+0.025}{1+0.03}-1=-0.49\%$。

实际利率更加简洁的表达式为：实际利率≈名义利率－通货膨胀率。这个简洁公式成立的前提是低利率和低通货膨胀率，否则精度将会大受影响。

6.4.1 现金流与通货膨胀

在弄清了名义利率和实际利率的关系后，现金流因受利率的影响也存在名义现金流和实际现金流之分，名义现金流指实际收到的现金流，而实际现金流指该现金流的购买力。

在宁德的新电池包项目中，假设通货膨胀率稳定在 3%。我们将通货膨胀率考虑进去，可以得到实际现金流（见表 6－7）。

表 6－7 实际现金流的求解 单位：亿元

	第 0 年	第 1 年	第 2 年	第 3 年	第 4 年	第 5 年
名义现金流	－77.25	21.15	26.25	26.25	26.25	9.60
实际现金流	－77.25	$\frac{21.15}{1.03}$	$\frac{26.25}{1.03^2}$	$\frac{26.25}{1.03^3}$	$\frac{26.25}{1.03^4}$	$\frac{9.60}{1.03^5}$

6.4.2 折现：名义还是实际？

在计算 NPV 时，现金流可以调整成实际现金流，那么折现时的折现率应该怎么处理呢？在这里，现金流和折现率之间的一致性是非常重要的，即名义现金流应该以名义利率进行折算，而实际现金流应该以实际利率进行折算。在这里我们不禁会问：对名义现金流以名义利率折现出来的 NPV 和对实际现金流以实际利率折现出来的 NPV 会有差距吗？

在宁德的案例中，如果使用名义现金流以及名义利率，则 NPV 为－1.97 亿元。如果使用实际现金流以及实际利率，则实际利率计算如下：

$$\frac{1.15}{1.03}-1=11.65\%$$

再使用实际现金流与实际利率来计算 NPV 如下：

$$-77.25+\frac{20.53}{1.116\,5}+\frac{24.74}{1.116\,5^2}+\frac{24.02}{1.116\,5^3}+\frac{23.32}{1.116\,5^4}+\frac{8.28}{1.116\,5^5}=-1.97(\text{亿元})$$

从上述结果可知，用实际利率和实际现金流计算出来的 NPV 与使用名义利率和名义现金流得出的结果是一致的。因此，在实际应用中，我们应该选择哪种方法来计算呢？一般情况下，我们都会选择比较简单的使用名义现金流以及名义利率的方法来分析评估投资项目。

思政课堂

在推动中国经济高质量发展的进程中，国家不断完善投资政策体系，特别是对民间投资的支持日益加强。国家发展改革委出台的《关于进一步完善政策环境加大力度支持民间投资发展的意见》，就是一项具有重要指导意义的政策文件。该政策文件聚焦于优化投资环境、提升民间资本参与度，明确提出鼓励民营企业参与重大项目建设、完善融资支持机制、简化审批流程等具体措施，体现出政府在促进公平竞争和激发市场活力方面的积极作为。这不仅有助于拓展民间投资渠道、优化资源配置，更是社会主义市场经济体制下政府引导与市场机制有效结合的典范。通过学习该政策文件，我们可以更好地理解国家投资导向、产业政策与项目可行性研究之间的内在联系，增强服务国家战略的责任感与使命感。

本章小结

资本预算被用来评估投资机会，并使用投资决策法则去分析项目是否值得投资。资本预算应建立在增量的基础上，首先要预测项目的收入和成本，然后估算出项目带来的增量净利润，并在此基础上计算出项目的自由现金流量。通常，我们使用NPV决策法则来评估资本预算决策，确定NPV最大的项目。

增量净利润包括了所有与项目相关的增量收入与增量成本。这意味着沉没成本、已分配成本和筹资成本应忽略不计，而机会成本和关联效应应该加以考虑。

a. 机会成本即使用现有资产的成本，其大小为该资产作为他用时所能创造的最大价值。

b. 关联效应是指如果接受了项目，可能会对已有产品的收益造成的影响。

c. 沉没成本是指公司已经发生且不可收回的成本。

d. 已分配成本是指与项目相关的、被已有项目分摊了的成本。

e. 筹资成本是指为项目筹资时产生的费用。

在做资本预算决策时，我们往往将项目本身与项目的融资活动相分离。因此，不考虑利息费用，项目的增量净利润即无杠杆净利润为：

$$\begin{aligned}\text{无杠杆净利润} &= \text{EBIT}\times(1-t)\\ &= (\text{销售收入}-\text{销售成本}-\text{销售及一般管理费用}-\text{折旧})\times(1-t)\end{aligned}$$

根据增量净利润，我们可以计算出项目的增量现金流，即自由现金流量。自由现金流量的基本计算公式为：

$$\text{自由现金流量}=\underbrace{\underbrace{\left(\begin{matrix}\text{销售}\\\text{收入}\end{matrix}-\begin{matrix}\text{销售}\\\text{成本}\end{matrix}-\begin{matrix}\text{销售及一般}\\\text{管理费用}\end{matrix}-\text{折旧}\right)\times(1-t)}_{\text{无杠杆净利润}}+\text{折旧}}_{\text{经营性现金流量}}-\begin{matrix}\text{资本性}\\\text{支出}\end{matrix}-\Delta\text{NWC}$$

a. 折旧仅是出于会计以及纳税目的，并不是真实的现金流支出。

b. 在出售资产时，资产的市场价值与账面净值（购置成本减去累计折旧）之间的差额需要纳税。出售资产的资本利得与应税所得之差即为资产的税后残值，这部分现金流应加入当年的自由现金流量当中。

c. 项目的折现率即为项目的资本成本，亦即与项目具有同等风险的金融资产的期望收益率。

d. 在评估生命周期不同的两个项目时，我们可以采取循环匹配法或者约当年均成本法。

在做资本预算决策时，现金流与折现率要保持一致，即名义现金流应使用名义折现率，而实际现金流应使用实际折现率。两者计算出的 NPV 大小是一致的。

中国公司金融实践

假设你被华为的资本预算部门聘用。你的第一项任务是确定讨论中的新手机项目的自由现金流量和 NPV。开发新手机的初始投资等于 2023 年年末的固定资产（财产、厂房及设备，PPE）的 5%。在项目的第 1 年，要求追加的投资等于初始投资的 10%，在项目的第 2 年，要求追加的投资等于该年年初投资额的 5%，第 3～5 年追加的投资分别为该年年初投资额的 1%。产品的预期寿命是 5 年。新产品第 1 年的销售收入预计是华为 2023 年总收入的 2%。预计新产品的销售收入在寿命期间每年增长 5%。你的任务是确定与该项目相关的其他现金流。你的老板表示，项目的运营成本和净营运资本需要与公司的其他业务相似。出于资本预算目的，计提折旧采用直线法。

思考题

为了对该项目进行更详细的分析，你需要：

1. 获取华为的财务报表。

2. 准备估计新产品的自由现金流量。运用自由现金流量的计算公式，计算每年的自由现金流量：

$$\text{自由现金流量}=\underbrace{\underbrace{\left(\begin{matrix}\text{销售}\\\text{收入}\end{matrix}-\begin{matrix}\text{销售}\\\text{成本}\end{matrix}-\begin{matrix}\text{销售及一般}\\\text{管理费用}\end{matrix}-\text{折旧}\right)\times(1-t)}_{\text{无杠杆净利润}}+\text{折旧}}_{\text{经营性现金流量}}-\begin{matrix}\text{资本性}\\\text{支出}\end{matrix}-\Delta NWC$$

画出该项目的时间线，计算项目存续期间每年的自由现金流量。

a. 假设该项目的收益与华为现有项目的收益一致，使用 2023 年的“EBITDA/销售收入”来估计每年的销售收入与销售成本之差。根据现金流量表，计算 EBITDA（等于 EBIT 加折旧和摊销费用）。

b. 按 5 年进行折旧，确定每年的折旧费用。

c. 使用华为 2023 年的税率作为新项目的税率。

d. 假设每年的净营运资本需求为项目当年销售收入的固定百分比，计算每年需要的净营运资本。

e. 为确定自由现金流量，减去每年的资本性支出和净营运资本增加额。

假设资本成本为12%，利用Excel的NPV或者IRR函数，可计算出项目的IRR。

课后习题

简答题

1. **资本预算** 资本预算是指什么？资本预算应该建立在增量的基础上意味着什么？

2. **对增量净利润的间接影响** 影响增量净利润的间接成本有哪些？

3. **税后残值** 税后残值如何影响项目的自由现金流量？

计算题

1. **计算项目的净现值** 奇异公司正在考虑一个新的投资项目，关于项目的财务预测如表6-8所示。公司的税率为34%。假设所有销售收入均为现金收入，所有运营成本和所得税均为现金支出，且现金流都发生在年末。在项目结束时，所有净营运资本都收回。

表6-8 财务预测 单位：元

	0	1	2	3	4	5
投资	30 000					
销售收入		13 300	12 000	12 000	12 000	12 000
运营成本		2 600	2 800	2 800	2 900	2 000
折旧		6 000	6 000	6 000	6 000	6 000
净营运资本支出	800					?

a. 计算该项目每年的增量净利润；

b. 计算该项目每年的增量现金流；

c. 假定恰当的折现率为10%，计算该项目的净现值。

2. **项目评估** A公司正在考虑以618 000元的价格购进一台新设备，该设备在3年的使用期内折旧至账面净值为0，采用直线法计提折旧。3年后该设备估计能卖60 000元。该设备对销售收入没有影响，但是预计每年能降低经营成本265 000元。如果税率为34%，折现率为9%，A公司是否应该接受该项目？

3. **约当年均成本法** A公司正在考虑两台不同的废水处理设备。三联的成本为145 000元，使用期限为3年，每年税前运营成本为29 000元。正达的成本为246 000元，使用期限为5年，每年税前运营成本为38 000元。这两台废水处理设备都采用直线法计提折旧。两台设备在使用期限内均折旧至账面净值为0。同时假定设备残值为15 000元。假设税率为34%，折现率为9%。计算这两台废水处理设备的成本。A公司应该选择哪台废水处理设备？为什么？

4. **项目分析与通货膨胀** 明光制造公司正在考虑投资一条新的生产线，该生产线的初始投资成本为500 000元，预计使用寿命为5年，采用直线法折旧直至无残值。生产线预计将在第 1 年产生 400 000 元的收入，此后每年收入以 3%的速度增长；第 1 年的生产成本为 200 000 元，之后每年成本以 2%的速度增长。公司面临 30%的税率，同时预计每年的通货膨胀率为 2%，而用于评估项目可行性的实际折现率为 7%。是否应该接受该项目？

综合案例

对中国人民银行公告〔2021〕第 3 号的理解与应用

3

PART THREE

|第3篇|

金融资产估值篇

第7章 资产定价理论

章前引例

在生活中，你或多或少会听闻或者关注股票市场上的各种大牛股，也可能会看到各种醒目的标题，例如“十年超级白马股名单”等。通过万得(Wind)选取在2013年前上市且2014—2023年累计收益率最高的五只股票(同一行业只选一只股票)，即同花顺、中际旭创、贵州茅台、中航沈飞、赣锋锂业。它们之中最差的也实现了10年累计15倍以上收益的傲人成绩，这时候你的想法很有可能是我要是买了其中一只股票，并且一直持有就好了。在这一章我们将告诉你，有比买一只股票更好的选择，而且非常简单。我们假设对上面提到的超级白马股从2014年开始每年年初把所有钱分成五等份去买它们，每年只在年初调整一次权重使之等权重，没有其他操作，我们会吃惊地发现，这样一个简单的等权重组合（投资收益如表7-1所示），10年的累计收益率居然超过了上述所有五只超级白马股的累计收益率。这背后的道理和金融学逻辑到底是什么呢？我们将在本章揭晓。

表7-1　投资收益率（%）

时间	同花顺	中际旭创	贵州茅台	中航沈飞	赣锋锂业	等权重组合
2014	282.87	37.88	66.94	113.32	29.16	106.04
2015	213.40	145.13	28.81	44.08	318.48	149.98
2016	−1.84	5.12	56.45	24.71	−15.57	13.77
2017	−26.36	145.87	111.89	80.96	171.21	96.71
2018	−22.20	−30.40	−14.21	−20.58	−53.57	−28.19
2019	187.14	79.97	103.47	14.04	59.90	88.90
2020	14.52	−2.35	70.86	148.56	191.96	84.71
2021	17.76	−16.18	3.57	22.31	41.41	13.77
2022	−30.45	−35.93	−13.76	−13.26	−31.75	−25.03
2023	61.37	318.47	2.65	1.39	−37.42	69.29
累计收益率	2 832.89	2 301.10	1 849.39	1 579.69	1 520.38	4 070.60
年化收益率	40.194 1	37.417 2	34.582 9	32.593 7	32.117 9	45.217 8

学习目标

- 熟悉、了解并掌握资产定价的一些基本知识和基本模型。
- 熟悉并掌握收益和风险的相关概念。
- 理解资产组合理论的提出与运用。
- 熟悉并掌握资本资产定价模型的原理和相关运用。
- 了解多因子模型的原理和相关运用。
- 感悟中国金融市场的魅力和独特性。

第 1 节　收益和风险

无论是政府、公司还是个人，在进行投融资决策或交易相关资产时往往都要考虑收益和风险，理性的投资者会尽可能地在提高自己的投资所获收益的同时降低自己的投资所面临的风险，从而使得自身的效用最大化。因此，我们首先来认识一下资产定价中最重要的两个方面：收益和风险。

知识讲解

本视频节选自江西财经大学“公司金融”慕课，可登录慕课网站搜索查看完整视频。

收益与风险

7.1.1　收益

由于绝对收益没有考虑成本和投入，并不能完整地反映投资者的投资效益，因此我们通常采用收益率来衡量投资在收益角度的高效性。收益率公式如下：

$$收益率=\frac{交易所获收入}{交易总投入}$$

以单只股票的投资为例，在 0 时刻以价格 P_0 买入，持有到 1 时刻获得的股利是 D_1，同时价格变化至 P_1，则该投资在 1 时刻的收益率为$\frac{P_1-P_0+D_1}{P_0}$。

进一步对该收益率进行拆解，可以分为资本利得收益率$\frac{P_1-P_0}{P_0}$和股利收益率$\frac{D_1}{P_0}$。但该收益率的计算并未考虑未来的风险，因为该收益率成立的前提是该股票在 1 时刻的价格是确定已知的，然而在现实生活中这一般是不成立的，因为影响 1 时刻股票价格的因素有很多。例如，1 时刻股票所面临的宏观经济环境不同，其价格表现也可能会有所差异：当经济处于衰退状态时，股票价格可能会有所下降；当经济处于高涨状态时，股票价格可能会有所上升。

通常我们可以基于对未来的判断采用如下公式来计算资产的预期收益率：

$$E(R)=\sum_{i=1}^{s}P_i\times R_i$$

其中，$E(R)$ 表示预期收益率，又称期望收益率；

R_i 表示第 i 种状态下的收益率；

P_i 表示第 i 种状态发生的概率。

表 7 - 2 列示了某资产在未来不同状态下的收益情况，共有三种情况，分别是：经济衰退，该资产收益率为－6%；经济正常增长，该资产收益率为 12%；经济扩张，该资产收益率为 18%。假设这三种经济状态出现的概率各为 1/3，则根据我们在概率论中所学的知识可以得出，该股票未来的期望收益率为 8%。也就是说，我们可以根据未来状态出现的概率去估计资产未来的期望收益率，但这个值并不代表未来确定的收益，只是作为一个参考值提供给投资者以衡量该投资的潜在收益。

表 7 - 2 不同状态下资产的收益率分布

未来状态	发生概率	收益率（%）
经济衰退	1/3	－6
经济正常增长	1/3	12
经济扩张	1/3	18

在理论上存在这样一种资产：在一般情况下，它在任何时点的收益都能确定下来。我们可以称这种资产为无风险资产，称对应的投资收益率为无风险利率（risk-free rate），该收益率反映的就是本书之前介绍过的货币的时间价值。在世界上，大部分国家都会把相应期限的国债预期收益率或者相应期限的银行存款利率等信用风险非常低的投资收益率作为无风险利率（收益率）。

7.1.2 风险

在介绍完收益之后，我们继续介绍资产定价中另一个非常重要的因素——风险。由于未来状态和各种影响因素大多是不确定的，所以无法完全确定投资相应资产未来所能取得的收益，这种未来投资收益的不确定性就是风险。在一般情况下，无风险证券的收益都是给定的，不存在不确定性，故无风险证券又被称为无风险资产。

拓展阅读

收益具有不确定性

根据微观经济学的观点，一个理性的投资者总是希望获得更多的收益和面临更少的风险。市场上的其他资产，相比于无风险资产而言，其收益都存在不确定性，也就是都存在风险。理性的投资者在接受了更高的风险后就会相应地要求更高的收益率，这个高出无风险利率的部分，我们称之为风险资产的风险溢价，也可以理解成投资者所要求的风险补偿。

在了解了与风险相关的基础概念后，我们继续来学习如何度量风险。实践中关于如何度量风险有非常多的方法，最简单的方法就是通过收益率的方差或者标准差来衡量投资该资产的风险。

另外，也可以用收益率的最大值和最小值之差作为对风险的度量。如果一项资产在不同状态下的收益率是一样的，这时候它的最大值和最小值就没有差异了，这种资产也就是无风险资产。如果一项资产在不同状态下的收益率不同，其实也就意味着它的最大值和最小值有差异，我们称这个度量指标为极差。

在这里我们要同时指出风险所代表的不确定性并不一定是坏的结果，也就是说，资产存在风险不代表该资产的价格就一定会下降从而给投资者带来损失，因为资产价格的不确定性也可能会导致资产的未来价格朝着有利于投资者的方向变动，但相比正向的价格变动（也可称之为正向风险），投资者更为关注的是资产价格的不利变动，也就是负向风险。有一个非常重要的衡量负向风险的指标，叫 VaR（value at risk）——在险价值，指的是在既定概率水平下，某投资组合在某段时间内可能产生的最大损失。

不同的风险定义在不同研究或者实践中会有不同的用途，例如在险价值主要用于风险管理。这一章涉及的风险使用的度量指标是标准差或者方差。

还是上一个例子，除了可以计算出期望收益率是 8%以外，还可以使用方差的定义计算出该资产收益率的方差是 0.010 4。它等于不同状态下的资产收益率减去期望收益率的差额的平方的加权平均。

$$\begin{aligned}\sigma^2 &= \sum_{i=1}^{3} P_i \times [R_i - E(R)]^2 \\ &= \frac{1}{3}[(-6\%-8\%)^2+(12\%-8\%)^2+(18\%-8\%)^2] \\ &= 0.010\,4\end{aligned}$$

第 2 节　资产组合理论

上一节介绍了投资时大家最关心的两个维度，分别是收益和风险。实际上在进行投资决策的时候，往往不会只投资一种资产，而是会投资由多种资产构成的资产组合。

> 拓展阅读
>
> 有多少家庭正在进行自杀式资产配置

1952 年，马科维茨发表了一篇具有里程碑意义的论文，该论文建立了均值-方差模型，被公认为“现代投资组合理论”的开端。马科维茨的均值-方差模型基于以下考虑：假设投资者有一笔资金要进行投资，需要决定在每种资产上的投资比重，其想要实现的目标是在收益一定的情况下风险最小化或者在风险一定的情况下收益最大化。因此，这一节主要介绍由多种资产构成的资产组合的收益和风险的关系：首先介绍由两种资产构成的资产组合的收益和风险的关系，再进一步扩展到由 n 种资产构成的资产组合的收益和风险的关系。

7.2.1　两种资产的收益率

首先，我们对由两种资产构成的资产组合进行分析。现在假设准备投资两种资产，这两种资产的相关系数是 ρ，投资比例分别为 ω_1 和 ω_2，所有资金 I 都被用来购买这两种资产，即满足 $\omega_1+\omega_2=1$，构成的组合被称为 P。

假设这两种资产的期初价格分别是 P_0 和 Q_0，期末价格分别为 P_1 和 Q_1。期初总投资金额为 I，用于购买资产 1 和资产 2，其中有 $\omega_1\times I$ 被投资在资产 1 上，有 $\omega_2\times I$ 被投资在资产 2 上，所以资产组合 P 的期初价值就是 I。

知识讲解

本视频节选自江西财经大学“公司金融”慕课，可登录慕课网站搜索查看完整视频。

两种资产的收益与风险

期初 $\omega_1\times I$ 可以购买$\dfrac{\omega_1\times I}{P_0}$份资产 1。资产 1 期末的价值就变成了$\dfrac{\omega_1\times I}{P_0}\times P_1$。类似地，资产 2 期末的价值就变成了$\dfrac{\omega_2\times I}{Q_0}\times Q_1$。

所以第 1 期期末资产组合 P 的价值就变成了$\dfrac{\omega_1\times I}{P_0}\times P_1+\dfrac{\omega_2\times I}{Q_0}\times Q_1$，该资产组合的投资收益率为：

$$R_P=\frac{\dfrac{\omega_1\times I}{P_0}\times P_1+\dfrac{\omega_2\times I}{Q_0}\times Q_1}{I}-1$$
$$=\omega_1\times(1+R_1)+\omega_2\times(1+R_2)-1=\omega_1\times R_1+\omega_2\times R_2$$

其中，R_1 和 R_2 分别为资产 1 和资产 2 的收益率，所以对于任何一个由两种资产构成的资产组合，其收益率都等于构成这个组合的资产的收益率的加权平均。该结论很容易扩展到多种资产，即资产组合的（期望）收益率等于构成该资产组合的各项资产（期望）收益率的加权平均。

7.2.2　两种资产的风险

接下来我们进一步探讨两种资产的风险情况。利用概率论知识，我们知道包含两种资产的资产组合的方差等于构成这个组合的各项资产的方差乘以各自权重的平方，再加上两两之间的协方差乘以相应的权重，也就是：

$$\sigma_P^2=\omega_1^2\sigma_1^2+\omega_2^2\sigma_2^2+2\omega_1\omega_2\rho\,\sigma_1\sigma_2$$

在了解了由两种资产构成的资产组合的收益率和风险后，我们进一步探究不同权重下资产组合的收益率与风险的关系。

7.2.3 由两种资产构成的资产组合的收益率和风险的关系

直接对上述收益率和风险的公式进行分析难以看出二者的关系，因此，接下来我们从特例出发逐步放宽条件。

1. 1种无风险资产和1种风险资产

假设两种资产中的资产1是无风险资产，资产2是风险资产。这意味着这两种资产之间的相关系数等于零，即$\rho=0$，其中资产1的风险等于0，即$\sigma_1=0$。因此，资产组合的方差就等于资产2权重的平方乘以资产2的方差，即

$$\sigma_P^2=\omega_1^2\sigma_1^2+\omega_2^2\sigma_2^2+2\omega_1\omega_2\rho\sigma_1\sigma_2=\omega_2^2\sigma_2^2$$

在这样一种比较特殊的假设情况下，收益率和风险的公式都变得更加简单了。在横轴表示风险（标准差）、纵轴表示期望收益率的二维坐标系中，不同权重下的资产组合，其收益率和风险组成的点的轨迹是怎么样的呢？

从图7-1可以看到，在这个二维坐标系中有两个较为特殊的点——1和2，分别对应资产1和资产2。资产1不存在风险，所以位于纵轴上；资产2的风险表示为σ_2，期望收益率是$E(R_2)$。

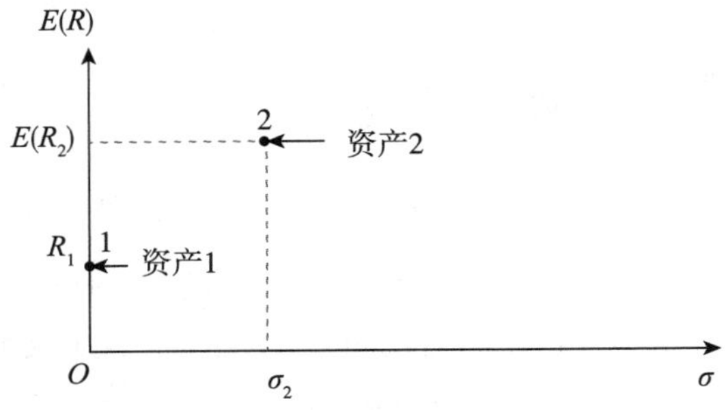

图7-1 收益率和风险坐标系

这两个点其实表示，当投资者只投资这两种资产中的一种时，另一种的权重为0。也就是说，从点1移动到点2的时候，资产1的权重从100%降低到0，资产2的权重则从0增加到100%。在这样一个变动过程中，点的轨迹是什么样的呢？从点1移动到点2的过程所构成的轨迹是一条直线，还是一条曲线？

为了回答以上问题，我们可以思考任意权重的一个资产组合P，它与资产1形成的斜率是否总是等于资产2和资产1形成的斜率？如果是，就意味着从点1移动到点2的过程所构成的轨迹总是一条直线，否则的话就是一条曲线。

可以证明，在这种情况下，任意权重的资产组合和资产1形成的斜率总是等于资产1和资产2形成的斜率。证明如下：

$$\frac{E(R_P)-R_1}{\sigma_P-0}=\frac{\omega_2\times[E(R_2)-R_1]}{\omega_2\times\sigma_2}=\frac{E(R_2)-R_1}{\sigma_2-0}$$

这意味着，任何资产组合和资产 1 形成的斜率总是等于资产 1 和资产 2 形成的斜率，在该二维坐标系中，无风险资产和风险资产的收益率和风险构成的轨迹是一条直线，如图 7-2 所示。

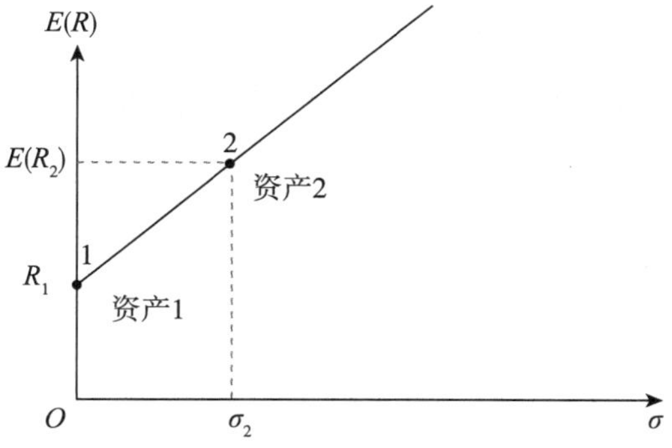

图 7-2　特殊情况下收益率和风险的关系

2. 两种都是风险资产，且 $\rho=1$

接下来让情况变得稍微复杂一点，把无风险资产换成风险资产，但是这时候增加假设：这两种风险资产的相关系数等于 1。在这一假设下，这两种资产的收益率是完全线性正相关的，也就是可以写成 $R_1=a+b\times R_2$，其中 a、b 为常数，且 b 是大于零的。与此同时，资产组合的标准差也简化成了两种资产各自标准差的加权平均，即

$$\sigma_P^2=\omega_1^2\sigma_1^2+\omega_2^2\sigma_2^2+2\omega_1\omega_2\sigma_1\sigma_2$$
$$\sigma_P=\omega_1\sigma_1+\omega_2\sigma_2$$

类似地，利用上面的推导逻辑我们也可以发现，如果资产 1 和资产 2 的相关系数等于 1，它们构成的资产组合的收益率和风险构成的轨迹也是一条直线（见图 7-3）。

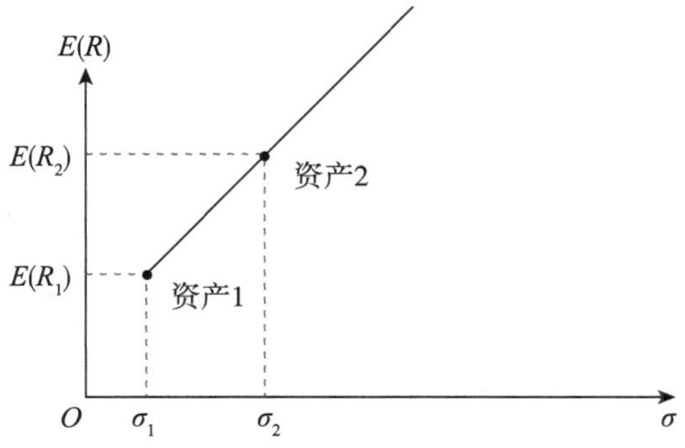

图 7-3　相关系数为 1 的两种风险资产构成的资产组合的收益率和风险的关系

3. 两种都是风险资产，且 $\rho=-1$

接下来假设两种风险资产的收益率变成完全负相关，结果又会怎么样呢？相应的轨迹是否还是一条直线？

与上文不同的是，这时候资产组合的方差可以写成一个完全平方公式，开平方需要加绝对值符号，在绝对值符号里面的是一个关于 ω_1 单调递增的函数：

$$|\omega_1\sigma_1-\omega_2\sigma_2|=0$$

当 $\omega_1=1$ 的时候函数值是大于零的，而当 $\omega_1=0$ 的时候函数值是小于零的。因此，一定存在某个权重组合，使得资产组合的风险等于零，也就是可以构成一个无风险的资产组合。

我们已经讨论过无风险资产与任何风险资产所构成组合的轨迹是一条直线，所以从该无风险资产出发，我们可以分别和资产 1 以及资产 2 构成新的组合，这两类组合的轨迹都是直线。因此，在两种资产都是风险资产且完全负相关的情况下，它们构成的轨迹是与纵轴有一个交点的折线，如图 7 - 4 所示。

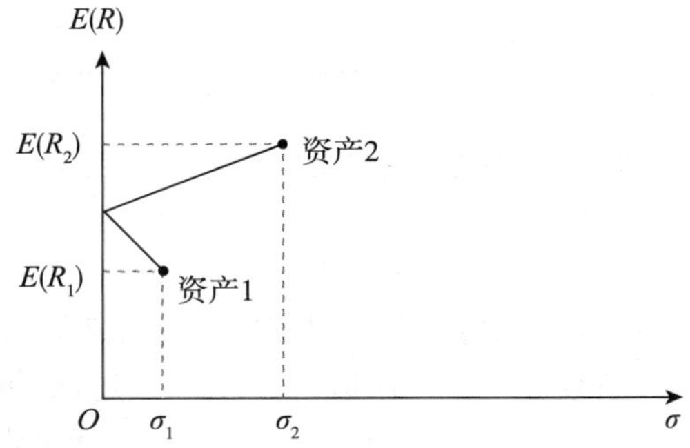

图 7 - 4　相关系数为 −1 的两种风险资产构成的资产组合的收益率和风险的关系

4. 两种都是风险资产，且 $-1<\rho<1$

特殊情形都讨论完了，剩下的就是两种风险资产的相关系数在 −1 与 1 之间的情形。这个计算过程稍微复杂一点，这里直接展示结果：这时候两种风险资产构成的轨迹是一条曲线，更确切地说，它是一条双曲线的一半，如图 7 - 5 所示。

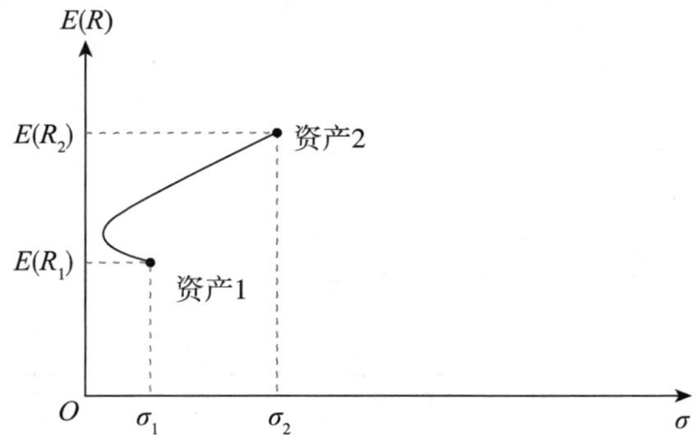

图 7 - 5　相关系数在 −1 和 1 之间的两种风险资产构成的资产组合的收益率和风险的关系

现在我们知道，在不同的条件下，两种资产构成的资产组合的收益率和风险构成的轨迹是不一样的，可以概括为：当相关系数等于 1 时，是一条直线；当相关系数等于 −1 时，是一条折线；当相关系数在 −1 和 1 之间时，是一条双曲线的一半。汇总如图 7 - 6 所示。

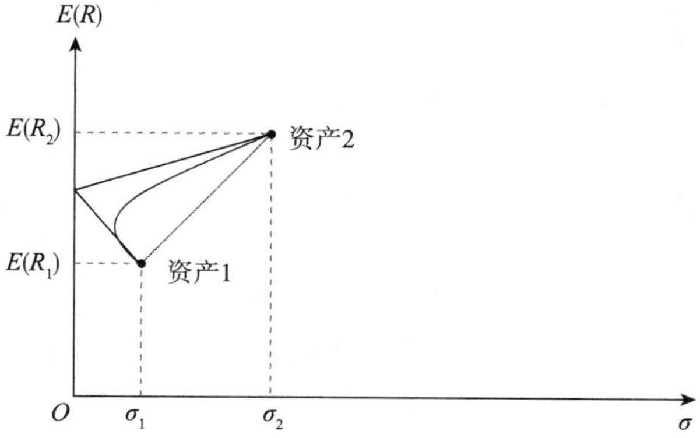

图 7-6　不同情形下资产组合的收益率和风险的关系汇总

7.2.4　*n* 种资产的风险及其分散

在了解了由两种资产构成的资产组合的收益率和风险的表现之后，为了使得结论更具有普适性，相关研究在两种资产情形的基础上扩充到了对由 n 种资产构成的资产组合的收益率与风险的探讨。

假设有 n 种资产，资产 i 和资产 j 的相关系数用 ρ_{ij} 表示，对应的每一种资产的权重分别是 ω_1，ω_2，…，ω_n，当然，所有资金都被用于投资这些资产，所以权重之和等于 1，即 $\sum \omega_i = 1$。与由两种资产构成的资产组合的期望收益率的计算原理相同，由 n 种资产构成的资产组合的期望收益率就等于各自期望收益率的加权平均。

> **知识讲解**
>
> 本视频节选自江西财经大学“公司金融”慕课，可登录慕课网站搜索查看完整视频。
>
> **由 n 种资产构成的资产组合的收益率与风险**

虽然它的方差公式会变得比较复杂，但含义还是比较直观的，就是资产组合的方差等于各自方差乘以对应权重的平方加上两两之间的协方差。所以，由 n 种资产构成的资产组合的方差如下：

$$\sigma_P^2 = \sum_{i=1}^{n} \omega_i^2 \sigma_i^2 + \sum_{1 \leqslant i < j \leqslant n} 2\omega_i \omega_j \rho_{ij} \sigma_i \sigma_j$$

如果用协方差矩阵来表示会更加直观，我们可以看到这其实是一个对称的矩阵，资产 i 和资产 j 之间的协方差与资产 j 和资产 i 之间的协方差是一样的。从上述公式看，资产组合的方差由两部分组成：第一部分是每种资产本身的方差，第二部分是两两之间的协方差的加总。

现在假设一种特殊的情况，在这种情况下，两两之间的相关系数都相同，等于 ρ，每种资产的权重也一样，都等于 $1/n$，每种资产的标准差也一样，都等于 σ。这时候我们可以发现上面的式子可以简化为：

$$\sigma_P^2=n\times\left(\frac{1}{n}\right)^2\times\sigma^2+n(n-1)\left(\frac{1}{n}\right)^2\rho\sigma^2$$

第一部分总共由 n 项加起来，因为协方差矩阵总共有 n^2 项，因此第二部分就剩下 n^2-n 项。

当 n 变得无穷大时，也就是当组合无限分散时，只有第二部分被保留了下来，它的数值等于 $\rho\sigma^2$，此时第一部分的极限等于 0，也就是第一部分——由各项资产本身的风险所组成的部分消失了，更确切地讲，是风险被分散了。

所以当组合足够分散时，最后只剩下两两之间相关部分的风险。那么为什么两种资产之间会存在相关性呢？这是因为它们受到共同的因子影响，这种共同的因子，我们称之为系统性因子，对应的这部分风险，我们称之为系统性风险，而每种资产本身所具有的风险，我们称之为非系统性风险。在这里我们通过充分分散，使得资产组合总体的风险从 σ^2 降到了 $\rho\sigma^2$。

在现实中是不是一定要投资于非常多的不同股票，才能实现这种充分分散呢？实际的数据告诉我们并不需要。有学者研究发现，我们只需要随机购买 20 种左右的股票就可以实现很大程度的分散了。所以我们说，不要把鸡蛋放在一个篮子里，但也不需要一个篮子放一个鸡蛋。

7.2.5 由 n 种资产构成的资产组合的收益率和风险的关系

刚刚我们讲述了一种特殊的情况，投资由 n 种资产构成的资产组合能实现大幅的风险降低，甚至可完全消除资产组合的非系统性风险，我们进一步探讨一般化的情况。

同样地，假设有多种资产在市场上可以投资，随机选取 6 种资产（当然，图中包含很多其他资产），此时假设期望达到的收益率是 R_0。可能想到的一种方法是由 B 和 B' 构成 P_B 组合，此时可以实现 R_0 的收益率，同时承担的风险是 σ_B，实际上还可以由 C 和 C' 构成 P_C 组合，它同样实现了 R_0 的收益率，这时候对应的风险为 σ_C。如果只考虑这两种情况，一个理性的投资者毫无疑问会优先选择收益率相同的情况下风险更小的资产组合，即 P_C。

实际上，图 7-7 上任意点之间都可以组合，比如还可以对 C 和 C' 连成的线上的点、A 和 A' 连成的线上的点或者 B 和 B' 连成的线上的点进行组合。所以这个组合可以不断

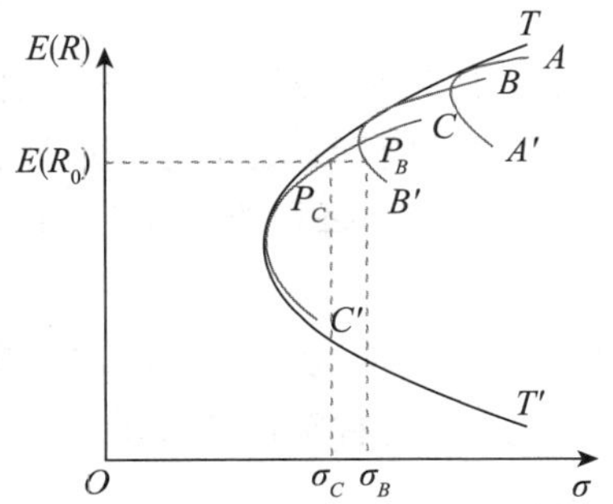

图 7-7 由 n 种资产构成的资产组合的收益率和风险的关系

地优化，而之前学过风险资产两两之间的组合，如果两两之间不是完全正相关或者负相关，这个组合的轨迹就是一条曲线。

所以，如果我们基于给定的收益率条件最小化风险，这条曲线可以一直尽可能往左边凸，直到不能再进行为止。这时候就得到由 n 种资产构成的最优资产组合的收益率和风险的关系，这条曲线就是风险资产的有效前沿（efficient frontier），或者被称为均值-方差有效组合。曲线连同右边的组合被称为可行性集。在这样一个二维坐标系中，我们可以证明它是双曲线的一部分。

7.2.6 无差异曲线和最优投资

在获得有效前沿之后，理性的投资者会基于自身的风险偏好并通过对资产组合的选择来实现自身效用的最大化。

把所有能带来相同效用的资产组合连起来会生成一条曲线，我们称之为无差异曲线。显然，该曲线是向右上方倾斜的，因为在风险提高的情况下，对于厌恶风险的理性投资者而言，为了保持自身效用水平不变，其对资产组合所期望的收益率也一定会提高。这时候的问题是：它是一条上凸的还是下凸的曲线？

可以试想一下，对于一个赌注是 1 元钱的赌局，一般人可能很欣然就接受了，但是如果赌注上升至 100 万元，虽然潜在的收益被放大 100 万倍，但潜在的损失也被放大了 100 万倍，很多人就可能因此而拒绝。所以，当风险越来越大的时候，理性的投资者一般会变得越来越厌恶风险。也就是说，随着风险的增加，每一单位风险所要求的补偿性收益会越来越大。此时可以观察到，保持效用水平不变的曲线是下凸的，如图 7－8 所示。

知识讲解

本视频节选自江西财经大学“公司金融”慕课，可登录慕课网站搜索查看完整视频。

最优投资

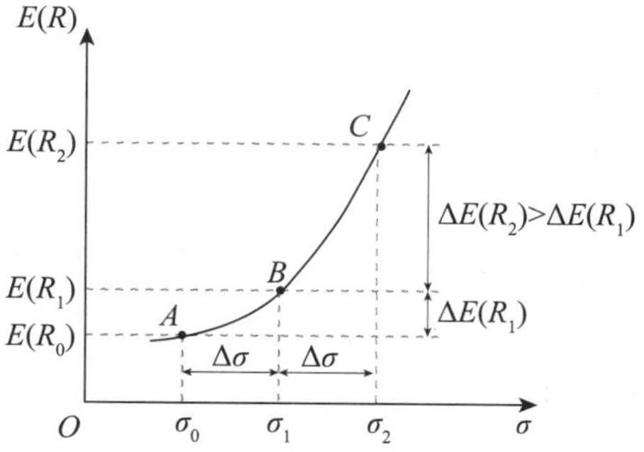

图 7－8 风险厌恶型投资者的无差异曲线

对于理性投资者而言，最优资产组合就是他的无差异曲线与风险资产的有效前沿相切的点所对应的资产组合（见图 7－9）。

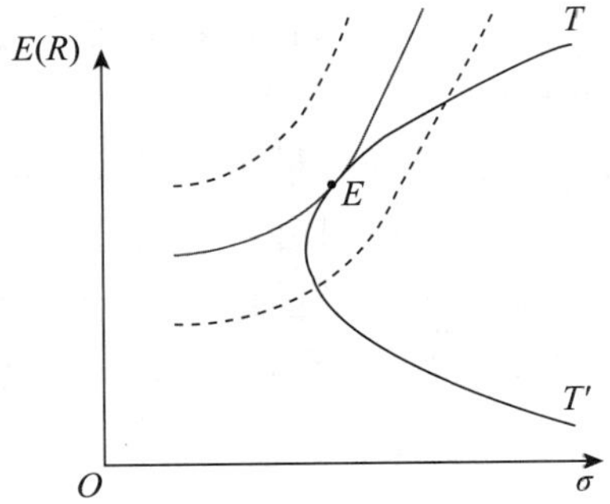

图 7-9　最优资产组合的确定

到这里，我们终于得到了一个可以指导我们进行投资的一般理论了。这个理论告诉我们，不用再去赌某只股票是不是好股票，我们的最优决策应该是结合自己的风险偏好，去购买充分分散的资产组合，这个组合就是有效前沿与无差异曲线相切的点所对应的资产组合。这就是大名鼎鼎的马科维茨资产组合理论。

但真正实践马科维茨资产组合理论是相当困难的，因为为了得到有效前沿，我们需要大量的参数。假设有 n 种资产，需要估计 n 个期望收益率、n 个标准差、$(n^2-n)/2$ 个协方差，合计是 $(n^2+3n)/2$ 个参数。随着资产种数的增加，需要估计的参数是以平方级的形式增加的。以 100 种资产为例，就需要估计 5 150 个参数。马科维茨资产组合理论发表于 1952 年，那时候计算机才发明没几年。这样的参数估计和优化使得该理论在实际中的应用大打折扣，因此学界在此基础上进一步提出了一个相对实用的模型。

第 3 节　资本资产定价模型概述

7.3.1　资本资产定价模型的提出

马科维茨的资产组合理论从收益和风险的角度分析投资者应该如何根据自己的风险偏好进行资产组合的选择，从而达到自身效用最大化。当市场上所有投资者均按照这一原则进行资产组合的选择时，我们则可以认为该市场达到了均衡状态，于是在马科维茨的资产组合理论被提出之后，有越来越多的学者对均衡市场上资产的收益和风险之间的关系展开了相关的研究。

> **知识讲解**
> 本视频节选自江西财经大学“公司金融”慕课，可登录慕课网站搜索查看完整视频。
> 资本资产定价模型

自 20 世纪 60 年代以来，以夏普（Sharpe）、林特纳（Lintner）、莫辛（Mossin）三人为代表的经济学家展开了对该问题的实证研究，逐渐形成了经典的资本资产定价模型（capital asset pricing model，CAPM）。

7.3.2　资本资产定价模型的假设和相关概念

我们知道一个模型的成立往往要基于一系列假设条件，CAPM 的假设主要包括以下十个：

（1）投资者依据资产组合的期望收益率及其标准差对资产组合进行评价；

（2）投资者永不满足，因此，当面临其他条件相同的两种选择时，他将选择具有较高期望收益率的那一种；

（3）投资者厌恶风险，因此，当面临其他条件相同的两种选择时，他将选择具有较小标准差的那一种；

（4）每一项资产都无限可分，意味着如果投资者愿意的话，他可以购买一项资产的一部分；

（5）投资者可以以无风险利率贷出（即投资）或借入资金；

（6）对于所有投资者，无风险利率相同；

（7）所有投资者具有相同的投资期限；

（8）税收和交易成本均忽略不计；

（9）对于所有投资者，信息免费且立即可得；

（10）所有投资者具有相同的预期，即他们对资产的期望收益率、标准差和资产之间的协方差具有相同的理解。

通过这些假设，资本资产定价模型将市场简化为一个极端的情形：所有投资者拥有相同的信息且对所要投资的资产前景的看法一致，以相同的方式来分析和处理信息；市场完全没有摩擦，资产无限可分，没有税收、交易成本，无风险借入和贷出的利率相同。

在这些假设条件下，通过考察市场上所有投资者的集体行为，可以获得证券的风险和收益之间均衡关系的特征。

在满足这样 10 个假设的条件下，所有投资者对资产的期望收益率、方差和协方差的估计以及无风险利率大小的看法完全一致。这意味着所有投资者将面临相同的风险资产的有效前沿。

7.3.3　资本市场线

马科维茨的资产组合理论仅考虑了风险资产，并得到了风险资产的有效前沿，在此基础上考虑无差异曲线得到投资的最优资产组合。夏普等人则在此基础上进一步加入了无风险资产。

我们之前就证明过由无风险资产和任一风险资产构成的资产组合的轨迹是一条直线。显然，无风险资产可以与有效前沿上的任何资产组合在一起，形成新的组合，我们的目标是在风险一定的情况下最大化期望收益率，或者在期望收益率一定的情况下最小化风险。

最终，最优的边界是过无风险资产点与风险资产的有效前沿相切的一条直线，如图 7－10 所示。这条线就是加入无风险资产以后形成的新的有效前沿，我们称之为资本市场线（capital market line，CML）。

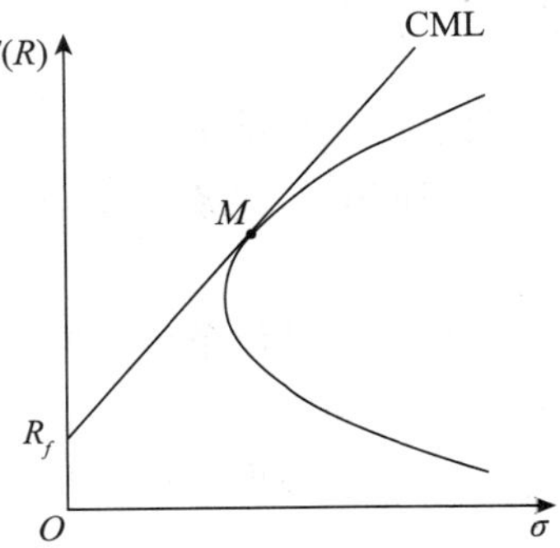

图 7－10　加入无风险资产的有效前沿

这条线代表什么呢？实际上这条线就是无风险资产和切点 M 所构成的资产组合的轨迹，也就是最优资产组合中只有两种资产，一种是无风险资产，另一种是风险资产组合 M。因为每个人的最优投资都如此，意味着每个人投资的风险资产组合都是一样的，所以风险资产组合 M 也被称为市场组合。

因此，不同投资者选择不同组合的唯一原因就在于他们拥有不同的无差异曲线。同时，需要明确的是，尽管被选中的组合各不相同，但被选中的组合都是由一种无风险资产和一种风险资产组合构成，只不过不同的投资者在这两者之间的投资比例不同。所以，资本市场线有时也被称为资本配置线（capital allocation line，CAL），即投资者的所有资本都是在这条线上配置。

资本市场线的表达式为：

$$E(R_P)=R_f+\frac{E(R_M)-R_f}{\sigma_M}\sigma_P$$

其中，$E(R_P)$ 和 σ_P 分别表示有效资产组合 P 的期望收益率和标准差；$E(R_M)$ 和 σ_M 分别表示市场组合 M 的期望收益率和标准差；R_f 表示无风险资产的收益率。

由图 7－11 我们可以看到，B、E、M 和 C 这四个投资者都或多或少投资了组合 M。组合 M 由市场上所有可选择的风险资产构成，但每种资产的比例并不知道。也就是说，对所有投资者而言，风险资产组合的构成是相同的，投资者所投资资产组合的不同之处在于：相比于其他投资者，风险厌恶程度高的投资者将投资无风险资产更多和风险资产更少的组合；相比于其他投资者，风险厌恶程度低的投资者将投资无风险资产更少和风险资产更多的组合。

也正是由于在 CAPM 中，所有投资者的风险资产组合构成相同，所以我们事先不需要知道投资者对风险和收益的偏好，就能够确定其风险资产的最优组合，这一结论通常被称为分离定理。由于分离定理成立，在确定投资者的无差异曲线之前，我们就可以确定风险资产的最优组合。

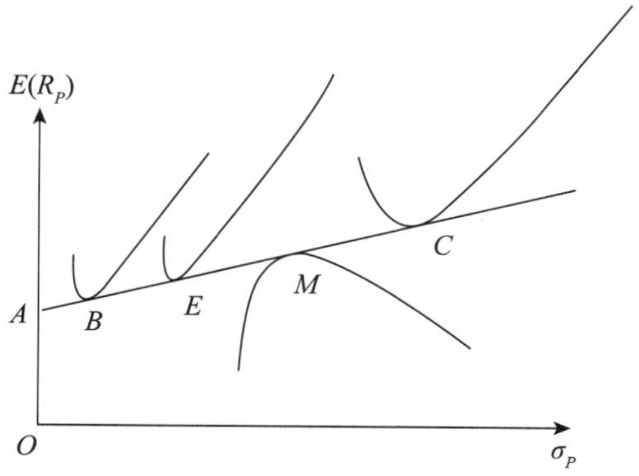

图 7-11　风险资产构成比例不同的资产组合的比较

从分离定理中我们同样可以了解到，每个投资者都在无风险资产和风险资产组合之间构建新的组合，而且他们都或多或少地持有风险资产组合。当市场整体处于均衡状态时，这一风险资产组合则被定义为市场组合。

为有助于读者更直观地了解市场组合，在这里给出一个广为接受的市场组合的定义。市场组合是指包含了市场上所有风险资产的组合，在这个组合中每种资产所占比例等于该资产市值占市场所有资产总市值的比例。

在理论上，市场组合中的资产应该包括股票、债券、艺术品、房地产等。但在实践中，一般以综合股票价格指数来表示。

7.3.4　证券市场线

通过前述内容，我们可以了解到资本市场线代表有效组合的期望收益率与标准差之间的均衡关系。但单项风险资产本身是非有效的，位于 CML 之外，那么它的期望收益率与标准差之间又存在着什么样的关系呢?

从前面的分析我们可以知道，在加入无风险资产以后，寻求最优化其实就是在寻找斜率最大的过无风险资产的直线，这一斜率我们称之为夏普比率，其公式如下：

$$\text{夏普比率}=\frac{E(R_M)-R_f}{\sigma_M}$$

实际上除了市场组合之外，任何在 CML 上的点都具有相同的夏普比率，即：

$$\frac{E(R_P^{\text{CML}})-R_f}{\sigma_P^{\text{CML}}}=\frac{E(R_M)-R_f}{\sigma_M}$$

实际上任意与 CML 上的组合 P^{CML} 处于相同位置的组合都应该具有相同的期望收益率，且

$$R_P=R_P^{\text{CML}}+\varepsilon$$

因此，上面的式子也可以写成：

$$E(R_P)-R_f=\frac{\sigma_P^{CML}}{\sigma_M}\times[E(R_M)-R_f]$$

此外，通过 $R_P=R_P^{CML}+\varepsilon$，我们可以证明 $\sigma_P^{CML}=\rho\times\sigma_P$。因此，上式可以进一步写成：

$$E(R_P)-R_f=\frac{\rho\times\sigma_P}{\sigma_M}\times[E(R_M)-R_f]$$

$$E(R_P)-R_f=\frac{\rho\times\sigma_P\times\sigma_M}{\sigma_M^2}\times[E(R_M)-R_f]$$

定义$\frac{\rho\times\sigma_P\times\sigma_M}{\sigma_M^2}=\beta$，上式变成：

$$E(R_P)-R_f=\beta\times[E(R_M)-R_f]$$

这就是大名鼎鼎的资本资产定价模型的核心公式。把它也画在一个二维坐标系上——此时横轴是贝塔系数（β），纵轴仍然表示期望收益率，该公式在图形上仍然是一条直线，我们称之为证券市场线（security market line，SML），如图 7－12 所示。

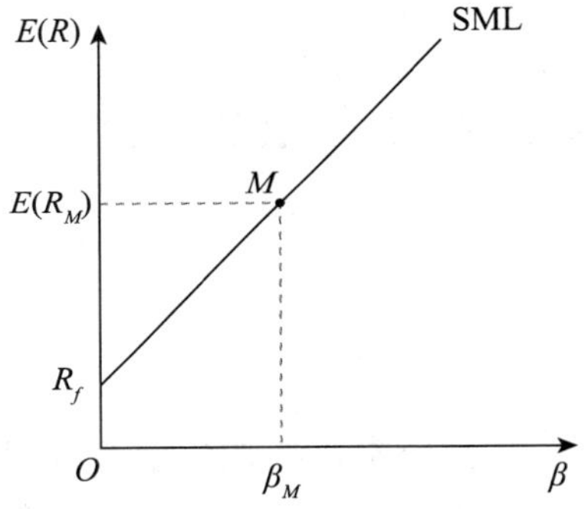

图 7－12　证券市场线

我们来解释一下贝塔系数这个概念。无论是单一风险资产还是资产组合，其风险均由系统性风险和非系统性风险共同构成。系统性风险是指资产受宏观经济、市场情绪等整体性因子影响而发生的价格波动，换句话说就是股票与市场（大盘）之间的联动性，系统性风险的比例越高，联动性越强。系统性风险反映的其实就是我们前面所说的两两之间的相关性。与系统性风险相对的就是非系统性风险（个别风险，特质性风险），即由资产自身因子所导致的价格波动。而贝塔系数就是用于度量特定资产（或资产组合）的系统性风险的关键指标。贝塔系数的计算公式如下：

$$\beta=\frac{\rho\times\sigma_P\times\sigma_M}{\sigma_M^2}$$

其中，$\rho\times\sigma_P\times\sigma_M$ 表示资产 P 的收益率与市场组合收益率的协方差；σ_M^2 表示市场组合收益率的方差。

β 体现了特定资产（资产组合）的价格对整体经济波动的敏感性，即市场（大盘）

上涨 1 个百分点，该资产（资产组合）的价格变动 β 个百分点。

简单来说，$\beta=1$ 表示该资产（资产组合）风险收益率的波动与市场平均风险收益率的波动基本一致，其风险与市场风险一致；$\beta>1$ 说明若该资产（资产组合）风险收益率的变化大于市场平均风险收益率的变化，其风险大于整个市场的风险；$\beta<1$ 说明若该资产（资产组合）风险收益率的变化小于市场平均风险收益率的变化，其风险小于整个市场的风险。

通过观察图 7－12 中的证券市场线，我们可以得出资产的期望收益率由两部分构成：

（1）无风险利率 R_f，由时间创造，是对放弃即期消费的补偿。

（2）风险溢价 $\beta\times[E(R_M)-R_f]$，是对投资者因为投资单一资产或资产组合所承担（系统性）风险的补偿，与 β 的大小成正比，其中 $[E(R_M)-R_f]$ 代表了对单位系统性风险的补偿，通常被称为系统性风险的价格，也是市场组合的风险溢价。同样，由证券市场线的表达式我们可以看出具有较大贝塔系数的资产具有较高的系统性风险（市场风险），因而应该具有较高的期望收益率。

在证券市场线的表达式中，我们并没有发现代表非系统性风险的指标，即在 CAPM 中，非系统性风险并不会影响单一风险资产未来的期望收益率。也就是说，具有较高的非系统性风险的证券没有理由获得较高的期望收益率，只有对系统性风险的边际贡献才能取得相应的收益。因此，投资者会因为承担了系统性风险而获得收益，但不会因为承担了非系统性风险而获得收益。

第 4 节　资本资产定价模型的检验

7.4.1　CAPM 的检验逻辑及罗尔的批判

（一）CAPM 的检验逻辑

在 CAPM 被提出后不久，就有大量文献对其进行了检验，有非常多的逻辑在对 CAPM 的解释力进行讨论。一个重要的思路是用事后的数据对 CAPM 进行回归检验。需要特别注意的是，CAPM 阐述的是从事前来看，单一资产或资产组合的期望收益率 $E(R_P)$，会等于无风险利率 R_f 加上资产或资产组合的 β 乘以预期的市场风险溢价 $E(R_M)-R_f$。预期的东西我们是无法知道其真实关系的，但是我们可以通过观察大量事后的数据来看看事后的收益率在多大程度上满足上述关系。也就是事后收益率应该满足如下关系：

$$R_P-R_f=\alpha+\beta(R_M-R_f)+\varepsilon$$

如果 CAPM 成立，那么 α 应该等于 0，即没有不能被市场风险溢价解释的部分。当然，也可以通过上述回归方程的 R^2 值来考察市场风险溢价对任意资产或资产组合收益率的影响。

（二）罗尔的批判

20 世纪 70 年代，很多证据都表明 CAPM 是不太成立的。当时理查德·罗尔（Richard Roll）提出了著名的罗尔的批判。该批判的主要论断是，CAPM 是无法被检验的。具体是什么意思呢？

前面讲到与 CAPM 对应的 CML，这条线就是加入无风险资产以后的有效前沿。尽管我们很在意的是切点，即市场组合。但需要注意的是，这条线上除了无风险资产之外的所有风险资产组合，都与市场组合有相同的效果，都是均值-方差有效组合。因此，检验 CAPM 其实就是找到一个均值-方差有效组合，用其超额收益（率）去解释其他资产的超额收益（率），看解释力如何。

但一个很重要的问题是，市场组合或者一般化的均值-方差有效组合我们能观测到吗？我们是看不到的。因此，如果检验发现 CAPM 不成立，并不意味着一定是模型不成立，也可能是没有找到正确的均值-方差有效组合。

即使选上证 50 或沪深 300 指数，甚至中证 500 指数，问题依然存在。这里需要特别注意的是，我们把它叫作资本资产定价模型而不是股票资产定价模型，意味着这个模型里的资产并不一定是股票，而可以是任意可以投资的资产。除了股票之外，还可以是债权类资产，可以是黄金，可以是房地产，可以是大宗商品，甚至可以是艺术品等其他另类投资。显然，在更广泛的投资品种下，我们更加无法获得有代表性的均值-方差有效组合。

7.4.2 金融异象

我们再换一个角度来考虑 CAPM。这个模型实际上告诉我们，任何资产或资产组合的超额收益均只能由系统性风险和市场超额收益解释。那么是不是可以用反证法来证明呢？如果能够按照某种标准构造一种投资策略，这种投资策略在扣除了承担市场风险所应该获得的收益之后还具有超额收益，就意味着市场上有不能够被市场超额收益解释的部分。如果这种策略的确存在，就意味着 CAPM 至少在一定程度上是不成立的，反之，如果找不到，则有很大概率意味着 CAPM 是不能被否定的。

那么实际情况是怎样的呢？实际上许多学者发现，很多策略所获得的超额收益是不能被市场超额收益解释的。

例如，有学者发现，从长期来看，小公司的股票会比大公司的股票具有更高的投资收益，这一现象被称为规模效应。

除此之外，有学者还发现，相对于成长型股票，价值型股票从长期来看具有更高的投资收益，这一效应通常被称为价值效应。例如，著名的公司金融学者安德烈·施莱弗（Andrei Shleifer）曾与两位朋友约瑟夫·拉科尼肖克（Josef Lakonishok）和罗伯特·维什尼（Robert Vishny）创立了一家资产管理公司——LSV 资产管理公司，其早期投资策略有些就是基于价值效应构造的。

但是如果 CAPM 成立，上面两个效应是不应该存在的，因为无论是投资标的的规模还是它的成长性，都可以分散化。这些特性的差异不应该对投资标的的收益有影响，也就是这些特性所带来的风险不应该获得补偿。这其实就在一定程度上否定了 CAPM 的正确性。这也是人们把它们称为金融异象的原因，因为经典的金融学理论无法就它们给出相应合理的解释。

上面两个效应被学术界和金融投资界广泛接受。全球著名的基金评级公司——晨星，还基于这两个维度对基金投资风格进行分类，这就是著名的晨星基金投资风格箱，如图 7 - 13 所示。

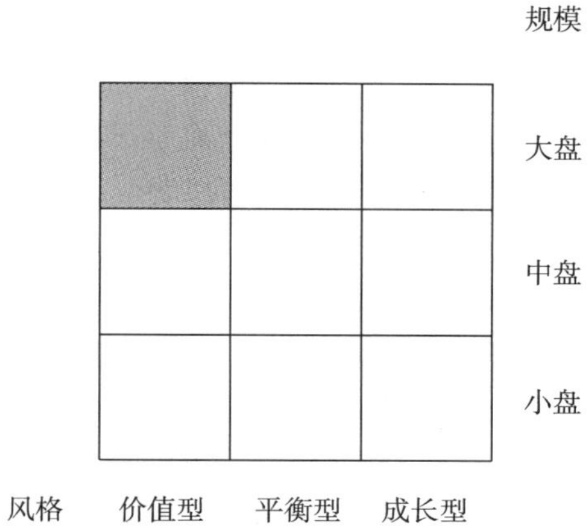

图 7 - 13　晨星基金投资风格箱

实际上，除了规模效应和价值效应外，学者还发现了大量的金融异象。比如：从短期来看，过去收益率较高的股票，接下来收益率仍然会较高；而从长期来看，过去收益率较高的股票，接下来收益率就会较低。上述两类金融异象分别被称为动量效应和反转效应。

此外，流动性的差异也会影响个股的收益率，甚至交易的月份也会影响股票的收益率。例如，非常有名的一月效应（January effect）讲的就是平均来看股票在 1 月会有显著为正的收益。

常见问题

关于行为金融学

几乎所有理论都将“理性人假设”作为前提，而在现实生活中人们的决策或多或少都存在一定的非理性，从而导致了一些传统金融理论无法解释的金融异象的产生。20 世纪末，加州大学伯克利分校著名学者特伦斯·奥丁（Terrance Odean）用一套个人账户的交易数据做了一个研究，发现在 1987—1993 年只要股票盈利，投资者就会抓紧出货，比一只股票亏损后出货的概率大了约 50%。奥丁教授的结论是，个人投资者会集体性地犯“处置效应”这样的错误。此类现象还有很多，近几年来，诺贝尔经济学奖也陆续被颁给行为金融学家，这也在一定程度上反映了行为金融学的价值。

第5节　多因子模型与套利定价理论

既然有许多金融异象是CAPM所不能解释的，这其实意味着这个模型是有待改进的，那么金融实践给了我们什么样的启示去改进这样一个模型呢？

7.5.1　Fama-French三因子模型

Fama（法玛）和French（弗兰奇）两个人做出了很重要的贡献，他们提出了著名的Fama-French三因子模型。当然，现在已经扩展为Fama-French五因子模型。①

如果仔细观察资本资产定价模型的表达式，其实发现它可以被看成一种单因子模型，也就是任何资产或资产组合的超额收益率都完全唯一地由市场超额收益率来解释。但实际情况是我们还发现使用两类策略构造的组合，它们的超额收益率是不能完全由市场超额收益率所解释的。这就是我们前面提到过的规模效应和价值效应。

市场超额收益可以被看成是相对于无风险收益而言，市场组合所能获得的额外收益。类似地，是不是可以基于规模效应也构造一个超额收益因子呢？我们可以卖空大公司的股票，用获得的钱去买入小公司的股票。这样平均来看，长期我们没有任何投入，但是我们有正的投资收益。我们可以构造一种新的超额收益，即相对于大公司来说，小公司所能获得的额外收益。可以发现它跟市场超额收益类似。学术上通常把它表示为规模因子（small minus big，SMB）。

类似地，基于价值效应，我们也可以构造一个策略：卖空成长型股票，同时买入价值型股票，这样平均来看，长期没有任何投入，但是有正的投资收益，即相对于成长型股票而言，价值型股票所能获得的额外收益。学术上通常用账面市值比（book value to market value，BTM）来界定股票属于成长型还是价值型。BTM较高的股票被称为价值型股票，BTM较低的股票被称为成长型股票。因此，这样一种超额收益通常用价值因子（high minus low，HML）来表示。

现在在R_M-R_f这一市场超额收益的基础上，我们构造了另外两种超额收益，分别是SMB和HML。

$$R_P-R_f=\alpha+\beta\times\overbrace{(R_M-R_f)}^{\text{市场因子}}+\beta_{\text{SMB}}\times\underbrace{}_{}\overset{\text{规模因子}}{\text{SMB}}+\beta_{\text{HML}}\times\overset{\text{价值因子}}{\text{HML}}+\varepsilon$$

这时候我们可以用这三个因子去解释资产或资产组合的超额收益了。解释力有多大的提高呢？在只有市场超额收益也就是用CAPM来解释的时候，对于法玛和弗兰奇构造的25个组合，解释力只有30%左右。

---

① 结合中国资本市场的特点，有学者基于中国A股市场数据构建了中国版三因子模型，具体参见Jianan Liu，Robert F. Stambaugh and Yu Yuan，"Size and Value in China，" *Journal of Financial Economics*，2019，134（1）：48-69。

那么如果把SMB和HML两种超额收益加进来一起解释，效果会怎么样呢？最后我们发现解释力提高到了70%左右，这个提高幅度还是非常大的。同时我们还发现了模型不能解释的部分，也就是回归里的常数项在Fama-French三因子模型中更加接近0。这也就意味着在Fama-French三因子模型中，不能被解释的收益越来越少。

类似地，我们还可以基于动量效应和流动性效应，分别加入动量因子和流动性因子，来构造更大的多因子模型。法玛和弗兰奇的研究进一步加入了基于投资规模以及会计盈利能力所构建的两个新因子，也就是构造了现在所说的Fama-French五因子模型。

7.5.2　套利定价理论

现在一个问题来了。尽管CAPM可以被看成单因子模型，但是它的理论基础非常强，有一个完整的理论来支撑这样一个表达式。但是，基于事后的实际数据所发现的金融异象，金融学者额外构造了SMB和HML。为什么要加入这些因子？为什么这些因子能被加进去？有没有一个合理的理论来告诉我们这样做从理论上来说是对的，是合理的呢？

答案是有的，这个理论就是套利定价理论（arbitrage pricing theory，APT）。尽管叫“套利定价理论”，但其实更合理的叫法应该是“无套利定价理论”。该理论的提出者斯蒂芬·罗斯（Stephen Ross）认为，一个均衡的定价市场应该是无套利的，那么满足什么样的条件才可能实现无套利均衡呢？罗斯教授严格地证明了当资产定价公式满足多因子模型的时候，市场可以实现无套利均衡。

从文字的表述我们就可以发现，套利定价理论说的是一种可能，也就是多因子模型是可能实现无套利均衡的资产定价公式。但是还存不存在其他描述资产定价的公式，同样能实现无套利均衡呢？套利定价理论并没有否定这种可能。

而CAPM告诉我们的是，如果满足相应的假设，那么最终的资产定价公式就是之前描述的那样，任何资产或资产组合的超额收益率都应该完全由市场超额收益率和该资产或资产组合的β来决定。

因此，APT并没有CAPM理论基础牢固。这或许也是1964年提出CAPM的夏普在1990年就已经拿了诺贝尔经济学奖，而1976年提出APT的罗斯并没有获此殊荣的一个重要原因吧。罗斯再也没有机会获得诺贝尔经济学奖了，因为他已经于2017年3月去世，但至少APT作为CAPM的一个扩展，给多因子模型提供了一个合理的解释。

思政课堂

中国特色估值体系

2022年11月21日，中国证监会主席易会满在金融街论坛年会上首次提出探索建立具有中国特色的估值体系。中国特色估值体系（中特估）可提升估值定价的科学性与有效性，更好地发挥资本市场的资源配置功能。中特估的核心在于解决A股市场估值结构不均衡的问题。当前部分行业和企业的估值水平与其基本面和社会贡献不匹配，导致市场对相应企业的价值认知存在偏差。特别是央国企，作为国家的重要战略支撑和经济稳定器，在关系国计民生的领域发挥着关键作用。然而，它们在资本市场上的估值水平长期低于非国企和海外同行。

中特估的目标是建立一种适应不同类型企业的估值定价逻辑和方法。这个体系将充分考虑企业的经营效率、盈利能力、成长性、创新能力和社会责任等多方面因素，旨在形成一个更加科学、合理、公正和有效的估值体系，从而让市场能够对企业价值做出更准确的判断和预期。

2023 年 2 月 2 日，中国证监会召开了 2023 年系统工作会议，会议提出了建设中国特色现代资本市场这一系统工程的实施路线，强调要推动提升估值定价的科学性和有效性，并逐步完善适应不同类型企业的估值定价逻辑以及具有中国特色的估值体系。此外，会议明确了 2023 年的五大重点工作，其中首要任务是全力以赴抓好全面实行股票发行注册制改革。

2023 年 7 月 18 日，全国国有企业改革深化提升行动动员部署电视电话会议在京召开，中共中央政治局委员、国务院副总理张国清出席并讲话。他强调要完善国企考核评价机制，引导国企从技术供给和需求牵引双向发力，强化科技创新和成果转化应用，更好服务实现高水平科技自立自强。要优化国有经济布局结构，促进国企突出主业、聚焦实业，发展壮大新兴产业，加快传统产业转型升级，更好服务建设现代化产业体系。要强化国企在能源、资源、粮食等重点领域布局，更好服务保障国家战略安全。要健全以管资本为主的国资监管体制，推动国企提升公司治理现代化水平、构建新型经营责任制、健全收入分配机制、完善市场化运营机制。要全面加强国企党的领导和党的建设，完善党领导国企的制度机制，加强国企领导人员队伍建设，落实全面从严治党要求，以钉钉子精神抓好改革落实。

本章小结

本章介绍的核心知识点是资产定价的基础理论，以收益和风险为切入点，按照资产定价理论发展的时间先后顺序，首先介绍了马科维茨的资产组合理论，在此基础上进一步介绍了资本资产定价模型，最后介绍了多因子模型和套利定价理论。

一个理性的投资者在对所要投资的资产进行筛选并组合时，主要考察投资该资产后未来能够给自身带来的收益的高低，以及收益的不确定性程度，也就是投资风险的大小。在此基础上，马科维茨提出了他的资产组合理论：当面对其他条件相同的两种资产时，理性的投资者总会优先选择风险更小或者是收益率更高的那种资产进行投资，并据此得出了由两种资产构成的资产组合的收益率和风险的关系。虽然在理论上我们可以将两种资产扩充至 n 种资产，但在实际操作中如果涉及较多的资产种数，计算工作量将十分庞大，而当时计算机尚处在不成熟的阶段。资本资产定价模型相对减少了对应的工作量。该模型通过资本市场线和证券市场线描绘单一资产或资产组合的收益率与风险的关系，引入了市场组合和贝塔系数的概念，但该模型给市场设置了太多限制条件，将市场推向了一个极端，因此其实用性受到一定程度的影响。

在上述两个模型的基础上，多因子模型应运而生，它较好地解决了所需的计算工作量过大以及假设条件过多等问题，并且随着影响资产组合收益率和风险的可靠因子的纳入，模型的可信性也在不断提高，多因子模型也在不断发展以更好地解决变幻莫测的资本市场中的资产定价问题。套利定价理论为多因子模型提供了一个合理的解释。

中国公司金融实践

近年来，多个部门统筹规划，研究、制定并陆续出台了多项引导、支持、鼓励和规范新能源汽车产业发展的规划和管理政策，以推动产业健康、可持续发展。2018 年，有关部门推出新能源汽车补贴、《新能源汽车动力蓄电池回收利用管理暂行办法》等一系列旨在助力新能源汽车产业健康发展的政策，“双积分”政策进入实操阶段，同时各级地方政府陆续出台配套政策，加快新能源汽车在公交、环卫、物流等领域的推广应用。

宁德时代成立于 2011 年，是国内率先具备国际竞争力的动力电池制造商之一，专注于新能源汽车动力电池系统、储能系统的研发、生产和销售，致力于为全球新能源应用提供一流的解决方案。公司在电池材料、电池系统、电池回收等产业链关键领域拥有核心技术优势及可持续研发能力，形成了全面、完善的生产服务体系。公司拥有国际一流的研发团队，设立了福建省院士专家工作站，拥有锂离子电池企业省级重点实验室、中国合格评定国家认可委员会（CNAS）认证的测试验证中心，参与了《电动客车安全技术条件》《电动汽车用锂离子动力蓄电池安全要求》《电力储能用锂离子电池》等多个国家、行业规范及标准的制定。公司承担了“十三五”国家重点研发计划新能源汽车专项项目和智能电网技术与装备专项项目、国家火炬计划产业化示范项目等国家级项目，为首批入选工信部《汽车动力蓄电池行业规范条件》目录的十家动力电池企业之一、《锂离子电池行业规范条件》目录的八家锂离子电池企业之一。公司曾获得中国化学与物理电源行业协会“中国动力和储能用锂离子电池前 10 强企业”、中国储能网“中国储能产业最具影响力企业”、工信部及财政部“2017 年国家技术创新示范企业”等多项荣誉。

公司 2023 年实现营业收入 4 009 亿元，同增 22%，归属于母公司股东的净利润 441 亿元，同增 44%，扣非净利润 401 亿元，同增 42%。东吴证券研究报告显示：在动力方面，宁德时代 2024 年全球份额稳定于 37%，国内份额维持在 45%～50%，海外份额升至 27%，随着神行、麒麟等新品开启放量，国内份额后续预计稳定。欧洲新车型 25H2 推出，宁德时代新定点份额达 40%以上，且海外产能加速建设，美国技术授权方 2026 年投产，全球份额有望提升至 40%。在储能方面，宁德时代 2024 年全球份额达 40%，美国地区份额达 50%，独供特斯拉的 Megapack（一款电池）。随着储能电池性能要求逐步提升，宁德时代凭借突出的安全性、全周期成本和售后优势，储能竞争力持续强化，远期市占率预计为 40%～50%。

思考题

（1）从 Wind 或者中国经济金融研究数据库（CSMAR）获取宁德时代 2021—2023 年的月度和周度收益率数据，以创业板指数为市场组合，计算宁德时代的 β 值。

（2）计算宁德时代 2021—2023 年每年的超额收益率。

(3) 计算宁德时代2021—2023年每年的夏普比率，并与创业板指数进行对比。宁德时代是不是一只好股票?

(4) 怎么理解“好公司”不一定是“好股票”?

课后习题

简答题

1. **CAPM** 简述CAPM的假设。

2. **资本市场线和证券市场线** 简述资本市场线和证券市场线的异同。

3. **APT** 简述APT和CAPM的异同。

计算题

1. **收益和风险** 投资者持有的股票组合信息如表7-3所示，请问该投资者的期望年收益率是多少?

表7-3 股票组合信息

股票	股票数量	年初价格	预期年末价格
A	100	50	60
B	200	35	40
C	50	25	50
D	100	100	110

2. **证券市场线** 假设市场组合的期望收益率为8%，无风险收益率为5%，证券A的贝塔系数为0.85，证券B的贝塔系数为1.20，请计算证券A和证券B的均衡期望收益率。

3. **有效前沿** 任选五只不同行业股票，基于最近1年的周度数据，构建该风险资产的有效前沿。

4. **多因子模型** 任选五只不同行业股票，从CSMAR下载中国版的三因子模型数据，并基于月度数据比较CAPM和三因子模型的解释力。

第8章
债券定价

章前引例

债券作为固定收益证券的代表，在金融市场中扮演着重要角色。相较于股票、期货、期权等金融产品，债券通常被视为具有较高安全性的金融资产。然而，自2014年以来，随着债券违约事件的频发，市场对债券风险的认识也在不断深化。2019—2020年，我国债券市场出现了多起违约事件，如康得新、西王集团和康美药业等发行的债券均未能按时兑付本息，引发了市场的高度关注。

进入2023年，债券市场的违约风险依然存在，特别是随着地方政府债务置换工作的逐步完成，部分地方政府债券的违约风险也引起了投资者的重视。党的二十大报告提出的加强和完善现代金融监管，强化金融稳定保障体系，为我们应对债券市场风险提供了重要指导。

本章将围绕债券基本要素、债券收益率以及债券估值等进行深入学习。通过对这些基础知识的掌握，投资者可以更加科学地评估债券投资的风险与收益，从而在保障资金安全的前提下实现资产的保值增值。为了合理规避投资债券的风险，我们需要深入理解债券的基本要素，认识到债券的市场价格与内在价值的差异。债券的市场价格受市场供求、投资者预期、市场利率等多种因素影响，而债券的内在价值则是基于未来现金流的折现值。

党的二十届三中全会提到的深化金融体制改革，健全服务实体经济的激励约束机制，也提示投资者在投资债券时不仅要关注金融产品的安全性和收益性，更要关注其对实体经济的支持作用，应优先考虑那些能够促进经济结构优化升级、推动可持续发展的债券产品，以实现经济效益与社会责任的双赢。

为贯彻落实党的二十大和党的二十届三中全会精神，投资者在面对债券市场的机遇与挑战时应增强风险意识，提高风险管理能力，同时积极支持实体经济发展，为推动经济高质量发展贡献力量。通过对债券市场的深入学习和理解，我们可以更好地把握投资机会，规避潜在风险，实现金融市场与实体经济的良性互动。

学习目标

- 了解债券的基本概念，了解债券的五大基本要素和种类。
- 了解绿色债券的基本概念、主要特征和分类。
- 了解债券收益率，理解到期收益率及其特征。
- 理解利率风险结构和利率期限结构。
- 掌握零息债券和付息债券的定价。
- 引导学生树立正确的投资观念，增强风险意识，提高风险管理能力。

在本章，我们将学习直接融资的途径之一：债券。债券是政府、金融机构以及企业的直接融资方式之一，在金融市场中起着举足轻重的作用。政府既可以通过发行债券缓解财政困难，又可以通过债券市场实施宏观经济政策；金融机构既可以通过发行债券直接融资满足资金需求，又可以通过债券市场合理调节资产负债结构，降低金融风险；企业既可以通过发行债券直接融资满足企业发展资金需求，又可以通过债券市场满足投资需求。

本章将在第 1 节简单论述债券的基本特征，了解债券的基本要素。在第 2 节，我们将介绍绿色债券。在第 3 节，我们将围绕影响债券价值的主要因素——利率展开讨论。我们将讨论债券的各种收益率、利率风险结构和利率期限结构等。在第 4 节我们将围绕债券的定价展开讨论，我们会利用金融产品定价的基本原理即未来现金流折现来给不同种类的债券定价。通过学习债券定价的基本原理，我们可以给不同的债券定价以及估值，从而优化投资决策，降低投资风险。

第 1 节　债券概述

8.1.1　固定收益证券

在学习债券的相关知识之前，我们先简单了解一下固定收益证券。

固定收益证券一般包括债券和优先股，但随着金融创新的发展，固定收益证券的种类越来越多，比如与债券相关的期货、期权、互换，以及住房抵押债券等结构化固定收益产品。本章将围绕债券展开讨论，优先股的相关知识将在第 9 章进一步学习。

> **知识讲解**
>
> 本视频节选自江西财经大学“公司金融”慕课，可登录慕课网站搜索查看完整视频。
>
> 债券与债券市场

与其他金融产品一样，固定收益证券同样具备收益性、风险性和流通性三大基本属性，但是与其他金融产品相比，固定收益证券的显著特点体现在“固定收益”上，即证券持有人可以按照契约在未来规定的时间内获得相对可预期的现金流。此处，“固定收益”并不是说未来收益完全固定，而是投资者在承担了风险之后，未来现金流具有“相对可预期性”。例如，与股票相比，债券的未来现金流可预期性要更高，因为债券契约规定了在未来某个时间点按照一定的面值偿付债券持有人，而股票则没有这样的契约；与公司债券相比，国债的未来现金流可预期性要更高，因为公司债券的违约风险要比国债高，违约风险越高，未来现金流的可预期性越低。我们可以通过图 8－1 来进一步理解固定收益证券。如图所示，“固定”主要是指现金流可预期性；“收益”主要是指投资者在承担了一定的风险后可获得的风险补偿；“证券”代表了市场流通性的基本属性。

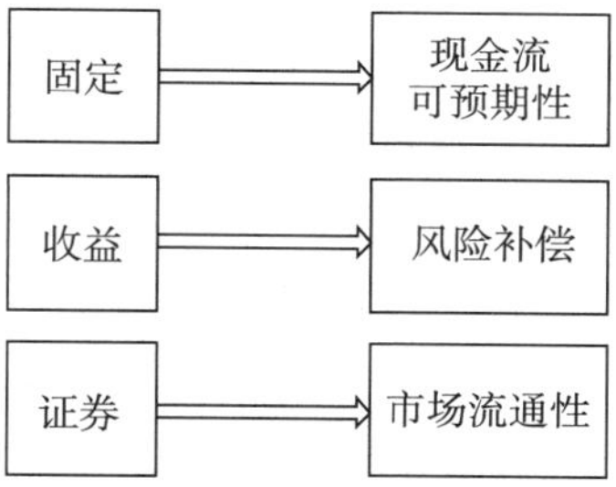

图 8－1 对固定收益证券的理解

固定收益证券市场是金融市场最重要的组成部分，也是反映一国金融市场成熟度的重要方面，对一个国家经济和金融的稳定与发展起着举足轻重的作用。

首先，固定收益证券市场有利于促进资本市场资源的有效分配，促进经济的高效发展。

从资金需求方的角度来看，固定收益证券市场的稳定发展为企业、金融机构以及政府提供了融资渠道。企业可以在固定收益证券市场上发行符合自身融资需求的债券来满足企业发展需求；金融机构，例如银行、养老基金等，可以通过发行金融债券来满足融资需求，合理调节自身的资产负债结构；政府可以依托自身的信用或者财政收入发行政府债券，缓解财政赤字问题。

从资金供给方的角度来看，相对于不确定性较大的权益证券市场而言，风险厌恶型投资者更加偏好未来现金流“相对确定”的固定收益证券市场。例如，商业银行的“短存长贷”特征使银行负债面临较大的利率风险和流动性风险，通过持有相应期限的固定收益证券，可以有效降低利率风险和流动性风险，提高银行资产负债管理效率。

其次，固定收益证券市场为宏观经济政策有效发挥作用提供场所。公开市场操作、法定存款准备金率和再贴现率是央行的三大货币政策工具。其中，国债的公开市场操作就是在固定收益证券市场实施的。例如，央行通过提高利率遏制经济过热的情况，央行通过卖出手中持有的国债，收紧市场上过多的流动性，降低投资活动的热度。

最后，固定收益证券市场的存在和发展可以促进利率市场化机制的形成。利率市场化机制基于完备的市场无风险利率，即市场化的基准利率体系。一般情况下，我们将国债收益率看作无风险利率，其他债券的收益率可以在同期国债收益率的基础上添加相应的风险溢价，例如流动性补偿溢价、信用违约溢价等。我们将相同风险（例如，流动性风险、信用风险、税率状况等）下，不同期限的零息债券的到期收益率构成的到期收益率曲线称为“利率期限结构”①，它为金融市场参与者确定自己的存贷款利率提供了参考标准，为金融市场的利率市场化机制的形成提供了依据。

8.1.2 债券基本特征

债券作为固定收益证券的典型代表，是资金需求方为了筹集资金向资金供给方出具并按照契约条款约定的利率支付利息以及到期偿还本金的债务凭证。接下来，我们将简单地介绍债券的契约条款、基本要素和主要种类。

债券契约是债券发行人和代表债券持有人利益的债券托管人之间签订的具有法律效力的协议。债券契约详细写明债券发行事宜、发行人义务和投资者权益，主要包括还款、赎回、担保、偿债基金、流动资金比例限制等条款内容，多由发行人拟定。为了保护债券投资者的权益，债券契约条款一般有正面条款和负面条款。正面条款是指债务人承诺必须做的事项，比如债务人要按时还本付息，保证一定的财务比率等；负面条款是禁止债务人的某些行为以保障债券投资者的权益，比如限制债务人售卖资产，限制额外的贷款，限制财务比率使之不得超过或者低于某个阈值，等等。

债券的基本要素包括发行人、面值、票息率、发行期限和附加条款。根据债券的基本要素，我们可以将债券划分成不同种类。债券多种多样，这里我们只根据债券的基本要素对债券种类进行概述。

（1）发行人。主要为通过发行债券筹措资金的企业、金融机构或政府。根据发行人的不同，我们可以将债券分为公司债券、企业债券、金融债券和政府债券。

公司债券是由公司发行并承诺在一定时期内还本付息的债务凭证。公司债券的主要特点是“高风险、高收益”。与政府债券、金融债券和企业债券相比，公司债券的高风险性主要体现为较高的信用风险、流动性风险和公司经营管理风险等。同时，相对于股东，公司债券的持有人拥有优先收益权，以及在公司破产清算时拥有优先索偿权。

企业债券一般是由中央政府部门所属机构、国有独资企业或国有控股企业发行并承诺在一定时期内还本付息的债务凭证。在西方国家，由于只有股份公司才能发行企业债券，所以企业债券即公司债券。在中国，企业债券泛指各种所有制企业发行的债券。按债券有无担保划分，企业债券可分为信用债券和担保债券。信用债券是指仅凭筹资人的信用发行的、没有担保的债券，信用债券只适用于信用等级高的债券发行人。担保债券是指以抵押、质押、保证等方式发行的债券，其中抵押债券是指以不动产作为担保品所发行的债券，质押债券是指以有价证券作为担保品所发行的债券，保证债券是指由第三者担保偿还本息的债券。

金融债券是由银行或非银行金融机构发行的债券。在英、美等西方国家，金融机构发行的债券被归入公司债券。在中国及日本等国家，金融机构发行的债券称为金融债券。

① 利率期限结构是衡量债券到期收益率与到期期限之间关系的一条曲线。我们将在后面的章节具体学习该概念。

金融机构通过发行金融债券优化资产负债管理，提高运营效率。相比公司债券，金融债券的风险和收益水平都较低。

政府债券是政府为筹集资金而向出资者出具并承诺在一定时期内支付利息和偿还本金的债务凭证，具体包括国家债券（即中央政府债券，简称“国债”）、地方政府债券等。政府债券具有两大显著特点：第一，“低风险、低收益”。政府债券的发行一般是以国家信用或者财政收入为支持，所以信用风险很低，同时国债还被用作公开市场操作的工具，因为国债具有相对高的流动性，特别是短期国债或者新发行的国债。第二，政府债券具有免税待遇。大多数国家政府发行的债券不需要缴纳收入所得税，即利息所得税。在我国，国债交易时既不需要缴纳利息所得税，也不需要缴纳资本利得税。

（2）面值。包括两个基本内容：一是币种；二是票面金额。币种可以是本币，也可以是外币，取决于发行人的需要和债券的种类；票面金额代表着发行人借入并承诺于未来某一特定日期偿付给债券持有人的金额。根据币种和发行地，债券可以划分为以下三种：国内债券、外国债券和欧洲债券。我们一般将外国债券和欧洲债券统称为国际债券。国内债券是指在本国发行的、以本币为面值货币的债券，即A国发行主体在A国发行的、以A国货币为面值货币的债券。外国债券是指一个国家的发行主体在另一个国家发行的、以发行国货币为面值货币的债券，即A国发行主体在B国发行的、以B国货币为面值货币的债券，常见的外国债券有熊猫债券、扬基债券、武士债券、猛犬债券、斗牛士债券以及伦勃朗债券等。熊猫债券是指境外债券发行主体在中国发行的、以人民币计价的债券。欧洲债券是指一国政府、金融机构和工商企业在国际市场上以可自由兑换的第三国货币标值并还本付息的债券，其面值货币并非发行国货币。欧洲债券受到广大投资者和发行人的偏爱，主要是因为欧洲债券市场是一个完全自由的市场，债券发行较为自由灵活，既不需要向任何监管机关登记注册，又无利率管制和发行数额限制，还可以选择多种计值货币。

（3）票息率。票息率即债券的票面利率，是债券发行时承诺的按期支付的利率。一般债券根据是否付息可分为零息债券和付息债券。付息债券根据付息频率可以分为多种类型，比如半年付息债券、一年付息债券等。美国债券一般为半年付息。我国债券既有一年付息的，也有半年付息或采用其他付息频率的。例如，资产支持证券等结构化固定收益产品一般为每月付息。票息额的计算可以参照式（8－1）。

$$\text{票息额}=\text{面值}\times\text{票息率}\div\text{付息频率} \tag{8-1}$$

在债券估值过程中，根据票息率和到期收益率的不同，债券按发行价格与面值的关系可分为平价债券、溢价债券、折价债券。平价债券是指以面值发售的债券，票息率等于到期收益率；溢价债券是指高于面值发售的债券，票息率大于到期收益率；折价债券是指低于面值发售的债券，票息率小于到期收益率。

此外，根据票息率是否固定，付息债券可以分为固定利率债券和浮动利率债券。固定利率债券是指发行时规定票面利率并且在偿还期内不再变动的债券，又被称为“普通债券”。浮动利率债券是指发行时规定债券利率随市场利率定期浮动的债券，即票息率通常根据市场基准利率加上一定的利差来确定。基准利率一般为1年期国债利率等。利差的大小取决于债券本身的流动性风险和违约风险。当然，根据票息率的不同，债券还可以划分成其他种类，这里我们不再一一列举。式（8－2）为浮动利率债券的票息率的计算公式：

$$票息率=基准利率+利差 \tag{8-2}$$

（4）发行期限。即在债券发行时就确定的偿还本金的年限，债券发行人到期必须向债券持有人偿还本金。按照发行期限的长短，债券可分为短期债券、中期债券和长期债券。短期债券是指发行期限在 1 年及以内的债券；中期债券是指发行期限在 1 年以上、10 年以下的债券；长期债券是指发行期限在 10 年及以上的债券。一般而言，债券的发行期限越长，利率风险和流动性风险越大，投资者要求的收益率越高。在债券估值过程中，发行期限是重要的影响因素之一。

（5）附加条款。随着固定收益证券市场的发展，在债券契约条款设计中引入了附加条款，主要是指或有条款，即内嵌期权。引入内嵌期权赋予了发行人或者持有人一定的权利而非义务。含有内嵌期权的债券有很多种，在这里我们主要围绕三种含有内嵌期权的债券——可赎回债券、可回售债券和可转换债券——来展开讨论。

可赎回债券是指债券发行时在债券契约条款中约定在未来发生特定情况时，发行人可以按照约定的价格提前赎回债券的全部面值或者一部分面值的债券。可赎回债券对债券发行人有利，对债券投资者不利，因为它对债券价格的变动设置了一个上限，即在利率下降时，债券的价格上升，在利率降到一定水平时，债券发行人可以以更低的成本融资，选择按照约定的赎回价格提前赎回债券，再按更低的利率重新融资。这将使债券投资者的收益因利率下降而减少。

可回售债券是指赋予投资者以事先约定的价格将债券提前回售给发行人的权利的债券。可回售债券对债券投资者有利，对债券发行人不利，因为它对债券价格的变动设置了一个下限，即在利率上升、债券价格下降的时候，投资者有权根据约定的价格出售债券，这将限制投资者因为利率上升而遭受的损失。

可转换债券是指债券持有人可以按照发行时约定的价格将债券转换成公司的普通股的债券。可转换债券兼具债券和股票的性质。如果债券持有人不想转换，则可以继续持有债券，直到偿还期满时收取本金和利息，或者在流通市场上出售变现。如果债券持有人看好发债公司股票的增值潜力，在宽限期之后可以行使转换权，按照预定转换价格将债券转换成股票，发债公司不得拒绝。可转换债券的这种性质受到债券发行人和债券投资者的青睐，该类债券的利率一般低于普通债券的利率，企业发行可转换债券可以降低筹资成本。可转换债券持有人还享有在一定条件下将债券回售给发行人的权利，发行人在一定条件下拥有强制赎回债券的权利。

第 2 节　绿色债券

8.2.1　绿色债券的定义与特征

绿色债券是一种特定的债务工具，作为资本市场中的创新金融工具，旨在为具有环境效益的项目提供资金。这类债券的发行所得资金专门用于资助那些能够产生积极的环境影响的项目，如可再生能源、能源效率、清洁交通、水资源管理、生物多样性保护和气候变化适应等方面的项目。它们不仅具有传统债券的一般属性，如固定收益、到期还本等，更具有独特的环境效益目标。绿色债券的发行须遵循严格的项目筛选和资金使用标准，确保所筹集资金专门用于具有正面环境影响的项目。

绿色债券的发行主体可以是政府、金融机构、企业或国际组织。这些债券通常需要满足以下几个核心特征：

资金专用性：所筹集资金必须专门用于资助绿色项目，这些项目应有助于减少环境污染、应对气候变化、保护生物多样性或促进资源的可持续利用。

项目筛选标准：绿色项目需根据国际或国内认可的绿色金融标准进行筛选，如《绿色债券原则》(Green Bond Principles，GBP) 等。

透明度与披露：发行主体需对外披露绿色债券的资金使用情况、预期环境效益等信息，确保投资者和公众能够了解资金的具体流向和项目的环境影响。

第三方评估与认证：为增强市场信任，绿色债券发行往往需要经过第三方专业机构的评估和认证，证明其符合绿色金融的相关标准。

市场监管：绿色债券的发行和交易应遵守相关市场监管规则，确保市场的公平性和透明度。

绿色债券的发行不仅为环保项目提供了资金来源，也为投资者提供了参与环境保护、实现社会责任投资目标的机会。

8.2.2　绿色债券的起源与发展

绿色债券的起源可以追溯到 2007 年，当时欧洲投资银行 (EIB) 发行了全球首只绿色债券，标志着绿色金融产品的正式诞生。该债券的发行目的在于为气候变化相关项目提供资金支持，其成功发行为后续绿色债券的发展奠定了基础。

随着全球对气候变化和可持续发展问题的关注加深，绿色债券市场迅速发展。2013 年，全球绿色债券的发行量首次突破了 100 亿美元的大关。此后，绿色债券市场规模逐年扩大，成为全球资本市场的重要组成部分。2015 年 9 月，中共中央、国务院印发了《生态文明体制改革总体方案》，首次明确了建立绿色金融体系的顶层设计，并将发展绿色债券市场作为其中的一项重要内容，这标志着我国绿色债券发展的顶层设计初步建立，为后续政策制定和市场发展奠定了坚实的基础。2015 年 12 月，中国人民银行和国家发展改革委相继发布了《绿色债券支持项目目录（2015 年版）》和《绿色债券发行指引》。这两份文件明确了绿色债券支持的项目范围，为中国绿色债券市场提供了清晰的政策指导和可操作的框架。2016 年，我国发行了首只绿色债券，此后我国绿色债券市场迅速崛起，成为全球资本市场中不可忽视的力量。市场的发展不仅吸引了众多国内外投资者，而且促进了绿色债券界定标准的逐渐统一和支持范围的持续优化。

为了更好地规范国内绿色债券市场，引导更多资金流向绿色产业和项目，进而助力实现国家的碳达峰、碳中和目标，2021 年 4 月，中国人民银行、国家发展改革委、中国证监会联合发布了《绿色债券支持项目目录（2021 年版）》。新版目录在继承和借鉴 2015 年版的基础上进一步细化和完善了绿色项目分类，将绿色项目分为节能环保产业、清洁生产产业、清洁能源产业、生态环境产业、基础设施绿色升级、绿色服务等 6 大领域，更全面地覆盖了绿色发展的关键领域。

经过多年的实践发展，我国绿色债券的发行规模在全球排名首位，这一成就体现了我国在推动绿色金融和可持续发展方面的坚定决心与实际行动。

具体来看，2021 年和 2022 年，我国境内外绿色债券的新增发行规模分别达到了 7 532.1 亿元和 9 839 亿元，同比分别增长了 170.3%和 30.6%。这一连续两年的显著增长，不仅展示了市场的巨大潜力，也反映出投资者对绿色债券的高度认可和需求。这两年的合计发行规模占 2016—2022 年我国绿色债券累计新增发行规模的 55%，呈现出强劲的增长势头。

在全球市场上，我国绿色债券的发行规模超越了美国和德国。2022 年，占据了全球绿色债券市场的 17.5%，巩固了我国在全球绿色金融市场中的领导地位。2023 年，我国国内市场共发行绿色债券 475 只，发行规模达到 8 359.91 亿元。虽然发行规模与前一年相比略有 4.29%的减小，但依旧保持着较高水平，这一数据充分展现了我国绿色债券市场的稳定性和市场参与的持续热情。

2021 年 11 月 4 日，中国人民银行与欧盟委员会相关部门联合牵头，成功推出了《可持续金融共同分类目录——减缓气候变化》（简称《共同分类目录》）。这一重要文件的发布，标志着中欧在推动绿色金融发展方面迈出了坚实的步伐，展现了双方在促进环境可持续发展方面的共同承诺。《共同分类目录》的推出，旨在统一和协调中欧两大经济体在可持续金融领域的分类标准，为绿色金融项目提供一个清晰的界定框架。通过这一目录，不同市场间的绿色金融标准得到了加强，显著提高了标准的可比性、兼容性和一致性，增强了我国绿色债券市场的吸引力，而且提升了我国在全球绿色金融市场中的影响力和竞争力。

通过这一系列政策的制定和实施，中国绿色债券市场的发展得到了强有力的推动。政策的连续性和前瞻性为市场参与者提供了明确的方向和预期，为绿色金融的发展营造了良好的环境。随着绿色债券市场的不断成熟和国际化，其在支持国家绿色发展战略、推动经济转型和实现可持续发展目标中的作用将日益凸显。

8.2.3 绿色债券与传统债券的比较

1. 绿色债券与传统债券的相同点

绿色债券作为一种创新的金融工具，与传统债券在某些基本特性上具有相似之处。这些相同点为投资者和发行人提供了熟悉的操作框架和市场机制。

（1）法律结构。

绿色债券与传统债券一样，都是在法律框架下发行的债务工具。它们都涉及发行人（债务人）和投资者（债权人）之间的债权债务关系，并受到相应法律法规的约束和保护。

（2）收益特性。

绿色债券和传统债券都为投资者提供固定或浮动的利息收益。投资者购买债券后，可以按照约定的利率定期获得利息收益，并在债券到期时获得本金偿还。

（3）风险特性。

绿色债券和传统债券的风险特性相似，通常包括信用风险、利率风险和流动性风险等。投资者在评估投资决策时，会考虑这些因素来决定其投资组合的配置。

（4）市场运作。

绿色债券和传统债券都在金融市场中进行交易，遵循市场供求规律。它们可以通过证券交易所或银行间市场进行买卖，具有相似的交易机制和流程。

（5）监管要求。

绿色债券和传统债券在发行和交易过程中都需要遵守相关的市场监管规则。发行人需要满足信息披露要求，确保投资者能够获得充分的决策信息。

2. 绿色债券与传统债券的不同点

尽管绿色债券与传统债券在某些方面具有相似性，但它们在以下一些方面存在显著差异。

（1）资金用途。

绿色债券：资金必须专门用于资助具有环境效益的项目，如可再生能源、节能减排、清洁交通等方面的项目。这些项目应符合特定的绿色标准。

传统债券：资金用途相对灵活，主要用于企业运营、扩张、并购或偿还债务等，不限于特定的项目类型。

（2）项目评估与认证。

绿色债券：发行前需要进行项目评估和认证，确保项目符合绿色债券的标准。这通常涉及第三方机构的评估和认证。

传统债券：不需要进行项目评估和认证，主要关注发行人的信用状况和财务健康状况。

（3）信息披露。

绿色债券：发行人需要披露项目的环境效益和资金使用情况，提高透明度，增强投资者信心。

传统债券：主要披露发行人的财务状况和经营业绩，对资金具体用途的披露要求较低。

（4）市场定位。

绿色债券：市场定位为支持可持续发展和环境保护，吸引具有社会责任意识的投资者。

传统债券：市场定位更广泛，主要吸引追求固定收益的投资者，不特别强调环境效益。

（5）监管政策。

绿色债券：受到更为严格的监管政策的监管，如《绿色债券支持项目目录（2021 年版）》和《绿色债券发行指引》，确保资金用途的合规性。

传统债券：监管政策相对宽松，主要关注发行人的信用风险和市场稳定性。

（6）投资者群体。

绿色债券：吸引了包括社会责任投资者、环境基金和国际组织在内的特定投资者群体。

传统债券：投资者群体更为广泛，包括个人投资者、机构投资者和主权财富基金等。

（7）市场影响。

绿色债券：通过资助绿色项目，对环境和社会产生积极影响，推动经济的绿色转型。

传统债券：主要影响发行人的融资成本和市场信誉，对环境和社会的直接影响较小。

绿色债券与传统债券在法律结构、收益特性、风险特性、市场运作、监管要求等方面具有相似之处，但在资金用途、项目评估与认证、信息披露、市场定位、监管政策、投资者群体、市场影响等方面存在显著差异。了解这些差异对投资者和发行人进行金融决策具有重要意义。随着全球对可持续发展目标的关注不断增加，绿色债券市场有望继续扩大，并在全球资本市场中发挥更大的作用。

8.2.4 绿色债券的分类

绿色债券作为资本市场支持环境可持续发展的重要工具，根据不同的标准和特征，可以进行多种分类。了解这些分类有助于投资者、发行人以及监管机构更好地认识和运用绿色债券。

1. 根据发行主体分类

（1）政府绿色债券：由国家或地方政府发行，用于资助公共环境项目，如清洁能源、公共交通系统等方面的项目。例如：中国财政部发行的绿色国债，用于支持国家绿色发展基金。

（2）企业绿色债券：由企业发行，用于资助企业的环保项目或可持续发展目标。例如：中国长江三峡集团发行的绿色企业债券，用于支持水电项目。

（3）金融机构绿色债券：由银行或其他金融机构发行，用于提供绿色信贷或投资绿色项目。例如：中国工商银行发行的绿色金融债券，用于支持绿色建筑和节能项目。

2. 根据债券属性分类

（1）固定利率绿色债券：提供固定利息收益，常见于长期投资。例如：法国开发署发行的固定利率绿色债券，用于资助非洲的可再生能源项目。

（2）浮动利率绿色债券：利息收益与市场利率挂钩，适应市场变化。例如：某些银行发行的与基准利率挂钩的浮动利率绿色债券。

3. 根据地域分类

（1）国内绿色债券：在发行主体所在国发行和交易。例如：中国农业银行在国内银行间市场发行的绿色债券。

（2）国际绿色债券：在国际资本市场发行，面向全球投资者。例如：欧洲投资银行在国际资本市场发行的绿色债券，用于资助全球范围内的环保项目。

4. 根据项目类型分类

（1）可再生能源债券：专门用于资助太阳能、风能等可再生能源项目。例如：西班牙政府发行的绿色债券，用于支持国内的风电和太阳能发电项目。

（2）节能减排债券：用于资助提高能效、减少温室气体排放的项目。例如：中国节能皓信环境顾问集团发行的绿色债券，用于支持节能减排项目。

（3）绿色交通债券：用于资助公共交通、电动汽车充电站等绿色交通项目。例如：德国铁路股份公司发行的绿色债券，用于升级铁路系统，提高能效。

（4）绿色建筑债券：用于资助绿色建筑和建筑节能改造项目。例如：中国金茂发行的绿色债券，用于支持绿色建筑项目。

绿色债券的分类有助于市场参与者更好地理解债券的资金用途和环境目标，从而做出更明智的投资决策。同时，分类也有助于监管机构制定有针对性的政策和监管措施，促进绿色债券市场的健康发展。

8.2.5 绿色债券面临的挑战与机遇

1. 绿色债券面临的挑战

绿色债券作为资本市场支持环境可持续发展的重要工具，虽然具有巨大的潜力，但在发展过程中也面临着一些挑战。

（1）标准和定义的不一致性。不同国家和地区对绿色债券的定义和标准存在差异。例如《绿色债券原则》和《共同分类目录》等，这可能导致市场参与者对绿色债券的理解和认可度不一致。

（2）第三方评估和认证的复杂性。绿色债券通常需要第三方评估和认证来确保其符合绿色标准，这一过程可能较为复杂和昂贵，增加了发行成本。

（3）监管框架的不确定性。绿色债券的监管框架在一些国家和地区尚未完全建立或不够明确，这可能影响市场的稳定性和可预测性。

（4）环境效益的量化和评估难度大。绿色债券资助的项目需要明确其环境效益，但这些效益的量化和评估可能存在难度。例如，生物多样性保护项目的环境效益难以用具体数字来衡量。

2. 绿色债券面临的机遇

（1）尽管绿色债券面临上述挑战，但发展机遇同样显著。在全球范围内对可持续发展目标（SDGs）日益重视的背景下，绿色债券作为实现这些目标的关键金融工具，其市场需求呈现出持续增长的趋势。为了推动绿色债券市场的发展，许多国家出台了包括税收优惠、补贴、政府担保等在内的政策措施。例如中国政府为鼓励绿色债券的发行，提供了税收减免和优先审批等政策支持，这些政策极大地激发了市场参与者的积极性。

（2）社会责任投资（SRI）和环境、社会与治理（ESG）投资理念的普及，进一步扩大了对绿色债券的需求。投资者越来越倾向于将资金投向不仅带来财务收益，同时也促进环境和社会可持续发展的项目。金融科技的进步，特别是区块链技术的应用，为绿色债券的发行、交易和监管提供了创新工具和方法，提高了市场的透明度和资金追踪的效率，从而降低了交易成本，提高了市场的整体运作效率。

（3）绿色债券的多样性为市场提供了丰富的投资选择，它们可以资助包括可再生能源、节能减排、清洁交通等在内的多种绿色项目。例如，法国通过发行绿色债券资助了太阳能、风能和生物质能等多样化的可再生能源项目，这不仅促进了能源结构的优化，也为投资者提供了多元化的投资机会。随着市场的不断发展，风险管理工具和评估方法也在不断完善，使得投资者能够更准确地理解和管理绿色债券的风险，从而增强了市场的信心和稳定性。这些因素共同作用，为绿色债券市场的长期健康发展奠定了坚实的基础。

绿色债券作为一种创新的金融工具，在推动经济可持续发展方面发挥着重要作用。面对挑战，需要发行主体、投资者、监管机构和市场参与者共同努力，加强标准制定、提高透明度、增强市场认知度和投资者教育。同时，把握发展机遇，利用政策支持、投资者需求增长和技术创新等有利条件，推动绿色债券市场的健康发展。

第 3 节　利率概述

金融资产定价的基本理念是未来现金流折现，有两大核心要素：未来现金流和折现率。作为金融资产主要代表的债券的定价当然也离不开这两大核心要素。一般而言，未来现金流是相对确定的，但是得到合理的折现率相对复杂，所以债券定价的重中之重就是确定合理的折现率。在这一节我们将围绕债券收益率和利率展开讨论。我们首先学习债券的收益率，特别是到期收益率；然后学习关于利率的两大基本结构——利率风险结构和利率期限结构。利率风险结构是指不同风险水平的债券所要求的利率差异，简单来说它描述了利率如何根据借款人或债务工具的信用风险而变化。例如，同一期限的国债和公司债券，由于政府的信用等级高于公司，因此国债的利率通常低于公司债券。利率期限结构是指不同期限的债券在同一时间点所具有的不同利率水平。收益率曲线（yield curve）显示了

知识讲解

本视频节选自江西财经大学“公司金融”慕课，可登录慕课网站搜索查看完整视频。

利率

从短期到长期债券利率的变化趋势，是利率期限结构的图形化表现。例如，通常债券的期限越长，利率也越高，但这种关系可以随着经济状况和市场预期的变化而改变。

8.3.1 债券收益率

衡量债券收益率的方法和指标多种多样，我们可以把债券投资收益大致分成三大部分：票息收入、资本利得收入和票息再投资收入。票息收入是指持有债券期间收到的利息收入，即票息率与债券面值的乘积；资本利得收入是指在债券到期之前售出价格与买入价格之差；票息再投资收入是指收到票息后以一定的利率（再投资利率）进行再投资所获得的收入，再投资利率越高，票息再投资收入就越高。常见的债券收益率的衡量指标主要有持有期收益率、名义收益率、当期收益率、到期收益率等。

1. 持有期收益率

持有期收益率（holding period return）是债券持有人持有债券期间获得的总收益率。如果债券持有人持有至到期，则持有期收益率又被称为到期收益率。付息债券可以按照持有期间是否有现金流分为到期一次性还本付息债券和按期支付利息债券。持有期收益率的计算方法通常是使债券持有人出售债券时所得金额的现值等于买入价格。

（1）到期一次性还本付息债券：债券持有期间没有利息收入，到期日一次性还本付息。式（8-3）为到期一次性还本付息债券的持有期收益率计算公式。

$$P\times(1+R)^T=F+C\times T\Rightarrow R=\sqrt[T]{\frac{F+C\times T}{P}}-1 \tag{8-3}$$

其中，P 是买入价格，F 是售出价格，C 是票息收入，T 是债券持有期限（年），R 是持有期（年化）收益率。

（2）按期支付利息债券：债券持有期间有票息收入，假设每年付息一次。式（8-4）为按期支付利息债券的持有期收益率计算公式。

$$P=\sum_{t=1}^{T}\frac{C}{(1+R)^t}+\frac{F}{(1+R)^T} \tag{8-4}$$

其中，P 是买入价格，F 是售出价格，C 是票息收入，T 是债券持有期限（年），R 是持有期（年化）收益率。

2. 名义收益率

名义收益率（coupon yield），又称票面利率，是指年化票息率，即年利息收入与债券面值的比率。一般付息债券的票息支付频率为一年两次，则期间票息率为名义收益率/2。因此，我们要区分名义收益率与期间票息率。式（8-5）为名义收益率的计算公式。

$$\text{名义收益率}=\text{年利息收入}\div\text{债券面值} \tag{8-5}$$

3. 当期收益率

当期收益率（current yield）又被称为当前收益率，是指债券的年利息收入与债券买入价格的比率。当期收益率与名义收益率的区别在于，名义收益率是年利息收入与债券面值的比率，而当期收益率是年利息收入与债券买入价格的比率。式（8-6）为当期收益率的计算公式。

$$当期收益率=年利息收入\div债券买入价格 \tag{8-6}$$

4. 到期收益率

到期收益率（yield to maturity，YTM）是指投资者持有至到期所能获得的年化复合收益率，该收益率是应用最为广泛的债券收益率，一般情况下我们提到的债券收益率就是指到期收益率。该收益率的实现要满足三大假设：债券到期之前不能违约；债券持有期间的再投资收益率等于到期收益率；投资者要持有至到期。这三个假设是到期收益率区别于其他债券收益率的主要标准。

常见问题

债券到期收益率

YTM 在实务中是不能直接获得的，它是在满足了三个假设后获得的理论上的收益率。三个假设中缺少一个就会导致 YTM 不成立。例如，债券在到期之前发生违约，那么 YTM 就不成立；债券买入后没有持有至到期，那么 YTM 就不成立；债券买入后，市场利率发生了变化，即债券的再投资收益率不等于 YTM，那么 YTM 就不成立。

零息债券的到期收益率就是即期利率，我们可以通过式（8-7）来清楚了解。

$$P_0 \times (1+y)^T = \text{Par} \Rightarrow y = \sqrt[T]{\frac{\text{Par}}{P_0}} - 1 \tag{8-7}$$

其中，y 是债券到期收益率，Par 是债券面值，P_0是债券在 0 时刻的买入价格，T 是到期期限。这里的 y 与我们之前计算的持有期收益率相似，区别在于 y 要满足三大假设，而持有期收益率不一定要满足三大假设。

付息债券的到期收益率是使未来现金流的折现值与 0 时刻债券买入价格相等的折现率。计算公式如式（8-8）所示。

$$P_0 = \frac{c}{1+y} + \frac{c}{(1+y)^2} + \cdots + \frac{c+\text{Par}}{(1+y)^T} \tag{8-8}$$

其中，y 是债券到期收益率，c 是每期票息收入，Par 是债券面值，P_0是债券在 0 时刻的买入价格，T 是到期期限。注意当到期期限很长时，y 的计算变得很复杂，这时候我们一般借助计算机或者金融计算器。利用金融计算器计算债券到期收益率的理念是已知债券的现值、面值、到期期限和付息频率，倒推得到债券到期收益率。下面我们举一个利用金融计算器来计算到期收益率的例子。

【例 8-1】 某公司于 2018 年发行了面值为 1 000 元、期限为 3 年的债券，票息率为 6%，每年付息一次，发行价格为 980 元。该债券的到期收益率为多少？

利用金融计算器计算得到该债券的到期收益率为 6.76%。

$$PV=-980,\ FV=1\,000,\ N=3,\ PMT=0.06\times 1\,000=60$$

$$\Rightarrow \text{按键 CPT}\Rightarrow \frac{I}{Y}=6.76\%$$

其中，PV 是债券在 0 时刻买入的价格，即现值，现值的负号代表现金流的流向，投资者购买债券，意味着现金流的流出；FV 是面值；N 是发生现金流的总期数；PMT 是债券持有期间每期的现金流流入；CPT 是金融计算器的计算功能按键；I/Y 是债券的到期收益率。值得注意的是，这里的 I/Y 指的是期间收益率，PMT 是期间现金流流入。例 8－2 展示了一年付息频率的改变导致的到期收益率的改变。

【例 8－2】　某公司于 2018 年发行了面值为 1 000 元、期限为 3 年的债券，票息率为 6%，每年付息两次，发行价格为 980 元。该债券的到期收益率为多少？

$$PV=-980,FV=1\,000,N=2\times 3=6,PMT=0.03\times 1\,000=30$$

$$\Rightarrow \text{按键 CPT}\Rightarrow \frac{I}{Y}=3.37\%$$

$$\Rightarrow y=2\times 3.37\%\approx 6.74\%$$

8.3.2　利率风险结构

利率风险结构侧重于债券的信用风险，反映了市场对不同发行人信用状况的评估。金融市场的风险可以分为系统性风险和非系统性风险。系统性风险包括利率风险、通货膨胀风险、汇率风险、流动性风险等，系统性风险是不能通过资产合理配置降低并消除的；非系统性风险主要包括违约风险、操作风险等，一般我们可以通过合理的资产配置与管理来降低或者消除非系统性风险。这里我们以相同到期期限的债券为例，分析影响债券到期收益率的三个主要因素：违约风险、流动性风险和税收因素。

（一）违约风险

拓展阅读

城投"刚兑神话"料难延续

违约风险也被称为信用风险，是导致债券收益率不同的主要因素之一，是指债券发行人不能按照债券契约规定按期支付利息和偿还本金的风险。在美国，一般认为美国国债的违约风险为零，因为美国政府可以通过发行货币支付债券的利息并偿还本金。但是政府债券又分为中央政府债券和地方政府债券，地方政府债券通常存在一定的违约风险。例如，在 1837—1843 年，美国州政府和州以下地方政府违约债务的规模是 1.25 亿美元，违约占比高达 51%。在我国，我们同样认为国债是没有违约风险的，但是地方政府债券存在一定的违约风险。特别是 2013 年以后，我国的一些地方政府债券由于地方财政收入不足，持续面临违约风险。

与政府债券相比，金融债券的违约风险相对较高，企业债券的违约风险最高。违约风险越高，意味着要给投资者的风险补偿越高，投资者对债券的收益要求也越高。通常，我们将由违约风险导致的债券收益率之差称为违约风险溢价。一般来说，违约风险越高，违约风险溢价越大，投资者所要求的到期收益率越高。一般来说，在相同的债券到期期限下，企业债券的违约风险溢价最大，其次是金融债券，政府债券的违约风险溢价为零。考虑到违约风险对债券到期收益率的影响，对债券违约风险的衡量，即信用评级，至关重要。信用评级一方面可以方便投资者进行债券投资决策，另一方面可以减少信誉高的发行人的筹资成本。一般来说，资信等级越高的债券，越容易得到投资者的信任，能够以较低的利率出售；而资信等级越低的债券，风险越大，只能以较高的利率发行。

国际上的三大信用评级机构为标准普尔、惠誉和穆迪。一般我们将债券按照信用等级划分为投资级、投机级和高度投机级，详情参见表 8-1。在我国，债券信用评级的监管框架经历了调整。2003 年中国保监会发布的《保险公司投资企业债券管理暂行办法》最初仅认可中诚信国际、大公国际 2 家评级机构的 AA 级以上评级。然而，近年来因评级虚高问题，监管机构加强了对评级机构的合规检查，并推动行业洗牌。中国证监会在《公司债券发行与交易管理办法（2021 修订）》中明确取消债券发行的强制评级要求，市场逐步转向内部评估与多元评级体系。当前，投资者更倾向于结合外部评级与市场隐含评级（如中债评级）进行决策，以应对信用风险。

表 8-1　国际三大信用评级机构评级类别

<table>
<tr><th>标准普尔</th><th>惠誉</th><th>穆迪</th><th>信用等级说明</th></tr>
<tr><td colspan="4">投资级——高信用债券</td></tr>
<tr><td>AAA</td><td>AAA</td><td>Aaa</td><td>金边债券，最安全</td></tr>
<tr><td>AA+</td><td>AA+</td><td>Aa1</td><td rowspan="3">高级别，信用好</td></tr>
<tr><td>AA</td><td>AA</td><td>Aa2</td></tr>
<tr><td>AA−</td><td>AA−</td><td>Aa3</td></tr>
<tr><td>A+</td><td>A+</td><td>A1</td><td rowspan="3">中高级别</td></tr>
<tr><td>A</td><td>A</td><td>A2</td></tr>
<tr><td>A−</td><td>A−</td><td>A3</td></tr>
<tr><td>BBB+</td><td>BBB+</td><td>Baa1</td><td rowspan="3">中下级别</td></tr>
<tr><td>BBB</td><td>BBB</td><td>Baa2</td></tr>
<tr><td>BBB−</td><td>BBB−</td><td>Baa3</td></tr>
<tr><td colspan="4">投机级——低信用债券</td></tr>
<tr><td>BB+</td><td>BB+</td><td>Ba1</td><td rowspan="3">低级别</td></tr>
<tr><td>BB</td><td>BB</td><td>Ba2</td></tr>
<tr><td>BB−</td><td>BB−</td><td>Ba3</td></tr>
<tr><td rowspan="3">B</td><td>B+</td><td>B1</td><td rowspan="3">投机性强</td></tr>
<tr><td>B</td><td>B2</td></tr>
<tr><td>B−</td><td>B3</td></tr>
</table>

续表

<table>
<tr><th>标准普尔</th><th>惠誉</th><th>穆迪</th><th>信用等级说明</th></tr>
<tr><td colspan="4">高度投机级——高风险，处于违约边缘</td></tr>
<tr><td>CCC+</td><td>CCC+</td><td>Caa</td><td rowspan="4">违约风险大</td></tr>
<tr><td>CCC</td><td>CCC</td><td>Ca</td></tr>
<tr><td>CC</td><td>CC</td><td>C</td></tr>
<tr><td>C</td><td>C</td><td></td></tr>
<tr><td>CI</td><td></td><td></td><td>收益性债券：
不支付利息</td></tr>
<tr><td rowspan="3">D</td><td>DDD</td><td></td><td rowspan="3">违约</td></tr>
<tr><td>DD</td><td></td></tr>
<tr><td>D</td><td></td></tr>
</table>

资料来源：姚长辉．固定收益证券：定价与利率风险管理．2 版．北京：北京大学出版社，2013.

（二）流动性风险

流动性风险是金融市场的系统性风险代表之一，它不仅体现为短期货币市场（例如商业银行）面临的流动性风险，也体现为长期资本市场（即股票市场和债券市场）面临的流动性风险。商业银行面临的流动性风险是指商业银行虽然有清偿能力，但无法及时获得充足资金以应对资产增长或支付到期债务的风险。在债券市场中，流动性风险是指债券持有人拟将持有的债券转化为现金时，由于所持有的债券不能按照合理的市场价格在短期内售出而形成的风险。对于单项债券的流动性风险，我们可以从三个维度——数量、价格和时间——来衡量。如果债券持有人可以在较短的时间内按照合理的价格大量出售债券，则说明这种债券的流动性较强，债券持有人面临的流动性风险较小；反之，如果债券持有人在短时间内很难按照合理的市场价格大量卖出债券，或者卖出债券时市场价格波动很大，则说明这种债券的流动性较差，债券持有人面临的流动性风险较大。对于整个债券市场的流动性风险，我们一般用买卖价差（bid-ask spread）来衡量其大小。如果买卖价差很小，则说明债券市场的流动性较高，流动性风险较小；如果买卖价差大，则说明债券市场的流动性较小，流动性风险较高。

通常政府债券及金融债券的流动性较高，企业债券的流动性较低。政府债券又分为长期政府债券、中期政府债券和短期政府债券。一般而言，短期政府债券的流动性要高于长期政府债券，新发行的政府债券的流动性要高于已发行的政府债券。我们将由流动性风险导致的债券收益率之差称为流动性溢价。流动性风险越大，流动性溢价就越大，投资者要求的到期收益率就越高。

拓展阅读

离岸债市场
又经流动性风险

（三）税收因素

税收因素是导致同样期限的债券到期收益率不同的主要因素之一。债券投资的收益主要来自利息收入和资本利得。利息收入是投资者购买债券后，按照债券发行时确定的利率定期获得的可预期收入。资本利得是资本增值收入。在市场利率下降时，债券价格上升，投资者将以较低价格购买的债券在市场上出售，卖价与买价之间的差额即为债券的资本利得。因此，围绕债券收益的税收主要是指利息收入所得税和资本利得税。我们可以从两个方面来理解：一是不同的债券有不同的税收待遇；二是债券的税收待遇会随着宏观政治经济环境的变化而变化。

在美国，根据发债主体不同，债券持有人所享有的税收待遇不同，这种差异主要体现在债券的利息收入上，因为在美国债券交易没有交易税和印花税。首先，美国联邦政府债券的利息收入是需要向联邦政府缴税的，不需要向州和地方政府再次缴税；其次，州和地方政府为了缓解地方财政压力，鼓励投资者购买州和地方政府债券，一般会对州和地方政府发行的债券免征利息收入所得税；最后，公司债券的利息收入所得不享有税收优惠待遇，需要向联邦和州政府缴纳所得税。同时，根据债券持有期的长短不同，债券发行时的价格不同，税收政策也会有所不同。此外，债券的税收待遇还会随着宏观政治经济环境的变化而变化。小布什在任期内签署了《经济增长和税收减免协调法案》，主要目的是削减个人所得税、降低边际税率等。这使得美国州和地方政府债券的税收优势相对于联邦政府债券降低，因为联邦政府债券的收入所得税较之前有所降低。奥巴马就任美国总统之后，废止了这一税收优惠政策，导致美国州和地方政府债券的税收优势相对于联邦政府债券有所提升。

在我国，根据投资者身份和发债主体的不同，投资者在投资债券时享有的税收待遇也不尽相同。根据《中华人民共和国个人所得税法》的规定，个人投资者投资国债时，免征利息收入所得税，但转让价差按20%缴纳个人所得税，而投资企业债时，利息收入按20%征税，转让价差同样按20%征税。根据《中华人民共和国企业所得税法》的规定，金融类机构投资者投资国债及国家金融债券时，免征利息收入所得税，但投资一般企业债时，利息收入按25%缴纳企业所得税，资本利得并入应纳税所得额（税率25%）；非金融类机构投资者投资国债及国家金融债券时，免征利息收入所得税，但投资一般企业债时，利息收入按25%缴纳企业所得税，并需缴纳6%的增值税。

8.3.3 利率期限结构

在上一小节我们学习了利率风险结构，即具有相同期限的债券，因为不同的违约风险、流动性风险以及税收因素等而具有不同的收益率。在这一小节我们将从利率期限结构的角度进一步探讨利率，即在相同的利率风险结构下，不同到期期限的零息债券对应不同的到期收益率，我们把这种债券收益率与时间对应的关系称为利率期限结构。因为利率期限结构表示的是零息债券的到期收益率和到期期限的关系，我们也称利率期限结构为“即期收益率曲线”。图8-2是一个国债市场利率期限结构的例子。

（一）利率期限结构的基本形态

基于某个特定时点看利率期限结构，它具有不同的形态特征，图8-3展示的是四种常见的形态：向上倾斜型、向下倾斜型、水平型以及驼峰型。其中，向上倾斜型利率期限结构被称为正常的利率期限结构，最符合一般经济学原理。

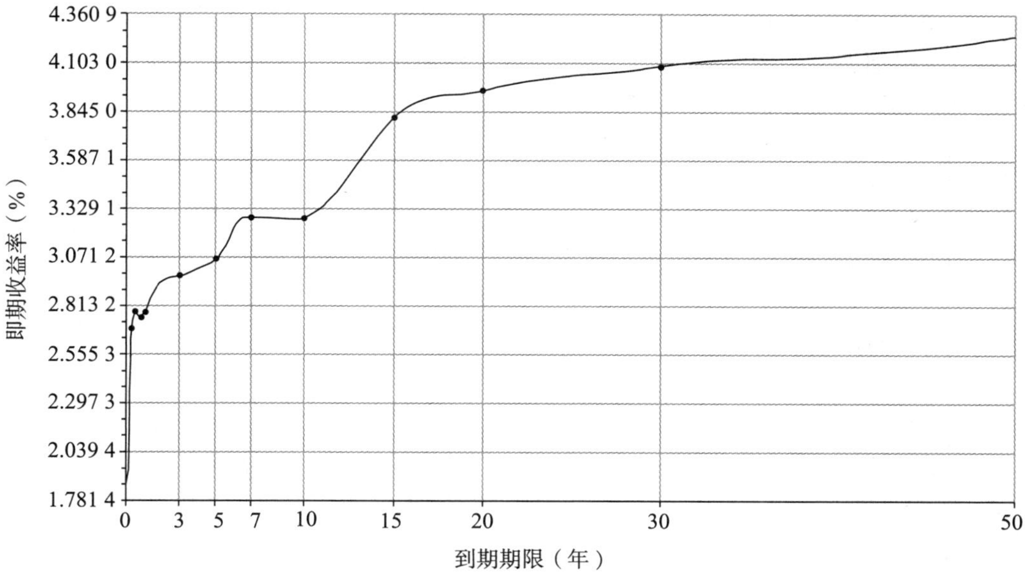

图 8－2　国债市场利率期限结构

资料来源：Wind 数据库。

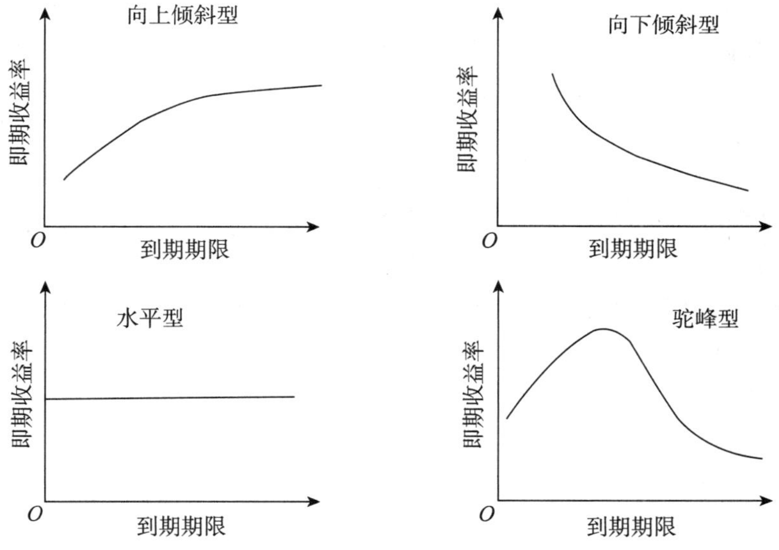

图 8－3　利率期限结构的四种基本形态

向上倾斜型利率期限结构的特点是短期利率小于中期利率，中期利率小于长期利率；向下倾斜型利率期限结构与之相反，短期利率大于中期利率，中期利率大于长期利率；水平型利率期限结构的特点是短期、中期和长期利率均保持不变；驼峰型利率期限结构的特点是利率随着时间的推移先上升后下降。

（二）利率期限结构的移动形态

随着时间的推移，利率期限结构的形态就可能发生变化。一般而言，利率期限结构形态的变化一般分为平行移动和非平行移动。平行移动是指所有期限的利率变化同样的幅度，即随着时间的推移，所有期限的利率同涨同跌。非平行移动包括多种形态，比如陡峭移动、平缓移动、倒置移动、蝶式移动以及反蝶式移动。图 8-4 展示了利率期限结构的平行移动和非平行移动。

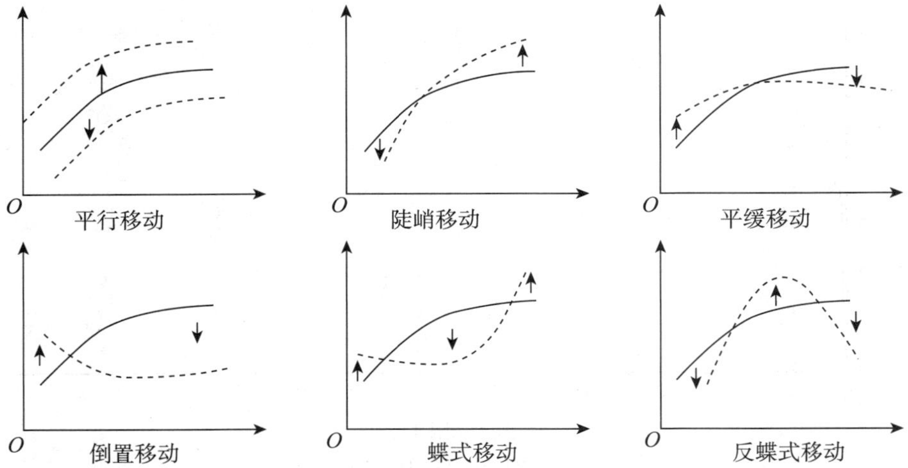

图 8-4　利率期限结构的移动形态

（三）利率期限结构的理论解释

对于利率期限结构的形态，主要有四种理论解释，即纯预期理论、流动性溢价理论、市场分割理论以及期限偏好理论。

1. 纯预期理论

纯预期理论（pure expectation theory）基于以下几个基本假设：一是投资者可以准确预测未来利率；二是市场上的所有债券都可以自由交易且没有交易成本；三是投资者都是风险中性的；四是市场上的债券没有违约风险；五是投资者对债券没有期限偏好。基于这些假设，纯预期理论认为长期债券的到期收益率等于即期利率和远期利率的几何平均。为了解释这一点，我们举一个简单的例子。我们现在有一张 10 年期的零息债券，该债券的到期收益率为 $R_{0,10}$，则我们可以得到：

$$
\begin{aligned}
(1+R_{0,10})^{10} &= (1+R_{0,1})(1+f^e_{1,2})\cdots(1+f^e_{9,10}) \\
&= (1+R_{0,2})^2(1+f^e_{2,3})\cdots(1+f^e_{9,10}) \\
&= (1+R_{0,3})^3(1+f^e_{3,4})\cdots(1+f^e_{9,10}) \\
&\vdots \\
&= (1+R_{0,9})^9(1+f^e_{9,10})
\end{aligned}
$$

其中，$R_{0,1}$ 为 1 年期零息债券的到期收益率，$R_{0,2}$ 为 2 年期零息债券的到期收益率，依此类推；$f^e_{1,2}$ 为第 2 期的单期预期收益率，即 1 年期的远期利率，$f^e_{2,3}$ 为第 3 期的单期预期收益率，依此类推。图 8-5 展示了即期利率与远期利率。

根据纯预期理论，如果投资者预期未来利率上升，那么长期利率就会高于短期和中期利率，此时利率期限结构呈现为向上倾斜型形态；如果投资者预期未来利率会降低，那么长期利率就会小于中期利率，中期利率小于短期利率，此时利率期限结构呈现为向

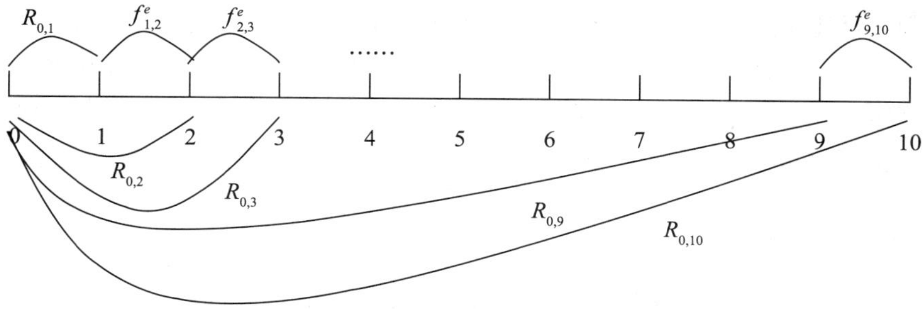

图 8-5 即期利率与远期利率

下倾斜型形态；如果投资者预期未来利率不变，那么利率期限结构呈现为水平型形态。因此，在纯预期理论的假设下，投资者持有长期债券的到期收益率等于持有短期债券的预期收益率的几何平均。

2. 流动性溢价理论

流动性溢价理论（liquidity premium theory）认为长期债券的流动性要比短期债券差，因此长期债券的流动性风险要比短期债券大，投资者要求的期望收益率也更高。流动性溢价理论是对纯预期理论的修正，弥补了纯预期理论遗漏的流动性因素。在其他条件相同的情况下，长期债券与短期债券的到期收益率之差被称为流动性溢价。

$$(1+R_{0,2})^2=(1+R_{0,1})(1+f^e_{1,2}+P)$$

其中，P 代表流动性溢价。流动性溢价理论认为 P 值大于零，意味着长期债券的到期收益率大于即期利率和远期利率的几何平均。这是因为长期债券的流动性风险较大，只有足够高的到期收益率（足够低的债券价格）才可以吸引投资者持有长期债券。

3. 市场分割理论

市场分割理论（market segmentation theory）与前面的纯预期理论及流动性溢价理论不同，它认为预期理论的假设条件在现实中是不成立的，整个债券市场是被不同期限的债券分割开来的，而且不同期限的债券之间完全不能替代。该理论认为证券市场并不是一个统一的无差别的市场，而是分别存在着短期市场、中期市场和长期市场，而不同的投资者对债券期限长短的偏好程度不同。例如：商业银行和货币市场基金偏好短期资金，它们更偏好短期的流动性；养老基金及人寿保险公司偏好长期资金，它们更偏好收入的确定性；等等。因此，短期债券的利率由短期资金市场的供求关系决定，中长期债券的利率由中长期资金市场的供求关系决定。

依据市场分割理论，利率期限结构中各个期限的利率之间不存在内在的联系，利率期限结构的形态取决于短期资金市场的供求均衡利率和中长期资金市场的供求均衡利率的对比，即当长期债券供求曲线的交点（均衡利率）高于中期债券供求曲线的交点，中期债券供求曲线的交点高于短期债券供求曲线的交点时，利率期限结构呈现向上倾斜型形态；反之，则呈现向下倾斜型形态。

4. 期限偏好理论

期限偏好理论认为投资者对特定的期限有很强的偏好，这一点与市场分割理论相似，不同点在于，市场分割理论认为投资者的期限偏好是不变的，这一点显然与现实不符。期限偏好理论修正了这一缺点，认为投资者根据自己的资产和负债管理需求对投资期限有不同的偏好，同时他们的偏好会随着自身的资产和负债状况的变化而变化。例如，商业银行偏好短期债券来保证充足的流动性需求，但是当中长期债券能提供超预期的收益率时，商业银行可能会出现期限偏好的转移，增加对长期债券的配置以获得更高的收益率。

第 4 节　债券定价的原理和方法

8.4.1　债券定价的基本原理——未来现金流折现

债券定价的基本原理是计算将未来现金流折现到 0 时刻（即 0 时点）时债券的内在价值。值得注意的是，金融产品的定价（pricing）与估值（valuation）是有区别的，特别是金融衍生品的定价与估值。一般而言，定价是计算金融产品在 0 时点的内在价值，即未来现金流全部折现到 0 时点的现值；而估值则是 0 时点之后的未来现金流的现值。如图 8－6 所示，定价是未来现金流全部折现到 0 时点，而估值则是未来现金流折现到 1 时点或者其他任意时点（非 0 时点）。

知识讲解

本视频节选自江西财经大学“公司金融”慕课，可登录慕课网站搜索查看完整视频。

债券定价

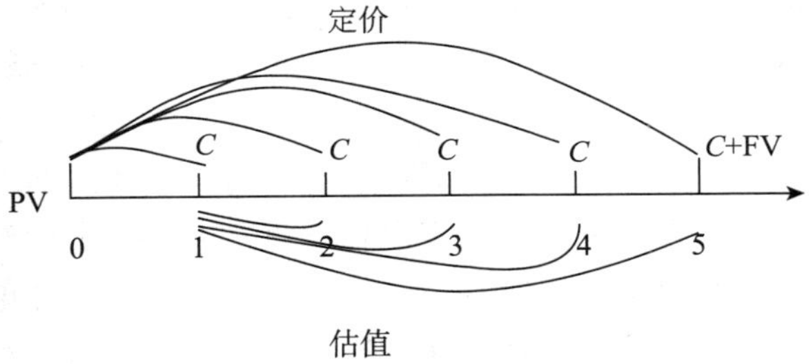

图 8－6　定价与估值

该部分将围绕债券的定价展开讨论。我们将从理论模型和金融计算器“五要素计算法”两个角度来探讨债券的定价。债券定价所需要的五要素分别为债券在 0 时点的现值（PV）、债券面值（FV）、债券票息率（c）、到期期限（T）以及折现率（YTM）。这里我们假设折现率与到期收益率、市场利率一致。换言之，我们假设债券投资者将债券持有至到期，且债券不发生违约，以及票息再投资收益率等于到期收益率。

8.4.2　零息债券定价

零息债券是指持有期间不支付利息而到期一次性偿还本金的债券，即债券票息率等于零。根据债券定价的基本原理，我们可以得出零息债券的定价公式：

$$PV=\frac{FV}{(1+YTM)^T} \tag{8-9}$$

【例 8-3】 某公司于 2023 年发行了面值为 1 000 元、期限为 5 年的零息债券，债券的到期收益率为 7%。该债券的现值为多少？

根据零息债券的定价公式，我们可以得到：

$$PV=\frac{1\ 000}{(1+7\%)^5}=713(\text{元})$$

8.4.3 付息债券定价

付息债券是指在投资者持有期内，投资者按期收到利息，且在到期日收到本金和最后一次利息。因此，付息债券在 0 时点的内在价值是未来利息收入和本金的现金流现值。本章第 1 节提到票息率分为固定票息率和浮动票息率，因此按票息率是否固定，付息债券可以分为固定利率付息债券和浮动利率付息债券。由于两种债券定价的基本原理是一致的，我们将围绕固定利率付息债券的定价展开讨论。

由于固定利率付息债券的未来现金流包括未来每期的利息收入和到期日的面值收入，其定价公式为：

$$\begin{aligned} PV &=\frac{C}{1+YTM}+\frac{C}{(1+YTM)^2}+\cdots+\frac{C}{(1+YTM)^T}+\frac{FV}{(1+YTM)^T} \\ &=\sum_{t=1}^{T}\frac{C}{(1+YTM)^t}+\frac{FV}{(1+YTM)^T} \end{aligned} \tag{8-10}$$

其中，PV 是债券在 0 时点的现值，C 是债券的利息收入，FV 是债券的面值，YTM 是债券的到期收益率，也是折现率（市场利率）。由定价公式，我们可以看出债券价值与债券到期收益率成反比，即债券到期收益率越高，债券在 0 时点的价值越低。图 8-7 展示了债券价值与 YTM 的关系。

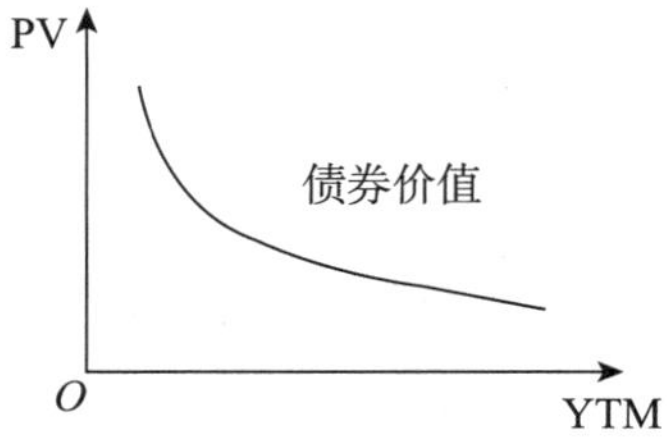

图 8-7 债券价值与 YTM 的关系

为了进一步探讨固定利率付息债券定价的基本性质，我们将上述公式进一步化简得到下面的式子：

$$PV=\sum_{t=1}^{T}\frac{C}{(1+YTM)^t}+\frac{FV}{(1+YTM)^T}$$

$$=\frac{C}{1+\mathrm{YTM}}\left[1+\frac{1}{1+\mathrm{YTM}}+\frac{1}{(1+\mathrm{YTM})^{2}}+\cdots+\frac{1}{(1+\mathrm{YTM})^{T-1}}\right]+\frac{\mathrm{FV}}{(1+\mathrm{YTM})^{T}}$$

$$=\frac{C}{1+\mathrm{YTM}}\left[\frac{1-(1+\mathrm{YTM})^{-T}}{1-(1+\mathrm{YTM})^{-1}}\right]+\frac{\mathrm{FV}}{(1+\mathrm{YTM})^{T}}$$

$$=\frac{C}{\mathrm{YTM}}[1-(1+\mathrm{YTM})^{-T}]+\frac{\mathrm{FV}}{(1+\mathrm{YTM})^{T}}$$

两边同时除以 FV，我们可以得到式（8－11）：

$$\frac{\mathrm{PV}}{\mathrm{FV}}=\frac{\frac{C}{\mathrm{FV}}}{\mathrm{YTM}}[1-(1+\mathrm{YTM})^{-T}]+\frac{1}{(1+\mathrm{YTM})^{T}} \tag{8-11}$$

其中，$\frac{C}{\mathrm{FV}}$是票息率。当票息率大于市场利率（在这里我们假设市场利率等于债券到期收益率）时，$\frac{\mathrm{PV}}{\mathrm{FV}}>1$，即债券是溢价发行的；当票息率等于市场利率时，$\frac{\mathrm{PV}}{\mathrm{FV}}=1$，即债券是平价发行的；当票息率小于市场利率时，$\frac{\mathrm{PV}}{\mathrm{FV}}<1$，即债券是折价发行的。同时，当债券逐渐接近到期日时，即剩余期限逐渐接近 0 时，式（8－11）中的 $(1+\mathrm{YTM})^{-T}$ 以及 $(1+\mathrm{YTM})^{T}$ 将会趋近于 1，因此等式的右边将会趋近于 1，即 PV＝FV。因此，当债券逐渐临近到期日时，折价债券和溢价债券的价值将会趋近于债券面值。图 8－8 展示了债券价值与到期期限的关系。

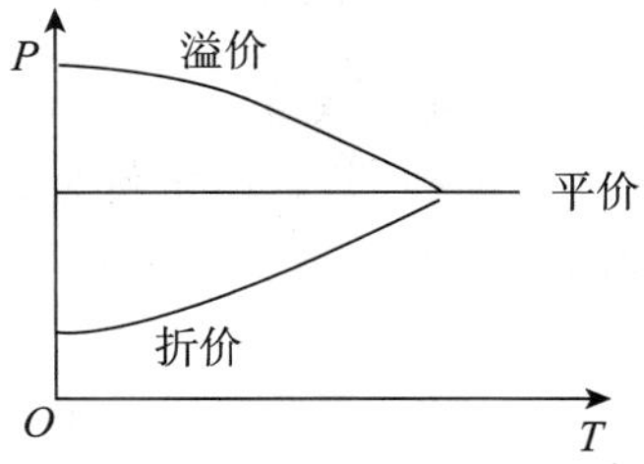

图 8－8　债券价值与到期期限的关系

【例 8－4】　A 公司于 2023 年发行了面值为 1 000 元、期限为 3 年的债券，票息率为 6%，每年付息两次，到期收益率为 5%，该债券的发行价格为多少？

方法一：理论模型计算

根据固定利率付息债券定价公式，我们可以得到：

$$\mathrm{PV}=\frac{30}{1+\frac{5\%}{2}}+\frac{30}{\left(1+\frac{5\%}{2}\right)^{2}}+\frac{30}{\left(1+\frac{5\%}{2}\right)^{3}}+\frac{30}{\left(1+\frac{5\%}{2}\right)^{4}}+\frac{30}{\left(1+\frac{5\%}{2}\right)^{5}}+\frac{30+1\ 000}{\left(1+\frac{5\%}{2}\right)^{6}}=1\ 027.54(\text{元})$$

方法二：金融计算器计算

$$FV=1\ 000,\ N=2\times3=6,\ PMT=0.03\times1\ 000=30,\ \frac{I}{Y}=2.5\%$$

$\Rightarrow$按键 CPT$\Rightarrow PV=1\ 027.54$(元)

【例 8-5】 A公司于2023年发行了面值为1 000元、期限为3年的债券，票息率为6%，每年付息两次，到期收益率为8%。该债券的发行价格为多少？

方法一：理论模型计算

根据固定利率付息债券定价公式，我们可以得到：

$$PV=\frac{30}{1+\frac{8\%}{2}}+\frac{30}{\left(1+\frac{8\%}{2}\right)^2}+\frac{30}{\left(1+\frac{8\%}{2}\right)^3}+\frac{30}{\left(1+\frac{8\%}{2}\right)^4}+\frac{30}{\left(1+\frac{8\%}{2}\right)^5}+\frac{30+1\ 000}{\left(1+\frac{8\%}{2}\right)^6}=947.58(\text{元})$$

方法二：金融计算器计算

$$FV=1\ 000,\ N=2\times3=6,\ PMT=0.03\times1\ 000=30,\ \frac{I}{Y}=4\%$$

$\Rightarrow$按键 CPT$\Rightarrow PV=947.58$(元)

思政课堂

在新时代的经济背景下，债券市场作为资本市场的重要组成部分，对促进国家经济发展和企业成长具有不可替代的作用。党的二十大报告强调要深化金融体制改革，为我国债券市场的发展指明了方向。我国相关部门明确提出要深化债券市场改革，增强债券市场服务实体经济的能力，并强调了加强市场监管、防范金融风险的重要性。为了响应这一号召，我们必须全面提升债券市场的标准化、集约化、精益化、智能化水平，推动债券市场再上新台阶，成为企业融资和投资者资产配置的重要平台。在此过程中，企业发行债券不仅是筹集资金的手段，更是承担社会责任、推动可持续发展的体现。企业应积极响应绿色发展、创新驱动等国家战略，通过发行绿色债券、创新创业债券等，支持环保项目和科技创新，促进经济结构优化升级。

同时，加强债券市场的风险管理，是保障金融市场稳定和防范系统性风险的关键。我们必须完善债券市场信用体系，提高信息披露质量，强化市场监管，确保债券市场的健康发展。加快推动债券市场数智化转型升级，是企业实现高质量发展的必然选择。此外，企业在债券市场中的行为也应体现正确的经济伦理观，将诚信、责任、公正等价值观融入日常运营和财务管理中。政府和行业协会应加强对企业财务报告的监管，推动行业自律，保障财务信息的公信力，维护资本市场的稳定和投资者的信心。通过这些措施，我们可以确保债券市场在服务国家战略、支持企业发展、促进经济转型升级中发挥更大的作用。

债券市场的发展不仅关系到企业融资和投资者利益，更关系到国家经济的稳定与发展。我们必须深化对债券市场重要性的认识，加强市场监管，推动市场创新，培养具有社会责任感的金融市场参与者，共同推动我国债券市场的健康、稳定、可持续发展，为实现中华民族伟大复兴的中国梦贡献力量。

本章小结

本章介绍了债券的基本特征、绿色债券、债券收益率、利率风险结构、利率期限结构以及债券定价等。常见的债券收益率的衡量指标主要有持有期收益率、名义收益率、当期收益率、到期收益率等。其中，我们最常用的债券收益率为到期收益率，该收益率的实现要满足三大假设：债券到期之前不能违约；债券持有期间的再投资收益率等于到期收益率；投资者要持有至到期。这三条假设是到期收益率区别于其他债券收益率的主要标准。

在相同的利率风险结构下，到期期限不同的零息债券对应不同的到期收益率，我们把这种债券收益率与时间对应的关系称为利率期限结构。因为利率期限结构表示的是零息债券的到期收益率和到期期限的关系，我们也称利率期限结构为“即期收益率曲线”。利率期限结构有四种常见的形态：向上倾斜型、向下倾斜型、水平型以及驼峰型。随着时间的推移，利率期限结构的形态就可能发生变化，一般分为平行移动和非平行移动。平行移动是指所有期限的利率变化同样的幅度，即随着时间的推移，所有期限的利率同涨同跌。非平行移动包括多种形态，比如陡峭移动、平缓移动、倒置移动、蝶式移动以及反蝶式移动。对于利率期限结构的形态，我们简单讲解了四种理论解释，即纯预期理论、流动性溢价理论、市场分割理论以及期限偏好理论。

债券定价的基本原理是计算将未来现金流折现到 0 时刻（即 0 时点）时债券的内在价值。我们从理论模型和金融计算器“五要素计算法”两个角度来探讨债券的定价。债券定价所需要的五要素分别为债券在 0 时点的现值（PV）、债券面值（FV）、债券票息率（c）、到期期限（T）以及折现率（YTM）。这里我们假设折现率与到期收益率、市场利率一致。

中国公司金融实践

2023 年 10 月 20 日，中国证监会正式发布了修订后的《公司债券发行与交易管理办法》以及《公开发行证券的公司信息披露内容与格式准则第 24 号——公开发行公司债券申请文件》。这标志着公司债券发行审核职责的划转过渡期正式结束，公司债券发行的制度规则得到了进一步明确和规范。

紧接着，在 2023 年 10 月 23 日，北京证券交易所（以下简称“北交所”）正式启动公司债券（包括企业债券）的受理审核工作。北京市国有资产经营有限责任公司（以下简称“北京国资公司”）在北京市国资委以及相关监管机构的大力支持下，联合各金融与中介机构通力协作，顺利进行了债券注册申报。所申报的债券注册品种为“企业债券”。2023 年 11 月 20 日，北京国资公司的企业债券发行申请获得了中国证监会的注册生效批准。作为北交所首批获批并发行的信用债券之一，本期债券被简称为“24 京资 01”或“24 北国资债 01”。本次债券发行采取了分期发行的策略。

思考题

1. 北京国资公司于 2024 年 1 月 15 日发行了 3 年期企业债券，票面价值为 100 元，票面利率为 2.55%，付息日为每年 1 月 8 日（一年一付）。假设市场利率（债券到期收益率）为 2.55%，请问该债券的发行价格为多少？

2. 假设市场利率由原来的 2.55%升高到 4%，请问该债券的发行价格为多少？

3. 假设债券的发行价格为 90 元，请问这时债券的到期收益率（市场利率）是多少？

课后习题

简答题

1. **债券的基本要素**　请简述债券的基本要素。请根据债券的基本要素举例说明债券的种类。

2. **绿色债券**　绿色债券与传统债券有什么区别？有哪些种类？

3. **到期收益率**　债券的收益率有哪些？如何理解债券的到期收益率？

4. **利率期限结构**　利率期限结构有哪些基本形态？随着时间的推移又有哪些变化？

计算题

1. **到期收益率**　A 公司于 2023 年发行了面值为 1 000 元、发行价格为 950 元、到期期限为 5 年的债券，票息率为 6%，每年付息两次。该债券的到期收益率为多少？

2. **付息债券定价**　A 公司于 2023 年发行了面值为 1 000 元、到期期限为 5 年的债券，票息率为 6%，每年付息两次，到期收益率为 5%。该债券的发行价格为多少？

3. **付息债券定价**　A 公司于 2023 年发行了面值为 1 000 元、到期期限为 5 年的债券，票息率为 6%，每年付息两次，到期收益率为 7%。该债券的发行价格为多少？

4. **付息债券定价**　A 公司于 2023 年发行了面值为 1 000 元、到期期限为 5 年的债券，票息率为 6%，每年付息两次，到期收益率为 6%。该债券的发行价格为多少？

第9章
股票定价

章前引例

中国贵州茅台酒厂（集团）有限责任公司（以下简称“茅台集团”），作为我国特大型国有企业的杰出代表，总部位于贵州省遵义市茅台镇。茅台集团以贵州茅台酒股份有限公司为核心企业，业务涉足白酒、保健酒、葡萄酒等多个领域。至2023年，茅台集团继续保持在行业中的领导地位，其业绩和市场影响力进一步巩固。

自2001年上市以来，贵州茅台酒股份有限公司坚持分红政策，累计现金分红超过500亿元，充分展现了企业对股东的回馈和社会责任。自2001年上市以来，其股价增长了几百倍，这一增长在A股市场中极为罕见，体现了市场对公司业绩和品牌价值的高度认可。至2023年，贵州茅台酒股份有限公司的股价继续保持稳定增长，进一步证明了其作为行业龙头的稳固地位。党的二十大报告指出，深化国资国企改革，推动国有资本和国有企业做强做优做大。茅台集团正是这一精神的积极践行者。通过不断创新和优化管理，茅台集团不仅提升了自身的核心竞争力，也为国家经济的高质量发展做出了重要贡献。

然而，一家公司的股价并不总能完全代表其内在价值。股价受市场供求关系、投资者情绪、宏观经济政策等多种因素影响，可能在短期内与公司的内在价值存在偏差。党的二十大报告强调，健全资本市场功能，提高直接融资比重。这要求我们进一步优化市场环境，加强市场监管，促进股价更加真实地反映公司的内在价值。在实务中，金融市场往往存在一定程度的无效性，导致股价与内在价值之间的差异较大，股价回归内在价值的过程也可能较为缓慢。例如，2007年美国次贷危机前的股市暴涨，以及2015年中国股市的剧烈波动，都是股价逐渐回归内在价值的体现。

上述案例启示我们，尽管股价可能在短期内受市场情绪的影响，但从长远来看，公司的内在价值和稳健经营是支撑股价的关键。作为国有企业，茅台集团将继续贯彻党的二十大精神，深化改革开放，推动高质量发展，同时加强风险管理，确保企业可持续发展，为股东和社会创造更大价值。通过不断优化公司治理结构，提高信息披露质量，茅台集团将进一步提升市场竞争力和品牌影响力，为实现全面建设社会主义现代化国家的目标贡献力量。

学习目标

- 理解什么是普通股和优先股，以及两者的区别。
- 掌握如何用股利折现模型来给股票定价，了解三种不同的股利折现模型的区别。
- 掌握如何利用自由现金流量折现模型来给股票定价，了解两种不同的自由现金流量折现模型的区别。
- 引导学生树立正确的经济伦理观，强调诚信、责任和公正等价值观在财务管理和投资决策中的重要性。

在前面的章节我们学习了债券以及债券的定价。在本章，我们将学习另外一种直接融资途径——股票。对股票的合理估值是我们进行资金配置、制定投资策略的重要前提。当我们发现某公司股票的估值比其市场价格高时，我们可以买进该公司的股票；反之，我们应该卖出该公司的股票。在本章我们将学习如何利用不同的理论模型来对股票进行定价。

一般而言，股票包括优先股和普通股。优先股的股息率是提前在契约中约定好的，具备债券的特征，因此我们将优先股与债券统称为固定收益证券；而普通股的股息率是不固定的，它依赖于公司的运营收益等多种因素，这也是造成普通股估值困难的主要原因之一。股票定价的方法有很多，本章将围绕股票定价的两大模型展开学习：股利折现模型和自由现金流量折现模型。由于对股利增长速度的假设不同，我们可以将股利折现模型分为零增长股利折现模型、固定增长股利折现模型和多阶段增长股利折现模型。根据自由现金流量的属性，我们可以将自由现金流量折现模型分为公司自由现金流量折现模型和股权自由现金流量折现模型。我们将在第 2 节和第 3 节围绕不同的定价模型展开讨论。

第 1 节 股票概述

股票是股份公司所有权的一部分，也是发行的所有权凭证，是股份公司为筹集资金而发行给各个股东作为持股凭证并借以取得股息的一种有价证券。股票市场是资本市场①的重要组成部分，也是上市公司直接融资的主要场所。股票作为代表性的金融资产，具备收益性、风险性和流通性三大基本属性。一般而言，股票的收益要高于债券，但是

---

① 按照资金融通的期限长短，我们可以将资金融通市场分为（长期）资本市场和（短期）货币市场。在货币市场交易的证券期限一般不会超过 1 年，在资本市场交易的证券期限一般在 1 年以上。

风险也高于债券。我们一般将股票分为普通股和优先股。在这一节我们将围绕普通股和优先股展开讨论。

9.1.1 普通股

普通股是指在公司的经营管理和盈利及财产分配上享有普通权利的股票，代表满足所有债权人的偿付要求及优先股股东的收益权与求偿权要求后对公司盈利和剩余财产的索取权。在A股市场进行交易的股票基本是普通股。

普通股股东可以通过持有某公司股份参与公司决策，即拥有经营参与权，比如参加公司股东会，且拥有表决权和选举权等。如果本人不方便参加股东会，可以委托他人代表自己参加股东会并行使股东权利。同时，普通股股东享有利润分配权，即有权获得股息收益。但是普通股的股息率不是固定的，受到公司的收入状况、股息政策、所属行业以及宏观市场等诸多因素影响。当公司由于经营等问题而破产或者清算时，普通股股东享有剩余财产分配权，公司在完全偿还债务（银行贷款、债券等）之后，剩余部分优先分配给优先股股东。如果还有剩余，最后分配给普通股股东。此外，当公司增发普通股时，普通股股东有权按其持股比例以低于市场的价格优先购买增发的股票，从而保持对公司所有权的原始比例，即优先认股权。

与债券相似，股票也可以加入一定的或有权。在上一章我们学习了可赎回债券和可回售债券，其实股票也包括可赎回普通股和可回售普通股。可赎回普通股是指公司有权按照股票发行时在附带赎回条款中设定的赎回价格赎回股票。一般而言，公司赎回交易中的普通股代表公司对当前以及将来的运营和管理有信心，向市场投资者传递正向信息。可回售普通股是指投资者有权按照股票发行时在附带赎回条款中设定的回售价格回售给公司。可回售普通股给予投资者按不低于购买价格的价格将股票售回给公司的权利，对投资者是有利的。

9.1.2 优先股

优先股是享有优先权的股票。优先股股东对公司资产、利润分配等享有优先权，但是优先股股东没有表决权、选举权和经营参与权等。与普通股不同，优先股预先明确股息率，因此优先股股东的股息收入基本不受公司经营状况和宏观经济因素的影响。当公司的经营状况下滑，不足以支付优先股股息时，未支付的股息会累积到公司的经营好转时，在支付给普通股股东股息之前一次性支付。

拓展阅读

润东汽车1.67亿股可转换优先股易手

参与优先股（participating preferred stock）是上述讲的非参与优先股的对称，即当企业利润增加时，股东除享有既定的股息外，还可与普通股股东共同参与利润分配的优先股。参与优先股又可以分为两类：全部参与优先股，即优先股股东有权与普通股股东一起等额分享当期盈余，其收益没有上限规定；部分参与优先股，即优先股股东有权在一定额度内与普通股股东一起分享当期盈余，但其收益有上限规定。

可转换优先股（convertible preferred stock）是指持有人有权将优先股以特定比例转换为普通股。如果公司经营状况好，普通股价格提高，可转换优先股持有人可以将优先股转换为价值更高的普通股，获取更高的收益。

第2节 股利折现模型

9.2.1 股票定价——未来现金流折现

金融产品定价的基本原理是将未来现金流折现为0时刻的现值。在上一章，我们已经用这一原理实现了债券定价，在这一节我们将利用这一原理为普通股定价。一家公司的普通股的未来现金流包括两个部分：未来股利和未来售价。与债券不同，普通股的未来现金流不是契约规定的固定金额，即股息率不是固定的，同时金融市场中的投资者对股票未来现金流的预期也不一致，这就导致普通股的定价难度大，情况复杂。因此，我们假设金融市场中的投资者对未来现金流的预期相同，同时该股票所属的上市公司不会倒闭，会永久经营下去。在此假设下，我们可以分情形进行讨论。

知识讲解

本视频节选自江西财经大学“公司金融”慕课，可登录慕课网站搜索查看完整视频。

股利折现模型

1. 投资者持有一期（1年）

假设市场中的投资者购买了一只股票并持有1年后售出。假设该股票期初的价值为P_0，那么P_0的计算公式为：

$$P_0=\frac{\mathrm{Div}_1}{1+r}+\frac{P_1}{1+r} \tag{9-1}$$

其中，Div_1是期末的股利，P_1是期末的卖出价格，r是折现率，也是投资者对该股票的必要收益率。

2. 投资者持有两期（2年）

假设市场中的投资者购买了一只股票并持有2年后售出，那么P_0的计算公式为：

$$P_0=\frac{\mathrm{Div}_1}{1+r}+\frac{\mathrm{Div}_2}{(1+r)^2}+\frac{P_2}{(1+r)^2} \tag{9-2}$$

其中，Div_1、Div_2分别是第一期、第二期期末的股利，P_2是第二期期末的卖出价格。

常见问题

未来现金流折现

Div_1是第一期期末的股利收入，Div_0是当期股利收入，Div_0是不能用来直接计算股票价值的，因为Div_0不属于未来现金流。假如已知Div_0和股利增长率，那么我们可以计算得到Div_1，再用Div_1计算股票价值。

3. 投资者持有无限期

假设市场中的投资者购买了一只股票并一直持有（家族财产），那么P_0的计算公式为：

$$P_0=\frac{Div_1}{1+r}+\frac{Div_2}{(1+r)^2}+\cdots+\frac{Div_t}{(1+r)^t}$$
$$=\sum_{t=1}^{\infty}\frac{Div_t}{(1+r)^t} \tag{9-3}$$

综合以上情形，我们发现影响股票定价的主要因素是每一期的股利收入和折现率。根据股利增长情况，我们分三种情形展开分析：每期股利相同，即零增长股利折现模型；股利按照相同的增长率增长，即固定增长股利折现模型；股利按照不同的增长率增长，即多阶段增长股利折现模型。这里，我们假设折现率是已知的。

9.2.2 零增长股利折现模型

零增长股利折现模型认为股利是不变的，这一点和优先股的特点很相似。因为优先股的股息率是预先在契约中规定好的，每一期的现金流是相对固定的，因此，我们经常将零增长股利折现模型应用于优先股的定价。

知识讲解

本视频节选自江西财经大学“公司金融”慕课，可登录慕课网站搜索查看完整视频。

零增长股利折现模型

按照股利一直不变的特点，在公司永续经营且投资者持有无限期的假设下，股票价值P_0的计算公式为：

$$P_0=\frac{Div}{1+r}+\frac{Div}{(1+r)^2}+\cdots+\frac{Div}{(1+r)^{\infty}}=\frac{Div}{r} \tag{9-4}$$

【例 9-1】 假设有一个投资者购买了A公司的股票，该股票每期支付的股息是5元，且以同样的股息一直支付下去，投资者的必要收益率为5%，公司不会面临倒闭或者清算的情况。该股票的价格为多少？

因为股息保持不变，且公司会持续支付，我们通过式（9-4）计算该股票的价格得到：

$$P_0=\frac{Div}{r}=\frac{5}{0.05}=100(\text{元})$$

9.2.3　固定增长股利折现模型

固定增长股利折现模型（简称固定增长模型）认为每期的股利是按增长率 g 的速度增加的，该模型也被称为“戈登增长模型”① 或者一阶段增长模型②。该模型认为股票价值 P_0 的计算公式为：

知识讲解

本视频节选自江西财经大学“公司金融”慕课，可登录慕课网站搜索查看完整视频。

固定增长股利折现模型

$$
\begin{aligned}
P_0 &= \frac{\mathrm{Div}_1}{1+r} + \frac{\mathrm{Div}_2}{(1+r)^2} + \cdots + \frac{\mathrm{Div}_\infty}{(1+r)^\infty} \\
&= \frac{\mathrm{Div}_0(1+g)}{1+r} + \frac{\mathrm{Div}_0(1+g)^2}{(1+r)^2} \\
&\quad + \cdots + \frac{\mathrm{Div}_0(1+g)^\infty}{(1+r)^\infty} \\
&= \frac{\mathrm{Div}_0(1+g)}{r-g} \\
&= \frac{\mathrm{Div}_1}{r-g}
\end{aligned}
\tag{9-5}
$$

通过上式，我们看到在固定增长股利折现模型中，股票的价值取决于股利增长率 g 和投资者的必要收益率 r。

我们假设股利增长率为 g，那么 g 从何而来呢？为了解释 g 的由来，我们假设公司每年的净利润一部分用来发放股利，另一部分作为留存收益保留下来。我们可以得到式（9－6）：

$$\mathrm{NP}_1 = \mathrm{NP}_0 + \mathrm{RE}_0 \times g_{\mathrm{RE}} \tag{9-6}$$

其中，NP_1 是公司下一年的净利润，NP_0 是今年的净利润，RE_0 是今年的留存收益，g_{RE} 是留存收益的增长率。我们从两个角度来分解公司的盈利增长：“开源”和“节流”。开源是指 g_{RE}，即留存收益的增长率，来源于公司的生产运营；节流是指 RE_0，即将当年的一部分盈利保留下来用于公司的内部发展。

通常，我们使用式（9－7）来计算公司股利增长率 g：

$$g = \mathrm{ROE} \times b \tag{9-7}$$

其中，g 是公司股利增长率，ROE 是权益收益率，b 是留存比率。

【例 9－2】　假设有一个投资者购买了 A 公司的股票，该股票第一年年末支付的股息是每股 5 元，且以后每年均按照 8%的增长率支付股息（$g=8\%$），投资者的必要收益率为 12%，公司不会面临倒闭或者清算的情况。请问该公司股票的价格为多少？

---

①　固定增长股利折现模型被麦伦·戈登教授加以推广，因此被称为“戈登增长模型”，揭示了公司的股利政策会对股票价值产生影响。

②　所谓的“阶段”是按股利增长率 g 的变动划分的，股利增长率保持不变为一阶段增长模型，股利增长率变动一次为二阶段增长模型，依此类推。

已知 $g=8\%$，$r=12\%$，$Div_1=5$，根据固定增长模型则有：

$$P_0=\frac{Div_1}{r-g}=\frac{5}{0.12-0.08}=125(\text{元})$$

9.2.4 多阶段增长股利折现模型

多阶段增长股利折现模型（简称多阶段增长模型）认为每期的股利是不断增长的，虽然从长期来看股利增长率会趋于一个固定的值，但是在短期股利增长率不是固定的。在实务中，大多数上市公司的股利增长率不是固定的，而且这些公司都会经历“企业生命周期”①。一般而言，在发展初期，企业增长速度是整个企业生命周期中最快的，通常比国家经济增长率（g_{GDP}）高，之后企业增长速度逐渐变慢，直到低于国家经济增长率。图 9－1 展示了在不同时期公司的股利增长率是不同的。

知识讲解

本视频节选自江西财经大学“公司金融”慕课，可登录慕课网站搜索查看完整视频。

变动增长情况

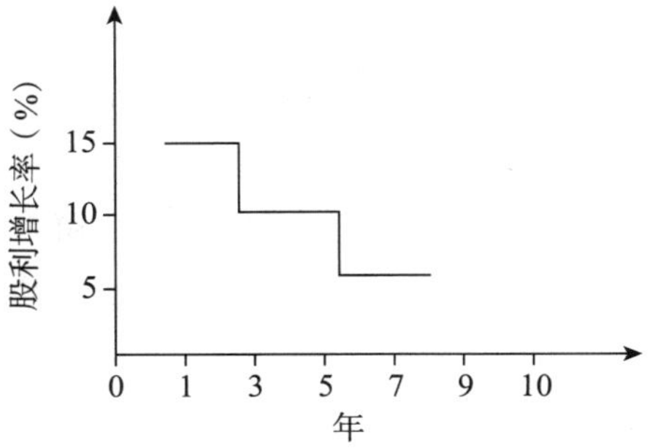

图 9－1　股利增长率

按照股利增长率，我们可以将多阶段增长模型划分为二阶段增长模型以及更多阶段的增长模型。在上一小节我们已经讨论了运用一阶段增长模型来为股票定价，在这一小节我们围绕二阶段增长模型展开讨论。图 9－2 展示了二阶段增长模型，其中 g_H 表示第一阶段的相对较高的股利增长率，g_L 表示第二阶段的相对较低的股利增长率。在第二阶段之后，公司的股利增长率将长期稳定在 g_L 的水平。

在二阶段增长模型中，我们依然采用未来现金流折现的原理来估计股票的价值。图 9－3 展示了两阶段现金流，其中 t 表示股利增长率从 g_H 变成 g_L 的时间点。我们将 t 之前定义为高增长阶段，将 t 之后定义为低增长阶段。我们将未来现金流折现分为两步：第一步计算 t 时刻的未来现金流现值 P_t，第二步将 P_t 以及 t 时刻之前的股利折现到 0 时刻。P_0 的计算公式为：

---

① 企业生命周期是企业发展与成长的动态轨迹，包括发展、成长、成熟、衰退几个阶段，每个阶段企业的增长速度均不同。

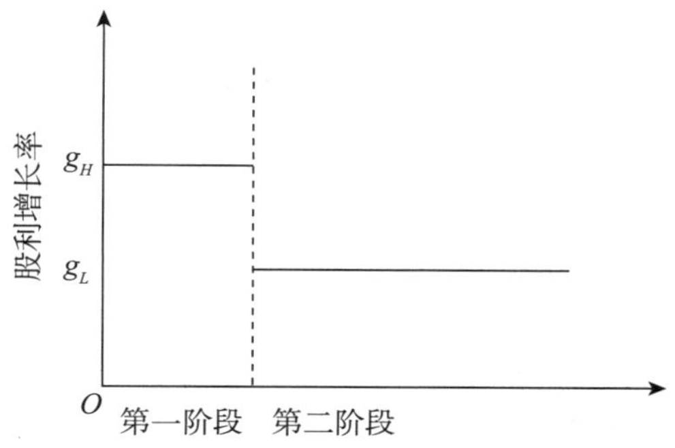

图 9-2　二阶段增长模型

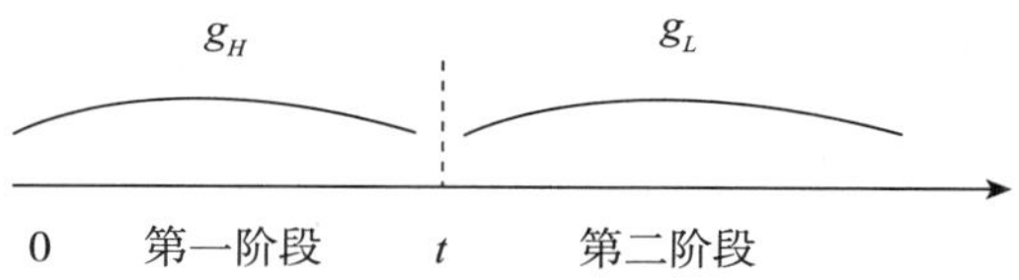

图 9-3　两阶段未来现金流折现

$$P_0=\sum_{i=1}^{t}\frac{D_0(1+g_H)^i}{(1+r)^i}+\frac{D_0(1+g_H)^t(1+g_L)}{r-g_L}\times\frac{1}{(1+r)^t} \tag{9-8}$$

P_t的计算公式为：

$$P_t=\frac{D_0(1+g_H)^t(1+g_L)}{r-g_L}$$

【例 9-3】　假设有一个投资者购买了A公司的股票，该股票第一年年末支付的股息是每股5元，之后第二年和第三年年末均以8%的增长率支付股息（$g=8\%$），从第四年开始预计股利增长率降为5%，此后股利增长率将保持在5%的水平。投资者的必要收益率为12%，公司不会面临倒闭或者清算的情况。请问该公司股票的价格为多少？

根据二阶段增长模型，我们可以得到：

$$\begin{aligned}P_0&=\frac{\mathrm{Div}_1}{1+r}+\frac{\mathrm{Div}_1(1+g_H)}{(1+r)^2}+\frac{\mathrm{Div}_1(1+g_H)^2}{(1+r)^3}+\frac{\mathrm{Div}_1(1+g_H)^2(1+g_L)}{(1+r)^3(r-g_L)}\\&=\frac{5}{1+0.12}+\frac{5\times(1+0.08)}{(1+0.12)^2}+\frac{5\times(1+0.08)^2}{(1+0.12)^3}+\frac{5\times(1+0.08)^2(1+0.05)}{(1+0.12)^3(0.12-0.05)}\\&=75.19(\text{元})\end{aligned}$$

第3节　自由现金流量折现模型

在上一节我们学习了利用股利折现模型来为股票定价，但是在现实的股票市场中公司的股利政策是多种多样的，有的公司的股利政策随着公司的经营状况和股利支付能力的改变而改变，甚至有的公司不支付股利，这就导致股利折现模型在很多时候不适用。

而自由现金流量折现模型弥补了股利折现模型的不足，该模型基于对公司未来的销售、费用和资本需求状况的合理预测，对公司股票进行定价。

拓展阅读

神州租车年业绩同比盈转亏

9.3.1 自由现金流量

在之前的章节中，我们已经了解过自由现金流量的相关概念。在利用自由现金流量来给股票定价的过程中，我们通常把自由现金流量划分为公司自由现金流量（FCFF）和股权自由现金流量（FCFE）。图 9-4 展示了公司自由现金流量和股权自由现金流量。公司自由现金流量是在公司总销售利润中扣除了净营运资本投资、固定资产投资以及经营性现金流量之后剩余的金额。其中，扣除的经营性现金流量包括税款，但是不包括利息支出。

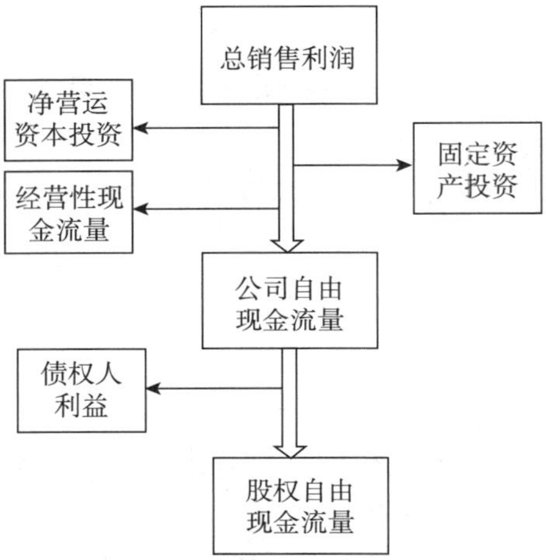

图 9-4 公司自由现金流量和股权自由现金流量

那么公司自由现金流量和股权自由现金流量在什么时候适用呢？通常，如果一家公司的资本结构相对稳定或者出现负的股权自由现金流量，公司自由现金流量更适用；反之，股权自由现金流量则更适用。

计算公司自由现金流量的方法有很多，这里我们从息税前利润（EBIT）的角度出发来讨论公司自由现金流量。公司自由现金流量的计算公式为：

$$FCFF = EBIT \times (1-t) + NCF - CapExp - \Delta NWC \tag{9-9}$$

其中，FCFF 是公司自由现金流量，t 是税率，NCF 是非现金性现金流（包含折旧、摊销等非现金项目），CapExp 是固定资产投资，ΔNWC 是净营运资本投资。第 2 章对 FCFF 的计算进行了详细阐述。

利用公司自由现金流量来对公司股票定价的理念依然是将未来现金流折现，即利用公司自由现金流量计算出公司的内在价值，然后在公司的内在价值中扣除公司债务和优先股的市场价值，继而得到公司普通股的内在价值。与之前的股利折现模型相似，按自由现金流量的增长率，我们可以将自由现金流量折现模型划分成自由现金流量固定增长（一阶段增长）模型、自由现金流量二阶段增长模型等。下面我们将围绕自由现金流量固定增长模型展开学习。

9.3.2 利用 FCFF 为股票定价

从 FCFF 的角度出发，我们需要先求出公司的内在价值 V_0，公司内在价值的计算公式为：

$$V_0=\frac{\text{FCFF}_1}{\text{WACC}-g} \tag{9-10}$$

其中，FCFF_1是下一年的公司自由现金流量，g 是公司长期实际增长率，WACC 是公司自由现金流量的折现率，展示了投资者对公司的必要收益率：

$$\text{WACC}=\frac{D}{D+E}\times R_D(1-t)+\frac{E}{D+E}R_E \tag{9-11}$$

其中，D 是公司的债务，E 是公司的股权，t 是税率，R_D 是债务成本，R_E 是股权成本。式（9-11）表示 WACC 其实是公司债权人和公司股东的必要收益率的加权平均。我们假设 WACC 和 g 是已知的，且 g 是固定的。公司普通股的价值和价格的计算公式分别为：

$$V_E=V_0-V_D-V_{\text{Pre}} \tag{9-12}$$

$$P_0=\frac{V_E}{N} \tag{9-13}$$

其中，P_0是公司股票的价格，V_E是公司普通股的价值，V_D是公司债务的价值，V_{Pre}是公司优先股的价值，N 是公司普通股的发行数量。

【例 9-4】 假设金融分析师王先生准备对 A 公司的股票进行定价。由于该公司的资本结构比较稳定，王先生准备用 FCFF 折现模型对该公司股票进行定价。王先生通过查阅该公司 2023 年的年度财务报表，得到以下信息：

- 2023 年公司固定资产折旧和无形资产摊销的总费用为 20 万元；
- 2023 年公司的 EBIT 为 100 万元；
- 2023 年公司用于购买固定资产的费用为 15 万元；
- 2023 年公司新增的净营运资本为 10 万元；
- 预计公司长期实际增长率为 6%；
- 投资者对公司的必要收益率（WACC）为 12%；
- 公司的债务价值为 30 万元，优先股价值为 10 万元；
- 公司发行的普通股数量为 100 万股；
- 税率为 25%。

请问该公司股票的价格为多少？

根据题目提供的信息，我们可以得到 $FCFF_{2023}$：

$$FCFF_{2023}=100\times(1-0.25)+20-15-10=70(\text{万元})$$

利用 $FCFF_{2023}$ 计算出 2023 年公司的内在价值 V_0，即：

$$V_0=\frac{70\times(1+0.06)}{0.12-0.06}=1\ 236.67(\text{万元})$$

题目给出了公司债务和优先股的价值，因此我们可以得到普通股的价值为：

$$V_E=1\ 236.67-30-10=1\ 196.67(\text{万元})$$

最终，我们可以得到该公司普通股的价格为：

$$P_0=\frac{1\ 196.67}{100}=11.97(\text{元})$$

9.3.3 利用 FCFE 为股票定价

我们可以通过多种方法计算 FCFE，在这里我们还是选择从 EBIT 的角度出发讨论 FCFE。FCFE 的计算公式为：

$$\text{FCFE}=\text{EBIT}\times(1-t)-\text{Int}\times(1-t)+\text{NCF}-\text{CapExp}-\Delta\text{NWC}+\text{NB} \quad (9-14)$$

其中，Int 是向债权人支付的利息，NB 是公司的债务净增加额。

公司普通股价值的计算公式为：

$$V_E=\frac{\text{FCFE}_1}{R_E-g} \quad (9-15)$$

公司普通股价格的计算公式为：

$$P_0=\frac{V_E}{N} \quad (9-16)$$

【例 9-5】 假设金融分析师张先生准备对 B 公司的股票进行定价。由于该公司属于价值型公司，股利支付稳定，张先生准备用 FCFE 折现模型对该公司股票进行定价。张先生通过查阅该公司 2023 年的年度财务报表得到以下信息：

- 2023 年公司固定资产折旧和无形资产摊销的总费用为 20 万元；
- 2023 年公司的 EBIT 为 100 万元；
- 2023 年公司用于购买固定资产的费用为 15 万元；
- 2023 年公司新增的净营运资本为 10 万元；
- 2023 年公司的债务净增加额为 15 万元；
- 2023 年向债权人支付的利息为 12 万元；
- 预计公司股利的长期增长率为 6%；
- 股东对公司的必要收益率即股权成本（R_E）为 12%；

- 公司的债务价值为30万元，优先股价值为10万元；
- 公司发行的普通股数量为100万股；
- 税率为25%。

请问该公司股票的价格为多少？

根据题目提供的信息，我们可以得到$FCFE_{2023}$：

$$FCFE_{2023}=100\times(1-0.25)-12\times(1-0.25)+20-15-10+15=76(\text{万元})$$

利用$FCFE_{2023}$计算出2023年普通股的内在价值V_E，即：

$$V_E=\frac{76\times(1+0.06)}{0.12-0.06}=1\ 342.67(\text{万元})$$

最终，我们可以得到该公司普通股的价格为：

$$P_0=\frac{1\ 342.67}{100}=13.43(\text{元})$$

思政课堂

股票市场作为资本市场的重要基石，对激发市场活力、促进企业成长和推动经济转型具有至关重要的作用。党的二十大报告提出，要深化金融体制改革，健全资本市场功能，提高直接融资比重，这为我们指明了股票市场发展的方向。2023年，我国股票市场继续秉承这一精神，通过深化改革、扩大开放、强化监管，不断提升市场的透明度和效率，为各类企业提供了更加公平、公正的融资环境，为投资者提供了更加丰富、多元的投资渠道。在此过程中，上市公司不仅要追求经济效益的最大化，更要积极履行社会责任，推动可持续发展。企业应积极响应国家战略，通过科技创新、绿色发展等手段，不断提升自身的核心竞争力，为社会和环境的可持续发展贡献力量。另外，股票市场的风险管理同样重要，我们必须完善市场信用体系，提高信息披露质量，强化市场监管，确保股票市场的健康发展。

加快推动股票市场数智化转型升级，是企业实现高质量发展的必然选择。通过科技手段提升市场运行效率，降低交易成本，提高市场透明度，使股票市场更好地服务实体经济。此外，企业在股票市场中的行为也应体现正确的经济伦理观，将诚信、责任、公正等价值观融入日常运营和财务管理中。政府和行业协会应加强对企业财务报告的监管，推动行业自律，保障财务信息的公信力，维护资本市场的稳定和投资者的信心。

通过这些措施，我们可以确保股票市场在服务国家战略、支持企业发展、促进经济转型升级中发挥更大的作用。股票市场的发展不仅关系到企业融资和投资者利益，更关系到国家经济的稳定与发展。我们必须深化对股票市场重要性的认识，加强市场监管，推动市场创新，培养具有社会责任感的金融市场参与者，共同推动我国股票市场的健康、稳定、可持续发展，为实现中华民族伟大复兴的中国梦贡献力量。

本章小结

本章介绍了股票的基本形式、股利折现模型和自由现金流量折现模型。股票的基本形式包括普通股和优先股。了解股票的内在价值对机构投资者和个人投资者有着重要的意义。比如投资者将股票的内在价值与当前市场价值即股票价格进行对比，当股票价格大于股票的内在价值时，投资者可以卖出该股票；当股票价格小于股票的内在价值时，投资者买入股票以获得超额收益。

本章讨论了两种最常见的股票定价方法：股利折现模型和自由现金流量折现模型。两种方法的基本原理都是将未来现金流折现到当前时刻。股利折现模型适用于股利发放稳定的价值型公司，而当公司的股利不稳定或者公司不发放股利时，我们常用自由现金流量折现模型来为该公司股票定价。

围绕股利折现模型，根据股利的增长速度不同，我们学习了零增长股利折现模型、固定增长（一阶段增长）股利折现模型和多阶段增长股利折现模型。围绕自由现金流量折现模型，根据现金流量的属性不同，我们学习了公司自由现金流量折现模型和股权自由现金流量折现模型。如果公司的资本结构稳定，或者公司的股东现金流流出大于股东现金流流入，我们一般应用公司自由现金流量折现模型来对股票进行定价。

中国公司金融实践

华熙生物是一家知名的生物科技公司和生物活性材料公司，主要聚焦于功能糖类和氨基酸类物质。该公司是一家集研发、生产和销售于一体的透明质酸全产业链平台公司，在利用微生物发酵技术生产透明质酸方面处于优势地位。透明质酸作为一种广泛应用于医药、化妆品和食品行业的多功能生物活性物质，市场需求稳步增长。基金经理王先生准备对该公司的股票进行定价，评估该公司的股票市场价格与公司的内在价值是否一致。

思考题

假设该公司 2023 年的财务报表如下：

- 2023 年公司固定资产折旧和无形资产摊销的总费用为 100 万元；
- 2023 年公司的 EBIT 为 4 亿元；
- 2023 年公司用于购买固定资产的费用为 50 万元；
- 2023 年公司新增的净营运资本为 200 万元；
- 预计公司长期实际增长率为 9%；
- 投资者对公司的必要收益率（WACC）为 15%；
- 公司的债务价值为 5 000 万元，优先股价值为 2 000 万元；
- 公司发行的普通股数量为 4 亿股；
- 税率为 25%。

请问该公司股票的定价应为多少？假设 2023 年末该公司股票的市场价格为 134.67 元，请问该价格是否与公司的内在价值一致？

课后习题

简答题

1. **优先股**　请简述普通股和优先股的区别。

2. **股利折现模型**　请简述股利折现模型的基本原理。股利折现模型根据股利的增长速度不同可以分为哪些类型？

3. **自由现金流量折现模型**　请简述自由现金流量折现模型的基本原理。根据自由现金流量的属性不同，有哪些自由现金流量折现模型？它们分别在什么情况下适用？

计算题

1. **股票定价**　基金经理王先生购买了 A 公司的股票，该股票第一年年末支付的股息是每股 8 元，之后第二年和第三年年末均以 10%的增长率支付股息（$g=10\%$），从第四年开始预计股利增长率降为 3%，此后股利增长率将一直保持在 3%的水平。投资者的必要收益率为 15%，公司不会面临倒闭或者清算的情况。请问该公司的股价为多少？

2. **股票定价**　基金经理王先生准备对 A 公司的股票进行定价。由于该公司的资本结构比较稳定，王先生准备用 FCFF 折现模型对该公司股票进行定价。王先生通过查阅该公司 2023 年的年度财务报表得到以下信息：

- 2023 年公司固定资产折旧和无形资产摊销的总费用为 10 万元；
- 2023 年公司的 EBIT 为 200 万元；
- 2023 年公司用于购买固定资产的费用为 30 万元；
- 2023 年公司新增的净营运资本为 15 万元；
- 预计公司长期实际增长率为 8%；
- 投资者对公司的必要收益率（WACC）为 10%；
- 公司的债务价值为 50 万元，优先股价值为 10 万元；
- 公司发行的普通股数量为 100 万股；
- 税率为 25%。

请问该公司股票的价格为多少？

综合案例

资产定价理论的应用——中航沈飞

4

PART FOUR

|第4篇|

资本结构与股利政策篇

第10章
资本成本

章前引例

京东集团，作为我国领先的电商企业之一，自成立以来，凭借高效的物流体系和不断扩大的商品类别，已成为电商行业的佼佼者。京东集团的成功，不仅仅在于其业务模式的创新，更在于其对资本成本的精准把握和财务管理的卓越能力。京东集团的资本结构主要由权益资本和债务资本构成，其融资模式包括股权融资和债权融资。2024 年，京东集团在资本市场上的动作频繁，展现了其灵活的融资策略和对资本成本的有效控制。

在股权融资方面，自 2014 年在美国纳斯达克上市以来，京东集团多次通过股票增发等方式筹集资金，以支持其业务扩张和技术升级。2024 年，京东集团再次宣布完成了一轮定向增发，筹集资金超过 5 亿美元，主要用于加强供应链能力和技术投入。在债权融资方面，京东集团亦通过发行公司债券、银行贷款等债权融资手段，优化其资本结构，降低资本成本。2024 年上半年，京东集团成功发行了总计 10 亿美元的绿色债券，用于支持可持续发展项目，这不仅体现了公司对社会责任的承诺，也展示了其在资本市场的良好信誉。此外，京东集团对资本成本的管理十分严格。例如，通过优化债务结构，京东集团有效地降低了债务资本成本，提高了财务灵活性。2024 年第一季度财报显示，京东集团的债务资本成本相比去年下降了 0.5%，这主要得益于其对低利率债务的充分利用和对高成本债务的置换。

资本成本，是京东集团在进行资本预算和项目评估时的重要考量。只有当预期的项目收益率高于其资本成本时，京东集团才会考虑投资。例如，2024 年京东集团投资于智能物流中心的扩建，就是因为预计的内部收益率高于其资本成本，从而增加了公司价值。京东集团的资本成本管理，体现了其在资本结构优化和资本成本控制方面的专业能力。通过精准的资本成本计算和灵活的融资策略，京东集团不仅保证了充足的现金流，还有效降低了财务风险，为公司的持续增长和竞争力提供了坚实的财务基础。对于京东集团而言，资本成本不仅是财务报表上的一个数字，更是其战略决策和长期规划的重要依据。

资本成本是资本预算中的重要元素之一，本章将具体学习如何对资本成本进行估算，讨论资本成本对企业和投资者的意义。习近平强调，要加强新的时代条件下资本理论研究。在社会主义制度下如何规范和引导资本健康发展，这是新时代马克思主义政治经济学必须研究解决的重大理论和实践问题。

学习目标

- 理解资本成本的概念，了解风险和资本成本的关系。
- 掌握债务资本成本和优先股资本成本的计算，比较这两者的区别。
- 掌握运用资本资产定价模型（CAPM）来估算权益资本成本的方法，学会使用股利折现模型（DDM）来估计权益资本成本，并比较两种方法的优缺点。
- 掌握加权平均资本成本的计算方法，理解部门和项目资本成本的概念。
- 通过学习资本成本相关理论，掌握资本在社会主义市场经济中的作用，理解资本成本相关理论与国家经济发展政策的内在联系。

在前面的章节我们提到公司会通过资本预算来决定应该投资什么样的项目，在资本预算过程中我们又常会用到资本成本（cost of capital）这个重要概念。

在资本预算的学习中我们遇到过这样的问题：当评估是否要对某个项目进行投资时，我们可以计算这个项目的净现值，并将其与 0 比较进而判断是否接受该项目。首先要估计该项目能带来的未来现金流，然后将它们折现之后再与初始投资成本进行比较。若净现值大于 0 就接受该项目，反之则拒绝。在这个过程中有一个很重要的问题就是如何选择合适的折现率。在金融学理论中，收益与风险是匹配的，收益的高低是基于风险程度的高低，只有项目能够创造出超过同等风险金融资产的收益，才意味着项目具有投资价值。所以我们就用相同风险水平的金融资产的期望收益率作为该项目要求的最低收益率，也称必要收益率，这就是该项目的资本成本。

知识讲解

本视频节选自江西财经大学“公司金融”慕课，可登录慕课网站搜索查看完整视频。

资本

资本成本应该从筹资活动和投资活动两个方面来分析。从筹资者的角度来看，资本成本是取得资本使用权所付出的成本；从投资者的角度来看，资本成本是投资者所要求的必要收益率。值得注意的是，投资者的必要收益率正是筹资者的资本成本。本章将从筹资者的视角出发，根据项目风险以及投资者期望的收益率对资本成本进行讨论。

公司资本一般来源于债权人或者股东，资本成本可以分为权益资本成本和债务资本成本两大类，这里的资本成本都是单一的融资方式所产生的个别资本成本。权益资本主要包括普通股股东和优先股股东投入的资金以及留存收益所形成的盈余公积；债务资本主要是短期借款、长期贷款、债券以及融资租赁资金等，这些资金来源都会产生相应的利息。由于企业经营获得的利润要优先支付利息给债权人，扣除税收后再分配给股东，显然股东的投资风险要大于债权人，所以股东要求的收益率也必然大于债权人。因此，不同融资方式的实际资本成本会有所不同，我们接下来将具体分析。

大多数公司的资金来源同时包含权益和债务，如果想要知道整家公司的平均融资成本，就需要之前我们提到过的一个概念：加权平均资本成本（weighted average cost of capital，WACC）。WACC 是公司通过多元化融资方式产生的综合资本成本，衡量的不再是单一项目的资本成本，而是公司整体水平上的资本成本。WACC 是以公司各项资本占总资本的比例为权重，对各项资本成本进行加权平均得到的结果，故被称为加权平均资本成本，计算公式如下：

$$\mathrm{WACC}=\sum_{i=1}^{n} w_i R_i \tag{10-1}$$

其中，R_i 代表第 i 种个别资本成本，w_i 代表该种资本在全部资本中所占的比重。

资本成本还会对资本结构产生重要影响。资本结构是公司的全部债务与权益资本的比例，而公司的融资方式恰好决定了该比例。现代资本结构理论认为每家公司都应该存在一种最优资本结构，该资本结构会使公司价值最大化或者资本成本最小化。换句话说，在其他条件相同的情况下，为达到最优资本结构，公司应该优先选择综合资本成本最低的筹资方式，这是融资决策过程中的重要依据。

H 公司是一家以批发食品为主要业务的企业，表 10－1 列出了其资产负债表，而且该表增加了三项内容：基于账面价值计算的投资者提供的资本、所提供资本的市场价值以及计划的目标资本结构。

表 10－1　H 公司资产负债表及资本占比

资产		负债与股东权益		账面价值	市场价值	目标资本结构
现金	84	应付账款	312	长期负债：531（18.76%）	长期负债：500（14.29%）	长期负债：26%
应收账款	165	应付票据	231	股东权益：2 299（81.24%）	股东权益：3 000（85.71%）	股东权益：74%
存货	393	流动负债小计	543			
流动资产小计	642	长期负债	531			
固定资产	2 731	非流动负债小计	531			
非流动资产小计	2 731	负债合计	1 074			
		普通股	500			
		留存收益	1 799			
		股东权益合计	2 299			
资产合计	3 373	负债与股东权益合计	3 373			

注：金额单位为百万元。

从表 10－1 中我们可以得到各项资本及其权重。在计算资本成本时，通常不用考虑应付账款和应付票据等流动负债，因为它们来自经营活动而不是投资者，但我们需要重视如何选择各项资本占总资本的权重。

WACC 中每项资本成本的权重确定存在三种选择，分别是账面价值权重、市场价值权重和目标资本结构权重。

对权重的选择需要注意以下三点：

（1）如果企业有目标负债权益比，优先考虑目标资本结构权重，它既指企业或项目寿命内占主导地位的权重，也是筹资选择的最佳估计，但目标资本结构要尽可能保证客观合理。

（2）资本成本应该反映当前情况下的实际成本，如果没有提供目标资本结构权重，权重需要按市场价值计算，而不能按账面价值计算，因为账面价值代表过去已经发生的价值，采用账面价值权重计算得到的只是历史沉没成本。

上市公司的权益市场价值等于企业股票收盘价（不复权）乘以发行在外的流通股数量，负债市场价值按照企业在存续期内对每期现金流折现来计算。对于非上市公司，权益市场价值一般用自由现金流量折现模型来计算，负债市场价值按照企业在存续期内对每期现金流折现来计算。

（3）在实际业务中，也有公司采用账面价值权重，采用这种方式的好处在于很容易从资产负债表中得到数据，计算方便。但是在股票、债券及其他资本的账面价值与市场价值相差甚远时，所得到的加权平均资本成本则不可靠。若采用资本的账面价值作为权重，很有可能会导致投资者做出错误决策。

第 1 节　固定收益证券资本成本

10.1.1　债务资本成本

债务资本成本是债权人对公司所要求的最低收益率，实际上就是公司发行债券以及长期借款应该支付的利率。

现实中根据债务违约风险的不同，对债务资本成本的考量可以分为两种情况：如果债务面临显著违约风险，就有必要考虑违约风险所带来的损失对投资收益率的影响；通常对于债券而言，违约风险较低，如果一家公司已经发行了债券，债务资本成本就可以直接用该债券的到期收益率表示。

值得注意的是，已发行债券的票面利率只在债券发行时刻对债务资本成本具有有限的参考价值，或者说只有价格等于面值的债券，票面利率才等于到期收益率。一般在债券发行之后，随着市场发生变化，票面利率与债务资本成本没有必然的联系，估计债务资本成本的最佳方式仍是计算债券的到期收益率。根据到期收益率的定义，我们可以按下式计算：

$$P_0=\sum_{t=1}^{n}\frac{C}{(1+R_d)^t}+\frac{F}{(1+R_d)^n} \tag{10-2}$$

其中，R_d 为到期收益率，C 和 F 分别代表每期支付的利息和债券面值，n 为债券到期期限。

前面计算的债务资本成本都是指税前成本，但在实践中对债务资本成本的估算必须考虑税收的影响，因为按照国际惯例和税法规定，利息可以抵税。正是因为债务利息的税盾效应，债务的实际资本成本才会下降。

$$税后债务资本成本=税前债务资本成本\times(1-税率) \tag{10-3}$$

我们来看这样一个例子：

现有经营快递业务的甲、乙两家公司，甲公司是一家全权益公司，不存在任何债务，而乙公司存在 100 万元的债务，利率为 20%。假设两家公司其他方面都相同，息税前利润都为 200 万元，且公司的税率为 30%。

由表 10-2 可知，乙公司每年要多支付 20 万元的债务利息，税前利润减去税收后只有 126 万元；甲公司没有负债，税后利润为 140 万元，只比乙公司多 14 万元，那是因为乙公司可以少支付 6（=20×30%）万元的债务成本。

表 10-2 税盾效应 单位：万元

	甲公司	乙公司
息税前利润	200	200
债务利息	0	20
税前利润	200	180
税收	60	54
税后利润	140	126

【例 10-1】 英特公司发行了面值为 1 000 元、期限为 30 年的长期债券，利率为 8%，每年付息一次，发行价格为 1 100 元。该债券的税前资本成本是多少（这里不考虑发行成本）？如果存在 10%的公司税率，所发行债券的税后资本成本应该是多少？

已知债券价值的计算公式为：

$$P_0=\sum_{t=1}^{n}\frac{C}{(1+R_d)^t}+\frac{F}{(1+R_d)^n}$$

代入实际数据得到：

$$1\ 100=\sum_{t=1}^{30}\frac{80}{(1+R_d)^t}+\frac{1\ 000}{(1+R_d)^{30}}$$

通过插值法计算出到期收益率 R_d 为 7.27%，即该债券的税前资本成本为 7.27%。如果考虑 10%的税率，由于税盾效应，税后资本成本为 7.27%×(1−10%)=6.543%。

10.1.2 优先股资本成本

优先股虽然属于股票，但是股利发放方式却和普通股大不相同，优先股股利是事先确定并且固定的，可以被看作一笔稳定而且无止境的现金流。因此，可以用永续年金的计算方法来计算优先股资本成本，计算公式为：

$$R_P=\frac{D_P}{P_P} \tag{10-4}$$

其中，R_P 是优先股资本成本，D_P 是优先股每年股利，P_P 是优先股发行价格。

国内的大银行都纷纷发行了优先股，中国银行表现得尤为突出，在资本工具创新与发行方面十分卓越，进一步夯实了资本基础，增强了服务实体经济的能力。优先股股利与债券利息相似，都是事先可以确定的，区别就在于优先股股利不具有利息的抵税作用，因此无须进行税收调整。

拓展阅读

中国证监会发布《优先股试点管理办法》

公司发行优先股一般需要支付发行费用，存在发行费用的优先股资本成本可按下列公式计算：

$$R_P=\frac{D_P}{P_P(1-f_p)} \tag{10-5}$$

其中，f_p 为优先股筹资费率。

【例 10－2】 假设某银行发行的优先股每股价格为 18.6 元，每年支付股利 1 元，优先股筹资费率为 3%。该优先股的资本成本应该为多少？

根据式（10－5）得：

$$R_P=\frac{D_P}{P_P(1-f_p)}=\frac{1}{18.6\times(1-3\%)}=5.54\%$$

5.54%就是该优先股的资本成本。

第 2 节　权益资本成本

普通股资本成本是股东对公司投资所要求的必要收益率，也是公司通过发行普通股融资需要承担的成本。在股价不变的情况下，这是公司应该为投资项目的权益融资部分赚取的最低收益率，如果低于这一水平，股价长期来看将会趋于下降。

公司可以通过发行新股和送股两种方式进行股权融资。如果公司采取发行新股的方式进行融资，就会产生发行费用等交易成本，这是发行新股的融资成本，在下文我们会详细讨论。如果使用留存收益，情况会有所不同，大多数时候当公司内部有充足的现金流时，往往就会使用留存收益去覆盖权益融资部分，这样做的好处在于可以节省一笔发行费用，从而降低融资成本。因为留存收益是公司税后净利润的一部分，属于一种股东权益，从本质来说是所有者对公司的追加投资，因此公司使用留存收益就不存在筹资费用。正因如此，留存收益成本低于发行新股产生的股本成本。但这并不代表留存收益成本为零，实际上拥有留存收益的公司一般面临两个选择：要么以股利形式支付给股东，要么保留资金用来投资更赚钱的项目，该项目所带来的收益率理论上不会低于股东购买相同风险的其他金融资产的未来收益率。这就说明了使用留存收益会涉及机会成本，将会丧失把留存收益投资于其他资产带来的收益。

对公司来说，普通股股东并不会直接告诉公司他们要求的必要收益率是多少，我们需要找到能够估计每只股票的必要收益率的方法。资本资产定价模型（CAPM）和股利折现模型（DDM）是两种常用的方法，我们接下来将为大家介绍这两种方法的使用。

知识讲解

本视频节选自江西财经大学“公司金融”慕课，可登录慕课网站搜索查看完整视频。

权益成本估算

10.2.1　采用 CAPM 估计权益资本成本

在实践中，CAPM 是在估计普通股资本成本中使用最广泛的方法，这是一种基于风险来衡量股票收益率的方法。根据该模型，股票期望收益率 R_s 的计算公式如下：

$$R_s = R_f + \beta(R_m - R_f) \tag{10-6}$$

其中，R_f 表示无风险利率；$(R_m - R_f)$ 表示市场组合期望收益率与无风险利率之差，称为市场风险溢价；β 是公司股票的贝塔系数。

无风险利率、市场风险溢价和贝塔系数这三个变量是我们利用资本资产定价模型来估算权益资本成本需要知道的重要信息，能够准确描述投资者的预期。接下来我们将讨论该如何对它们进行估计。

10.2.2　无风险利率的选择

无风险利率是指将资金投资于某个没有任何风险的对象所能得到的利率，这是一种理想的情况，现实中基本找不到完全没有违约风险的金融资产，但是不难找到相似的替代品。通常选择以国债的当前收益率作为无风险利率的估计标准，因为只有国债才最接近没有违约风险的理想情况。在绝大多数情况下，公众都相信政府发行的债券违约风险非常低，尤其是有国家信用充当保障的国债，违约风险几乎为零。

在发达国家的成熟资本市场中，债券种类丰富而且交易活跃，通常认为流动性风险极低甚至趋近于零。对于金融市场更发达的国家来说，由于利率已经市场化，存在基准市场利率，很容易确定无风险利率。在我国大量的学术研究与实务工作中，在多数情况下都采用央行一年期存款利率作为无风险利率。

拓展阅读

中国人民银行决定下调存贷款基准利率并降低存款准备金率

值得注意的是，国债仍然存在除了违约风险以外的风险。首先，国债会受到利率波动的影响。因此在选择无风险利率时，国债期限应该与项目产生现金流的期限相对应，也就是说，几年期投资就应该选择相同的几年期国债利率，这样才能够保证最大限度地接近无风险利率。由于现实中的项目以及股票投资一般都是长期的，因此也有相当多的从业人员表现出了对长期债券的偏好，采用 10 年期甚至更长期限的国债收益率。

其次，应该考虑通货膨胀的影响。我们把包含通货膨胀的利率称为名义利率，由于国债一般都是使用包含通货膨胀的货币进行未来现金流的支付，因此所选择的无风险利率通常是包含通货膨胀的名义利率。但是，如果存在严重的通货膨胀，就应该选择剔除了通货膨胀因素的实际现金流和实际利率。

10.2.3 对市场风险溢价的估计

市场风险溢价是指市场组合期望收益率高于无风险利率的那部分差额，用来衡量投资者承担风险所获得的额外报酬。

想要计算市场风险溢价，显然需要知道市场组合期望收益率与无风险利率。对无风险利率的估计我们已经在上一小节进行了讨论，而市场组合期望收益率不易直接得到，因为我们无法观测市场组合的未来收益率。不过，我们可以用股票指数作为对市场组合的替代，再使用历史数据估计股票市场的期望收益率，大多数从业人员都是通过用长期的股票指数历史平均收益率减去无风险利率来估计市场风险溢价的。

但是这种方法会受到股本规模、时间跨度、平均计算方式等因素的影响，使用历史数据估计市场风险溢价时应该注意以下几点：

第一，运用历史数据来估计风险溢价是使用最广泛的方法，该方法基于过去的真实记录，容易获得数据而且客观，很多机构人员都习惯使用沪深 300 指数作为市场组合的代表。

第二，使用历史数据的方式应有一个内在的假设，要求数据应该是稳定的，但显然现实中的股票收益率由于风险不同，会随时间的推移而变化。为了降低干扰因素的影响，最好选择较长时间段的历史平均收益率数据，以提高估计的准确性。

第三，得到股票指数的历史数据后，可以采用算术平均法或者几何平均法来计算历史平均收益率。即使是使用同样的数据，这两种方法也会产生不同的结果，会导致风险溢价产生较大差异。从历史收益的角度来看，算术平均法更为合适。通常情况下，算术平均法是对历史的简单平均。如果收益率长期稳定，并且各个阶段历史收益率互不相关，那么算术平均法可以被看作很好的处理方式。美中不足的是，算术平均法比较依赖所选择的时间间隔，使用不同时间间隔估计得到的市场风险溢价存在明显差异。

知识讲解

本视频节选自江西财经大学“公司金融”慕课，可登录慕课网站搜索查看完整视频。

贝塔系数

10.2.4 对贝塔系数的估计

贝塔系数被用来度量证券收益率对市场组合收益率变动的反应程度。如果某只普通股的贝塔系数大于 1，则说明股票风险高于市场风险；反之，则说明股票风险低于市场风险。

股票的贝塔系数等于股票收益率与市场组合期望收益率的协方差除以市场组合期望收益率的方差，计算公式为：

$$\beta_i=\frac{\mathrm{Cov}(R_i,R_m)}{\mathrm{Var}(R_m)}=\frac{\rho_{i,m}\sigma_i\sigma_m}{\sigma_m^2} \tag{10-7}$$

除了运用公式来计算贝塔系数外，现实中常用的方法是利用历史数据对股票收益率 R_i 和市场组合期望收益率 R_m 进行回归分析，将贝塔系数作为市场组合期望收益率的系数进行估计：

$$R_i=\alpha_i+\beta_i\times R_m \tag{10-8}$$

其中，α_i 代表股票 i 的回归常数，β_i 代表股票 i 的贝塔系数，用来度量风险。

比如，我们想估计某上市公司股票的贝塔系数，我们可以先通过一些数据库（如国泰安、Wind 数据库）找到目标股票过去几年的月收益率，以沪深 300 指数为市场组合，借助数据分析工具（如 Stata 分析软件）进行回归分析，估计该股票的贝塔系数。

使用回归分析方法会面临以下问题：（1）若选用较短期的股票收益率数据进行回归分析，可能导致样本量太小，影响估计准确度；（2）如果选择过长的期限，可能会面临贝塔系数受财务风险和经营风险等因素影响而发生变化的问题。对于这些问题，我们可以采用更加复杂的统计技术以及根据财务风险和经营风险做出相应的调整，在进行回归分析前，尤其要了解公司的财务特征和经营特征是否发生了根本性的变化。

公司的贝塔系数是由公司的特征决定的，它反映公司股票收益率对市场组合期望收益率变动的敏感程度。贝塔系数的影响因素有以下三个：

第一，经营周期性。公司的经营状况对市场行情越敏感，则贝塔系数越大。某些行业比如汽车、零售，很多公司的经营收入与经济周期密切相关，但是铁路、航空类公司的经营收入与经济周期的相关性就比较弱。在其他条件相同的情况下，经营收入与经济周期密切相关的公司的股票收益率和市场组合期望收益率的协方差更大，因此会有更大的贝塔系数。

常见问题

周期性与变动性

周期性通常是由经济环境的变化引起的，与商业和经济活动密切相关。对于周期性，贾俊平等学者在《统计学》中曾这样概述：周期性也称循环波动，是时间序列中呈现出来的围绕长期趋势的一种波浪形或震荡式变动。循环波动的周期可能会持续一段时间，但它不同于趋势变动，不是朝着单一方向的持续运动；它也不同于季节性变动，季节性变动有比较固定的规律，变动周期大多为一年，循环波动则无固定规律，变动周期多在一年以上，且周期长短不一。

第二，经营杠杆。经营杠杆又称营运杠杆，是指企业在生产运营过程中由于存在固定成本而形成的杠杆，导致息税前利润变动率大于销售变动率，增大了利润的波动幅度。因经营杠杆而产生的风险被称作经营风险。在一定产销量范围内，固定成本总额保持不变，但是产销量增加会降低单位产品的固定成本，成本降低会引起利润增加，因此利润增长率大于产销量增长率，反之亦然。

A 公司专门从事家具生产，近几年销售额一直保持在 1 000 万元和 4 000 万元之间，在这一范围内的固定成本为每年 800 万元，变动成本率为 50%。现在分析以下两种情况：

（1）如果 A 公司在 2021—2023 年的销售额持续增长，增长率分别为 20%和 33%，那么可以发现：随着销售额的上升，EBIT 以更快的速度上升，EBIT 增长率分别达到了 56%和 71%（见表 10－3）。

表 10－3　A 公司经营杠杆情况 1

年份	销售额（万元）	销售额增长率（%）	固定成本（万元）	变动成本（万元）	EBIT（万元）	EBIT 增长率（%）
2021	2 500	—	800	1 250	450	—
2022	3 000	20	800	1 500	700	56
2023	4 000	33	800	2 000	1 200	71

（2）如果 A 公司在 2021—2023 年的销售额持续下降，下降率分别为 25%和 17%，可以发现：随着销售额的下降，EBIT 以更快的速度下降，EBIT 下降率分别达到了 42%和 36%（见表 10－4）。

表 10－4　A 公司经营杠杆情况 2

年份	销售额（万元）	销售额下降率（%）	固定成本（万元）	变动成本（万元）	EBIT（万元）	EBIT 下降率（%）
2021	4 000	—	800	2 000	1 200	—
2022	3 000	25	800	1 500	700	42
2023	2 500	17	800	1 250	450	36

由此可见，经营杠杆对经营风险具有综合性的影响。当销售额提高时，公司息税前利润的上升幅度会远大于销售额的上升幅度。但是，如果不能有效利用好经营杠杆，当销售额降低时也会使息税前利润的下降幅度远高于销售额的下降幅度。

通常使用经营杠杆系数（DOL）来度量经营杠杆的大小，经营杠杆系数是息税前利润的相对变动与销售量的相对变动之比，用来表示息税前利润相对于销售量的弹性。经营杠杆系数的计算公式为：

$$\mathrm{DOL}=\frac{\dfrac{\Delta \mathrm{EBIT}}{\mathrm{EBIT}}}{\dfrac{\Delta Q}{Q}} \tag{10-9}$$

其中，EBIT 表示变动前的息税前利润，ΔEBIT 表示息税前利润变动额，Q 表示变动前的销售量，ΔQ 表示销售量变动量。

假设在一定范围内，固定成本和变动成本的比率保持稳定，成本与销售量、利润也都保持稳定的比例关系，我们用销售额来表示，也可以将经营杠杆系数写成如下公式：

$$\mathrm{DOL}_S=\frac{S-\mathrm{VC}}{S-\mathrm{VC}-F} \tag{10-10}$$

其中，S 表示销售额，VC 表示变动成本，F 表示固定成本。

根据式（10－9），经营杠杆系数增大意味着销售量的相对变动会导致息税前利润的相对变动增加，经营风险增大。企业的固定成本越高，变动成本越低，那么经营杠杆系数就越大，利润的波动程度就越高。因此，高经营杠杆系数会放大企业经营收入的周期性对贝塔系数的作用，贝塔系数则相应提高。

需要注意的是，对于同一企业，经营杠杆系数并不是一成不变的。还是以 A 公司为例，如果其固定成本仍为 800 万元，变动成本率为 50%，现假设公司近四年的销售额依次为4 000 万元、3 000 万元、2 000 万元、1 600 万元，那么其经营杠杆系数分别为：

$$\mathrm{DOL}_1=\frac{4\,000-4\,000\times 50\%}{4\,000-4\,000\times 50\%-800}=1.7$$

$$\mathrm{DOL}_2=\frac{3\,000-3\,000\times 50\%}{3\,000-3\,000\times 50\%-800}=2.1$$

$$\mathrm{DOL}_3=\frac{2\,000-2\,000\times 50\%}{2\,000-2\,000\times 50\%-800}=5$$

$$\mathrm{DOL}_{临界}=\frac{1\,600-1\,600\times 50\%}{1\,600-1\,600\times 50\%-800}\rightarrow\infty$$

由此发现，在固定成本不变的情况下，销售额下降会导致变动成本降低，固定成本占总成本的比重增大，进而使得经营杠杆系数增大。当销售额达到临界值（盈亏平衡点）时，经营杠杆系数趋于无穷大，此时公司面临的经营风险也最大。

第三，财务杠杆。财务杠杆是因为支付固定利息而形成的杠杆，它会导致普通股每股收益变动程度大于息税前利润的变动程度。财务杠杆实际上代表了公司的负债程度，无论公司经营利润为多少，都需要支付固定利息给债务人，利息的多少又取决于债务的规模。在不考虑优先股的情况下，如果息税前利润上升，那么单位盈余下需要支付的利息费用就会降低，最终会增加普通股股东的收益；如果息税前利润降低，就会导致单位盈余下需要支付的利息费用上升，从而减少普通股股东的收益。值得注意的是，财务杠杆的大小并不会改变息税前利润，但是会影响税后利润。

财务风险是公司负债经营过程中产生的风险，财务杠杆体现了公司对债务融资的依赖程度。通常用财务杠杆系数（DFL）来度量财务杠杆的大小，财务杠杆系数等于每股收益变动率与息税前利润变动率之比。财务杠杆系数的计算公式为：

$$\mathrm{DFL}=\frac{\dfrac{\Delta\mathrm{EPS}}{\mathrm{EPS}}}{\dfrac{\Delta\mathrm{EBIT}}{\mathrm{EBIT}}} \tag{10-11}$$

其中，EPS 表示变动前的普通股每股收益，ΔEPS 表示普通股每股收益的变动额。

假设 A、B、C 是三家经营相同业务的上市公司，各自的资本结构有所不同，相关信息如表 10－5 所示。现假定三家公司的息税前利润都为 400 万元，同时增加一倍后，观察其每股收益的变化。

表 10-5 三家公司每股收益情况

	A	B	C
普通股股本（万元）	4 000	3 000	2 000
发行股数（万股）	400	300	200
债务（利率 8%）（万元）	0	1 000	2 000
资本总额（万元）	4 000	4 000	4 000
息税前利润（万元）	400	400	400
债务利息（万元）	0	80	160
税前利润（万元）	400	320	240
所得税（税率 20%）（万元）	80	64	48
税后利润（万元）	320	256	192
财务杠杆系数	1	1.26	1.67
普通股每股收益（元/股）	0.8	0.85	0.96
息税前利润增加一倍（万元）	800	800	800
债务利息（万元）	0	80	160
税前利润（万元）	800	720	640
所得税（税率 20%）（万元）	160	144	128
税后利润（万元）	640	576	512
普通股每股收益（元/股）	1.6	1.92	2.56

通过观察我们可以发现，这三家公司的资本总额相同，但随着债务的比重不断加大，财务杠杆系数也在增大。同时，在息税前利润都增加 1 倍后，A 公司的每股收益也增加了 1 倍，而 B 公司和 C 公司分别增加了 1.26 倍和 1.67 倍。由此看出，在息税前利润增长相同程度的情况下，财务杠杆系数越高的公司，其每股收益上升的幅度也越大。

总之，对于杠杆企业，不管经营状况如何，都一定要为债务支付利息，这样就构成了一笔固定财务费用。财务杠杆与企业固定财务支出有密切关系，它加大了净收益的波动程度，从而就会提高公司的贝塔系数。

【例 10-3】 假设 A 公司正在确定权益资本成本，该公司全部采用权益融资，没有负债，经过回归分析得出 A 公司的贝塔系数为 1.5，6 个月期的短期国债收益率为 1.5%，标准普尔 500 指数收益率为 8%。请估计 A 公司的权益资本成本。

因为该公司全权益融资，根据 CAPM，有：

$$R_s = R_f + \beta(R_m - R_f) = 1.5\% + 1.5 \times (8\% - 1.5\%) = 11.25\%$$

所以，A 公司的权益资本成本为 11.25%。

10.2.5　采用股利折现模型估计权益资本成本

除了使用资本资产定价模型外，还可以采用股利折现模型（DDM）来估计权益资本成本。

理论上股票价值等于未来可能产生的所有现金流的现值之和。但是考虑到普通股每期支付的现金股利起伏不定，无法用未来每期收益进行折现，所以我们假设现金股利按一个固定速度 g 增长。在前面的章节我们已经给出了固定增长股利折现模型，股票价格为：

$$P=\frac{\mathrm{Div}_1}{R_s-g}$$

变形可得：

$$R_s=\frac{\mathrm{Div}_1}{P}+g \tag{10-12}$$

其中，R_s 是股票期望收益率，Div_1 是第一期期末支付的股利，P 是股票价格。

从式（10－12）中我们可以看出，如果公司股利随时间按速率 g 固定增长，股票期望收益率就等于股利收益率和股利增长率之和，在这里看作普通股的资本成本。对于股利增长率，除了通过分析师来预测短期增长率和使用历史数据来获得股利增长率两种途径外，也可以使用下面的公式：

$$g=\text{留存比率}\times \mathrm{ROE} \tag{10-13}$$

【例 10－4】　某公司最近一次发放的普通股股利为每股 3 元，同时现金股利按照每年 4%的固定速率增长，目前该公司的股票价格为每股 30 元，问该公司普通股的资本成本为多少？

根据股利折现模型计算该普通股的资本成本：

$$R_s=\frac{3\times(1+4\%)}{30}+4\%=14.4\%$$

股利折现模型和资本资产定价模型都是合理的，既具有内部一致性，也存在很多不同。股利折现模型的优点在于计算简单明了，但只适用于稳定支付股利的公司，对不发放股利或者股利发放不规则的公司则不适用，同时在估计单家公司股票增长率的时候误差更大，而且没有直接考虑投资风险的大小。

相对而言，在实际工作中对资本资产定价模型的使用更加频繁。资本资产定价模型从风险出发，基于市场整体来考虑，能够在一定程度上消除误差，也不会受到股利要求限制，不过，这种方法的难点在于是否能够准确估计相应的参数。

第 3 节　加权平均资本成本

> 知识讲解
>
> 本视频节选自江西财经大学“公司金融”慕课，可登录慕课网站搜索查看完整视频。
>
> 加权平均资本成本

公司资本成本是资本结构中各种资金来源的一个组合成本，是不同类型资本的加权平均数，即加权平均资本成本，它反映公司的整体风险。在前文我们都是单独考虑债务和权益的资本成本，在本节我们需要同时讨论债务资本成本和权益资本成本。考虑到我国企业较少发行优先股，因此本书不做重点介绍。我们假设企业的资金来源既包括债务又包括权益，如果想要知道整家企业的平均融资成本，就应该同时考虑权益和债务带来的综合资本成本，对企业的债务资本成本与权益资本成本进行加权平均。

假设权益资本成本是 R_s，在不考虑税收的情况下，债务资本成本是 R_b，加权平均资本成本见式（10-14）；如果考虑税收，债务利息具有税盾效应，那么债务资本成本应为税后的债务资本成本，即 $R_b(1-t)$，加权平均资本成本见式（10-15）：

$$\text{WACC}=\frac{B}{B+S}\times R_b+\frac{S}{B+S}\times R_s \tag{10-14}$$

$$\text{WACC}=\frac{B}{B+S}\times R_b\times(1-t)+\frac{S}{B+S}\times R_s \tag{10-15}$$

其中，债务资本成本的权重是负债占总价值的比重 $\frac{B}{B+S}$；权益资本成本的权重是权益占总价值的比重 $\frac{S}{B+S}$。在不同的资本结构中，权重会有所不同，因此要视具体资本结构而定，相关知识在前文已经详细阐述，这里不再赘述。

很明显，若公司没有负债，全部采用权益融资，其加权平均资本成本就等于权益资本成本；若公司负债占比很大而权益几乎为 0，这样一个近似全负债企业，其加权平均资本成本就等于债务资本成本。

计算加权平均资本成本的基本步骤如下：

步骤一：计算每项融资来源的资本成本，即债务资本成本和权益资本成本，注意计算债务资本成本时是否要考虑税收的影响。

步骤二：确定各项不同融资来源的资本分别占全部资本的比重。

步骤三：计算公司的加权平均资本成本。

WACC 作为公司进行一般项目评估的主要标准，也是评价公司业绩的重要依据，WACC 的高低会受到一系列因素的影响，从公司的角度出发这些因素可以分为可控因素与不可控因素。

从公司内部来看，可控因素如下：

（1）融资政策。

融资政策的改变会直接影响资本结构，而根据 WACC 的计算公式，资本结构又会影响公司资本成本的高低，在其他条件不变的情况下，公司只要改变资本结构就会导致资本成本发生变化。

（2）股利政策。

公司的股利政策会影响留存收益，而留存收益的水平在很大程度上决定公司是采用发行新股还是采用动用留存收益的方式来增加新的权益资本成本。因此，公司的股利政策会通过改变权益资本成本影响 WACC。

（3）投资决策。

公司经营不同的业务，项目以及行业存在的风险会有所不同。如果公司选择投资有较高风险的资产，投资者要求的必要收益率必然也会增大，WACC 将提高；反之，如果公司选择投资有较低风险的资产，投资者要求的必要收益率也将会减小，WACC 将降低。

从公司外部来看，存在以下不可控因素：

（1）利率水平。

如果整个市场的利率水平上升，那么无论是债务资本成本还是权益资本成本都会相应提高，反之则下降。利率水平是由资本市场的资金供求决定的，个别企业不能控制利率的高低。

（2）税收政策。

税率是由政府相关部门制定的，任何企业都必须依法纳税，但由于税盾效应，通过债务可以合理避税，这样一来，税率变化就会使债务资本成本发生变动，进而影响 WACC。

【例 10－5】　某公司资产负债表显示有 4 500 万元的长期不可赎回债务，票面利率为 8%，到期收益率为 7%，这笔债务目前的市场价值为 5 000 万元。资产负债表还显示，该公司有 1 000 万股普通股，普通股权益（普通股股本加留存收益）的账面价值为 6 500 万元。目前公司的股价是每股 15 元，贝塔系数为 1。假定证券市场线成立且市场风险溢价为 13%，无风险利率为 1%，公司的税率是 40%。请计算公司的实际资本成本。

（1）债务资本成本。

税前债务资本成本是 7%，所以税后债务资本成本为 7%×(1－40%)＝4.2%。

（2）权益资本成本。

$$R_s = R_f + \beta(R_m - R_f) = 1\% + 1 \times 13\% = 14\%$$

（3）债务和权益的权重。

债务的市场价值为 5 000 万元，权益的市场价值为 15 000（＝15×1 000）万元，因此债务的权重为 $25\%\left(=\frac{5\ 000}{15\ 000+5\ 000}\right)$，权益的权重为 $75\%\left(=\frac{15\ 000}{15\ 000+5\ 000}\right)$。

（4）加权平均资本成本。

$$\begin{aligned}\text{WACC} &= \frac{B}{B+S} \times R_b \times (1-t) + \frac{S}{B+S} \times R_s \\ &= 25\% \times 4.2\% + 75\% \times 14\% = 11.55\%\end{aligned}$$

第 4 节　发行费用与资本成本

在估算资本成本时，发行新股或者新债都会产生新的费用，需要支付给银行、会计师事务所、律师事务所等机构各种费用，这些费用称为发行费用，也就是发行成本。在支付了发行费用后，企业实际筹集到的资金肯定会小于名义融资额，从而对资本成本造成影响。比如，某公司想要投资 1 000 万元进行业务升级，选择通过发行股票来融资 1 000 万元，需要支付的发行费用占股票总价值的 5%，也就是说，会存在 50 万元的发行费用。这样一来，投资者购买公司 1 000 万元的股票，实际上公司拿到的资金只有 950 万元。融资额与发行成本存在这样一种关系：实际融资额＝名义融资额×(1－发行成本占名义融资额的比例)。

发行费用的存在使得项目实际成本会更高，发行费用虽然不会影响未来现金流和折现率，但是会增大项目的初始投资，通常会降低项目的净现值。

【例 10－6】　在例 10－1 中，英特公司发行债券时并未考虑发行成本。现在假设发行过程中要支付占名义融资额 10%的发行成本，其他条件保持不变。请问该债券的税后资本成本为多少?

根据到期收益率公式，有：

$$P_0\times(1-10\%)=\sum_{t=1}^{n}\frac{C}{(1+R_d)^t}+\frac{F}{(1+R_d)^n}$$

代入数值得到：

$$1\,100\times(1-10\%)=\sum_{t=1}^{30}\frac{80}{(1+R_d)^t}+\frac{1\,000}{(1+R_d)^{30}}$$

通过插值法解得 R_d 为 8.1%，即税前债务资本成本为 8.1%，所以该债券的税后资本成本为 $R_d(1-t)=8.1\%\times(1-10\%)=7.29\%$。

无论是发行普通股还是债券，都会产生各自的发行成本。如果企业同时采用权益融资和债务融资的方式，我们就用加权平均发行成本来表示融资费率。前面提到在计算加权平均资本成本时，我们优先采用目标资本结构权重进行计算，对于加权平均发行成本，也将权益和债务的发行成本乘以各自的目标权重进行加权平均得到。S 代表权益，B 代表债务，加权平均发行成本的计算公式为：

$$f_0=\frac{S}{S+B}\times f_s+\frac{B}{S+B}\times f_b \tag{10-16}$$

其中，f_0 代表加权平均发行成本，f_s 代表权益发行成本，f_b 代表债务发行成本。

上述公式中，在权益融资全部使用内部资金的情况下就不存在权益发行成本了，这也是企业在大多数时候的做法，直接使用内部充足的现金流替代资本支出中的权益部分。但是债务有所不同，它只能来自外部融资方式。在这种情况下加权平均发行成本为：

$$f_0=\frac{B}{S+B}\times f_b \tag{10-17}$$

【例 10－7】　假设某公司为了修建新厂房以及购买机器设备要融资 2 000 万元，已经知道该公司的目标负债权益比为 0.8。融资过程中存在一定的发行成本，权益发行成本为 5%，债务发行成本为 3%，全部使用外部融资。该公司的加权平均发行成本为多少？

公司的目标负债权益比为 0.8，即 $B:S=0.8$。

加权平均发行成本为：

$$f_0=\frac{S}{S+B}\times f_s+\frac{B}{S+B}\times f_b=5\%\times\frac{1}{1.8}+3\%\times\frac{0.8}{1.8}=4.11\%$$

因此，该公司的加权平均发行成本为 4.11%。

第 5 节　部门与项目资本成本

10.5.1　部门与项目资本成本概述

在前面提到的加权平均资本成本计算中，我们假设了新项目与公司当前的资产具有相同的经营风险，新项目的融资结构与公司当前的资本结构相同，公司的现金股利支付率保持不变。

实际上，公司资本成本与项目资本成本有一定的联系，但也有本质的区别。公司资本成本是投资者针对整家公司要求的收益率，或者说是投资者对公司全部资产要求的最低收益率；项目资本成本是公司某个投资项目所要求的最低收益率。如果公司新投资项目的风险与公司现有资产的平均风险相同，则项目资本成本等于公司资本成本；如果新投资项目的风险高于公司现有资产的平均风险，则项目资本成本高于公司资本成本；如果新投资项目的风险低于公司现有资产的平均风险，则项目资本成本低于公司资本成本。

在现实经济生活中，很多公司都是跨行业经营，各种业务由不同的部门经营，公司总资产应该是各个部门的资产总和。显然，每个部门的项目由于行业风险以及未来不确定性的差异，自身的贝塔系数会有所不同。例如，IT 行业的风险显然高于传统制造业，所以软件公司一般都有较高的贝塔系数。这些经营多元化业务的公司，其资产的贝塔系数就应该是每个项目贝塔系数的加权平均。在实际项目的评估过程中，项目的风险与公司的风险往往会不同，单个项目的贝塔系数与公司的贝塔系数一般会有或高或低的差异，必须根据实际情况来确定项目的资本成本。

一般来说，当我们使用 CAPM 来计算折现率时，应该按照项目自身贝塔系数所对应的折现率进行折现。如果公司长期使用单一的折现率来对所有项目进行评估，不仅不能增加公司价值，反而会增大公司风险，很容易错误地接受 NPV 为负的项目或者拒绝 NPV 为正的项目，如图 10－1 所示。

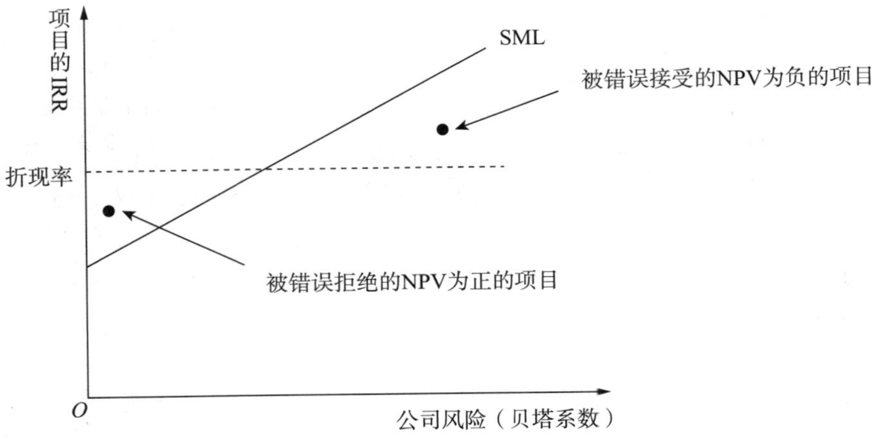

图 10－1　资本成本与证券市场线之间的关系

投资项目评估使用的基本方法是现金流折现法，通常使用净现值法。净现值是指特定项目现金流入的现值与现金流出的现值之间的差额，它是评价项目是否可行的重要指标。如果净现值为正数，表明投资收益率大于资本成本，该项目可以增加股东财富，应予以采纳；如果净现值为负数，表明投资收益率小于资本成本，该项目将减少股东财富，应予以放弃。

当我们评估一家公司的价值时，可以使用公司的资本成本作为折现率，公司的资本成本是根据整家公司资金来源计算的平均资本成本。如果我们想要评估一个项目，则需要使用项目的资本成本作为折现率，项目的资本成本是根据项目资金来源计算的平均资本成本。

当我们使用 CAPM 来计算项目折现率时，我们如何获得与项目相对应的贝塔系数呢？答案很简单，一种行之有效的方法就是参考项目所属行业中可比公司的资产贝塔系数。主要步骤如下：

（1）在同行业中寻找目标可比公司，这些公司的一般项目应该与我们进行资本预算的项目类似，风险相当。

（2）找到这些可比公司后，如果是全权益公司，则直接使用权益贝塔系数；如果有债务，则将权益贝塔系数和债务贝塔系数进行加权平均得到可比公司的资产贝塔系数。

（3）最后，将可比公司的资产贝塔系数作为项目的贝塔系数使用，通过 CAPM 计算出项目的资本成本。

【例 10－8】　21 世纪是新能源时代，新能源汽车越来越受到人们的欢迎，众多高科技企业纷纷加入造车行业。假设你的公司原是一家电子设备制造企业，现在有两个部门，一个部门生产电子设备，另一个部门生产新能源汽车。我们已经知道公司贝塔系数为 1.1，公司总价值为 300 亿元，电子设备生产部门的价值为 150 亿元。在新能源汽车行业中找到了一家具有行业代表性的上市公司，通过回归分析得出它的权益贝塔系数为 1.5，债务贝塔系数为 0.6，负债权益比为 0.5。假设无风险利率为 4%，市场超额收益率为 6%，那么请问这两个部门在项目评估过程中要求的最低收益率分别是多少？

第一步，计算可比公司资产贝塔系数。

由于可比公司具有杠杆融资，需要对权益贝塔系数和债务贝塔系数进行加权平均，因此可比公司资产贝塔系数为：$1.5\times\frac{2}{3}+0.6\times\frac{1}{3}=1.2$。

第二步，新能源汽车项目与可比公司风险相当，所以两者贝塔系数可看作相同。根据 CAPM 计算出新能源汽车生产部门的资本成本 $R_1=4\%+1.2\times6\%=11.2\%$。

第三步，公司贝塔系数为 1.1，新能源汽车生产部门的贝塔系数为 1.2，两部门贝塔系数加权平均就等于公司贝塔系数：$\beta_1\times0.5+1.2\times0.5=1.1$。由此可以计算出电子设备生产部门的贝塔系数 $\beta_1=1$。再由 CAPM 计算出电子设备生产部门的资本成本为 $R_2=4\%+1\times6\%=10\%$。

因此，新能源汽车生产部门用于项目评估的必要收益率为 11.2%，电子设备生产部门用于项目评估的必要收益率为 10%。

10.5.2　使用 WACC 进行企业估值

知识讲解

本视频节选自江西财经大学“公司金融”慕课，可登录慕课网站搜索查看完整视频。

使用 WACC 进行企业估值

对企业进行估值是企业一切金融决策的前提和依据，更是投资者把握价值的重要手段，准确估计企业价值对于企业管理者和投资者来说都至关重要。对于企业管理者而言，在进行投资与融资决策前对企业进行价值评估，有助于做出使企业价值最大化的财务决策；对于投资者而言，企业估值能够帮助判断投资后能否带来足够的回报。

企业价值评估是现代经济的产物，是对评估基准日特定目的下的企业价值进行评定估算，实际上是一种模拟市场判断企业价值的过程。现金流折现模型是企业价值评估使用最广泛、理论上最健全的模型，它的基本思想是增量现金流原则和时间价值原则，任何资产的价值均是其产生的未来现金流按照含有风险的折现率计算的现值。我们常用现金流折现模型来估计企业价值，基本公式如下所示：

$$实体价值=\sum_{t=1}^{\infty}\frac{实体自由现金流量_t}{(1+加权平均资本成本)^t} \qquad (10-18)$$

其中，实体自由现金流量是企业全部现金流入扣除成本费用和必要投资后的剩余部分，它是企业在一定期间可以提供给所有投资者（包括债权投资者和股权投资者）的税后现金流；模型中的加权平均资本成本是计算实体价值时使用的折现率，折现率是现金流风险的函数，加权平均资本成本反映了企业整体平均风险水平。

具体来看，与项目评估的思想类似，我们可以通过预测企业未来净现金流，将 WACC 作为折现率，从而估算出企业的价值。假设企业永续经营，未来一定经营期限后现金流将以 g 的速度稳定增长，企业价值计算公式如下：

$$V=\sum_{t=1}^{n}\frac{R_t}{(1+\mathrm{WACC})^t}+\frac{R_n(1+g)}{(\mathrm{WACC}-g)(1+\mathrm{WACC})^n} \qquad (10-19)$$

其中，R_t 代表企业未来第 t 期产生的净现金流；n 代表企业未来一定的经营期限；g 代表 n 期以后净现金流的永续增长率。

【例 10-9】 已知 A 公司经分析师估计得其税后债务资本成本为 6%，权益资本成本为 11%，且 A 公司负债权益比为 1.5。预计未来五年每年 A 公司的 EBIT 会以 10%的增长率稳定增长，五年后将以 5%的增长率永续增长。如表 10-6 所示，假设净营运资本投资和资本性支出共占 EBIT 的 30%，折旧占比为 10%，税率为 10%。那么该如何估算 A 公司的总价值?

表 10-6　A 公司自由现金流量　　单位：百万元

经营年份	第一年	第二年	第三年	第四年	第五年
EBIT	100	110	121	133.1	146.4
税收	10	11	12.1	13.31	14.64
税后利润	90	99	108.9	119.79	131.76
折旧	10	11	12.1	13.31	14.64
净营运资本投资和资本性支出	30	33	36.3	39.93	43.92
自由现金流量	70	77	84.7	93.17	102.48

对于 A 公司，我们首先计算加权平均资本成本：

$$6\%\times 0.6+11\%\times 0.4=8\%$$

因此，A 公司的加权平均资本成本为 8%。

前五年的自由现金流量现值为：

$$PV_1=\frac{70}{1+8\%}+\frac{77}{(1+8\%)^2}+\frac{84.7}{(1+8\%)^3}+\frac{93.17}{(1+8\%)^4}+\frac{102.48}{(1+8\%)^5}=336.30(\text{百万元})$$

五年后的自由现金流量现值为：

$$PV_2=\frac{102.48\times(1+5\%)}{8\%-5\%}\times\frac{1}{(1+8\%)^5}=2\ 441.12(\text{百万元})$$

公司总价值为：

$$336.30+2\ 441.12=2\ 777.42(\text{百万元})$$

【例 10-10】 诚继铸币公司的负债权益比为 1。市场无风险利率为 3%，公司贝塔系数为 2，市场风险溢价为 7%，公司负债的税前资本成本为 9%。公司预期将无限期地稳定保持上一年的销售收入水平，即 28 900 000 元。可变成本为销售收入的 60%，税率为 40%，公司在每年年末都将所有的盈利作为股利发放。

(1) 计算权益的必要收益率。

利用 CAPM 计算公式可得：

$$R_s=R_f+\beta(R_m-R_f)=3\%+2\times 7\%=17\%$$

（2）计算公司的加权平均资本成本。

$$\begin{aligned}\text{WACC}&=\frac{B}{B+S}\times R_b\times(1-t)+\frac{S}{B+S}\times R_s\\&=\frac{1}{2}\times 9\%\times(1-40\%)+\frac{1}{2}\times 17\%=11.2\%\end{aligned}$$

（3）计算公司价值。

第一步，计算每年年末流入公司的净现金流：

$$\text{NCF}=28\ 900\ 000\times(1-60\%)\times(1-40\%)=6\ 936\ 000(\text{元})$$

第二步，运用加权平均资本成本估计公司价值：

$$V=\frac{\text{NCF}}{\text{WACC}}=\frac{6\ 936\ 000}{11.2\%}=61\ 928\ 571.43(\text{元})$$

思政课堂

中共中央政治局 2022 年 4 月 29 日就依法规范和引导我国资本健康发展进行第三十八次集体学习。习近平总书记在主持学习时强调，资本是社会主义市场经济的重要生产要素。必须深化对新的时代条件下我国各类资本及其作用的认识，规范和引导资本健康发展，发挥其作为重要生产要素的积极作用。资本成本不仅是财务管理的核心概念，更是企业决策的关键依据。正如《习近平谈治国理政（第四卷）》所指出的那样，在社会主义制度下如何规范和引导资本健康发展，这是新时代马克思主义政治经济学必须研究解决的重大理论和实践问题。这意味着，企业在制定资本预算、评估投资项目时，不仅要追求经济效益的最大化，还应当充分考虑资本成本对社会整体福利的影响，实现经济效益与社会效益的统一。

本章小结

资本成本就是投资的机会成本，即将资本用于投资项目而放弃的其他可获收益，这是项目的必要收益率，也是计算项目净现值时使用的折现率。

加权平均资本成本是以每项资本占总资本的比例为权重，对各项资本成本进行加权平均得到的结果，各项资本的权重选择应优先考虑基于目标资本结构的权重。

$$\text{WACC}=\sum_{i=1}^{n}w_iR_i$$

其中，R_i 代表第 i 种个别资本成本，w_i 代表该种资本在全部资本中所占的比重。

普通股资本成本可以用 CAPM 来计算，这也是估计普通股资本成本常用的方法。对于无债务的企业，如果项目贝塔系数与公司贝塔系数相同，公司资本成本可以直接用 CAPM 来确定：

$$R_s = R_f + \beta(R_m - R_f)$$

其中，R_f 为无风险利率，R_m 为市场组合期望收益率，β 反映公司股票收益率对市场组合期望收益率变动的敏感程度。

公司贝塔系数主要取决于三个因素：(1) 经营周期性；(2) 经营杠杆；(3) 财务杠杆。

此外，股利折现模型也可用于对股票期望收益率的估计，但是这种方法只对稳定发放股利的公司适用，存在一定的局限性。

债务资本成本是债权人所要求的收益率。由于利息是可以抵税的，所以债务利息存在税盾效应，税后债务资本成本＝税前债务资本成本×(1－税率)。

当投资项目采用发行股票或者债券融资时，需要支付会计、法律等各方面在筹资过程中形成的费用，即发行费用。发行费用通常会增大初始投资，降低项目净现值。设企业目标负债权益比为 B/S，对股票和债券产生的发行费用进行加权平均可得到加权平均发行成本，其计算公式为：

$$f_0 = \frac{S}{S+B} \times f_s + \frac{B}{S+B} \times f_b$$

其中，f_0 代表加权平均发行成本，f_s 代表权益发行成本，f_b 代表债务发行成本。

部门与项目评估应该使用和自身风险水平相匹配的折现率。对于不好确定风险的项目，一种行之有效的方法就是参考项目所属行业中可比公司的资产贝塔系数。

对企业整体进行估值时，我们可以通过预测企业未来净现金流，以加权平均资本成本为折现率，根据现金流折现模型，估计出企业的总价值。

中国公司金融实践

光大公司是一家拥有自主进出口权限的公司，以国内外销售贸易、批发零售贸易和进出口贸易为主。2023 年 7 月 1 日，为对公司业绩进行评价，需估算其资本成本。假设资料如下：

(1) 光大公司于 2022 年 7 月 1 日发行了 5 年期长期债券，票面价值为 1 000 元，票面利率为 8%，每年 6 月 30 日和 12 月 31 日付息，公司目前长期债券市价为 935.333 3 元/份。光大公司发行长期债券采用的是私募方式，不用考虑发行费用。

(2) 光大公司现有优先股面值为 100 元，年股息率为 10%，每季度付息一次，为永久性优先股。其当前市价为 116.79 元/股。如果新发行优先股，需要承担每股 2 元的发行费用。

(3) 光大公司现有普通股当前市价为 50 元/股，最近一次支付股利 4.19 元/股，预期公司股利永续增长率为 5%，该股票的贝塔系数为 1.2。公司不准备发行新的股票。

(4) 在资本市场，政府债券收益率为 7%，市场风险溢价为 6%。

(5) 光大公司的目标资本结构是 30%的长期债券、10%的优先股、60%的普通股。

(6) 适用的所得税税率为 25%。

思考题

根据以上所提供的资料，结合前面所学知识，分析公司各项资本成本，并完成如下计算：

（1）计算税后债券资本成本。

（2）计算优先股资本成本。

（3）计算普通股资本成本，用资本资产定价模型和股利折现模型两种方法来估计，以两者的平均值作为普通股资本成本。

（4）利用以上计算得出的税后债券资本成本、优先股资本成本和普通股资本成本来估计公司的加权平均资本成本。

课后习题

简答题

1. **资本成本** 资本成本如何定义？我们应该从哪些方面来理解？

2. **加权平均资本成本** 加权平均资本成本中的各项成本应该是反映当前金融市场状况的当前成本，还是反映历史的沉没成本？为什么？

3. **无风险收益率** 无风险收益率应该如何确定？在选择无风险收益率时有哪些问题值得注意？

4. **加权平均资本成本** 在计算加权平均资本成本时应该如何选择各项的权重？

5. **贝塔系数** 公司贝塔系数应如何定义？它会受到哪些因素的影响？

6. **权益资本成本** 对于普通股资本成本的估计，资本资产定价模型和股利折现模型哪种方法更好？为什么？

7. **留存收益成本** 在资本预算中，我们想尽可能得到较低的资本成本，那么这是否意味着企业就应当始终将留存收益作为资本第一来源优先使用？

8. **发行费用** 进行资本预算时是否有必要考虑发行费用？它对项目净现值有什么影响？

9. **权益资本成本** 中洋公司的财务部门已经将资本预算拟定好，但由于监管当局近期的金融政策发生了变化，因此原有融资计划必须改变，不得不增发普通股。新股发行成本高于留存收益成本，管理层非常不愿意增发更多的普通股。请问可以通过什么方式来减少发行新股？

10. **部门与项目资本成本** 随着互联网时代的到来，某造纸企业准备投资一个与计算机相关的项目，该项目可以在一定程度上帮助减少人工投入，进而实现自动化。在进行投资决策时，折现率是否应该使用公司资本成本？谈谈你的看法。

11. **部门与项目资本成本** 如果将公司加权平均资本成本用于不同部门的项目评估，从项目对市场风险的敏感程度来看，哪些部门更容易获得投资？

12. **税盾效应** 在计算资本成本时，下列哪些资金来源与所得税有关：长期借款、短期债券、优先股和留存收益？

13. **项目资本成本** 对于那些风险显著不同于公司整体风险的新项目，显然不适合使用公司的资本成本作为折现率。应该怎样确定这些项目的资本成本？

计算题

1. **债务资本成本（税后）** 英辉和康才两家公司在2023年的营业利润均为3万元。假设英辉公司不存在任何债务，而康才公司存在1万元债务，利率为20%。根据规定公司应按照10%的税率缴税。

（1）两家公司的税后利润分别是多少？

（2）假设英辉公司在发展过程中遇到了资金困难，管理层打算进行债券融资。英辉公司准备发行票面利率为10%、面值为1 000元的10年期债券（这里假设不存在发行费用），发行价格为1 134.2元，并且此时公司税率调整为30%。在没有其他债务的情况下，请问该公司的税后债务资本成本为多少？

2. **债务资本成本（考虑发行费用）** 假设你所在的公司要你确定公司的债务资本成本，公司目前以1 050元的价格发行了面值为1 000元的长期债券，到期期限为15年，每半年付息一次，票面利率为8%。在公司税率为30%的情况下，该公司的税后债务资本成本应该为多少？如果存在20%的发行费用呢？

3. **权益资本成本** 假设你所在的美乐公司正在确定权益资本成本，公司股票贝塔系数为1.3，市场风险溢价为8%，当前国库券的收益率为3%。公司近期股利支付为每股4元，同时预计股利将以每年2%的增长率永续增长，公司股票售价为每股35元。请你分别用CAPM和DDM来为公司确定权益资本成本。

4. **加权平均资本成本** 在光明公司的目标资本结构中负债权益比为5∶3，公司的权益资本成本为15%，债务资本成本为5%，公司税率为20%。该公司的加权平均资本成本是多少？

5. **加权平均资本成本** 今日资本是一家专注于中国资本市场的国际性投资基金公司，假设今日资本十分看好新能源的广阔前景，想要投资一家从事新能源研发的公司。中源公司就是新能源领域的优质企业，并且是一家全权益公司，公司贝塔系数为1.2。当前阶段市场指数平均收益率为9%，国债到期收益率为6%。由于项目所面临的风险有所不同，直接使用公司资本成本作为折现率可能会存在偏差，因此，今日资本决定在新能源行业再选择一家公司作为参考。万水绿化就是一家同行业上市公司，其资本结构如下：

（1）流通在外的普通股为500万股，每股价格为15元，最近一次发放的股利为每股2元，预计股利以1%的速度永续增长。

（2）有6 000万元总债务，债务成本为10%，公司税率为20%。

1）请分别计算两家公司的权益资本成本。

2）请计算万水绿化的加权平均资本成本。

6. **资本结构与资本成本** 某公司的资本结构如下：

（1）以面值发行5年期、票面利率为10%的债券1 000万元，公司的所得税税率为20%。

（2）发行优先股100万元，一共10万股，每年支付股利每股1.2元。

(3) 公司发行普通股20万股，股票售价为每股20元，公司近期股利支付为每股2元，同时预计股利将以每年8%的增长率永续增长，不存在留存收益。

在不存在发行费用的情况下，请问该公司的加权平均资本成本为多少？

7. **加权平均资本成本**　某公司现有资本600万元，资本结构及资本成本如表10-7所示。

表10-7　某公司资本结构及资本成本

资本种类	资本成本(%)	筹资额(万元)
公司债券	8	200
优先股	10	150
普通股	14	200
留存收益	12	50
合计	—	600

请计算该公司的加权平均资本成本。

8. **加权平均资本成本**　某电影公司在外发行长期债券，债券账面价值为600万元，税前债务资本成本为9%，公司所得税税率为30%。公司同时在外发行股票，股票发行数量为120万股，每股价格为16元。经过回归分析得知公司的贝塔系数为1.2，此时无风险利率为8%，市场风险溢价为6%。如果市场价值为账面价值的90%，求公司的加权平均资本成本。

9. **资本预算与决策**　大方公司为增加收入正在对一个新项目进行考察评估，该项目是对一种新型有机农作物进行大面积种植和销售。公司决策部门经理精确地估计出该项目期初投资为5 000万元。由于未来存在不确定性的影响，公司将在第10年年末结束该项目，预计每年年末的现金流都为800万元。当前市场无风险利率为1.6%，市场风险溢价为6%，该项目与公司当前项目类似，项目贝塔系数等于公司贝塔系数0.9，请分析该项目的可行性。

10. **资本预算与决策**　美道尔是一家专门生产化妆品的公司，当前的目标负债权益比为1，该公司正打算投资一个新项目，准备配置一套新的原材料生产设备，购置费用为80万元，后续每年该设备都可以为公司带来11万元的现金流。假定该公司的权益融资都来源于外部，公司的税率为20%。有两种融资选择：

第一种方式，发行普通股，价值总共80万元，但是存在占总融资额8%的发行费用，而且公司新的权益必要收益率为16%。

第二种方式，发行面值为80万元的债券，票面利率为6%，以面值为发行价格，存在6%的发行费用。

请根据净现值法判断该项目是否可行。

11. **资本预算与决策**　W公司正在打算投资一个2 000万元的项目，其资金来源于权益融资和长期借款，公司的目标负债权益比为1。预计该项目每年将产生息税前利润

800 万元，且为永续的。假设长期借款利率为 10%，权益资本成本为 20%，公司的所得税税率为 25%。该公司是否应该投资此项目？

12. **加权平均资本成本** 有一家主营安防业务的公司最近正在确定公司资本成本，通过 CAPM 回归分析估计出公司贝塔系数为 0.96，该公司具有发行在外的股票 40 万股，当前每股价格为 15 元。公司负债由发行的债券构成，总共 50 000 份债券，每份面值为 100 元，当前报价为 80 元，对应的债务资本成本为 9%。假设无风险利率为 5%，市场组合期望收益率为 13%。请问该公司的加权平均资本成本是多少？

13. **发行成本** 某建筑公司最近获得一个大型工程项目的承包资格，由于公司可用资金不足，便决定在市场上发行证券进行融资，公司为此支付了共计 60 万元的发行费用，其中权益发行成本占证券总价值的 6%，债券发行成本占债券总价值的 2%，而且该建筑公司发行证券的融资比例与公司资本结构相同，公司的负债权益比为 2∶1。这个项目的融资总额为多少？

14. **部门与项目资本成本** 假设你所在的公司正在考虑介入一个新项目，这个项目需要在期初一次性投资 3 000 万元，后续不再追加资金。该项目会在第一年年末产生 200 万元现金流，并且在此基础上这笔现金流会以每年 5%的增长率增长。不过，你所在的公司之前从未做过此类项目，不能用公司资本成本进行项目评估，但是通过市场调研找到了一家与该项目风险相当的公司。这是一家全权益公司，其权益贝塔系数为 1.5。假设无风险利率为 5%，市场超额收益率为 6%。请你分析该项目是否值得投资。

15. **加权平均资本成本** 某采掘公司的目标资本结构为 60%的普通股和 40%的负债，其中债务资本成本为 10%，公司税率为 4%。该公司股票的贝塔系数为 1.1，公司最近支付的股利为每股 2.4 元，并且该股利将以 5%的固定增长率永续增长，现在的股价为每股 40 元。该公司正准备投资代号为 W 的一个能源项目，W 项目的有关情况如下：

情况一 W 项目的投资额为 3 500 万元，预计该项目可持续 10 年，第一年可产生 500 万元的现金流收益，后续每年以 4%的增长率增长。

情况二 W 项目的风险与公司一般项目的风险不同，现找到一家全权益的可比公司，其权益贝塔系数为 1.5。

假设无风险利率为 5%，市场组合期望收益率为 11%，回答以下问题：

(1) 怎样运用 DDM 来估计这家公司的权益资本成本？

(2) 考虑税收影响，这家公司的 WACC 是多少？

(3) W 项目的资本成本为多少？

(4) 你认为 W 项目是否值得投资？

第11章

资本结构理论： MM 理论

章前引例

小米集团，作为全球知名的消费电子产品制造商和互联网服务提供商，其资本结构与公司价值管理一直是业界关注的焦点。2023 年以来，小米集团在资本市场上的一系列动作，不仅优化了公司的资本结构，也提升了公司的价值。

资本结构理论认为债务与股权结构会影响企业行为，而企业行为会影响企业价值。2023 年 9 月 5 日，小米集团宣布耗资约 4 958.08 万港元回购 420 万股，这一举动体现了公司管理层对市场信心的提振和对未来发展的积极预期。回购股票通常被视为公司管理层认为当前股价被低估的信号，同时也是改善资本结构、提升每股收益的有效手段。此外，小米集团在 2023 年 11 月 21 日根据 2023 年股份计划奖励合共 4 706.18 万股奖励股予 812 名选定参与者，包括集团雇员及服务供应商。此举不仅是对员工贡献的认可，也体现了小米集团在人才激励和资本结构管理上的创新思维。通过股权激励计划，小米集团能够吸引和留住关键人才，同时优化资本结构，提升公司长期价值。

资本结构一直是企业财务管理的核心问题。实现公司价值最大化是每个公司管理者追求的目标，而资本结构则是实现这一目标的有力工具。2023 年 10 月，中央金融工作会议指出要优化融资结构，发展多元化股权融资。要更好发挥创业投资、私募股权投资对科技创新的支持作用。本章主要研究资本结构理论中的 MM 理论（即 MM 模型），致力于探讨资本结构、公司价值、资本成本这三者之间的关系。

学习目标

- 了解资本结构和公司价值的基本概念、公司价值最大化下的资本结构选择以及馅饼理论。
- 掌握 MM 理论（无税）定理Ⅰ、定理Ⅱ，MM 理论（有公司所得税）的命题Ⅰ、命题Ⅱ，MM 定理的具体运用。
- 了解哈马达模型，掌握 MM 定理下的最优资本结构。
- 通过学习 MM 理论，理解国家金融政策与企业财务管理的关系，掌握资本结构理论与国家经济战略的融合。

第 1 节　资本结构和公司价值

资本结构（capital structure）是公司总资本中债务资本（debt，简记为 D）和权益资本（equity，简记为 E）的比例关系，在本章以 $\frac{D}{E}$ 衡量资本结构或者说资本杠杆。在一定时期内，债务资本与权益资本的实际情况总是在不断变化，但是公司管理者总会选择最合适的组合方式来接近目标资本结构（target capital structure）。目标资本结构是指使公司价值最大化的负债权益比 $\frac{D}{E}$。那么，公司管理者应该如何确定负债权益比呢？本章主要运用馅饼理论来研究资本结构问题。公司价值（V）为债务市场价值（D）和权益市场价值（E）的和。公司价值的表达式如下：

$$V=D+E \tag{11-1}$$

公司价值与资本结构的内在逻辑是怎样的？股东追求的是自身收入的最大化，那么为什么会选择公司价值最大化作为企业目标？例 11－1 回答了这两个问题，同时解释了股东收入最大化、公司价值最大化、资本结构这三者之间的关系。

> **案例解读**
>
> 本视频节选自江西财经大学“公司金融”慕课，可登录慕课网站搜索查看完整视频。
>
> 资本结构与公司价值

【例 11－1】　假设 A 公司目前没有负债，每股价格为 10 元，总共有 100 股，那么它的权益价值为 1 000 元，公司价值为 1 000 元。我们把这种无任何负债的公司称为无财务杠杆公司。公司希望负债经营，因此考虑调整公司的资本结构，拟向市场借入 500 元的债务，并且用所有借入的资金回购公司的股票。基于目前的股价（每股 10 元），借入的资金可以回购 50 股公司股票。A 公司改变资本结构前后的资产负债情况如表 11－1 所示。公司负债以后，股东需要先偿还 500 元的债务才能拥有公司的资产，因此公司的股东权益与无负债时的股东权益相比少了 500 元，但是在公司借债回购股票的过程中，公司的总股数也相应减少了，公司股价并不会发生变化。

表 11－1　A 公司改变资本结构前后的资产负债情况

项目	无负债	有负债
债务价值（元）	0	500
权益价值（元）	1 000	500
公司价值（元）	1 000	1 000
负债权益比	0	1
总股数（股）	100	50
股价（元/股）	10	10
利率（%）	10	10

A 公司的经营状况受到宏观经济不确定性的影响，衰退、正常、扩张在未来以相等的概率发生。在未来经济正常的情况下，A 公司的息税前利润为 150 元。在未来经济衰退的情况下，A 公司的息税前利润为 50 元。在未来经济扩张的情况下，A 公司的息税前利润为 250 元。因此在衰退、正常和扩张三种经济前景下，公司的资产收益率分别为 5%、15%和 25%。我们可以通过表 11－2 来表示 A 公司在无负债和有负债时的经营状况。

表 11－2　A 公司在无负债和有负债时的经营状况

		经济前景		
		衰退	正常	扩张
无负债	资产收益率（%）	5	15	25
	息税前利润（元）	50	150	250
	利息（元）	0	0	0
	净利润（元）	50	150	250
	权益收益率（%）	5	15	25
	每股收益（元/股）	0.5	1.5	2.5
有负债	资产收益率（%）	5	15	25
	息税前利润（元）	50	150	250
	利息（元）	50	50	50
	净利润（元）	0	100	200
	权益收益率（%）	0	20	40
	每股收益（元/股）	0	2	4

在这个简单的例子中，A 公司的息税前利润就是公司的经营性现金流。资产收益率为息税前利润与公司价值之比，度量了公司的生产经营状况。在没有所得税的情况下，债权人得到利息，股东得到净利润，两者得到全部的息税前利润。股东的权益收益率和每股收益度量了股东的投资收益状况。

表 11－2 的上半部分显示，在没有负债的情况下，股东拥有全部的息税前利润，净利润等于息税前利润，股东的权益收益率等于公司的资产收益率。表 11－2 的下半部分显示，在有负债的情况下，债权人拿走固定的利息，剩下的息税前利润以净利润的形式归属于股东。无论经营状况如何，利息都是固定的。当经济衰退时，负债经营使得股东的权益收益率为 0%，低于无负债时 5%的权益收益率；每股收益为 0 元，低于无负债时 0.5 元的每股收益。但是，同时也应该看到，当经济扩张时，负债经营使得股东的权益收益率为 40%，远远高于无负债时 25%的权益收益率；每股收益为 4 元，远远高于无负债时 2.5 元的每股收益。在无负债的情况下，股东的期望收益率为 15%$\left(=\dfrac{5\%+15\%+25\%}{3}\right)$，在

有负债的情况下，股东的期望收益率为 20%$\left(=\frac{0+20\%-40\%}{3}\right)$。只要公司的经营状况不因为债务水平的改变而改变，那么负债越多，股东的期望收益率波动越大。这一结论可以用图 11-1 具体描述。

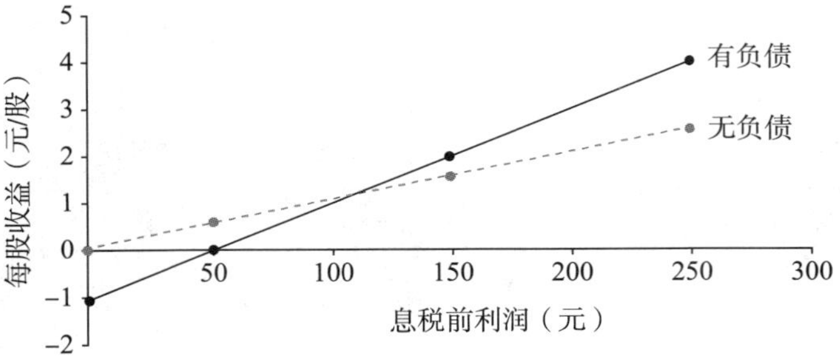

图 11-1　杠杆对股东权益的影响

在图 11-1 中，虚线表示的是无负债公司股东权益（每股收益）和公司收益（息税前利润）之间的关系。实线表示的是有负债公司股东权益（每股收益）和公司收益（息税前利润）之间的关系。当公司不存在负债时，股东享有公司所有的收益，公司的净利润等于息税前利润。这时股东承担了公司面临的经营风险。股东权益的不确定性完全由公司经营的不确定性决定。当公司存在负债时，无论公司的经营状况如何，都需要偿还债权人固定的利息。当公司经营状况较差时，债权人将获得其中的大部分收益，如果公司的经营状况继续恶化，股东甚至会出现亏损。如图 11-1 所示，在有负债公司息税前利润为 0 元时，股东权益出现了亏损。当公司经营状况较好时，有负债公司在偿还债权人固定的利息之后，还有较多的净利润，此时的每股收益超过了无负债公司在相同情况下的每股收益。两条直线的斜率均度量了股东权益对公司息税前利润的敏感性，有负债公司的斜率大于无负债公司的斜率，这说明在负债经营的情况下，股东权益对公司收益的变化更敏感。债务的出现使得股东承担的风险比整家公司的经营风险更大。但是相应地，股东的期望收益率也比无负债时高。在没有所得税的情况下，只要公司的经营状况不变，增大债务的比例就会使得股东权益收益率的波动性变得更大，风险更大。

如果投资者能像公司一样以同样的利率自由地借入或者借出资金，公司杠杆就无法为投资者创造任何价值，因为投资者可以通过自制杠杆（homemade leverage），即个人负债，改变个人资产的风险状况，达到自己需要的风险程度。在这种情况下，公司负债无法为投资者提供任何额外的效用，因此也无法为投资者创造额外的价值。下面的例 11-2 可以说明这个问题。

【例 11-2】　在例 11-1 的条件下，有一个偏好风险的投资者目前持有 10 股无负债公司的股票，所以他目前持有股票的收益在未来三种经济前景下分别是 5 元、15 元和 25 元。他计划持有一家经营状况和例 11-1 中的无负债公司完全一样，但是负债权益比和例 11-1 中的有负债公司一样的公司。也就是说，偏好风险的投资者希望自己持有股票的收益在未来三种经济前景下分别是 0 元、20 元和 40 元。投资者可以通过自制杠杆来调整对无负债公司股票的投资，达到投资目的。偏好风险的投资者的投资方案为：以 10%的利率借入 100 元多买 10 股无负债公司的股票。

由表 11－3 可知，偏好风险的投资者的这种投资方案能够使他持有 20 股无负债公司的股票，但是获得了 10 股有负债公司股票的收益。通过自制杠杆这种方式购买无负债公司股票的未来收益和购买有负债公司股票的未来收益完全相同。更具体地说，偏好风险的投资者用本身持有的 100 元购买 10 股股票的收益加上用以 10%的利率借来的 100 元购买 10 股股票的收益，同他用自己的 100 元购买 10 股有负债公司股票的收益完全相同。这个例子说明，喜欢高风险高收益的投资者并不需要购买高杠杆公司的股票，他可以改变个人资产中债务的比例来满足自身对风险的偏好。

表 11－3　偏好风险的投资者在三种经济前景下的收益情况　　单位：元

	衰退	正常	扩张
20 股无负债公司股票的收益	10	30	50
借入的 100 元的利息	10	10	10
净收益	0	20	40

在例 11－1 的条件下，有一个厌恶风险的投资者目前持有 10 股有负债公司的股票，所以他目前持有股票的收益在未来三种经济前景下分别是 0 元、20 元和 40 元。他希望自己投资的公司没有负债。也就是说，厌恶风险的投资者希望自己持有股票的收益在未来三种经济前景下分别是 5 元、15 元和 25 元。投资者可以通过自制杠杆来调整对有负债公司的投资，达到投资目的。厌恶风险的投资者的投资方案为：卖掉持有的 5 股股票，将获得的 50 元投资于利率为 10%的债券。

由表 11－4 可知，厌恶风险的投资者的这种投资方案能够使他获得 10 股无负债公司股票的收益。通过自制杠杆这种方式购买有负债公司股票和利率为 10%的债券的未来收益与购买无负债公司股票的未来收益完全相同。更具体地说，厌恶风险的投资者通过保留 5 股有负债公司股票，卖掉剩余的 5 股股票，并将获得的 50 元投资于利率为 10%的债券获得的全部收益，同他用自己的 100 元购买 10 股无负债公司股票获得的收益完全相同。

拓展阅读

奥园集团信用评级报告

表 11－4　厌恶风险的投资者在三种经济前景下的收益情况　　单位：元

	衰退	正常	扩张
5 股有负债公司股票的收益	0	10	20
50 元债券的收益	5	5	5
净收益	5	15	25

第 2 节 MM 理论（无税）

在第 1 节我们解释了使公司价值最大化的资本结构是公司管理者应该选择的资本结构。资本结构在不同行业之间有很大差异，同一行业内不同公司之间的资本结构也不相同。

知识讲解

本视频节选自江西财经大学“公司金融”慕课，可登录慕课网站搜索查看完整视频。

MM 理论

接下来我们将说明资本结构与公司价值的关系。1958 年，美国经济学家莫迪利亚尼（Modigliani）和米勒（Miller）在《资本成本、公司财务和投资理论》一文中提出了最初的 MM 理论，这时的 MM 理论不考虑公司所得税和个人所得税的影响，得出的结论为公司价值不受资本结构约束。无税环境下的 MM 理论对假设条件做了严格的限制，这些假设条件随着模型的完善被不断放宽。

假设：(1) 资本市场无摩擦；(2) 不考虑税收；(3) 没有破产成本；(4) 个人能以无风险利率进行借贷，且与公司借贷成本一致；(5) 公司的经营风险可以衡量，相同经营风险的公司处于同一等级；(6) 公司现金流量恒定；(7) 公司内部人员和外部人员得到相同的信息；(8) 经理总是致力于股东价值最大化；(9) 资本结构变化不影响公司的营运现金流量。

MM 定理Ⅰ（无税）：任何公司的市场价值均与其资本结构无关。

对于任何公司，V 表示公司的市场价值，D 表示公司债务的市场价值，E 表示公司权益的市场价值，EBIT 表示公司的预期收益（息税前利润），R_0 表示公司的预期收益率。根据 MM 定理Ⅰ（无税）可以得出以下等式：

$$V=D+E=\frac{\text{EBIT}}{R_0} \tag{11-2}$$

由于$\frac{\text{EBIT}}{V}$也代表资本的平均成本，这样结论也就变成了：

$$\frac{\text{EBIT}}{V}=\frac{\text{EBIT}}{D+E}=R_0 \tag{11-3}$$

根据式（11－3），MM 定理Ⅰ（无税）也可以表述为任一公司资本的平均成本与资本结构完全无关。资本的平均成本$\frac{\text{EBIT}}{V}$对于经营风险相同的所有公司来说均是一个常数。这意味着，以经营风险相同的公司为样本，以每家公司的预期收益率为纵轴，以杠杆比率或者说资本结构$\left(\frac{D}{E}\right)$为横轴，将会形成一条截距为 R_0 的水平直线。

MM 定理Ⅰ（无税）在财务管理中更为具体的应用如下：

$$V_L=\frac{\text{EBIT}}{R_{\text{WACC}}}=V_U=\frac{\text{EBIT}}{R_U} \tag{11-4}$$

其中，V_L 表示有负债公司的价值，V_U 表示无负债而只有权益的公司的价值，R_{WACC}表示有负债公司的加权平均资本成本，R_U 表示无负债而只有权益的公司的权益资本成本。

该公式说明了公司的负债水平不会影响其资本成本。也就是说，无论公司是否有负债，资本成本都将保持不变，公司的价值由预期收益率决定；有负债公司的加权平均资本成本，无论债务是多少，都与经营风险等级相同的无负债公司的权益资本成本相等；公司资本成本与公司资本结构无关，仅取决于公司的经营风险。

MM 定理Ⅱ（无税）：在没有税收的世界中，公司价值与债务无关。公司的资本结构只要不改变公司总体的经营风险，公司的价值就不会改变，债权所有者和股权所有者的价值就不会发生改变，资本结构只是决定了投资者以何种方式分享公司价值。在杠杆比例较高的公司中，投资者更多地以债权的方式分享公司价值，而在杠杆比例较低的公司中，投资者更多地以股权的方式分享公司价值。

我们可以用两个饼图来说明这个问题。图 11－2 的两个饼图代表了在没有所得税和破产成本时，收益和风险完全相同的两家公司，左图表示无负债公司，右图表示负债权益比为 2/3 的公司。馅饼的大小表示公司价值，表明这两家公司的价值由公司的经营风险决定。两家公司价值完全相等。完全权益公司的股东享有全部的公司价值，杠杆公司的股东享有 60%的公司价值，债权人享有剩余 40%的公司价值。资本结构不影响馅饼的大小，只影响公司价值在债权人和股东之间的具体分配。

图 11－2　无税的资本结构馅饼模型

MM 定理Ⅱ（无税）在财务管理中更为具体的应用如下：

$$R_L = R_U + \frac{D}{E} \times (R_U - R_d) \tag{11-5}$$

其中，R_L 表示有负债公司的权益资本成本，R_U 表示无负债公司的权益资本成本，R_d 表示债务资本成本。

该公式说明了有负债公司的权益资本成本随着负债程度的增大而增大。在有负债公司中，权益资本成本与公司财务杠杆具有正的线性关系，杠杆越大，权益资本成本越大。

莫迪利亚尼和米勒利用套利来支持他们的命题，他们认为如果不符合 MM 定理Ⅰ（无税），投资者就会通过买卖股票或者债券来交换现金流，只是买卖价格比较低而已。随着投资者发现套利机会，溢价的股票价格就会下降，而折价的股票价格就会上升，经营风险相同的公司的市场价值差异会逐渐消失。本章只考虑套利之前有负债公司市场价值高于无负债公司市场价值这一种情况，另一种情况不予讨论。

假设具有相同经营风险的A公司和B公司有相同的预期收益，EBIT为100元。A公司完全以普通股的方式融资，B公司的资本结构包括了利率为7%、总额为500元的债务。在MM理论（无税）的完美假设条件下，普通股的市场价值E可以根据永续年金的计算方式得出：

$$E=\frac{\text{股利}}{r_E}=\frac{\text{净利润}}{r_E}=\frac{\text{EBIT}-r\times D}{r_E} \tag{11-6}$$

其中，EBIT为息税前利润，r_E为权益收益率，r为债务利率，D为债务金额。

在套利开始之前，A公司和B公司有相同的权益收益率10%。

$$\text{A公司的股权价值 } E_A=\frac{\text{EBIT}-r\times D_A}{r_E}=\frac{100-7\%\times 0}{10\%}=1\ 000(\text{元})$$

$$\text{A公司的市场价值 } V_A=E_A+D_A=1\ 000+0=1\ 000(\text{元})$$

$$\text{B公司的股权价值 } E_B=\frac{\text{EBIT}-r\times D_B}{r_E}=\frac{100-7\%\times 500}{10\%}=650(\text{元})$$

$$\text{B公司的市场价值 } V_B=E_B+D_B=650+500=1\ 150(\text{元})$$

在套利开始之前，权益收益率相同，即资本结构对权益资本成本无影响。有杠杆的B公司的市场价值超过了无杠杆的A公司的市场价值。假设某投资者对B公司的持股比例为α。投资者从B公司得到大小为$\alpha\times\text{EBIT}$的预期收益，支付利息$\alpha\times rD_B$，净收益$Y_B=\alpha\times\text{EBIT}-\alpha\times rD_B$。投资者发现B公司的市场价值高于A公司的市场价值，欲从中套利，出售B公司的价值αE_B的股份转而买入A公司的价值$\alpha(E_B+D_B)$的股份。投资者出售原来持有的股份获得的资金αE_B以及通过自身信用贷款获得的额外资金αD_B，作为持有A公司股份的保证。投资者将得到A公司占比为$\alpha(E_B+D_B)/E_A$的股份，支付个人借贷利息$r\alpha D_B$，净收益$Y_A=\alpha(E_B+D_B)/E_A\times\text{EBIT}-r\alpha D_B=\alpha V_B/V_A\times\text{EBIT}-\alpha\times rD_B$。

假设$\alpha=20\%$，已知$E_B=650$(元)，$D_B=500$(元)，$E_A=1\ 000$(元)。

原有投资组合的收益$Y_B=\alpha\times\text{EBIT}-\alpha\times rD_B=20\%\times 100-20\%\times 7\%\times 500=13$(元)，套利之后的投资组合的收益为$Y_A=\alpha V_B/V_A\times\text{EBIT}-\alpha\times rD_B=20\%\times(1\ 150/1\ 000)\times 100-20\%\times 7\%\times 500=16$（元）。

出售有杠杆公司的股份，压低了有杠杆公司的市场价值，同时买入无杠杆公司的股份，提高了无杠杆公司的市场价值。这种套利投资行为可被视为一个消除杠杆的操作，正是这样的消除杠杆的操作防止了有杠杆公司的价值持续高于无杠杆公司的价值，证明了套利能够防止无杠杆公司的价值低于有杠杆公司的价值。也就是说，在均衡条件下无杠杆公司的市场价值应该等于有杠杆公司的市场价值，MM定理Ⅰ（无税）成立。在MM定理Ⅰ（无税）成立的基础上，由式(11-4)，$R_{\text{WACC}}=R_U$。根据加权平均资本成本的定义，$R_{\text{WACC}}=\frac{D}{D+E}\times R_d+\frac{E}{D+E}\times R_L$。经过数学变换得到$R_L=R_U+\frac{D}{E}\times(R_U-R_d)$。MM定理Ⅱ（无税）得以证明。

常见问题

本节介绍的 MM 理论（无税）中的每一个假设条件对套利的严格证明均是必要的。无税环境下的 MM 理论的完美假设条件将在之后的资本结构理论中不断被放松。

第 3 节　MM 理论（有公司所得税）

在莫迪利亚尼和米勒最初发表的论文中，在完美资本市场不存在税收的假设条件下，公司价值与债务无关。1963 年，他们发表了第二篇论文《公司所得税和资本成本：一个修正》，考虑将公司所得税引入模型，得出的结论为公司的资本结构影响公司价值。在有公司所得税的 MM 理论中，债务资本有一个很重要的优势，公司支付的债务利息可以抵减应纳税额。这样，公司负债经营可以带来税收节约效应。

11.3.1　命题Ⅰ

公司所得税是指以公司生产经营所得和其他所得为征税对象而征收的一种税，对公司来说它是资金的单向流出。由于债务利息在所得税前支付，因此产生了债务的抵税作用。简单来说，税盾是一种可以减少或避免公司税负的工具或方法。有杠杆公司市场价值 V_L 等于经营风险相同的无杠杆公司市场价值（V_U）加上债务税盾价值（V_{TS}）。债务税盾价值为每年税收节约额的现值。注意，无税环境下的 MM 理论的完美资本市场假设条件除去公司所得税这一项，其余条件均适用于此模型。每年税收节约额为债务利息额（rD）乘以所得税税率 t。在此模型中，莫迪利亚尼和米勒假设恰当的折现率为债务利率 r，可用永续年金的方法计算税盾价值：

$$V_{TS} = \frac{rDt}{r} = Dt$$

所以，有杠杆公司市场价值为：

$$V_L = V_U + V_{TS} = V_U + Dt \tag{11-7}$$

有杠杆公司市场价值超过无杠杆公司市场价值的部分为 Dt。可以得出，在存在公司所得税时，公司价值与公司债务正相关。既然杠杆收益随着债务的比例增大而增加，这就说明了公司价值在使用 100%的债务时达到最大。

无杠杆公司市场价值参考无税时的计算方法，注意，R_U 在两个公式中有所区别：在式（11-4）中的含义为无税时无负债公司的权益资本成本，在式（11-8）中的含义为有公司所得税时无负债公司的权益资本成本。

$$V_U = \frac{\text{EBIT}(1-t)}{R_U} \tag{11-8}$$

如果有公司所得税，债务融资比股权融资更有优势，因为公司支付给债权人的利息可以作为费用在息税前利润中抵扣，这减少了税收支出。我们可以用简单的饼图来说明债务如何改变公司投资者获得的收益。如图 11－3 所示，馅饼的大小代表税前公司价值，馅饼的大小只与公司所处行业、公司的经营风险等因素相关。资本结构本身并不会影响公司的税前现金流。但是在有公司所得税的情况下，资本结构会影响所得税的多少，也就是政府从馅饼中所得到的份额。无杠杆公司（完全权益公司）和有杠杆公司处于同一行业且经营风险相同，息税前利润相同，公司债务越多，利息作为费用抵扣的息税前利润越多，那么政府收取的所得税越少。也就是说，债务所产生的利息具有抵税作用，使更多的利润流向股东和债权人，公司价值得以增加。从这个角度说，多用债务融资可以增加公司价值。

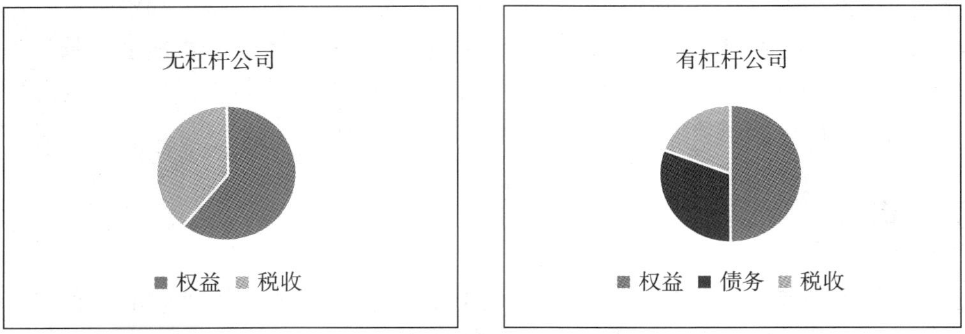

图 11－3　有公司所得税的资本结构馅饼模型

11.3.2　命题Ⅱ

有杠杆公司的权益资本成本 R_L 为无杠杆公司权益资本成本 R_U 加上风险溢价。有公司所得税的有杠杆公司风险溢价是在无公司所得税的有杠杆公司风险溢价的基础上乘以（$1-t$）。

$$R_L = R_U + (R_U - R_d) \times \frac{D}{E} \times (1-t) \tag{11-9}$$

由于 $1-t$ 小于 1，在存在杠杆时，由公司所得税引起的权益资本成本的上升速度小于无税时权益资本成本的上升速度。连同有效债务成本的减少（由于税收），就得出命题Ⅰ，即公司价值随杠杆增大而增大。

11.3.3　MM 模型在无税和有税时的具体解释

【例 11－3】　为了说明 MM 模型，接下来的假设条件仅适用于 D 公司。（1）D 公司没有负债，只有权益。（2）预期的 EBIT 为 2 万元，处于零增长状态。（3）所有利润都作为股利进行分配。（4）如果进行借贷活动，利率为 10%且保持不变，资产保持不变。（5）对于 EBIT 的经营风险，无杠杆贝塔系数为 1.0，无风险利率为 10%，风险溢价为 10%，根据资本资产定价模型，无杠杆时的必要收益率为 20%。

（1）无税情形。

根据 MM 定理Ⅰ（无税）中的式（11－4）可以计算出 D 公司的市场价值：

$$V_U=\frac{EBIT}{R_U}=\frac{2}{20\%}=10(\text{万元})$$

无论 D 公司在何种债务水平下，公司价值都是 10 万元。现假设其债务价值为 4 万元，则其权益价值为 6 万元。

根据 MM 定理Ⅱ（无税）中的式（11－5）可以计算出 D 公司在债务价值为 4 万元时的权益资本成本为：

$$R_L=R_U+\frac{D}{E}\times(R_U-R_d)=20\%+(20\%-10\%)\times\frac{4}{6}=26.67\%$$

还可以计算出加权平均资本成本为：

$$WACC=\frac{D}{V}\times R_d+\frac{E}{V}\times R_L=\frac{4}{10}\times 10\%+\frac{6}{10}\times 26.67\%=20\%$$

（2）有税情形。

公司税率为 40%，前面其他条件都适用，在 EBIT 为 2 万元的情况下，根据式（11－8）可以得出无负债时的公司权益价值为：

$$V_U=\frac{EBIT(1-t)}{R_U}=\frac{2\times(1-40\%)}{20\%}=6(\text{万元})$$

公司所得税的存在减少了无杠杆公司的可支配收入，使得公司价值降低。为了使 MM 模型在有税和无税时更加具有对比性，故在此使得无杠杆公司在两种情形下的公司价值相同。在此假设公司税率为 40%时的 EBIT 为 3.33 万元，根据式（11－8）可以得出无负债时的公司权益价值为：

$$V_U=\frac{EBIT(1-t)}{R_U}=\frac{3.33\times(1-40\%)}{20\%}=10(\text{万元})$$

现假设其债务水平为 4 万元，根据式（11－7）可以计算出债务水平为 4 万元时公司价值为：

$$V_L=V_U+Dt=10+40\%\times 4=11.6(\text{万元})$$

即在债务水平为 4 万元时，公司价值为 11.6 万元，权益价值为 7.6 万元。

根据 MM 理论（有公司所得税）命题Ⅱ中的式（11－9）可以计算出 D 公司在债务价值为 4 万元、权益价值为 7.6 万元时的权益资本成本：

$$\begin{aligned}R_L&=R_U+(R_U-R_d)\times\frac{D}{E}\times(1-t)\\&=20\%+(20\%-10\%)\times\frac{4}{7.6}\times(1-40\%)\\&=23.16\%\end{aligned}$$

还可以计算出加权平均资本成本为：

$$\begin{aligned}\text{WACC} &= \frac{D}{V}\times R_d\times(1-t)+\frac{E}{V}\times R_L\\ &=\frac{4}{11.6}\times 10\%\times(1-40\%)+\frac{7.6}{11.6}\times 23.16\%\\ &=17.24\%\end{aligned}$$

有税和无税条件下的 MM 模型得出的结论完全不同。根据 D 公司的数据可以以图形表示不同债务水平下的公司价值和资本成本，如图 11－4 所示。

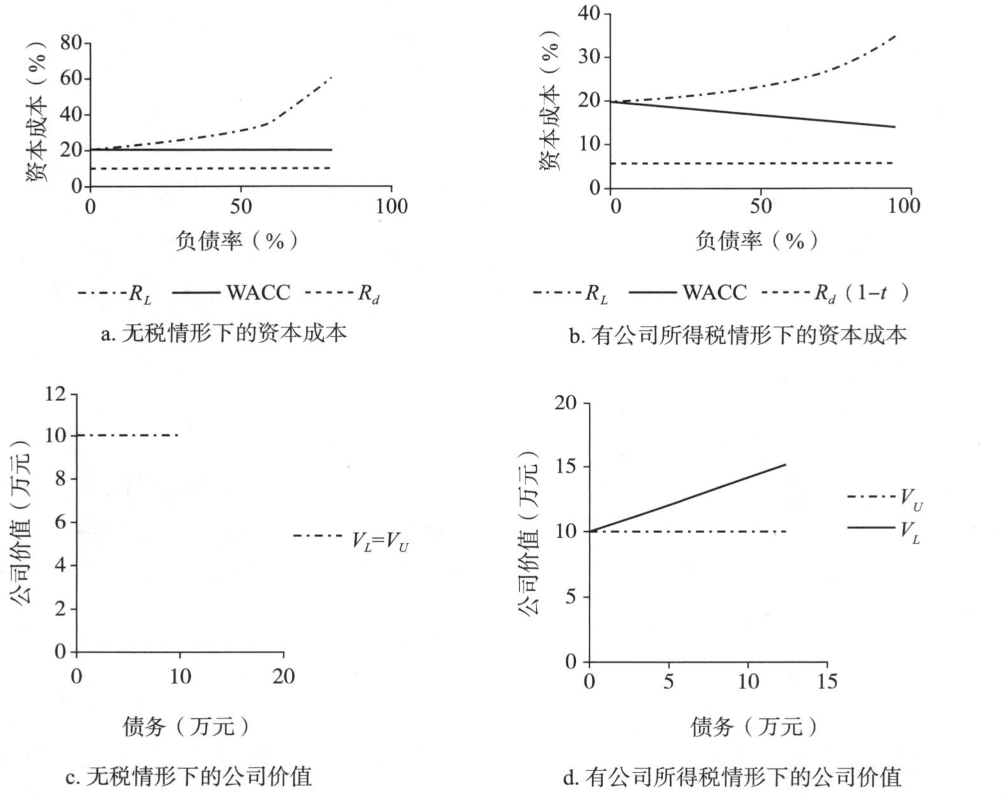

图 11－4　杠杆的影响：MM 模型

可以看到，在无税 MM 模型下，财务杠杆是无关的：公司价值和加权平均资本成本都独立于负债数额。在有公司所得税的 MM 模型下，财务杠杆是相关的：如果使用 100%的债务融资，那么公司价值可以实现最大化并且加权平均资本成本最小化。公司价值的增加仅仅是由于利息支付的税收抵减性，即通过因式（1－t）降低了债务成本和权益风险溢价。总而言之，在不存在公司所得税时，加权平均资本成本和公司价值不变。在有公司所得税的 MM 模型下，最优资本结构是达到 100%的负债率。

拓展阅读

融创资本结构改善

11.3.4　哈马达模型

负债率的提高会增加债券持有人的风险，从而增加债务资本成本。更多的债务也增加了股东所承担的风险，这就提高了权益资本成本。因为贝塔系数随着财务杠杆的增大而增大，所以杠杆的盈亏很难量化。哈马达（Hamada）在 1969 年发表的《投资组合分析、市场均衡和公司财务》一文中，利用资本资产定价模型和 MM 模型得出了哈马达模型的表达式，该公式可以用于分析财务杠杆对贝塔系数的影响，从而量化杠杆的盈亏。

$$\beta_L = \beta_U \times \left[1 + (1-t)\frac{D}{E}\right] \tag{11-10}$$

其中，β_L 表示有负债公司的贝塔系数，β_U 表示无负债公司的贝塔系数。

11.3.5　最优资本结构的确定

根据哈马达模型可以推导出与最低加权平均资本成本 $WACC^*$ 对应的负债率就是最优负债率 d^*，此时为最优资本结构。

【例 11-4】　J 公司在不同负债率下的每股收益、β 系数、权益资本成本、股票价格、WACC 等数据如表 11-5 所示。

表 11-5　J 公司在不同负债率下的相关数据

d（%）(1)	$d/(1-d)$(%) (2)	EPS（元/股）(3)	β (4)	R_L（%）(5)	P_0（元）(6)	R_d（%）(7)	WACC（%）(8)
0	0.00	1.80	1.00	9.00	20.00	—	9.00
10	0.11	1.95	1.07	9.42	20.59	2.4	8.72
20	0.25	2.12	1.15	9.90	21.41	2.6	8.44
30	0.43	2.31	1.26	10.55	21.90	3.0	8.28
40	0.67	2.54	1.40	11.41	22.26	3.48	8.23
50	1.00	2.74	1.60	12.60	21.75	4.32	8.46
60	1.50	2.70	1.90	14.40	18.75	6.0	9.36

（1）d 为负债率，$d=\frac{D}{V}$。

（2）$\frac{d}{1-d}=\frac{D}{E}$为负债权益比。

（3）EPS 为每股收益。

（4）β 表示 J 公司在不同负债率下的贝塔系数。假设完全无负债公司的贝塔系数为 1.00，公司所得税税率为 40%，在负债率为 10%时，根据哈马达模型可以计算出贝塔系数如下：$\beta_L = \beta_U \times \left[1+(1-t)\frac{D}{E}\right] = 1.00 \times (1+0.6 \times 0.11) = 1.07$。

（5）权益资本成本 R_L 的计算公式为 $R_L = R_f + RP_m \times \beta_L$，其中 R_f 为无风险利率，RP_m 为资本溢价，β_L 为有杠杆公司的贝塔系数。假设无风险利率为 3%，资本溢价为 6%，在负债率为 10%时，权益资本成本的计算结果为 9.42%。

（6）所有收益都是作为股利支付的，每股收益的增长率为零。根据零增长股利折现模型可以计算股票价格。当负债率为 10%时，$P_0 = \frac{\text{EPS}}{R_L} = \frac{1.95}{9.42\%} = 20.59$（元）。

（7）$\text{WACC} = \frac{D}{V} \times R_d \times (1-t) + \frac{E}{V} \times R_L = d \times R_d \times (1-t) + (1-d) \times R_L$，其中，$\frac{D}{V}$ 和 $\frac{E}{V}$ 分别代表公司资本结构中负债和权益的百分比，d 表示负债率，R_d 表示债务资本成本，t 表示公司所得税税率，R_L 表示有杠杆公司的权益资本成本。当负债率为 10%时，WACC 为 8.72%。

根据表 11－5 可以绘制出不同负债率下的 J 公司股票价格曲线和加权平均资本成本曲线，如图 11－5 所示。

在负债率为 38%时，J 公司得到最大的股票价格和最低的加权平均资本成本，此时达成最优资本结构。

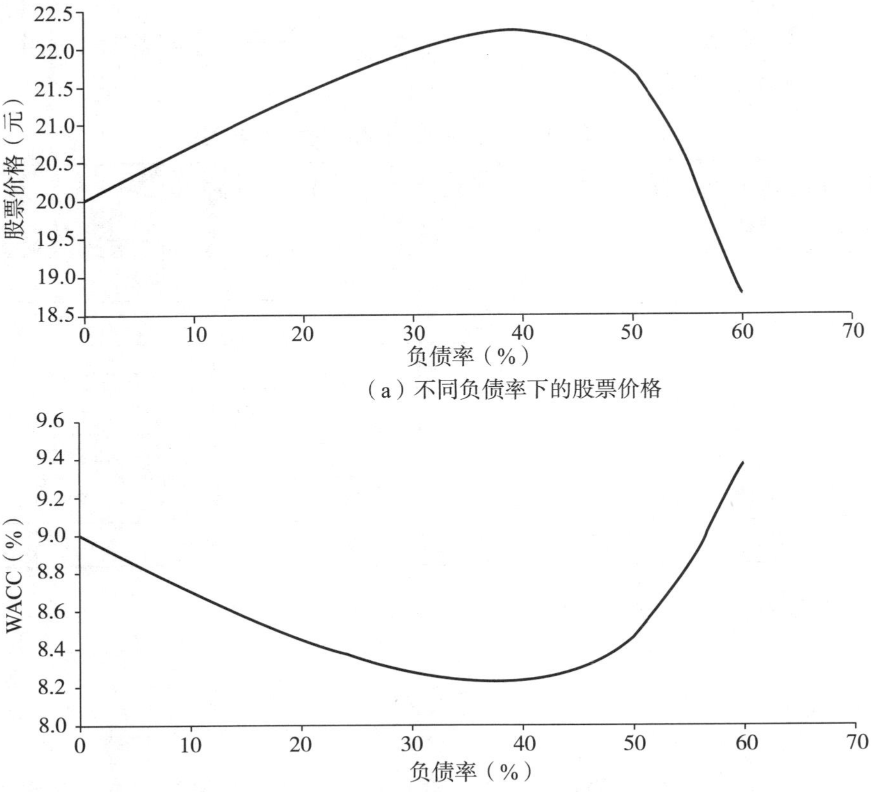

（a）不同负债率下的股票价格

（b）不同负债率下的加权平均资本成本

图 11－5　不同负债率下的股票价格和加权平均资本成本

第 4 节　米勒模型

米勒模型在估计财务杠杆对公司价值的影响时，同时引入了公司所得税和个人所得税，由米勒于 1976 年在美国金融学会中提出。在 MM 理论的所有假设不变的情况下，考虑同时加入公司所得税和个人所得税，无负债公司的价值为：

知识讲解

本视频节选自江西财经大学“公司金融”慕课，可登录慕课网站搜索查看完整视频。

米勒模型

$$V_U=\frac{\text{EBIT}(1-T_C)(1-T_S)}{R_U}$$

其中，T_C 是公司所得税税率，T_S 是个人股权所得税税率。个人所得税会减少投资者的实际所得，这将造成无负债公司价值减少。如果公司举债，则每年产生的现金流量 CF_L 被分为两部分：

$$\begin{aligned}CF_L&=\text{属于股东的现金流量}+\text{属于债权人的现金流量}\\&=(\text{EBIT}-I)(1-T_C)(1-T_S)+I(1-T_D)\\&=\text{EBIT}(1-T_C)(1-T_S)-I(1-T_C)(1-T_S)+I(1-T_D)\end{aligned}$$

在上述公式中，I 代表公司每年支付的利息费用，T_D 是个人债权所得税税率。因为上式中的现金流量均具有永续年金的性质，所以在此将各现金流量分别除以适当的折现率，可得到有负债公司的价值为：

$$\begin{aligned}V_L&=\frac{\text{EBIT}(1-T_C)(1-T_S)}{R_U}-\frac{I(1-T_C)(1-T_S)}{R_D}+\frac{I(1-T_D)}{R_D}\\&=V_U+\left[1-\frac{(1-T_C)(1-T_S)}{1-T_D}\right]\frac{I(1-T_D)}{R_D}\\&=V_U+\left[1-\frac{(1-T_C)(1-T_S)}{1-T_D}\right]D\end{aligned}$$

其中，R_D 为债务融资成本，D 为公司债务。所以米勒模型的表达式为：

$$V_L=V_U+\left[1-\frac{(1-T_C)(1-T_S)}{1-T_D}\right]D$$

依据米勒模型的表达式，可以看出几个重要的含义：

（1）在忽略所有税收时，得出 $V_L=V_U$，此时米勒模型等价于无税的 MM 模型。

（2）仅考虑公司所得税但忽略个人所得税，即 $T_S=T_D=0$ 时，得出 $V_L=V_U+T_CD$，此时米勒模型等价于有税的 MM 模型。

（3）考虑个人所得税，而且 $T_S=T_D$，此时米勒模型等价于有税的 MM 模型。

（4）如果 $(1-T_C)(1-T_S)=1-T_D$，得出 $V_L=V_U$，此时米勒模型等价于无税的 MM 模型。

（5）如果 $T_S < T_D$，那么公司收益就会因财务杠杆而减少。

（6）该模型认为有公司所得税的 MM 模型夸大了公司负债的好处，因为个人所得税在某种程度上会抵消公司利息支付的节税收益，削弱有负债公司的价值。但是从结论上看，该模型同有公司所得税的 MM 模型相似，认为负债率达到 100%时公司价值最大。

思政课堂

在党的二十大报告中，习近平提出了依法规范和引导资本健康发展。在新时代背景下，如何在社会主义制度下依法规范和引导资本健康发展是马克思主义政治经济学必须研究解决的关键议题。这一论述与资本结构理论紧密相连，提示企业在追求资本效率的同时也要考虑到资本的社会责任，确保资本运作服务于实体经济，促进经济的高质量发展。企业应当积极响应，通过科学决策，实现资本结构的合理配置，既提高自身的市场竞争力，又服务于国家经济大局，为实现中华民族伟大复兴的中国梦贡献力量。

本章小结

资本结构可以影响公司的融资成本、税收规模、治理结构等，会对公司的经营绩效产生一定的影响，因此，公司如何通过融资方式的选择来实现经营绩效最大化，即如何确定最优资本结构，就成为公司财务理论和公司治理实务中的重要问题。对这个领域的探索和研究，已经初步形成了较为完善的体系，即资本结构理论。资本结构理论中的 MM 理论从数量上揭示了资本结构、公司价值和资本成本之间的关系。该理论可依三个阶段分为无任何税收的 MM 理论、只有公司所得税的 MM 理论、公司所得税和个人所得税同时存在的米勒模型。

本章主要探讨了与资本结构决策相关的理论，下列是一些关键结论。在无税等一系列严格假设条件下，MM 理论得出的结论为资本结构与公司价值无关，无论债务为多少，公司价值都是一定的。在引入公司所得税后，MM 理论得出的结论为资本结构与公司价值是相关的。模型还显示，在使用 100%的债务时公司价值达到最大。有公司所得税的 MM 理论表明，使用债务产生的利息可以作为费用从息税前利润中扣除，从而减少了税收支出，公司价值会相应地增大。哈马达模型最大的贡献在于解释了财务杠杆对 β 系数的影响，量化了杠杆的盈亏。

中国公司金融实践

比亚迪成立于 1995 年，是一家业务横跨汽车、轨道交通、新能源和电子四大产业的高新技术企业，也是全球领先的新能源整体解决方案提供商。比亚迪于 2002 年在香港主板上市，并于 2011 年在深圳证券交易所上市。比亚迪资产负债表摘要见表 11-6。

表 11-6　比亚迪资产负债表摘要

单位：亿元

项目	2023 年 12 月 31 日	2022 年 12 月 31 日
固定资产	2 309.038 2	1 318.803 69
应收账款	618.660 19	388.284 94
存货	876.767 48	791.071 99
流动资产	3 021.214 46	2 408.035 07
资产总额	6 795.476 7	4 938.606 46
长期借款	1 19.751 39	75.935 96
应交税费	78.523 24	43.263 94
短期借款	183.232 16	51.530 98
流动负债	4 536.666 71	3 333.445 61
股东权益	1 504.621 13	1 213.898 37
实收资本（或股本）	29.111 43	29.111 43

资料来源：同花顺官网。

思考题

请从存货、资产、负债、股东权益的视角分析比亚迪的资本结构状况。

课后习题

简答题

1. **MM 理论（无税）** 简要阐述在无税条件下的 MM 理论，包括定理Ⅰ和定理Ⅱ。

2. **MM 理论（有公司所得税）** 简要阐述在有公司所得税条件下的 MM 理论，包括命题Ⅰ和命题Ⅱ。

3. **MM 理论（无税）** 简要说明无税条件下 MM 理论中的定理Ⅰ为什么是正确的。

4. **MM 理论** 列出 MM 理论的假设，并简要说明为什么这些假设是必要的。

5. **税盾** 简要说明税盾价值的表示方法。

6. **哈马达模型** 简要阐述哈马达模型。

7. **米勒模型** 简要阐述米勒模型。

计算题

1. **MM 理论（无税）** 一家完全权益公司的价值为 100 万元，处于同一行业且经营风险相同的有杠杆公司有 50 万元的债务。试问有杠杆公司的价值为多少？

2. **MM 理论（有公司所得税）** 一家完全权益公司的价值为 100 万元，处于同一行业且经营风险相同的有杠杆公司有 50 万元的债务，公司所得税税率为 40%。试问有杠杆公司的价值为多少？

3. **哈马达模型** 青斯食品公司的资本结构为40%的债务和60%的股权，税率为35%，贝塔系数（杠杆率）为1.25。根据哈马达模型的表达式，如果不使用债务，公司的贝塔系数是多少？也就是说，它的无杠杆贝塔系数是多少？

4. **米勒模型** 一家完全权益公司的价值为100万元，处于同一行业且经营风险相同的有杠杆公司有50万元的债务，公司所得税税率为40%，个人股权所得税税率为20%，个人债权所得税税率为25%，在同时考虑个人所得税和公司所得税的情况下，试问有杠杆公司的价值为多少？

5. **综合** 盖特公司目前债务为零，这是一家零增长公司，公司所得税税率为40%，贷款利率为7%，权益资本成本为10%。现在，该公司正在考虑使用一些债务，转向新的资本结构，其中，债务资本占总资本的55%，权益资本占总资本的45%，新的权益资本成本为11%。募集到的资金将用于以当前价格回购股票。据估计，额外的杠杆作用所导致的风险增加将导致所需的权益收益率有所上升。如果这项计划得以实施，WACC将发生多大的变化？

6. **综合** 某染料公司目前不使用债务，其杠杆系数为1.15，但新的首席财务官正在考虑通过发行债券来改变资本结构，改为40%的债务。基于以下数据，即无风险利率为6%，税率为40%，市场风险溢价为4%，资本重组会对公司的权益资本成本产生多大的影响？

第12章

资本结构理论：拓展

章前引例

万达集团，作为中国商业地产的领军企业，自1988年成立以来，以独特的商业地产模式和大规模的城市综合体项目闻名遐迩。进入2022年，面对全球经济的不确定性与国内房地产市场的调整，万达集团开始了新一轮战略转型与资本结构调整。

2022年初，万达集团宣布了一系列资本运作计划，旨在优化资本结构，提升财务健康度。其中包括通过出售部分商业地产项目股权引入战略投资者，以减轻债务负担。同年，万达集团还启动了轻资产战略转型，将旗下万达商管集团剥离重资产，转型为纯粹的商业物业管理和运营服务商，进一步降低了资本密集度，提高了资产周转率。这一转型举措得到了市场的积极反馈。2023年，万达集团在业务转型上迈出了更大步伐，聚焦于科技赋能与消费体验升级。集团宣布与多家科技企业合作，引入人工智能、大数据分析等前沿技术，提升旗下商场的数字化管理水平，打造智慧型商业空间。

万达集团的资本结构调整与业务转型是否加快了其轻资产战略转型？它在调整的过程中又会产生什么样的风险？在这一章，我们将分析影响资本结构的因素，介绍权衡理论、代理成本理论、信号理论以及优序融资理论等其他资本结构理论，并讨论如何确定最优资本结构。

学习目标

- 了解并区分破产成本的两种类型，掌握破产成本与税盾效应对资本结构的影响，掌握权衡理论的实质。
- 了解常见的两类代理成本，理解不同利益冲突下的利己行为。理解自由现金流量假说，掌握代理成本与资本结构的关系及代理成本理论的实质。
- 了解什么是信号理论，信号是如何影响资本结构的，学会分析在信息不对称情况下如何将资本结构作为信号向市场传递信息。
- 了解优序融资理论的理论基础，掌握优序融资理论的概念及应用。

- 了解最优资本结构有何特点以及公司如何确定最优资本结构。
- 理解资本结构理论的现代实践，学习资本结构优化对支持科技创新、产业升级和实体经济发展的作用。

上一章为了解读公司资本结构是否会影响公司价值，我们首先学习了一些重要的资本结构理论，然后据此分析资本结构与公司价值之间的关系。MM 理论向我们展示了公司有可能通过改变资本结构来增加公司价值，那么，如果资本结构确实有这样的影响力，是什么因素决定了债务与权益的最优比率，从而使公司价值最大化呢？这是资本结构理论需要解释的另一个基本问题。本章将介绍由于存在影响资本结构的其他因素，即使是在有税的世界里，公司也应当采取适当的负债率。

第 1 节　权衡理论

在上一章我们介绍了在有公司所得税的前提下，公司价值随着债务的增加而增加，税盾效应带来了好处，那么似乎公司应该尽可能提高负债率以实现公司价值最大化的目标。但是，公司管理层真的应该让公司的负债率达到 100%吗？在现实生活中好像并不是这样的。债务为公司带来了好处，也同样对公司施加了限制，因为偿付本金和利息是公司借入债务所必须履行的义务，一旦公司无法履行其法定义务，结局必将是破产。因此，本节从破产的概念开始讨论，分析其与资本结构有何关系，并介绍权衡理论的实质。

知识讲解

本视频节选自江西财经大学“公司金融”慕课，可登录慕课网站搜索查看完整视频。

权衡理论

12.1.1　破产成本

拓展阅读

《关于加强国有企业资产负债约束的指导意见》

破产是指公司的资产不足以清偿全部债务或者明显缺乏清偿能力时发生的违约事件，可能是由于公司现金流不足以偿还到期债务，也可能是由于公司无法按时履行债务契约所规定的条款。过高的负债率会增大公司破产的概率，公司破产带来的破产成本会对资本结构产生影响，也会给公司价值带来负面影响。

一、直接破产成本与间接破产成本

破产成本可以分为直接破产成本（direct bankruptcy cost）和间接破产成本（indirect bankruptcy cost）。直接破产成本与破产清算有关，主要包括在破产清算或重组过程中需要支付的法律费用、会计费用和管理费用。直接破产成本是我们可以在账目上明显看见的，通常数额比较大，但实际上对于大型公司来说，它只占公司价值的一小部分，相对

容易估计。

间接破产成本指公司破产可能对经营产生负面影响所导致的机会成本。例如，管理层为改善现状放弃有价值的投资计划，供应商收到公司陷入财务困境的消息提前收回应收账款而给公司带来的成本，抑或是投资者发现公司有破产倾向而不再进行投资给公司带来的融资成本，等等，均为间接破产成本。由此可见，间接破产成本很难估算，实际上却占到公司价值的很大一部分。

下面我们以一个具体的例子来说明破产成本对债权人和股东的影响。

【例 12-1】 假设某实体服装公司预计下一年市场处于繁荣期和衰退期的概率均为 50%。如果市场处于繁荣期，公司预计下一年现金流为 100 万元；如果市场处于衰退期，公司预计下一年现金流为 50 万元。下一年公司需要支付的利息和本金为 70 万元。显然，如果经济向好，公司有收入 100 万元，70 万元用于还债，股东最后能得到 30 万元；如果经济低迷，公司收入只有 50 万元，不足以偿还债务，此时公司破产，股东没有任何收益，在没有破产成本的情况下，债权人获得公司所有资产，即 50 万元。公司没有其他资产，忽略税收。

但是，如果公司破产需要请律师、会计师、财务顾问，所有费用为 15 万元，即破产成本为 15 万元，那么债权人此时获得 35（=50−15）万元。我们对考虑破产成本的例子和没有考虑破产成本的例子进行对比。表 12-1 显示了在两种不同情况下公司股东和债权人的现金流。

表 12-1　某实体服装公司的现金流情况　　单位：万元

	无破产成本		破产成本=15	
	繁荣期（概率：50%）	衰退期（概率：50%）	繁荣期（概率：50%）	衰退期（概率：50%）
公司现金流	100	50	100	50
债务偿付	70	50	70	35
股东现金流	30	0	30	0

由表 12-1 可知，破产成本的存在使得债权人在公司破产时得到的收益减少了，也就是说，一旦公司破产，破产成本实际上被转嫁给了债权人。让我们来思考一下，如果破产成本为 10 万元，则债权人在衰退期将获得 40（=50−10）万元。也就是说，破产成本会降低公司价值，且破产的可能性越高，破产成本越高，对公司价值产生的负面影响越大。

既然破产成本会给公司价值带来负面影响，那么，我们是否能够采取一些措施来降低破产成本，从而提高公司价值呢？一般而言，在现实生活中常采用保护性条款和债务合并的方法。股东经常与债权人签订协议以求降低利率，这些协议被称为保护性条款，保护性条款限制了公司可能采取的一些不利于债权人或公司价值的行动。有了这些条款，债权人乐意接受较低的利率，因此降低了破产成本，最终提高公司价值。破产成本高的一个原因在于法律费用，如果有可能，应向一个或尽量少的几个债权人借款，一旦发生财务困难，法律费用能够明显减少，这似乎也是一个解决办法。

二、 破产成本与资本结构的关系

我们已经知道公司举债融资水平的上升会使破产概率增大，就会存在破产成本，破产成本会对有杠杆公司的价值造成负面影响。那么，随着财务杠杆的增大，资本成本会发生怎样的变化？在一个有负债的公司，股东的期望收益率会随着财务杠杆的增大而增大，即有杠杆公司的权益资本成本 R_s 随着负债的增加而增大；对于债权人而言，一旦公司破产，破产成本实际上被转嫁给了自己，债权人的必要收益率也会随着财务杠杆的增大而增大，即债务资本成本 R_d 随着负债的增加而增大。加权平均资本成本 R_{WACC} 一开始时向下倾斜，而后随着财务杠杆的增大而增大。当负债率达到 100%时，$R_{\text{WACC}}=R_d$。图 12-1 描述了有杠杆公司的资本成本与资本结构的大致关系。

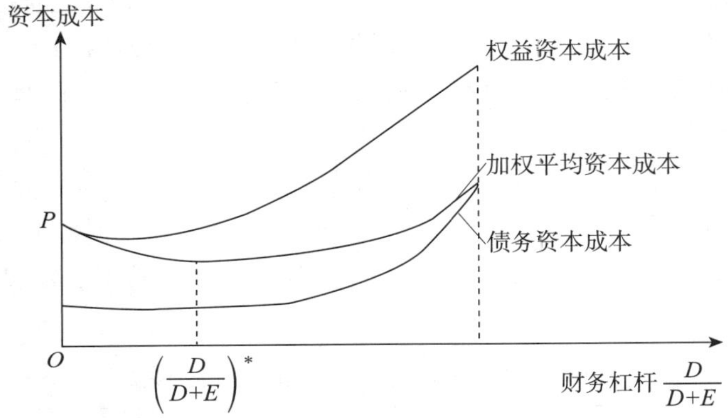

图 12-1 有杠杆公司的资本成本与资本结构的大致关系

资料来源：朱叶. 公司金融. 3 版. 北京：北京大学出版社，2016：190.

由图 12-1 可知，当公司增加债务时，加权平均资本成本因为税盾带来的好处而下降，在 $\left(\frac{D}{D+E}\right)^*$ 处达到最低点。随后，由于负债率越来越高，债务开始给公司带来负面影响，产生了破产成本，加权平均资本成本会因为破产成本而逐渐上升。因此，$\left(\frac{D}{D+E}\right)^*$ 就对应该公司的最优资本结构。这时，公司有了最优资本结构，也就有了最优负债额，最优负债额对应最低的加权平均资本成本。因此，破产成本明显会影响公司的资本结构决策。

12.1.2 权衡理论的实质

我们已经学习过，考虑公司所得税的 MM 理论认为债务融资有一个重要优势，即公司支付的债务利息能够抵减应纳税额，也就是我们常说的债务融资具有税盾效应，因此，公司的价值与其债务正相关。这个结论一旦成立就意味着所有公司都应该尽可能多地增加债务，但这明显与现实不符。于是其他学者提出，破产成本会减少有杠杆公司的价值，对资本结构产生影响。权衡理论①（trade-off theory）通过放松 MM 理论的完全信息以外的各种假设，考虑在税收、破产成本等分别或共同存在的条件下，资本结构如何影响公司价值，在债务的抵税好处和其带来的成本之间相互权衡。权衡理论的发展可分为早期权衡理论和后期权衡理论。早期权衡理论②的主要观点是公司的最优资本结构是对税盾效应和破产成本权衡的结果。后期权衡理论③在早期权衡理论的基础上进一步增加了对代理成本、非债务税盾④损失等的综合考虑。

图 12－2 显示了税盾效应和破产成本对公司价值的综合作用，用公式表示为：

$$V_L = V_U + T_C B - \text{破产成本的 PV} \tag{12-1}$$

式中，V_L 表示有杠杆（负债）有破产成本公司的价值，V_U 表示无杠杆（负债）公司的价值，$T_C B$ 表示税盾现值，破产成本的 PV 表示破产成本现值。

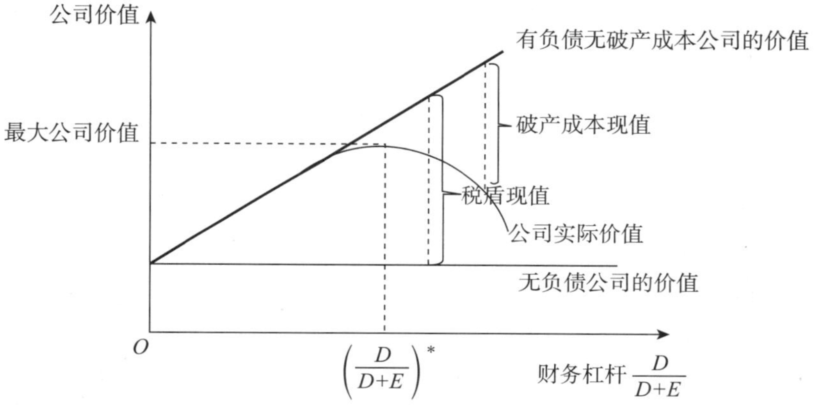

图 12－2　公司价值和资本结构的关系

资料来源：罗斯，威斯特菲尔德，杰富，等. 公司理财：原书第 11 版. 北京：机械工业出版社，2017：333.

图 12－2 中的水平线表示的是 MM 理论下无负债公司的价值，斜线表示的是 MM 理论下有负债无破产成本公司的价值，拱形曲线表示的是考虑破产成本等的公司实际价值。

---

① 权衡理论形成于 20 世纪 70 年代，其主要观点是公司的最优资本结构决策应该在税盾效应和破产成本之间进行权衡。

② 1963 年，莫迪利亚尼和米勒提出了极端的预期，指出公司采取 100%的债务融资可能是公司最优的资本结构决策。这一极端观点引起了人们广泛的讨论，而在讨论的过程中出现了最初的权衡理论。1973 年，克劳斯（Kraus）和利曾伯格（Litzenberger）对这一理论做出了经典陈述，说明最优杠杆率反映了债务的税盾效应与破产成本间的权衡。1984 年，迈耶斯（Myers）指出，遵循权衡理论的公司会设定一个目标负债价值比（debt-to-value ratio），并逐渐向这一目标移动，而这一目标是在平衡债务的税盾效应与破产成本的过程中被决定的。总体来看，权衡理论认为，最优资本结构是由公司的决策者在权衡可选择的杠杆计划的各种成本和收益的过程中决定的。1984 年，布拉德利（Bradley）等指出，从 1958 年莫迪利亚尼和米勒提出 MM 理论到后来米勒提出新的挑战（即在一定条件下，公司层面上债务融资的税收优势恰好被个人层面上的税收劣势抵消）之前，资本结构领域最具一般性的学术观点就是最优资本结构涉及债务的税盾效应与破产成本之间的权衡。

③ 在米勒提出新的挑战后，出现了大量试图调和米勒模型与权衡理论的文献。这类文献的一般性结论是如果存在显著的杠杆相关成本，例如代理成本、非债务税盾损失等，那么公司债务融资将有正的净税收好处。公司的最优资本结构涉及债务的税收优势与多种杠杆相关成本间的权衡。

④ 当公司拥有巨额折旧或摊销时，会减少应税收入，从而产生税盾效应，我们把它称为“非债务税盾”。

若少量举债，公司陷入财务困境的概率非常小，破产成本现值小，随着债务的增多，税盾现值增加，公司实际价值也会随之增加。然而，随着债务越来越多，债务引致公司破产的概率越来越大，破产成本现值越来越大，当破产成本现值的增加量等于税盾现值的增加量时，公司实际价值达到最大化，此时的债务水平对应公司最优资本结构，即图中的$\left(\frac{D}{D+E}\right)^*$。之后债务再增加，破产成本现值的增加量将大于税盾现值的增加量，公司实际价值也随之减少。

权衡理论在 MM 理论的基础上进一步放松了无破产成本的假设，引入均衡的概念，使公司资本结构有了理论上的最优解，更贴近现实。但权衡理论只考虑了破产成本、税盾效应等外在因素对公司资本结构的影响，仍没有研究信息不对称等内在因素对公司资本结构的影响，且由于破产成本很难估算，因此，在实践中寻求最优资本结构仍有很大难度。随着学者将更多的影响资本结构的因素考虑在内，资本结构理论得以进一步发展。

第 2 节　代理成本理论

我们之前学过了所有权与经营权两权分离会产生委托代理关系，这种委托代理关系会产生代理成本。代理成本理论就是在考虑代理成本的基础上研究如何确定目标资本结构，从而使公司价值最大化。

知识讲解

本视频节选自江西财经大学“公司金融”慕课，可登录慕课网站搜索查看完整视频。

代理成本理论

12.2.1　代理成本

代理成本指的是因代理问题所产生的损失以及为了解决代理问题所发生的成本。詹森（Jensen）和麦克林（Meckling）认为代理成本包括监督成本、保证成本和次优损失。监督成本指的是委托人激励、监控代理人，驱使代理人以委托人收益最大化为目标所产生的成本。保证成本指的是代理人保证不采取损害委托人利益的行为而产生的成本。次优损失指的是代理人代为决策与同等条件下委托人会采取的价值最大化决策之间的偏差所产生的损失，即代理人的决策可能是次优决策。

我们在前面的章节中已经学到代理问题有三类：股东与管理层（经理）之间的利益冲突、债权人与股东（股权人）之间的利益冲突以及大股东与中小股东之间的利益冲突。而我们通常所讲的代理成本主要指的是外部股东代理成本与债务代理成本。

外部股东代理成本指的是股东与管理层之间的利益冲突导致的代理成本。管理层不是股东，并不持有公司股份，但掌握着公司资金的流向，可以在一定范围内分配公司的资源，相较股东处于相对信息优势地位。当管理层花费巨大热情和精力去寻求净现值大于零的项目，为股东谋取了较为可观的利润时，管理层只能得到事先协议规定的薪酬，收入与付出的不相匹配降低了管理层不断寻求有利于公司未来发展机遇的激情，他们会有强烈的消极怠工的动机。管理层经营的并非自己的财产，不会像管理自己的财产那样严谨，但却拥有支配公司资金的权力，因此，很容易从中为自己谋利。比如，建设豪华办公室，提高自己的福利待遇；为了自己的利益而过度投资，损害股东和债权人的利益；等等。这就是我们经常讨论的管理层的利己行为，即偷懒、在职消费、过度投资等。管理层在缺少激励时会缺乏进取精神、玩忽职守和挥霍浪费。股东为了减少这种利己行为的发生，会采取预防措施，比如，向管理层提供适当的现金性激励，提供优良的办公环境，提供股权激励，实施外部监管，等等。

债务代理成本指的是债权人与股东之间的利益冲突所产生的代理成本和与债权相伴随的破产成本。债务融资缓和了管理层与股东之间的冲突，但同时产生了新的利益冲突，即债权人（委托人）与股东（代理人）之间的冲突。在这一过程中，股东很可能会寻求利己的策略。

利己策略一：冒高风险。由于股东的责任有限且能获得剩余收益，因此，如果有一个项目投资的收益远高于需要偿还的债务，那么即便这个项目具有高风险性，股东也会选择这项投资。因为一旦高风险项目取得成功，股东就能够获得更多的收益。即便该项目失败，股东也只按一定比例承担他应承担的部分损失，其他损失全归债权人承担。所以，即便有一个较低的 NPV，股东也会选择高风险项目。下面我们通过一个简单的例子来说明。

【例 12－2】　假设一家处于财务困境中的公司有如表 12－2 所示的资产负债表。如果公司现在清算，则股东什么也得不到，而债权人得到 200 元。假设此时公司面临一个新的投资项目，投资成本为 200 元，必要收益率为 50%，期限为 1 年。该项目成功的概率为 10%，失败的概率为 90%。如果项目取得成功，公司可以获得 1 000 元的收益；如果项目失败，则收益为零。

表 12－2　某公司的资产负债表　　单位：元

资产	账面价值	市值	负债和权益	账面价值	市值
现金	200	200	长期负债	300	200
固定资产	400	0	权益	300	0
合计	600	200	合计	600	200

该项目的期望现金流是 100 元，项目净现值为－133 元。其中，债权人的期望现金流是 30（$=300\times10\%+0\times90\%$）元，债权人的期望现金流现值为 20 元，股东的期望现金流是 70（$=700\times10\%+0\times90\%$）元，股东的期望现金流现值为 47 元。如果放弃投资该项目，债权人的期望现金流现值为 200 元，股东的期望现金流现值为 0 元。由此可见，该项目的 NPV 为负，理性的管理层应该放弃该项目的投资。而由于代理成本的存在，管理层将冒高风险投资该项目，因为股东能从该项目得到更多的好处。

利己策略二：投资不足。当一家公司有较高比例的债务时，如果有一个 NPV 为正的投资项目，则若该项目成功，股东只能获得小部分的收益，若该项目失败，债权人将获得大部分的收益。一旦预见到投资这一新项目会以牺牲自身利益为代价来补偿债权人，股东就会缺乏投资该项目的积极性。所以，即便项目有一个较高的 NPV，股东也会放弃投资。

利己策略三：撇脂。通常情况下，撇脂是支付额外股利和增加管理层的薪酬等转移资产的行为。在例 12－2 中，如果公司在财务困难时期向股东支付 200 元股利，则即便公司进行清算，债权人也什么都得不到，而股东却受益匪浅。公司可通过支付额外股利的措施，将原本应给债权人的部分转移给股东，使股东获利，使债权人遭受损失。增加管理层的薪酬也可以达到这一目的。

以上三种策略就是用于损害债权人利益的三种行为，债权人为了避免这种情况的发生，通常会要求签订债务契约，设立限制性条款，阻碍管理层或股东做出有损其利益的决策。

拓展阅读

沪深 300 公司的代理问题与股利政策

12.2.2 自由现金流量

在之前我们指出，如果管理层与股东的目标不一致，就会产生代理冲突。在现实生活中，这种冲突更可能发生在公司有大量自由现金流量的时候。管理层有动机进行在职消费，但他们需要机会。自由现金流量正好提供了这种机会。管理层通常会使用多余的现金流量来满足他们自己的需求，比如置办更好的办公设备、布置更舒适的办公环境等，管理层可能会虚报开支、产生大量浪费。詹森因此提出了自由现金流量假说，也称自由现金流量的代理成本理论。该假说认为有大量自由现金流量的公司的管理层比只有有限自由现金流量的公司的管理层更可能产生浪费行为。

那么，减少自由现金流量有哪些方法呢?

一类方法是增加股利、回购股票或增加负债。股利的增加有益于股东，由于公司支付了股利，因此自由现金流量会减少。回购股票也需要使用自由现金流量。由于增加负债后公司有在期末偿还本金和利息的义务，因此增加负债也会减少公司的自由现金流量。此外，因为增加负债会增大公司陷入财务困境的概率，如果公司无法偿付负债，将会导致破产，所以自由现金流量假说认为，发债比发股利对公司的影响更大、约束更大。

另一类方法是进行杠杆收购。杠杆收购指的是公司通过借贷筹集资金收购另一家公司的交易行为。在杠杆收购中，债务用于购买其他公司高比例的股份，事实上，这减少了无谓浪费，因此，不少公司乐于进行杠杆收购。进行杠杆收购能够迫使管理层减少不必要的浪费行为。

自由现金流量假说给我们带来了一个启示，即公司可以通过减少自由现金流量的方法减少权益代理成本。

12.2.3 代理成本理论的实质

詹森和麦克林率先提出了代理成本理论。他们认为最优资本结构可以用代理成本进行解释，而非仅仅是税盾效应和破产成本。我们在前面已经学到公司的价值等于权益的价值加上债务的价值。但当考虑代理成本时，公司的价值会受到代理成本的影响。为了方便分析，我们把代理成本分为权益的代理成本和债务的代理成本，则权益的代理成本与债务的代理成本之间是一种此消彼长的关系，我们可以用图 12－3 来表示它们与资本结构的大致关系。

在图 12－3 中，横轴表示的是债务资本占总资本的比例，两边的纵轴分别表示权益的代理成本与债务的代理成本。当公司为无杠杆公司时，债务的代理成本最小，此时权益的代理成本即为总代理成本。随着负债率的提高，债务的代理成本不断上升，权益的代理成本不断下降，且权益的代理成本下降的速度快于债务的代理成本上升的速度，此时总代理成本会下降。当边际权益代理成本的减少量等于边际债务代理成本的增加量时，总代理成本达到最小值，此时的负债率即为公司的最优资本结构（B^*）。之后，负债率再次提高，边际权益代理成本的减少量小于边际债务代理成本的增加量，总代理成本会随之上升。当债务资本占总资本的比例达到 1 时，公司为完全杠杆公司，此时权益的代理成本达到最低，债务的代理成本即为总代理成本。代理成本理论就是在考虑代理成本的基础上研究公司理论如何确定最优资本结构，但在现实生活中，我们做出资本结构决策时除了要考虑上节所讲的破产成本与税盾效应、本节所讲的代理成本等影响因素以外，还要考虑其他因素。

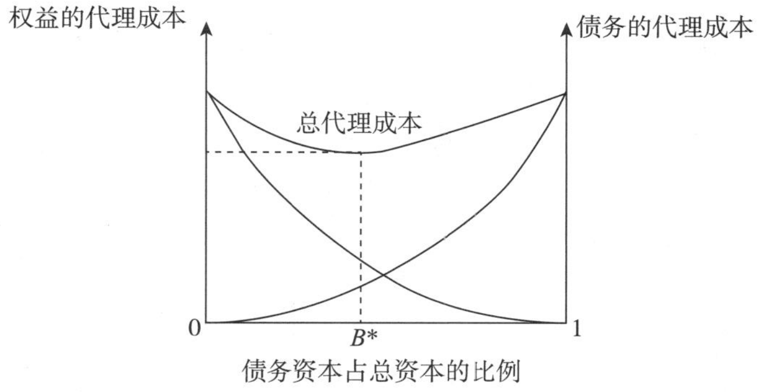

图 12－3　两类代理成本与资本结构的大致关系

资料来源：Michael C. Jensen and William H. Meckling，“Theory of the Firm：Managerial Behavior，Agency Costs and Ownership Structure，” *Journal of Financial Economics*，1976，3（4）：305－360.

第 3 节　信号理论

MM 理论假设公司的所有投资者和管理层都能够获得关于公司发展的相同信息，即信息对称。然而，在现实金融实践中，公司的管理层会比普通投资者获得更多的信息，即信息不对称。信息不对称对公司的资本结构决策有着重要影响，在本节我们将讨论公司管理层和投资者的信息不对称将带来什么样的信号，这些信号又是如何影响关于资本结构的决策的。

首先，假设A公司取得了一项突破性的研究成果，未来有着良好的发展前景；B公司的对手引进了独家的先进设备用于生产产品，因此B公司未来将面临很大的竞争压力。在信息不对称的情况下，A公司需要通过融资来发展业务。如果通过发售股票来融资，未来良好的前景会使利润增加，股票价格上升，新股的购买者会大赚一笔，老股东虽然也能获利，但没有在不发售新股的情况下赚得多。因此，在这种情况下，原有的股东不会希望有新股东来分割利润，所以如果该公司未来走势朝上，管理层往往宁可借更多的债务进行融资，也不会发售股票。而对于B公司而言，管理层知道未来公司处在弱势地位，需要融资来购买先进设备用于生产具有竞争力的产品。如果公司未来的投资收益减少，投资者的收益会减少，管理层会更愿意发售股票以让新的投资者来分担损失。我们可以得到**信号1：未来价值会下降的公司的管理层比未来价值会上升的公司的管理层更倾向于通过发售股票来融资**。另外，在平常时期，未来价值会上升的公司通常会使用比其预期最优资本结构更少的债务，以确保在必要时获得债务融资。

知识讲解

本视频节选自江西财经大学“公司金融”慕课，可登录慕课网站搜索查看完整视频。

信号理论

其次，我们来讨论一下公司的负债水平与其盈利能力的联系。我们之前已经学习了债务会有税收优势，而一家公司能用于抵税的利息最多是经营利润。由于盈利能力强的公司不太可能因为负债较多而破产，因此它会承担更多的负债来降低税负；而盈利能力弱的公司为了减小破产的概率不会承担较多的负债。我们可以得到**信号2：价值更高的公司会比价值更低的公司发行更多的债务**。

信号理论的主要思路是将斯宾塞（Spence）的信号理念引入资本结构研究中，分析在信息不对称情况下如何将资本结构作为信号向市场传递信息，借此影响投资者的投资决策。实际上，管理层通常具有信息优势，因此，他们会在股价被高估时发行股票来融资，在股价被低估时发行债务来融资。正是因为投资者知道这一点，所以他们将公司发行股票作为负面的信号。信号理论认为，当管理层改变公司的杠杆时，其实是在传递着一些关于公司未来业绩的信号。投资者将负债水平看作公司价值的一种信号，因此，预期利润低的公司通常负债水平不会太高，预期利润高的公司会承担较高的负债。

拓展阅读

海航危机

第4节 优序融资理论

12.4.1 优序融资理论的概念

除了权衡理论等之外，优序融资理论也能对公司资本结构进行解释。优序融资理论以信息不对称理论为基础，认为公司在考虑融资时会优先采用内部融资，也就是留存收益。当内部融资不足以支撑公司的资金需要时，公司会考虑外部融资，但是会首先考虑债券融资，其次是股权融资。总的来说就是，公司在需要融资时，优先考虑的是内部融资，其次是外部债券融资，最后是外部股权融资。

对这一融资顺序的解释，我们可以从以下几个方面来看：

内部融资不需要承担外部融资所需的各项费用，直接融资成本低，而且不受信息不对称的影响，几乎没有间接融资成本。

知识讲解

本视频节选自江西财经大学“公司金融”慕课，可登录慕课网站搜索查看完整视频。

优序融资理论

从信息不对称所造成的间接融资成本来看，当必须选择外部融资时，因为信息不对称的存在，股东不能准确地对公司价值进行评估，他们可能认为增发新股传递的是坏消息，这会导致公司价值下降，导致外部股权融资的间接融资成本高，而外部债券融资受信息不对称的影响较小，因此选择外部债券融资会产生更小的间接融资成本。

从直接融资成本来看，股票相对于债券风险更高，所需要的发行成本也更高，所以外部债券融资排在外部股权融资之前。

12.4.2　优序融资理论的案例分析

融资方式的选择对公司价值有着重要影响，按照正确的顺序进行融资可以极大地降低公司风险，提高公司价值。下面我们就三一重工股份有限公司这一案例进行分析。

三一重工股份有限公司是一家上市公司，我们从该公司的财务报表和发布的公告来看其在 2021—2023 年的表现。从资产负债率来看，公司 2021 年、2022 年和 2023 年的资产负债率依次为 53.02%、58.41%、54.26%，可以看出负债水平有一定的波动，公司资本结构相对稳定，且有意识地控制负债水平。在 2021—2023 年公司不存在股权再融资，但公司在 2021 年发行了超短期融资券；在 2022 年筹划发行全球存托凭证用于加大海外市场资源投入、渠道建设，并且为盘活存量资产、拓宽融资渠道，设立并申请发行应收账款资产支持证券（ABS）暨关联交易；在 2023 年为满足公司经营发展需要，进一步拓宽融资渠道，优化融资结构，降低融资成本，保持公司资金筹措、管理及运用的灵活性，向中国银行间市场交易商协会申请统一注册并发行余额不超过人民币 200 亿元的多品种非金融企业债务融资工具。从股票价格来看，公司在 2021 年末、2022 年末和 2023 年末的收盘价依次为 21.97 元、15.42 元、13.55 元，股票价格总体来看有所下降。

拓展阅读

优序融资理论在中国的应用现状

在保持适度负债水平的同时，要适时使用股权融资以支持业务发展而不过度依赖股权融资。这种策略有助于保持较低的融资成本，避免股权过度稀释，同时也支持了公司的长期增长和市场竞争力。三一重工股份有限公司的例子展示了，通过合理规划和执行融资策略，公司能够在保持财务稳健的同时实现业务的持续扩张和价值提升。公司在融资时应重视优序融资理论，融资方式的选择对公司价值有很大的影响。

第 5 节　最优资本结构的确定

知识讲解

本视频节选自江西财经大学“公司金融”慕课，可登录慕课网站搜索查看完整视频。

公司如何确定最优资本结构

所谓最优资本结构，就是指在一定条件下能使公司的加权平均资本成本最低、公司价值最大化、最大限度地调动各利益相关者的积极性并具有弹性的资本结构。

从权衡理论的角度出发，债务虽然能够带来税盾效应，提升公司价值，但是债务越多，越容易导致公司陷入财务困境，公司的破产成本就会随之增加，从而降低税盾效应。当导致公司价值下降的破产成本超过促使公司价值上升的税盾效应时，总体来看公司价值下降。因此，在同时存在破产成本和税盾效应时，要在两者之间进行权衡，使得公司价值达到最大。

在没有公司所得税和没有破产成本的情况下，债务不能带来税盾效应，公司价值不受公司债务水平的影响，此时公司的加权平均资本成本就等于无负债公司的资本成本。

在有公司所得税但是还没有破产成本的情况下，债务可以带来税盾效应，公司价值会随着债务的增加而提高，此时公司的加权平均资本成本会随着债务的增加而降低。

在同时存在公司所得税和破产成本时，债务可以带来税盾效应。假设在债务水平达到某种程度之前，破产成本不会出现大幅变化，那么在此之前，每增加 1 单位债务都会给公司带来一定的税盾效应，此时债务所带来的边际收益远大于边际成本，公司的价值逐渐上升；但当债务越来越多，超过了某种程度，债务所带来的边际收益开始降低，边际成本开始增加，直到边际收益等于边际成本时，公司的价值达到最大，此时的资本结构是最优资本结构；如果债务一直增加下去，那么边际收益将会低于边际成本，公司价值开始下降。

同样，从公司资本成本的角度来看，在达到某种程度之前，债务带来的边际收益大于边际成本，公司的加权平均资本成本是下降的；但当债务越来越多，超过了某种程度，债务带来的边际收益开始降低，边际成本开始提升，直到边际收益等于边际成本时，公司的加权平均资本成本达到最低，此时的资本结构是最优资本结构；如果债务一直增加下去，那么边际收益将会低于边际成本，公司的加权平均资本成本开始上升。

思政课堂

2023 年 10 月，中央金融工作会议在北京举行，会议强调了坚持深化金融供给侧结构性改革，优化融资结构，发展多元化股权融资。这与资本结构理论的现代实践高度契合，特别是与 MM 理论中关于资本结构、公司价值和资本成本之间关系的探讨密切相关。公司应当根据自身特点和市场环境，科学决策资本结构，合理利用债务和股权融资，降低资本成本，提升公司价值，同时，要充分发挥各类资本在支持科技创新、产业升级中的作用，助力实体经济的发展。

本章小结

自 MM 理论被提出以来，大量学者都在进行影响资本结构的因素研究，由此发展出了其他资本结构理论。本章介绍的这些资本结构理论在 MM 理论的基础上进一步丰富了内容，考虑了更多的因素，也更贴近现实。

权衡理论在 MM 理论的基础上进一步放松了无破产成本的假设，引入均衡的概念，考虑在税收、破产成本等分别或共同存在的条件下，资本结构如何影响公司价值，即在债务的抵税好处和其带来的成本之间相互权衡。该理论认为，当破产成本现值的增加量等于税盾现值的增加量时，公司实际价值达到最大化，此时的债务水平对应公司最优资本结构。

代理成本理论认为最优资本结构可以用代理成本进行解释，而非仅仅是税盾效应和破产成本。当边际权益代理成本的减少量等于边际债务代理成本的增加量时，总代理成本达到最小值，此时的负债率即为公司的最优资本结构。

信号理论放松了 MM 理论关于信息对称的假设，分析在信息不对称情况下如何将资本结构作为信号向市场传递信息，借此影响投资者的投资决策。我们能够得到以下信号：未来价值会下降的公司的管理层比未来价值会上升的公司的管理层更倾向于通过发售股票来融资；价值更高的公司会比价值更低的公司发行更多的债务。这些信息能够给管理层带来一些启示。

能否正确运用优序融资理论对公司价值有很大影响，优序融资理论遵循着内部融资、外部债券融资、外部股权融资的顺序。

在确定最优资本结构时，当同时存在破产成本和税盾效应时，要在两者之间进行权衡，使公司价值达到最大。

中国公司金融实践

思创医惠科技股份有限公司（以下简称思创医惠）2024 年 1 月 9 日发布公告称，1 月 8 日，公司收到中国证券监督管理委员会浙江监管局下发的《行政处罚决定书》及《市场禁入决定书》。根据《行政处罚决定书》，2021 年 1 月 22 日，思创医惠公开披露《创业板向不特定对象发行可转换公司债券募集说明书》，其中包含其 2017 年、2018 年、2019 年及 2020 年 1—9 月的财务数据，最终公司发行可转债募资 8.17 亿元，思创医惠公开发行文件存在重大虚假内容。另外，2019 年、2020 年年度报告也存在虚假记载。

思创医惠通过全资子公司医惠科技有限公司（以下简称医惠科技）与杭州闻然信息技术有限公司（以下简称杭州闻然）、上海洗凡科技服务有限公司（以下简称上海洗凡）、深圳市雨淋科技服务有限公司（以下简称深圳雨淋）开展虚假业务等方式，2019 年累计虚增营业收入 3 493 万元，虚增利润 3 302 万元，占当期利润总额的 20.03%。

思创医惠通过全资子公司医惠科技与杭州闻然、上海洗凡、深圳雨淋、杭州开泰新健康科技有限公司（以下简称开泰新）、医信惠通（北京）科技有限公司（以下简称医信惠通）开展虚假业务，以及提前确认与广东华上软件技术有限公司（以下简称广东华上）、河南裕景医疗器械销售有限公司（以下简称河南裕景）相关业务的收入、成本等方式，2020 年累计虚增营业收入 9 647 万元，累计虚增成本 923 万元，虚增利润 8 394 万元，占当期利润总额的 67%。

2019 年和 2020 年，思创医惠总计营收造假上亿元，利润造假上亿元，它在 2019 年和 2020 年年报中未能如实披露相应财务数据。

财务造假、管理层频繁变动使得思创医惠的业绩下滑明显。2021 年、2022 年思创医惠归属于母公司股东的净利润分别亏损 7.27 亿元、8.82 亿元。2023 年业绩虽有所好转，但依旧不乐观。该年前三季度营收约 8.01 亿元，同比减少 20.59%；归属于母公司股东的净利润亏损 1.12 亿元，同比由盈转亏。截至 2023 年第三季度末，思创医惠资产负债率达 63.78%，短期借款达 3.98 亿元，一年内到期的非流动负债达 2.36 亿元，也就是说，1 年内公司需偿还的债务就高达 6.34 亿元，而公司的货币资金仅为 5.62 亿元。账上的货币资金不足以偿还短期借款。经营性净现金流也无法沉淀下资金，2022 年经营性净现金流为−1.05 亿元，2023 年前三季度为−0.1 亿元。

思创医惠通过开展虚假业务增加收入，长期通过这种方式来虚增利润，使用业绩虚假的可转换公司债券募集说明书成功募资，虚假的资本运作和高风险的融资都会严重影响其资本结构和长期发展。此外，管理层的频繁变动也会在一定程度上影响投资者对公司的价值判断和评估，从长远来看对公司的发展是不利的。表 12-3 显示了思创医惠 2022—2023 年资产负债表的部分数据。

表 12-3　思创医惠 2022—2023 年资产负债表的部分数据　　单位：亿元

	2023 年 12 月 31 日	2022 年 12 月 31 日
流动资产合计	14.58	19.25
总资产	25.93	36.35
流动负债合计	12.38	12.46
负债	20.85	23.71
股东权益	5.08	12.64
负债及股东权益总计	25.93	36.35
已发行普通股合计	8.72	8.64
已发行优先股合计	—	—

表 12-4 显示了思创医惠披露的四个季度资产负债表的部分数据。

表 12－4　思创医惠披露的四个季度资产负债表的部分数据　　单位：亿元

	2024 年 3 月 31 日	2023 年 12 月 31 日	2023 年 9 月 30 日	2023 年 6 月 30 日
流动资产合计	14.19	14.58	17.86	18.38
总资产	25.18	25.93	33.74	34.73
流动负债合计	12.29	12.38	11.51	12.54
负债	19.59	20.85	21.52	22.44
股东权益	5.59	5.08	12.22	12.29
负债及股东权益总计	25.18	25.93	33.74	34.73
已发行普通股合计	9.1	8.72	8.64	8.64
已发行优先股合计	—	—	—	—

思考题

1. 思创医惠发生财务造假事件的主要原因是什么？（从董事、股东、投资者、审计机构等方面依次分析。）

2. 从优序融资理论和代理成本等角度，你如何看待思创医惠的行为？

课后习题

简答题

1. **破产成本**　直接破产成本和间接破产成本各有哪些？请举例说明。
2. **代理成本理论**　说说在公司陷入财务困境时股东可采用的利己策略。
3. **权衡理论**　解释什么是权衡理论。
4. **代理成本理论**　解释什么是代理成本理论。
5. **信号理论**　解释什么是信号理论以及信号如何影响公司资本结构决策。
6. **资本结构**　解释资本结构，并说出影响资本结构的因素。
7. **优序融资理论**　说明优序融资理论所遵循的融资顺序，并简要说明原因。
8. **最优资本结构**　如何确定最优资本结构？
9. **股权融资**　为什么中国的上市公司偏好股权融资？
10. **资本结构**　哪些因素在影响着现实经济活动中公司的负债水平？

第13章
杠杆企业估值与资本预算

章前引例

华为作为全球领先的信息与通信技术解决方案提供商，在2023年实现了令人瞩目的业绩增长，全球销售收入达到7 042亿元，净利润更是达到870亿元，同比增幅分别为9.63%和144.5%。与此同时，华为的借款总额达到了3 084亿元，这引发了外界对其资金管理策略的关注。华为之所以选择以借款而非仅依赖自有资金进行扩张，部分原因是政府在高新技术研究方面给予了诸多支持，比如提供贴息贷款、较低的贷款利率以及利用利息支付带来的税盾效应。这些政策支持有助于降低企业的财务成本，增强企业的竞争力，同时也体现了华为在履行企业社会责任的同时积极响应国家政策导向，充分利用国家支持政策来促进自身及整个行业的发展。

在第6章，我们主要讲解的是全权益融资项目的资本预算。其基本步骤为：首先，估算项目带来的增量现金流；其次，以项目的资本成本作为折现率，计算项目的净现值。在这一章，我们将考察企业的融资决策如何影响企业（或项目）的资本成本和最终折现的系列现金流。具体地，我们将分析在进行项目评估时，如何应用调整现值（adjusted present value，APV）法、权益现金流量（flow to equity，FTE）法和加权平均资本成本（WACC）法来编制资本预算。尽管三种方法细节不同，每种方法对杠杆企业（或项目）的估值结果是一致的。选择哪种方法取决于特定的背景条件，基本原则是简便实用。学习这些方法不仅是掌握财务管理工具的过程，也是理解企业如何在追求经济效益的同时响应国家政策导向、履行社会责任的过程。这符合我国当前鼓励企业创新发展、提高自主创新能力的政策导向，体现了企业在追求经济效益的同时也要承担起社会责任的理念。

学习目标

- 掌握调整现值法、权益现金流量法、加权平均资本成本法的基本概念和原理及它们在企业估值中的运用。
- 了解调整现值法、权益现金流量法、加权平均资本成本法各自的特点和适用条件。
- 理解企业在资金管理和战略规划中如何响应国家政策导向、履行社会责任，特别是在利用政策支持来促进自身及整个行业发展的过程中如何综合运用上述方法。

第 1 节　调整现值法

本章将介绍三种对杠杆企业进行估值的方法。这些方法不仅适用于公司整体，也适用于单个项目。本章的主要目的是将调整现值法、权益现金流量法、加权平均资本成本法这三种方法结合起来分析，并且展示在逻辑上它们是一致的，可以得到相同的答案。但是在不同情况下，一种方法可能会比另一种方法更容易实现。为了更清楚地阐释这三种方法，我们将每种方法应用于一个简单的例子。首先，我们从调整现值法开始。

知识讲解

本视频节选自江西财经大学“公司金融”慕课，可登录慕课网站搜索查看完整视频。

调整现值法

调整现值法的公式表示如下：

$$APV=NPV+NPVF \tag{13-1}$$

即一个杠杆企业项目的价值（APV）等于一个无杠杆企业项目的价值（NPV）加上项目融资连带效应的净现值（NPVF）。这种融资连带效应一般包含以下四个方面的影响：

（1）负债的税收抵免。这一点在之前的章节中已经讨论过，一笔无限期债务的节税额是 T_CD，其中 T_C是公司所得税税率，D 是负债的价值。在之前的章节中考虑税收情况下的估价方法，实际上就是调整现值法的应用。

（2）发行新证券的成本。新证券的公开发行需要投资银行的参与，对于这些投资银行付出的时间和精力，企业必须给予相应的补偿，这就是发行成本，它降低了项目的价值。

（3）财务困境成本。财务困境成本是指企业因未能履行对债权人的承诺或出现支付利息困难的情况而带来的成本，一般由直接成本和间接成本两部分构成。直接成本指由破产导致的清算或重组的法律和管理成本等；间接成本指破产可能对经营产生负面影响所导致的机会成本。

（4）债务融资的利息优惠。由于中国地方政府发行的专项债券或政策性金融债券享有税收优惠或财政贴息支持，其融资成本通常低于市场化发行的应税债券。地方政府通过低成本融资为企业提供资金支持时，企业的贷款利率也相对较低。这种利息优惠有助于降低项目或企业的财务成本，从而提升其经济价值。

尽管上述四个方面都很重要，但是现实生活中负债的税收抵免即税盾效应影响是最大的。也正是出于这个原因，以下例子主要考虑了负债的税盾效应，暂不考虑其他三个方面的作用。

考虑 A 公司的一个投资项目，已知条件如下：

（1）现金流入：每年 1 000 000 万元，永续年金。

（2）付现成本：销售收入的 75%。

（3）初始投资：850 000 万元。

（4）$T_C=34\%$。

（5）$R_0=20\%$，其中 R_0 是全权益企业的项目资本成本。

如果该项目所需的资金全部来自权益融资，则项目的现金流量如表 13-1 所示。

表 13-1　采用权益融资时项目的现金流量　　单位：万元

现金流入	1 000 000
付现成本	−750 000
EBIT	250 000
所得税（税率 34%）	−85 000
无杠杆现金流量（UCF）	165 000

在本例中，要特别注意区分现值与净现值之间的差异。计算项目的现值时不必扣减第 0 期的初始投资，而在计算净现值时这一项需减掉。

若折现率是 20%，项目的现值是：165 000÷0.20＝825 000（万元）。

项目的净现值，即项目为全权益企业创造的价值，是：

$$825\,000-850\,000=-25\,000(\text{万元})$$

由于净现值为负，所以对于全权益企业来说，这个项目是不可行的。

现在我们假设债务价值与总价值的目标之比为 0.25，那么在有杠杆的情况下，该项目的净现值会是多少呢？如果我们只考虑负债的税盾效应，我们可以使用如下公式先计算出有杠杆时项目的价值 V_L：

$$V_L=V_U+T_CD$$

即 $V_L=825\,000+34\%\times0.25\times V_L$，由此可得 $V_L=901\,639.34$ 万元。

因此负债水平为 $D=0.25\times V_L=225\,409.84$ 万元。最后，我们可以使用 APV 法计算出有杠杆时项目的净现值。

$$\begin{aligned}\text{APV}&=\text{NPV}+T_CD\\&=-25\,000+34\%\times225\,409.84\\&=51\,639.34(\text{万元})\end{aligned}$$

即运用杠杆融资的净现值等于全权益融资的净现值加上债务的税盾现值。由于调整后的净现值为正，因此该项目是可行的。

在本例中，负债水平是项目价值的一定比例，而不是初始投资的一定比例。这与现实生活中公司的目标负债价值比一致。例如，房地产公司在申请商贷时，贷款数额与项目市场价值形成一个固定的百分比，而不是与项目初始投资形成一个固定的百分比。

同理，我们可以使用 APV 法来对杠杆企业进行估值。若企业计划使用杠杆来避税，它将调整债务水平，以使利息费用随着企业收益的增加而增加。在此情形下，杠杆企业的价值等于无杠杆企业的价值与税盾现值之和：

$$V_L=V_U+\text{PV}(\text{利息税盾})$$

应用 APV 法来对杠杆企业或项目估值，主要步骤如下：

(1) 用无杠杆资本成本 R_0 来对投资的自由现金流量进行折现，确定无杠杆价值 V_U。

(2) 确定利息的收益和成本。本章只考虑利息带来的税盾效应，给定第 t 期的预期债务 D_t，债券市场利率为 R_D，则第 $t+1$ 期的利息税盾为 $T_C R_D D_t$，然后将利息税盾进行折现。如果保持不变的负债权益比，则以 R_0 作为折现率是合适的；如果债务为预先设定的，则以 R_D 来折现利息税盾。

(3) 将利息税盾的现值加上无杠杆价值 V_U，以确定有杠杆时的价值 V_L。

【例 13-1】　景乐公司计划收购一家小公司。此次收购将会在第一年产生 380 万元的增量自由现金流量，之后该现金流量将以每年 3%的速度增长。收购需要投入初始资金 8 000 万元，其中 5 000 万元将通过债务融资获得，公司的税率为 40%。无杠杆资本成本为 8%。假设景乐公司为此次收购保持不变的债务股权比，收购交易的风险与公司其他投资的风险相当。请计算收购交易的价值。

在没有收购项目时，景乐公司当前的市值资产负债表与资本成本如表 13-2 所示。

表 13-2　景乐公司当前的市值资产负债表与资本成本

资产（百万元）		负债（百万元）		资本成本（%）	
现金	20	债务	320	债务	6
非现金资产	600	股权	300	股权	10
总资产	620	债务与股权之和	620		

(1) 使用 APV 法，公司的无杠杆价值为：

$$V_U = 380/(8\% - 3\%) = 7\ 600(\text{万元})$$

(2) 景乐公司初始时将新增债务 5 000 万元作为收购资金，利率为 6%，第一年的利息费用为 6%×5 000=300（万元），利息税盾为 40%×300=120（万元）。

因为预期收购交易的价值将以每年 3%的速度增长，所以预期收购交易所支持的债务额度以及相应的利息税盾也将以相同的速度增长。无杠杆资本成本为 8%，所以利息税盾现值为：

$$PV(\text{利息税盾}) = 120/(8\% - 3\%) = 2\ 400(\text{万元})$$

值得注意的是，APV 法在折现过程中可能涉及两个折现率，分别是无杠杆资本成本（$R_0=8\%$）和债券市场利率（$R_D=6\%$），不同的现金流可能使用不同的折现率。在这里，为了与之后章节的假设一致，我们对所有的现金流都使用了无杠杆资本成本来进行折现。

(3) 应用 APV 法，计算出杠杆收购交易的价值为：

$$V_L = V_U + PV(\text{利息税盾}) = 7\ 600 + 2\ 400 = 10\ 000(\text{万元})$$

这意味着该项收购交易的净现值为 10 000−8 000=2 000（万元）。如果没有利息税盾，则净现值为 7 600−8 000=−400（万元）。

第2节　权益现金流量法

权益现金流量（FTE）法是编制资本预算的另一种方法，该方法只对杠杆企业或项目所产生的属于权益所有者的现金流量进行折现，折现率为权益资本成本 R_E。其表达式为：

$$权益现金流量现值=\frac{LCF}{R_E} \tag{13-2}$$

其中，LCF 为有杠杆现金流量。FTE 法的计算分三个步骤进行。

知识讲解

本视频节选自江西财经大学“公司金融”慕课，可登录慕课网站搜索查看完整视频。

权益现金流量法

第一步：计算 LCF。

以第1节中A公司的那个投资项目为例。假设债券市场利率是10%，在我们的例子中，永续性权益现金流量见表13-3。

表13-3　永续性权益现金流量　　单位：万元

现金流入	1 000 000
付现成本	−750 000
利息（=10%×225 409.84）	−22 540.98
息后利润	227 459.02
所得税（税率34%）	−77 336.07
有杠杆现金流量	150 122.95

另外，也可以直接由 UCF 计算 LCF。权益所有者的现金流量之所以在无杠杆和有杠杆这两种情况下存在差异，是由于存在税后利息支付（该例子为无限期债务，不涉及本金偿还问题），表达式如下：

$$UCF-LCF=(1-T_C)R_D D$$

由于 UCF 是165 000万元，税后利息支付是14 877.05（=66%×10%×225 409.84）万元，所以 LCF 是：

$$165\ 000-14\ 877.05=150\ 122.95(万元)$$

第二步：计算 R_E。

接着就是计算权益资本成本 R_E，公式为：

$$R_E=R_0+\frac{D}{E}(1-T_C)(R_0-R_D) \tag{13-3}$$

我们已经假设无杠杆企业的权益资本成本 R_0 为20%，目标负债价值比为0.25，即目标负债权益比为1/3，所以：

$$R_E = 20\% + \frac{1}{3} \times 66\% \times (20\% - 10\%) = 22.2\%$$

第三步：杠杆企业估值。

有杠杆现金流量的现值是：$\frac{LCF}{R_E} = \frac{150\ 122.95}{22.2\%} = 676\ 229.50$(万元)。

由于初始投资是 850 000 万元，借款 225 409.84 万元，企业必须自己投入 624 590.16（=850 000−225 409.84）万元。项目的净现值就是 LCF 的现值减去初始投资中来自权益的部分，所以 NPV 等于：

$$NPV = 676\ 229.50 - 624\ 590.16 = 51\ 639.34(\text{万元})$$

可以看出，应用 FTE 法计算出来的净现值与我们使用 APV 法计算所得的结果一致。既然已从现金流中扣除了利息支付，为什么项目的净现值没有变得更低呢？记住，债务成本的增加被借债时收到的现金抵消了。如果债务被公平定价，债务现金流的净现值则为 0。最终，债务对价值唯一的影响来自利息带来的税费减少，从而导致与 APV 法得到的结果一致。

【例 13-2】　再次考虑景乐公司的收购案例。收购将会在第一年产生 380 万元的增量自由现金流量，之后该现金流量将以每年 3%的速度增长。收购需要投入初始资金 8 000 万元，其中 5 000 万元将通过债务融资获得，利率为 6%。公司的税率为 40%。无杠杆资本成本为 8%。假设景乐公司为此次收购保持不变的债务股权比，使用 FTE 法计算此次收购的价值。

（1）计算流向股东的现金流。收购所需资金中的 5 000 万元来自债务，初始股权融资则为 3 000 万元。$FCFE_0 = -3\ 000$ 万元。

1 年后，债务利息费用为 6%×5 000=300(万元)。由于债务股权比不变，与收购相关的债务预期也将以 3%的速度增长：5 000×1.03=5 150(万元)。因此，1 年后景乐公司的新增债务为：5 150−5 000=150(万元)。

$$FCFE_1 = 380 - (1 - 40\%) \times 300 + 150 = 350(\text{万元})$$

（2）计算项目的净现值：

$$NPV(FCFE) = -3\ 000 + 350/(10\% - 3\%) = 2\ 000(\text{万元})$$

结果与 APV 法一致。

知识讲解

本视频节选自江西财经大学“公司金融”慕课，可登录慕课网站搜索查看完整视频。

加权平均资本成本法

第 3 节　加权平均资本成本法

评估项目价值的最后一种方法是加权平均资本成本法。正如之前的章节所讨论的，项目的折现率是由项目的风险决定的。如果项目的风险接近公司投资项目的平均市场风险，项目资本成本则相当于公司发行的所有证券构成的投资组合的资本成本；换言之，项目资本成本等价于公司的加权平均资本成本 R_{WACC}。权益资本成本是 R_E，在不考虑税收的情况下，债务资本成本就是贷款利率 R_D。若考虑税收，债务资本成本应是 $(1-T_C)R_D$，即税后债务资本成本。

加权平均资本成本 R_{WACC} 的计算公式为：

$$R_{WACC}=\frac{E}{E+D}R_E+\frac{D}{E+D}(1-T_C)R_D \tag{13-4}$$

式中，权益的权重 $\frac{E}{E+D}$ 和负债的权重 $\frac{D}{E+D}$ 就是目标比率。目标比率一般要以债务和权益的市场价值而非会计价值（又称账面价值）表示。这种方法是对无杠杆现金流量（UCF）按加权平均资本成本 R_{WACC} 折现，项目净现值的计算公式是：

$$\mathrm{NPV}=\frac{\mathrm{UCF}}{R_{WACC}}-初始投资 \tag{13-5}$$

以前面 A 公司的案例进行说明。债务与总价值的目标之比是 0.25，公司所得税税率是 34%，所以 R_{WACC} 的计算如下：

$$R_{WACC}=0.75\times 22.2\%+0.25\times 66\%\times 10\%=18.3\%$$

我们可以看到，加权平均资本成本是 18.3%，低于 20% 的全权益资本成本。这是因为债务的节税效应降低了加权平均资本成本。

项目的 UCF 是 165 000 万元，因此项目的现值为：

165 000÷18.3%=901 639.34(万元)

而初始投资是 850 000 万元，所以项目的 NPV 是：

901 639.34−850 000=51 639.34(万元)

可见，在我们所举的这个例子中，三种方法得出了一致的结论。

【例 13-3】 再次考虑景乐公司的收购案例。收购将会在第一年产生 380 万元的增量自由现金流量，之后该现金流量将以每年 3% 的速度增长。收购需要投入初始资金 8 000 万元，其中 5 000 万元将通过债务融资获得，公司的税率为 40%。无杠杆资本成本为 8%。假设景乐公司为此次收购保持不变的债务股权比，使用 WACC 法计算此次收购的价值。

（1）公司已经为投资需求积累了 2 000 万元现金，净债务 $D=32\,000-2\,000=30\,000$（万元）。景乐公司非现金资产的总价值可表示为 $D+E=60\,000$（万元）。在这一资本结构下，景乐公司的加权平均资本成本为：

$$R_{WACC}=\frac{E}{E+D}R_E+\frac{D}{D+E}(1-T_C)R_D$$

即 $R_{WACC}=\frac{30\,000}{60\,000}\times 10\%+\frac{30\,000}{60\,000}\times(1-40\%)\times 6\%=6.8\%$。

（2）收购产生的自由现金流量可视为稳定增长的永续年金。收购交易的风险与公司其他投资的风险相当，且公司保持相同的债务股权比。因此，可使用公司 6.8%的加权平均资本成本来折现这些现金流。收购交易的价值为：

$$V_L = 380/(6.8\% - 3\%) = 10\ 000(万元)$$

给定 8 000 万元的初始投资，收购交易的净现值为 2 000 万元。

第 4 节　调整现值法、权益现金流量法与加权平均资本成本法的比较

APV 法、FTE 法和 WACC 法三种方法均适用于杠杆企业的资本预算。它们之间的比较见表 13－4。

表 13－4　三种方法的比较

	APV 法	FTE 法	WACC 法
分子	UCF	LCF	UCF
分母（折现率）	R_0	R_E	R_{WACC}
连带效应	显含（税盾效应等的净现值）	隐含	隐含
初始投资	全部初始投资	初始权益投资	全部初始投资

知识讲解

本视频节选自江西财经大学“公司金融”慕课，可登录慕课网站搜索查看完整视频。

三种方法的比较

APV 法先是在全权益情况下对项目进行估值，即将全权益融资项目的税后现金流量（即 UCF）用全权益情况下的折现率 R_0 进行折现，这一步与前面章节的计算完全相同，其中，

$$UCF = 净利润 + 折旧 + 摊销 - 净营运资本的增加 - 资本性支出 \quad (13-6)$$

然后在 R_0 对 UCF 进行折现的基础上加上负债连带效应即税盾效应发行成本、破产成本和利息优惠等的净现值。

FTE 法是将杠杆企业项目的税后现金流量中属于权益所有者的部分（即 LCF）用杠杆企业的权益资本成本 R_E 进行折现，其中，

$$LCF = 净利润 + 折旧 + 摊销 - 净营运资本的增加 - 资本性支出 + 净借债 \quad (13-7)$$

因为杠杆的提高导致权益所有者的风险增大，所以杠杆企业的权益资本成本 R_E 大于无杠杆企业的权益资本成本 R_0。

WACC 法是将全权益融资情况下项目的 UCF 用加权平均资本成本 R_{WACC} 进行折现。债务的影响没有反映在分子上，而是体现在分母上，分母中的债务资本成本是税后的，反映了负债的税盾效应。

这三种方法都是为了解决同一个问题，即在存在债务融资的情况下如何估值的问题。正如我们在前面所看到的，三种方法在技术上存在显著差异，然而这三种方法得出的估值是一样的。那么，这是为什么呢？回答这类问题的最好办法是强调以下三点：

（1）APV 法与 WACC 法的比较。在这三种方法中，APV 法和 WACC 法比较类似，即分子均为 UCF。但是，APV 法用全权益资本成本 R_0 来折现现金流得到无杠杆项目的价值，然后加上负债的税盾现值，得到有杠杆情况下的项目价值；WACC 法则将 UCF 直接用包含了债券成本的 R_{WACC} 折现，而 R_{WACC} 低于 R_0。

因此，这两种方法都通过调整适用于无杠杆企业的基本 NPV 公式来反映财务杠杆所带来的税收利益。其中，APV 法直接进行调整，它把融资连带效应的净现值作为单独的一项加上去。WACC 法的调整则比较微妙，它把债务的融资效应体现在折现率 R_{WACC} 中。

（2）估值的主体。FTE 法看起来与其他两种方法差异甚大，因为 FTE 法只评估流向权益所有者的那一部分现金流量（即 LCF）的价值。而在 APV 法和 WACC 法中我们评估的是整个项目现金流量（即 UCF）的价值。由于 LCF 中已经扣除了利息支付，因此相应地，我们使用 R_E 来对这部分流向股东的现金流量进行折现。最后获得的权益现金流量现值减去股东的初始投资，即初始投资扣减债务融资的部分，则为项目的净现值。这样，FTE 法同样可以得出与前面两种方法相同的结果。如果债务价值与公司价值的比率随时间的变化而改变，股权的风险及资本成本也会随着改变。因此，正如 WACC 法一样，只有在公司保持不变的债务价值与公司价值比率时，FTE 法才更合理。

（3）适用的情形。如果应用得当且内在连贯一致，以上三种方法都会得出相同的投资估值结果。对方法的选择出于简便的目的。如果公司在投资的整个寿命内都保持固定的债务价值与公司价值比率，则 WACC 法最为简便。而在其他杠杆政策下（比如债务水平已知），APV 法通常更直接明了。一般只有在复杂情形下，比如在公司资本结构中其他证券的价值或利息的税盾本身难以确定时，才应用 FTE 法。

拓展阅读

北京银行的拐点来了？

思政课堂

在负债企业估值与资本预算的技术分析中，我们不仅要关注数字与模型，更要认识到资本背后的社会责任。财务杠杆虽能放大收益，但过度逐利可能会带来风险，影响员工、债权人乃至社会经济的稳定。资本的本质是服务实体经济，企业估值应当融入对长期可持续发展的思考。资本预算决策需要平衡股东利益与社会效益，绿色债券、乡村振兴专项债等创新工具正是金融资源向社会责任领域倾斜的体现。从“量入为出”的传统智慧到现代“稳杠杆”政策，中国始终倡导风险可控的发展模式，基建领域的 PPP 模式就是理性负债与公共利益相结合的典型案例。我们应当思考技术上的“最优资本结构”如何与社会责任相协调。华为“不上市也能强大”的案例启示我们，企业对资本的依赖应当适度，价值创造与责任守护缺一不可。金融的终极目标不是数字的增长，而是经济与社会的共同繁荣。

本章小结

本章讨论了杠杆企业的三种资本预算方法，即调整现值法、权益现金流量法和加权平均资本成本法，并分析了这三种方法的异同。理论上，这三种方法的估值结果是相同的。在实践中，我们应根据具体条件采用适当的方法进行估值。

（1）APV 法的原理是：一个杠杆企业项目的价值等于一个无杠杆企业项目的价值（NPV）加上项目融资连带效应的净现值（NPVF），即：

$$\text{APV}=\text{NPV}+\text{NPVF}$$

NPV 通过 UCF 对无杠杆资本成本 R_0 折现而得。NPVF 则为融资政策所带来的影响（包含税盾效应、发行成本、破产成本、利息优惠等）。

（2）FTE 法的原理是：从企业现金流量分配角度出发，对杠杆企业（或项目）产生的属于股东的现金流量 LCF，通过权益资本成本 R_E 进行折现，从而获得企业（或项目）的价值。其中，

$$\text{LCF}=\text{净利润}+\text{折旧}+\text{摊销}-\text{净营运资本的增加}-\text{资本性支出}+\text{净借债}$$

$$R_E=R_0+\frac{D}{E}(1-T_C)(R_0-R_D)$$

（3）WACC 法就是通过加权平均资本成本对企业无杠杆现金流量进行折现，从而得到企业（或项目）价值的方法。其中，

$$R_{\text{WACC}}=\frac{E}{E+D}R_E+\frac{D}{E+D}(1-T_C)R_D$$

若企业的目标负债价值比适用于项目的整个寿命，用 WACC 法或 FTE 法。若在项目寿命内其负债绝对水平已知，用 APV 法，比如贴现融资、杠杆收购和融资租赁等。

中国公司金融实践

假设尚略公司的负债权益比为 0.35。公司无杠杆权益的必要收益率为 15%。公司负债的税前资本成本为 9%。公司预期将无限期地稳定保持上一年的销售收入水平，即 2 543 205 元。可变成本为销售收入的 60%，税率为 40%，公司在每年年末都将所有的盈利作为股利发放。

思考题

1. 如果公司完全靠权益融资，公司价值会是多少？
2. 公司杠杆权益的必要收益率是多少？
3. 请运用 WACC 法来计算公司价值。
4. 请运用 FTE 法来计算公司权益价值。

案例研讨

蔚来汽车是中国领先的智能电动汽车制造商，专注于高端市场。公司成立于 2014 年，自成立以来，蔚来汽车经历了多轮融资，并成功在美国纳斯达克上市。蔚来汽车在 2020 年之前面临过资金链紧张的情况，但在 2020 年初，安徽省合肥市战略投资 70 亿元后，蔚来汽车的财务状况得到明显改善。

· WACC 法

蔚来汽车在评估新项目或进行资本结构决策时，可能会使用加权平均资本成本来确定项目的最低收益率。加权平均资本成本反映了公司整体的资本成本，包括债务和股权的成本。在蔚来汽车的案例中，考虑到其较高的股权成本（由于高成长性和高风险特性），加权平均资本成本通常会较高。公司需要确保新项目能产生高于加权平均资本成本的收益，以证明其投资合理性。

· APV 法

APV 法考虑了债务税收优惠和额外的非债务融资成本。对于蔚来汽车这样利用债务融资的公司，APV 法可以更精确地评估债务税收优惠对项目价值的影响。在 APV 框架下，蔚来汽车会单独计算项目的无杠杆价值，然后加上债务税收优惠的净现值。

· FTE 法

FTE 法着重于评估对股东价值的影响，即只考虑流向股东的现金流。在蔚来汽车的案例中，FTE 法可以用来评估项目的股权现金流，忽略债务现金流的影响。这种方法有助于直接评估股东从项目中获得的净收益。

结论

蔚来汽车在进行项目评估时，可以结合 WACC 法、APV 法和 FTE 法，以全面了解项目在不同资本结构下的财务表现。WACC 法提供了一个基准收益率，APV 法考虑了债务税收优惠的正面效应，而 FTE 法则直接评估了项目对股东价值的影响。

注意：以上分析是基于理论框架和一般实践的推测，具体到蔚来汽车的实际情况，其财务决策将基于详细的财务数据和市场分析。

课后习题

简答题

1. **WACC 法与 APV 法**　说明 WACC 法与 APV 法的异同。

2. **FTE 法**　FTE 法与其他两种方法的主要区别是什么？

计算题

1. **WACC 法**　假设云南白药的股权资本成本是 8.5%，债务资本成本是 7%，边际公司税率是 35%，债务股权比是 2.6。假设公司维持不变的债务股权比。

a. 云南白药的加权平均资本成本是多少？

b. 计算云南白药的无杠杆资本成本。

c. 思考为何云南白药的无杠杆资本成本小于其股权资本成本，却又高于它的加权平均资本成本。

2. **WACC 法**　假设京东的股权资本成本是 10%，债务资本成本是 5%，边际公司税率是 30%，债务股权比是 1.5。假设公司维持不变的债务股权比。

a. 京东的加权平均资本成本是多少？

b. 计算京东的无杠杆资本成本。

c. 思考为什么京东的无杠杆资本成本小于其股权资本成本，却又高于它的加权平均资本成本。

3. **FTE 法**　某公司旗下有三家完全一样的餐厅。每家餐厅的负债权益比都为 40%，且每年年末都支付 3.4 万元的利息。公司的杠杆权益资本成本为 19%。每家餐厅估计年销售额为 120 万元；每年的销售成本为 5 万元，同时每年的管理费用为 34 万元。这些现金流预计将永远保持不变。公司的税率为 35%。

a. 运用 FTE 法来确定公司的权益价值。

b. 请问公司的总价值是多少？

4. **FTE 法**　一家连锁咖啡馆集团经营着三个完全相同的分店。每个分店的负债权益比均为 30%，并且每年末支付 25 000 元的利息。公司的杠杆权益资本成本为 14%。预计每个分店的年销售额将达到 1 200 000 元；每年的销售成本为 500 000 元，同时每年的管理费用为 350 000 元。这些现金流预计将永远保持不变。公司的税率为 30%。

a. 使用 FTE 法来计算每个分店的权益价值。

b. 请问整个咖啡馆集团的总价值是多少？

5. **APV 法**　某公司的负债权益比为 50%，公司的税率为 34%，公司杠杆权益的必要收益率为 15%。公司计划扩大产能。在无杠杆情况下，公司准备购买的设备预期将带来如表 13－5 所示的现金流。

表 13－5　现金流　　单位：元

年份	0	1	2	3
现金流	−21 000 000	6 900 000	11 000 000	9 500 000

公司已经发行了 700 万元的债务，为该项产能拓展进行部分融资。在该贷款下，公司将在每年年末为年初发行在外的债务余额支付 8%的利息。公司还需在每年年末偿还 2 333 333 元，以使公司能够在第 3 年年末完全清偿本金。运用 APV 法，说明公司是否应该扩大产能。

6. **APV 法、WACC 法与 FTE 法**　某餐饮公司预计每年产生 1 500 万元的息税前利润，公司有永久性债务 3 500 万元，公司的税率为 40%，无杠杆资本成本为 10%。

a. 估计该餐饮公司的价值，使用 APV 法。

b. 公司的加权平均资本成本是多少？运用 WACC 法来估算股权价值。

c. 如果公司债务资本成本为 6%，它的股权资本成本为多少？

d. 采用 FTE 法来估计股权价值。

7. **APV 法、WACC 法与 FTE 法** 一家公司正在考虑一个新项目，预计该项目在未来五年内每年产生 100 万元的税前现金流。项目的初始投资为 300 万元。该公司目前的无杠杆资本成本（即全权益资本成本）为 10%，债务资本成本为 5%，且公司的税率为 25%。假设公司有两种融资方案：①完全以权益融资；②以 40%的负债率融资。

请使用 APV 法、WACC 法以及 FTE 法计算该项目的价值。

第14章
股利理论与政策

章前引例

珠海格力电器股份有限公司（以下简称格力电器）于1996年11月在深圳证券交易所成功上市，且隶属珠海市国资委。上市之后，公司开始对市场、成本和规模三个方面进行把控，在不断开拓市场、扩大规模的同时强化成本管理。通过持续的发展，格力电器已开展研发、制造、营销等多项业务，其中以各类空调、太阳能热水器、微波炉等生活电器为主营业务。近年来，格力电器的股利分配方案也受到大家的关注，其派现行为在行业中较为突出。从近十年的经营状况来看，截至2018年年末，格力电器的营业收入达2 000.24亿元，净利润达262亿元，处于行业中佼佼者的地位。同时，该公司的营业收入与净利润均呈稳步增长态势，十年间营业收入增长了近3.7倍，净利润增长了近8倍。由此可见，格力电器的经营状况较为出色，其优秀的业绩也为公司带来了充裕的留存资金，并为近年来的高派现股利政策奠定了一定的基础。

作为家电行业的龙头企业，格力电器自1996年挂牌以来至2018年年末，合计派现高达20次。截至2018年年末，公司派现总额共计454.01亿元，然而自挂牌至2018年的22年间，公司实际融资金额合计仅为52.69亿元，与公司分红总额形成强烈的对比。公司分红总额是融资总额的8.62倍，该数值远远超出市场同期水平。22年间，除了1997年、2006年和2017年三年未进行股利分配之外，其余各年格力电器基本上属于无间断派现，其分红金额也一直维持在较高水平，每股现金股利不少于0.3元，且股利支付率基本维持在30%以上。尤其是从2012年开始，其分红力度明显加大，股利支付率明显上升，如此股利分配行为也引起了社会的广泛关注。通过学习股利理论与政策，我们能够探索股利发放的各种方式以及选择某种方式的原因，从而对股利有更加深入的了解。

学习目标

- 掌握股利的基本概念、发放程序以及股利政策。
- 深刻了解支付股利与保留现金之间的对比。

- 了解主要的股利理论，包括股利无关理论、“在手之鸟”理论、税收差别理论、代理理论等。
- 了解主要的股利政策。
- 认识股票回购与个人所得税之间的关系。
- 掌握股票股利和股票分割的异同。

第1节 股利的基本概念

股利，又称股息或红利，是指股份公司从留存收益中派发给股东的那部分。简单来说，就是公司将赚到的钱分给股东的那部分。股利具有以下三个特点：一是股利为税后支付，一般来源于公司当前或过去的利润，即可分配利润。二是股利的支付具有非强制性，除非公司董事会已经正式宣布发放股利，否则发放股利不会成为公司的一项法定义务。股利大小及是否发放股利，完全取决于董事会对公司经营状况进行评估后所做出的决策。三是股利是公司对股东投资的一种直接回报方式。通过发放股利，公司能够向股东展示盈利能力，并增加股东的投资收益。股利的支付形式不限于现金，可以是现金、非现金财产、公司债券或公司股票等。

14.1.1 股利的不同种类

（一）根据股东的持股类别划分

根据股东的持股类别，我们可以将股利划分为优先股股利和普通股股利。其中，优先股是公司为筹措长期资金而发行的具有股利分配优先权、剩余财产分配优先权，但在控制权上却受到限制的一种特殊股份。优先股与普通股之间的区别主要体现在三个方面（见表14-1）。

表14-1 普通股与优先股的区别

区别	优先股	普通股
对公司经营管理的权利不同	优先股股东一般不参与公司的日常经营管理，也不参与股东大会的投票。但在某些特殊情况下，如公司决定发行新的优先股或未按约定支付股息时，优先股股东可能会获得投票权以保护自身权益。这些特殊情况下的投票权通常是有限的、特定的，并且会在公司章程或相关协议中明确规定。	普通股股东可以全面参与公司的经营管理，享有获取资产收益、参与重大决策和选择管理者等权利，确保公司的经营管理符合股东的利益和期望。

续表

区别	优先股	普通股
对利润和剩余财产的分配顺序不同	优先股股东在公司利润和剩余财产的分配上享有优先权。	在分配完优先股股利之后，普通股股东才有资格享受股利分配。
股息收益不同	优先股的股息收益一般是固定的，尤其是对于具有强制分红条款的优先股而言，只要公司有利润可以分配，就应当按照约定的数额向优先股股东支付。	普通股股东的股息收益并不固定，既取决于公司当年的盈利状况，又要看当年具体的分配政策，公司很有可能决定当年不分配。

（二）根据公司的支付形式划分

1. 现金股利

现金股利是指公司以现金支付的形式向股东分配的股利。现金既包括本币，也包括外币。现金股利是一种运用最为普遍的股利形式。财务意义上的股利一般为现金股利。

2. 财产股利

除现金以外，有时公司也可以用现金以外的其他资产来发放股利，如公司的产品、服务和公司所持有的其他公司发行的有价证券等。公司宣告以类似形式发放的股利被称为财产股利。

3. 债券股利

债券股利是公司以自身所发行的债券向股东分配的股利。这是公司欲停止分配现金股利并增加负债经营时所采用的一种股利形式。在我国，只有在万不得已的时候才会在征求股东大会的意见，经国务院证券管理部门批准后发行债券，用长期负债来抵付股利。

4. 票据股利

票据股利是当公司原拟分配现金股利，但因缺乏可分配的现金又不能向银行或通过公开金融市场借款时，为了维护股权信誉，只能以增加负债的方式来渡过难关，即签发票据向股东分配股利。它实质上起到了递延公司支付现金股利的功能。用于股利发放的票据可以带息，也可以不带息。

5. 股票股利

股票股利是指公司向普通股股东按其持有的股份所增发的同类股票。与现金股利不同，股票股利在很大程度上是由会计对权益的分类引起的，在理论上并不影响企业的现金流分布。

（三）按股利的分配频率划分

1. 常规股利

常规股利是公司在每年的一定时期（如每半年、每个季度）向股东分配的股利。常规股利一般采取现金股利的支付形式。

2. 特殊股利

特殊股利是公司临时向股东分配，不准备在以后年度继续分配的股利。特殊股利既可采取现金股利形式，也可采取现金以外的财产股利形式。与常规股利同时分配的特殊股利有时又被称为“额外股利”。

（四）按公司派发股利的时期划分

根据公司发放股利所间隔的时间，股利可分为季度股利、中期股利和年终股利等。由于公司宣布股利分配方案一般是与公司发布财务报告同时进行的，因此，发放股利的时间间隔往往取决于公司对财务报告的安排。我国一般进行中期报告和年度报告，股利分为中期股利和年终股利。

14.1.2 股利的发放程序

股利发放要遵循一定的法定程序，原则上由董事会提出具体的分配方案，由股东大会通过方案后才能进行，然后向股东宣布此方案，包括股利宣布日、股权登记日、除息日和股利发放日四个主要日期。

（一）股利宣布日

股利宣布日是指董事会向股东宣布发放股利的日期。与此同时，还要宣布股权登记日和除息日、股利发放日以及每股支付的股利等。

（二）股权登记日

股权登记日是指有权领取股利的股东进行资格登记的日期。由于股票的流动性强，所以要规定股东领取股利的期限，也就是股权登记日。在登记股东资格后，股东才能领取股利，否则不能领取。

（三）除息日

除息日是指除去股利的日期。在除息日前，股利权属于股票，买入股票就享有了股利权；在除息日后，买卖的股票不再含有股利权，因此股票价格将下跌。只有在除息日前进行股票交易的股东，才有资格领取分派的股利，在除息日当天或以后购买股票的股东，均不能领取这次分派的股利。在除息日到股权登记日之间进行的股票交易称为无息交易，这样的股票称为无息股，价格往往较低。

（四）股利发放日

股利发放日是指公司正式支付股利的日期，又称付息日，一般在分红通知书上列出。

14.1.3 支付股利的方法以及支付股利和保留现金的比较

（一）支付股利的方法

目前有三种常见的支付股利的方法：现金股利、股票股利以及股票回购。

1. 现金股利

现金股利是以现金形式分配给股东的股利。从投资者的角度来看，之所以投资股票，目的在于获得丰厚的现金股利。而从董事会的角度来看，为了公司的发展，需要保留足够的现金以增置设备和补充周转资金，希望把股利限制在较低水平上。但发放股利的多少又直接影响公司股票的市场价格，进而影响公司筹集资本的能力。因此，公司董事会必须权衡轻重，制定合理的股利方针。发放现金股利，必须同时具备三个条件：（1）有足够的留存收益。（2）有足够的现金。（3）有董事会的决定。董事会的决定要建立在前两个条件的基础之上。

2. 股票股利

股票股利是上市公司以股票的形式发放的红利，发放形式有资本公积转增股本、送股等。从会计上看，公司发放股票股利只是将利润转入股本账户。由于资本公积、未分配利润、股本都是公司的净资产，所以，无论哪种形式，上市公司的所有者权益都没有改变。

在中国证券市场建成后的头十年，以资本公积转增股本的形式发放股票股利非常普遍，近几年开始大量减少。对前期累计超额收益率的分析显示，股票股利会对股价产生较大的影响，超额收益率远远大于实际收益率。

3. 股票回购

股票回购是股份公司出资将其发行在外的股票以一定的价格购入，予以注销或作为库存股的一种资本运作方式。

按回购目的划分，股票回购的类型可分为两种：（1）红利替代型。主要用于替代现金股利发放，公司回购部分普通股，发行在外的股票就相应减少，每股收益势必提高，从而可能导致公司股价上涨，由股价上涨所得的资本收益就可以代替股利收入，所以股票回购也被认为是支付股利的方法之一。与直接派发现金股利一样，股票回购所用资金通常来源于公司的经营盈余。（2）战略回购型。它直接服务于公司的战略目标，如调整资本结构、防止恶意收购、实施股权激励计划等。战略回购的规模较大，在进行战略回购时，公司不仅需要动用现金储备，而且往往需要大规模举债，或向子公司出售部分资产以筹集股票回购所需的现金，在短期内使公司的资本结构发生实质性重整。

拓展阅读

股票回购：制度“红利”与市场变革

按回购方式划分，股票回购的类型主要分为两种：（1）公开市场回购。上市公司通过经纪人在公开市场上以等同于任何潜在投资者的身份，按照公司股票现行的市场价格回购发行在外的股票。回购价格随行就市，操作透明度高，易于被市场接受。（2）协议回购。也称私下协议批量购买，公司通过与特定股东直接协商，回购后者手中的股票。回购价格、数量等条件由双方协商确定，灵活性较高，但操作难度较大，可能涉及较多的谈判和协调工作。

拓展阅读

股票回购制度迎来重要完善

2018 年 11 月 9 日，中国证监会、财政部、国资委联合公布《关于支持上市公司回购股份的意见》，自公布之日起施行。该意见拓宽了回购资金来源，为简化实施程序、引导完善治理安排提供了依据；鼓励各类上市公司实施股权激励或员工持股计划，强化激励约束；促进公司夯实估值基础，提升公司管理风险的能力，提高上市公司质量。

【例 14－1】 某公司拟向股东分配股利 1 200 万元，目前公司股价为 6 元/股，但尚未决定采用何种分配方式。如果采用股票回购的方式来分配股利，则公司可购回股票 200(＝1 200/6) 万股。若在公开市场上该公司发行的股票为 10 000 万股，则回购后的每股市价将为：

(10 000×6－1 200)/(10 000－200)＝6(元)

因此，无论股东是否参与回购，其每股财富都不会受到影响，均为 6 元。唯一的区别在于，回购参与者的财富表现为现金，而不参与回购的股东的财富则表现为所持股票，但二者价值一致。分配情况如表 14－2 所示。

表 14－2 某公司分配股利前后数据对比

	分配前	分配后
净利润（万元）	2 000	2 000
总资产（万元）	60 000	58 800
股东权益（万元）	60 000	58 800
股票总数（万股）	10 000	9 800
每股收益（元/股）	0.2	0.204 1
每股市价（元/股）	6	6
市盈率	30	29.4

从表 14－2 中的数据我们可以看出，股票回购会使得每股收益有所提升，但是每股市价并不会有所提升，因为它已被下降的市盈率抵消。

但若该公司并未按市价回购股票，而是以超过市价的价格进行回购，则会发生财富转移，即部分财富从未参与回购的股东手中转移到参与回购的股东手中。假设上例中公司是按每股 7.5 元进行回购的，则可回购的股票为 160(＝1 200/7.5) 万股，回购后的每股市价将为：

(10 000×6－1 200)/(10 000－160)＝5.975 6(元)

未出售股票的股东将损失 240 万元，这些财富将全部转移到参与回购的股东手中。

（二）支付股利与保留现金的比较

上市公司从股市筹资，然后回报给投资者，这是一种良性的资本循环。尤其是股票投资作为一种高风险投资，理应给投资者带来超过市场平均收益率的投资回报，作为对投资者承受高投资风险的补偿。

但在所有上市公司中，选择不分配股利的公司所占的比重历年来都是非常高的。众多上市公司何以会选择这一有违常理的财务策略呢？通过对近年来实行不分配股利政策的上市公司的统计分析，我们发现除了约 35%的公司因发生亏损、财务状况恶化而不符合分配股利的条件外，其余公司之所以选择不分配股利的政策，主要是出于如下考虑：

1. 公司发展对资金的需求

据年中报告统计，未分配利润上市公司的主营业务利润增长率平均数较高，主营业务利润增长率作为反映公司成长性的指标，说明在我国未分配利润上市公司中成长型公司占据了一定比例。由于发放股利代表现金流出，公司的现金状况与整体流动性越好，其支付股利的能力就越强。成长型公司一般缺乏流动性，因为它的大部分资金须用于固定资产投资和作为永久性营运资本。此外，公司管理者还希望保持一定的流动性，以作为对财务灵活性的缓冲，避免不确定性，所以成长型公司不愿意为了支付大额股利而危及公司的安全。对于成长型公司而言，其投资价值更多的是体现为公司的未来发展所带来的预期利益，而非眼前的利润分配，因而公司着眼于未来发展，在某些时期采取不分配利润的政策，将利润留存于公司，用于发展业务和扩大经营规模，这种考虑比较容易得到股东的认同。也有部分公司由于流动资金紧张，不分配利润是为了补充经营所需的流动资金。

2. 弥补以前年度亏损

按照公司法的规定，利润的分配要在弥补以前年度亏损、提取各项公积金之后，这样利润才可以用于发放股利。发生的亏损没有完全弥补，而当年的收益并没有大幅提高的公司，自然就难以派发股利。有些上市公司效益较差，无利可分。在此情况下，有的上市公司为达到配股要求而操纵利润，因只是账面利润，所以无力支付股利。还有的公司是为了争取上市指标，匆匆进行股份制改造，并经券商的过度包装后上市，其上市的根本目标就是通过低成本"圈钱"来清偿债务或满足投资需求，其招股说明书和上市公告书上的财务指标存在很大的虚假成分，因而到年度分红派息时便表示"暂缓分配"。

3. 现金流量的制约

与会计盈余不同，现金流量以现金的实际增减为依据，真实反映了公司的股利支付能力。那些虽然有账面盈余但是现金流量很少甚至为负数的公司难以拿出"真金白银"来向股东进行分配，只好实行不分配股利政策。

第 2 节　股利理论

股利理论是研究股利分配与公司价值、股票价格之间的关系，探讨公司应当如何制定股利政策的基本理论。公司财务管理的目标是实现公司价值最大化，股利分配也应当服从这一目标，如何分配股利、股利分配数量都应当以实现公司价值最大化为基本目标。股份有限公司的利润分配实践常常面临一个重要问题：公司发放股利是否会影响公司价值和股票价格？因此，根据对股利分配与公司价值、股票价格之间关系的认识不同，股利理论分为两派：股利无关理论和股利相关理论。

知识讲解

本视频节选自江西财经大学"公司金融"慕课，可登录慕课网站搜索查看完整视频。

股利理论

14.2.1 股利无关理论

1. 基本假设

在关于资本结构的讨论中，我们介绍了莫迪利亚尼和米勒（MM）关于资本结构与公司价值的理论。在公司股利政策方面，两人提出类似命题——MM 股利无关理论。MM 股利无关理论同样建立在相似的严格假设之上。

这些假设为：

（1）没有公司所得税和个人所得税；

（2）没有股票的发行成本与交易成本；

（3）投资者对股利收益与资本利得具有同样的偏好；

（4）公司的投资决策不受股利政策影响；

（5）投资者与公司管理层对公司未来的投资机会具有同样的信息。

2. 基本内容

股利无关理论认为，在完全的资本市场条件下，如果公司的投资决策和资本结构保持不变，那么公司价值取决于公司投资项目的盈利能力和风险水平，而与股利政策不相关。因此，公司未来是否分配股利和如何分配股利都不会影响公司价值，也不会影响股东财富总额。

根据股利无关理论，投资者不关心公司股利的分配情况，在公司有良好的投资机会时，如果股利分配较少，留存收益较多，投资者可以出售股票换取现金来自制股利；如果股利分配较多，留存收益较少，投资者获得现金股利后可以寻求新的投资机会，而公司可以通过发行新股筹集所需资本。

假设下面两种情况都是在完全的资本市场条件下进行的公平市场交易，我们来探讨为什么公司的股利分配行为不会影响公司价值和股东财富。

第一种情况是公司的投资决策和资本结构确定之后，需要向股东支付现金股利，但是为了保证投资所需资本和维持现有资本结构不变，公司需要发行新股筹集资本。公司在支付现金股利后，老股东获得了现金但减少了与现金股利等值的股东权益，老股东的财富从对公司拥有的股东权益转化为手中持有的现金，二者价值相等，因而老股东的财富总额并没有发生变化。同时，为了保持现有资本结构不变，公司必须发行新股来筹集与现金股利等值的资本，以弥补因发放现金股利而减少的股权资本，新股东投入了现金，获得了与其出资等值的股东权益。这样，公司支付股利而减少的资本正好被发行新股筹集的资本所抵补，公司价值不会发生变化。

第二种情况是公司的投资决策与资本结构确定之后，公司决定将利润全部作为留存收益用于投资项目，不向股东分配现金股利。如果股东希望获得现金，可以将部分股票出售给新的投资者来换取现金，这种交易被称为自制股利。自制股利交易的结果相当于第一种情况中发放股利和发行新股两次交易的结果，原有股东将部分股东权益转让给新投资者以获取现金，股东财富不变，公司价值也不会发生改变。

【例 14-2】 A 公司的股票价格为 42 元，预期每股将发放 2 元现金股利。投资者 B

拥有 80 股 A 公司股票，他希望得到每股 3 元的股利。投资者 B 采取怎样的自制股利策略可以得到每股 3 元的股利？

投资者 B 希望获得每股 3 元的股利，则希望获得的现金股利总额为 240（=80×3）元。A 公司即将发放每股 2 元的现金股利，投资者 B 可以获得 160（=80×2）元。投资者 B 的预期股利和实际派发的股利相差 80 元，由于股价在除息日下跌为 40 元，故卖出 2 股 A 公司股票。以上解释了投资者是如何自制股利的。那么通过自制股利来满足现金股利需求是否会影响投资者的个人财富呢？

在本案例中，投资者 B 的初始财富为 3 360 元：

$$42\times 80=3\ 360(\text{元})$$

如果发放 3 元/股的股利，他的全部财富仍然为 3 360 元：

$$39\times 80+240=3\ 360(\text{元})$$

发放 2 元/股股利并在除息日卖出 2 股后，他的全部财富还是 3 360 元：

$$40\times 78+160+80=3\ 360(\text{元})$$

表 14-3 列出了投资者 B 自制股利的情形。

表 14-3　投资者 B 的自制股利　　单位：元

	自制股利	3 元股利
现金股利	160	240
出售股票所得	80	0
现金总额	240	240
持股价值	40×78=3 120	39×80=3 120

14.2.2　股利相关理论

在现实生活中，完全资本市场的条件通常无法满足，如果我们逐步放松这些假设，就会发现股利政策变得十分重要，公司价值和股票价格都会受到股利政策的影响，这就形成了各种股利相关理论。股利相关理论认为，在现实的市场环境中，公司的股利分配行为会影响公司价值和股票价格，因此，公司价值与股利政策是相关的。代表性理论主要有“在手之鸟”理论、税收差别理论、代理理论等。

1. “在手之鸟”理论

“在手之鸟”理论（bird in hand theory）是由美国著名经济学家戈登（Myron J. Gordon）在 1962 年提出的。该理论认为，由于公司的未来经营活动存在诸多不确定性因素，投资者会认为现在获得股利的风险低于未来获得资本利得的风险，相较于资本利得，投资者更加偏好现金股利，后者好比在手之鸟。因此，出于对风险的规避，股东更喜欢确定的现金股利，这样公司如何分配股利就会影响股票价格和公司价值，即公司价值和股利政策是相关的。当公司支付较少的股利而留存收益较多时，就会增加投资风险，股东要求的必要收益率就会提高，从而导致公司价值和股票价格下降；当公司支付较多的股利而留存收益较少时，就会降低投资风险，股东要求的必要收益率就会降低，从而促使公司价值和股票价格上升。“双鸟在林，不如一鸟在手”，较高的股利支付率可以消除投资者心中对公司未来盈利的担忧，投资者所要求的必要收益率也会较低，因而公司价值和股票价格都会上升。

但是，有些学者认为，“在手之鸟”理论混淆了投资决策和股利政策对公司风险的不同影响，认为获得资本利得的风险高于获得股利的风险是不符合实际情况的，并把它称为“在手之鸟谬误”。他们认为，用留存收益再投资形成的资本利得风险取决于公司的投资决策，与股利支付率高低无关，在投资决策已定的情况下，公司如何分配股利并不会改变公司的投资风险。股东在收到股利后，仍然可以根据自己的风险偏好进行再投资。例如，他们可以用股利重新购买公司发行的新股来进行再投资。因此，投资者所承担的风险最终是由公司的投资决策决定的，而不会受股利政策影响。

2. 税收差别理论

股利无关理论的一个重要假设是股利收入和资本利得没有所得税的差异。实际上，二者的所得税税率通常是不同的。一般来说，股利收入的所得税税率要高于资本利得的所得税税率。研究税率差异对公司价值及股利政策影响的股利理论被称为税收差别理论（tax differential theory），主要由利曾伯格（Litzenberger）和拉马斯瓦米（Ramaswamy）在1979年正式提出。税收差别理论的核心在于，由于税收制度的差异，投资者会在股利收入和资本利得之间做出选择，进而影响公司的股票价格和股利政策。

股利收入的所得税税率通常高于资本利得的所得税税率。出于避税的考虑，投资者更偏好股利支付率低的政策，公司实行较低的股利支付率可以为股东带来税收利益，有利于增加股东财富，促进股票价格上涨，而高股利支付率政策将导致股票价格下跌。除了税率上的差异外，股利收入和资本利得的纳税时间也不同，股利收入在收到股利时纳税，而资本利得只有在出售股票获得收益时才纳税，这样，资本利得的所得税是延迟到将来才缴纳，股东可以获得货币时间价值带来的好处。

但是，股东出售股票自制股利时会产生交易成本，这会抵消税收利益。所以，对于那些希望定期获取现金股利和享受较低税率的投资者而言，高现金股利依然是较好的选择。

由于税收差异的存在，股利政策会产生顾客效应。税收差别理论认为投资者可以根据偏好被分为不同的类型，每种类型的投资者偏好某种特定的股利政策，并喜欢购买采用符合其偏好的股利政策的公司的股票，这就是顾客效应。产生顾客效应的一个重要原因是不同投资者具有不同的边际税率。不同收入的投资者的个人所得税税率不同，收入高，所得税税率高。投资者根据各自不同的税率等级自然分成偏好高股利政策的顾客和偏好低股利政策的顾客。由于顾客效应的存在，因此，任何股利政策都不可能满足所有投资者的需要，特定的股利政策只能吸引特定类型的投资者。采用高股利政策，可以吸引低边际税率等级的投资者；采用低股利政策，可以吸引高边际税率等级的投资者。当公司采用某种股利政策时，就会吸引喜欢这一股利政策的投资者购买股票，而不喜欢这一股利政策的投资者就会出售股票。当购买量大于销售量时，公司股价就会上涨，反之就会下跌，直至市场达到均衡状态。

3. 代理理论

前面提到的"一鸟在手"理论主要关注股东对确定性现金流的偏好；税收差别理论主要分析税收政策对股利政策的影响，强调税收差异如何影响股东偏好和公司股利政策。代理理论（agency theory）的核心思想在于，通过支付股利，减少管理层可支配的自由现金流，从而限制管理层滥用资源的可能性。高股利支付迫使公司以外部融资来支持新项目，这样管理层的行为会受到资本市场的监督，帮助减少代理问题。

现代企业理论认为，企业是一组契约关系的连接。契约关系的各方成为企业的利益相关者，各利益相关者之间的利益和目标并不完全一致，在信息不对称的情况下，各利益相关者之间形成诸多委托代理关系。与股利政策有关的代理问题类型包括：股东与经理之间的代理问题、股东与债权人之间的代理问题以及控股股东与中小股东之间的代理问题。

（1）股东与经理之间的代理问题。

在股份有限公司中，股东作为公司的投资者并不直接参与公司的经营管理活动，而是聘用经理从事经营管理活动，这样在股东和经理之间便形成了委托代理关系。经理作为代理人比股东更了解公司的经营状况和发展前景，并且掌握公司的经营决策权，经理在进行经营决策时并非总是以股东的利益最大化为目标，他们可能会出于自身的利益做出有违股东利益的行为，例如，将大量现金用于追求个人奢侈的在职消费、盲目地扩大企业规模、进行缺乏效率的并购等，这就增加了公司的代理成本。詹森（Jensen）在 1986 年研究股东与经理之间的代理问题时，提出了自由现金流量假说（free cash flow hypothesis）。他将自由现金流量定义为公司所持有的超过投资所有净现值为正的项目所需资本的剩余现金，自由现金流量留在公司内部并不能为公司创造价值，也不能给股东带来利益，理所当然地要以现金股利的形式支付给股东。代理理论认为，公司经理一般不愿意将自由现金流量以现金股利的形式分配给股东，而是倾向于将其留在公司内部，或者用于投资一些效率低下的项目以从中获取个人利益。

因此，发放现金股利有利于降低代理成本。提高现金股利可以带来三方面的好处：一是减少公司的自由现金流量，股东获得这些股利收入后可以寻求新的投资机会，有利于提高股东的财富；二是减少经理利用公司资源来谋取个人私利的机会；三是由于留存收益减少，当公司未来有好的投资机会而需要资本时，必须从资本市场筹集资金，这样就能加强资本市场对经理的监督。

（2）股东与债权人之间的代理问题。

由于股东拥有公司控制权而债权人一般不能干涉公司的经营活动，这样股东就会利用其控制权优势影响债权人的利益，以使自身利益最大化。例如，股东可能会要求公司支付高额现金股利，从而减少公司的现金持有量，增加债权人的风险。这种代理问题也会产生代理成本，通常债权人可能会要求在借款合同中规定限制性条款，或者要求公司就债务提供担保，从而增加公司的成本费用。这种代理问题也会影响公司的股利政策，股东和债权人之间会在借款合同中达成一个双方都能接受的股利支付水平。

（3）控股股东与中小股东之间的代理问题。

在公司股权比较集中的情况下就会存在控股股东：一方面，控股股东利用其持股比例优势来控制公司的董事会和管理层，从而可以对公司的经营决策施加影响，这样有利于减少经理的利益侵占行为；另一方面，控股股东可能利用其对公司的控制权侵占公司利益，从而损害中小股东的利益。代理理论认为，通过提高现金股利可以减少控股股东可支配的资本，降低他们对公司利益的损害，从而保护中小股东的利益。

由此可见，代理理论主张高股利政策，认为提高股利支付水平可以降低代理成本，有利于提高公司价值。但是，这种高股利政策也会带来筹资成本增加和股东税负增加的问题。所以，在实践中，需要在降低代理成本与增加筹资成本及股东税负之间做出权衡，以制定出符合股东利益的股利政策。

第 3 节　股利政策与股票回购

14.3.1　个人所得税、股利与股票回购

知识讲解

本视频节选自江西财经大学“公司金融”慕课，可登录慕课网站搜索查看完整视频。

公司股利政策

股票回购作为现金分红的一种替代方式，对上市公司和投资者都有积极作用。

股票回购可以使流通在外的股票数量减少，从而减轻公司的分红压力，最终使得每股利润和每股股利增加，从而使得每股市价提高，维护公司的形象。

股票回购还可以帮助公司和投资者合理避税。股东通过股票回购获得的利得缴纳的是资本利得税，只对收益部分进行纳税。因为资本利得往往是依靠长年积累或者偶然产生的一次收益，所以国家为了促进投资，对资本利得一般采用较低的税率。在外国个人和公司都要缴纳资本利得税，在我国没有资本利得税，以证券投资所得税作为替代。正常的股利发放通常采用的是现金形式，需要缴纳公司所得税和个人所得税。这两种税率远大于资本利得税税率，因此，股票回购这种方式可以降低公司和股东的税负；如果公司是利用债券来回购股票，债务的利息要在税前扣除，进一步帮助公司避税，同时增加了股东财富。①

14.3.2　股利政策的信号传递

（一）股利信号传递理论

股利信号传递理论，又称信号假说。该理论假设公司管理者与外部投资者之间存在信息不对称，公司管理者拥有更多的内部信息，可以通过股利政策向外部投资者传

① 股票回购也存在一些弊端，可能包括以下几个方面：（1）影响财务结构。股票回购会消耗公司大量的现金资源，这可能对公司的财务结构产生直接影响。对于负债较高的公司而言，股票回购可能会加剧财务风险，甚至威胁到公司的正常经营。（2）减少投资机会。当公司选择大量回购股票时，可用于研发、扩张和其他领域的资金可能会相应减少。这可能会限制公司的成长潜力，削弱其在未来市场上的竞争力。（3）损害中小股东利益。例如，大股东可能通过股票回购来推高股价，然后在高位套现离场，中小股东则可能因信息不对称而遭受损失。

递有关公司发展情况的信息。对外部投资者而言，股利政策的变化是反映公司价值高低的重要信号，能够传递有关公司盈利能力的信息，会对股价产生一定影响。如果公司保持持续、稳定的股利政策，投资者会对公司未来的盈利水平抱有信心，股价会随之上升；当公司股利支付水平下降时，会引起外部投资者的悲观态度，很可能会造成股价下跌。

（二）不同股利政策的信号传递

股利政策是指上市公司考虑到与股利发放相关的所有事项，包括支付方式、支付比例以及支付时间等，并通过股东大会或董事会的同意批准后所制定的一系列政策。股利政策主要分为以下四种：剩余股利政策，稳定股利政策，固定股利支付率政策，低正常股利加额外股利政策。

1. 剩余股利政策

采用剩余股利政策的公司一般拥有良好的投资机会，对资金的需求比较大，能准确地测定出目标（最佳）资本结构，并且投资收益率高于股票市场的必要收益率，同时要求股东对股利的依赖性不是十分强烈，在股利和资本利得方面没有偏好或者偏好资本利得。从公司的发展周期来考虑，该政策比较适合初创和成长型公司。对于一些处于衰退期又需要投资进入新的行业以求生存的公司来说，该政策也适用。当然，从筹资需求的角度来讲，如果在高速增长阶段公司分配股利的压力比较小，也可以采用剩余股利政策以最小化资本成本。虽然剩余股利政策可以最小化新股发行的成本，但是可能导致股息大幅变化、释放冲突信号、增加风险以及不能吸引任何特定的投资者。因此，制定长期股息支出目标时要考虑剩余股利政策，但不需要每年都严格执行。应分配股利的计算公式为：

$$应分配股利=当年净利润-资本预算\times权益比率$$

【例 14-3】　A 公司某年的净利润为 60 万元，由于公司尚处于初创期，产品市场前景看好，产业优势明显。确定的目标资本结构为：负债资本为 40%，权益资本为 60%。(1) 如果该公司下一年有较好的投资项目，需要投资 80 万元，且采用剩余股利政策，则该公司应当如何融资和分配股利？(2) 如果净利润下降到 40 万元或者上升到 80 万元，股利支付率将如何变化？

(1) 首先，确定按目标资本结构需要筹集的权益资本为：

$$80\times60\%=48(万元)$$

其次，确定应分配股利总额为：

$$60-48=12(万元)$$

因此，A 公司还应当筹集的负债资本为：

$$80-48=32(万元)$$

(2) 当净利润为 60 万元时，股利支付率为：$12\div60=20\%$。

当净利润为 40 万元时，应付股利为：$40-48=-8$（万元）。此时股利为负，公司必须用所有的净利润来满足预算要求，同时还需要发行新股来保持目标资本结构，因此股利支付率为0。

当净利润为80万元时，应付股利为：80－48＝32（万元），因此股利支付率为：32÷80＝40%。

2. 稳定股利政策

采用稳定股利政策的公司属于成熟、生产能力扩张、资金需求减少、盈利充分并且获利能力比较稳定的公司。从公司的发展周期来考虑，处于稳定增长期的公司可采用稳定股利政策，处于成熟期的公司可借鉴稳定股利政策。而对于那些规模比较小、处于成长期、投资机会比较丰富、资金需求量相对较大的公司来说，这种股利政策并不合适。

3. 固定股利支付率政策

固定股利支付率政策虽然有明显的优点，但是所带来的负面影响也是比较大的。这一政策将导致公司股利分配额的频繁变化，传递给外界一个公司不稳定的信号，所以很少有公司会单独采用这种股利政策，而大多是充分考虑自身因素后和其他股利政策结合使用。

4. 低正常股利加额外股利政策

采用低正常股利加额外股利政策说明该公司处于高速增长阶段。因为公司在这一阶段迅速扩大规模，需要大量资金，而由于已经度过初创期，股东往往又有分配股利的要求，该政策能够很好地平衡资金需求和股利分配这两方面的要求。另外，对于那些盈利水平在各年间波动较大的公司来说，该政策无疑也是一种较为理想的股利政策。

14.3.3 股票股利、股票分割

股票股利是指上市公司以本公司的股票作为股利发放给股东的一种股利分配方式，在我国通常被称为“红股”，发放股票股利被称为送红股。

股票分割是指将额外的股票按现有持股比例分配给各股东。当发生股票分割时，公司“购回”发行在外的股票，再将原来的1股拆分成2股或更多，分割后的股票面值或设定价值将会降低。

一般可以从以下几个方面来区分股票股利与股票分割：

1. 对企业财务结构的影响不同

企业发放的股票股利并不会导致企业资产的减少或负债的增加，也不会引起股东持股比例的变化，它只会导致股东权益结构发生变化。股票分割不会对企业财务结构产生影响，而仅仅是增加了发行在外的股票数量。

【例14－4】 假设某股份有限公司在发放股票股利前，公司股东权益如表14－4所示。

表14－4 发放股票股利前的股东权益

项目	金额（元）
普通股（面值1元/股，已发行100 000股）	100 000
资本公积	300 000

续表

项目	金额（元）
未分配利润	1 000 000
股东权益合计	1 400 000

假设该公司发放 10%的股票股利，公司股票当时的市值为每股 20 元，则要从未分配利润中划拨资金 20×100 000×10%＝200 000(元)。由于面值仍为 1 元/股，发行在外的 100 000 股只能使普通股增加 10 000 元，剩余的 190 000 元则计入资本公积。发放股票股利后，该公司股东权益各项目的情况如表 14－5 所示。

表 14－5　发放股票股利后的股东权益

项目	金额（元）
普通股（面值 1 元/股，已发行 100 000 股）	110 000
资本公积	490 000
未分配利润	800 000
股东权益合计	1 400 000

再来看股票分割。假设某公司已发行面值为 3 元/股的普通股 200 000 股，按 1 股拆分成 2 股的比例进行股票分割，分割前该公司股东权益各项目的情况如表 14－6 所示。

表 14－6　股票分割前的股东权益

项目	金额（元）
普通股（面值 3 元/股，已发行 200 000 股）	600 000
资本公积	1 000 000
未分配利润	2 600 000
股东权益合计	4 200 000

由于采取 1 股拆分成 2 股的比例，完成股票分割后，已发行股票变为 200 000×2＝400 000 股。该公司股票分割后股东权益各项目的情况如表 14－7 所示。

表 14－7　股票分割后的股东权益

项目	金额（元）
普通股（面值 1.5 元/股，已发行 400 000 股）	600 000
资本公积	1 000 000
未分配利润	2 600 000
股东权益合计	4 200 000

由表 14－7 可以看出，企业的股东权益结构没有发生变化，但是每股面值下降了。再假定公司本年净利润为 400 000 元，并在分割前后保持不变，那么股票分割前后的每股净利润分别为：400 000/200 000＝2（元），400 000/400 000＝1（元）。由此可以看出每股盈利下降了。综上所述，股票分割会使每股面值和每股盈利下降，但不会改变股东权益的金额和结构。

2. 对股东财富的影响不同

因为资本利得税税率要比个人所得税税率低，分配股票股利可以使股东获得税收利益。理论上，发放股票股利会导致股价按比例除权下调。然而，在发放少量股票股利时，市场往往将其解读为公司对未来前景有信心的积极信号，或者由于股价降低提高了流动性吸引力，这可能导致除权后的实际市场价高于理论除权价或出现强劲的"填权"走势（股价回升至除权前水平甚至更高）。在这种情况下，股东就能获得股价实际上升带来的资本利得好处。若实行股票分割，分割后各股东持有的股数增多，但持股比例以及总价值均不变。这样只要股票分割后每股现金股利的下降幅度小于股票分割比例，股东仍然可以获得更多的现金股利，同时还可以向投资者传播有利信息，进而可能增加股东财富。

3. 使用条件不同

虽然股票股利和股票分割都能达到降低公司股价的目的，但一般情况下只有公司股价剧烈波动且预期难以下降时，才采用股票分割的办法；在公司股价上涨幅度较小时，往往只通过发放股票股利的方式来将股价维持在一个理想的范围之内。

思政课堂

党的二十大报告强调了深化金融改革、推动形成全面开放新格局的重要性，这为我们在新时代背景下审视和完善公司股利理论与政策提供了新的方向。股利政策作为连接企业与股东、反映企业经营成果的重要机制，应当与国家宏观经济政策同频共振，积极响应国家关于促进产业升级、加快科技创新、实现区域协调发展等战略部署。企业通过股利政策的优化，可以有效地支持实体经济，促进资本向关键领域和薄弱环节流动，为实现国家经济战略目标贡献力量。同时，股利政策的制定和执行应充分体现创新、协调、绿色、开放、共享的新发展理念，推动企业在高质量发展中实现社会价值和经济价值的双重提升。

进一步地，股利政策的制定与执行还应体现公平正义的原则，保障各类股东尤其是小股东的合法权益。在社会主义市场经济体制下，公平正义是维护市场秩序、促进社会和谐的重要基石。企业在制定股利政策时，应充分考虑所有股东的利益，避免因大股东的利益而损害小股东的利益。此外，企业还应通过透明的信息披露和公正的决策程序，增强股东对企业的信任感和归属感。这种以公平正义为核心、以维护股东权益为出发点的股利政策，不仅有助于构建和谐的股东关系，也是企业履行社会责任、推动社会进步的重要体现。

最后，股利理论与政策的实施还应与国家的可持续发展战略相结合。在当前全球气候变暖和环境问题突出的背景下，企业在追求经济效益的同时，也应注重环境保护和社会责任。通过将部分利润用于环保项目、社会责任项目等，企业不仅可以提升自身的社会形象，也能够为社会的可持续发展做出贡献。同时，这也符合国家推动绿色发展、建设生态文明的战略目标。在这一过程中，企业应积极探索股利政策与社会责任、环境保护相结合的新路径，如实施环境友好型股利再投资计划，将一部分股利用于支持企业的绿色转型和技术创新，以实现企业利益与社会利益的双赢。

通过本章的学习，我们不仅要掌握股利理论和股利政策，更应深刻理解股利政策在服务国家战略、维护市场公平、促进可持续发展中的重要作用。让我们在实践中不断提升自身的政治素养和法治意识，积极为推动经济高质量发展和社会全面进步贡献力量。

本章小结

本章介绍了股利理论以及股利政策。股利政策作为公司金融学的核心内容之一，是指公司将所实现的收益向股东进行分配的政策。股利政策作为公司收益的处置方式会影响公司的资本结构，即公司的债务资本与权益资本的比例关系。合理的股利政策能够激发投资者的积极性，从而有利于公司树立良好的形象，得到更好的发展机会。是否发放股利、发放多少股利、如何发放股利，与公司债权人和股东的利益息息相关，也与公司未来的发展前景息息相关。发放股利有三种常见选择：现金股利、股票股利以及股票回购。这三种不同的发放股利方式对股东财富的影响不同。尤其是股票回购，它对股东起到了很好的节税效应。在本章中，我们还了解到股票股利与股票分割的区别。本章分别从对企业财务结构的影响、对股东财富的影响以及使用条件不同三个方面来探讨二者的区别。

中国公司金融实践

2008 年 10 月 31 日，天音控股公布了股票回购计划。该公司将在二级市场通过集中竞价的方式用自有资金，以不超过 3.5 元/股的价格，回购不超过 2 000 万股的公司股票。这是中国证监会发布上市公司股票回购新规以来，第一家公布股票回购计划的 A 股上市公司。天音控股在公告中表示，进行本次回购有利于保护投资者特别是社会公众股东的利益，为公司持续发展创造良好的条件。按照天音控股的计划，全部 2 000 万股注销完成后，公司每股收益提高约 1.06%，净资产收益率提高约 1.33%。

受此“利好”消息的影响，10 月 31 日天音控股全天封死涨停。然而，当人们以为“回购利好”会让这只严重超跌的股票起死回生时，市场却让人大跌眼镜。11 月 3 日，天音控股继续以涨停价开盘，但股价很快便大幅回落，并一路震荡走低，最终仅以上涨 3.34%报收。从成交量来看，当日成交量急剧放大至 4 288 万股，成交金额为 1.36 亿元。高开低走以及大幅放量很明显表明“回购利好”成为前期大量套牢盘出货的机会，前一交易日追高买入的投资者遭遇尴尬处境。

思考题

1. 回购是否保护了社会公众股东的利益，增强了投资者的投资信心？
2. 回购是否为公司持续发展创造了良好条件？

课后习题

简答题

1. **股利** 什么是股利？请简述股利的类型和分类标准。
2. **股利的发放程序** 请简述股利的发放程序。
3. **股票回购** 什么是股票回购？简述股票回购对企业的益处与弊端。
4. **股利无关理论** 简述MM定理。
5. **股利相关理论** 股利相关理论有哪些？请简述。

计算题

1. **股票股利与股利分割** 某公司年终利润分配前的股东权益项目见表14-8。

表14-8 某公司年终利润分配前的股东权益 单位：万元

股本（每股面值2元，1 000万股）	2 000
资本公积	800
未分配利润	4 200
股东权益合计	7 000

公司股票的每股现行市价为35元。

计算：

（1）计划按每10股送1股的方案发放股票股利并按发放股票股利后的股数派发每股现金股利0.2元，股票股利的金额按现行市价计算。计算完成这一方案后的股东权益各项目数额。

（2）如若按1股拆分成2股的比例进行股票分割，计算股东权益各项目数额、普通股股数。

（3）假设利润分配不改变市净率，公司按每10股送1股的方案发放股票股利，股票股利按现行市价计算并按发放股票股利后的股数发放现金股利，且希望普通股市价达到每股30元，计算每股现金股利。

2. **剩余股利政策** 某公司第1年净利润为800万元，发放了股利400万元，第2年净利润为1 200万元，第3年的投资计划需要资金1 500万元，公司的目标资本结构为权益资本占60%，债务资本占40%。采用剩余股利政策，则第2年发放的股利为多少？若第2年净利润下降至800万元或上升至1 500万元，发放的股利会发生什么变化？

3. **股利分配** 某公司本年实现的净利润为250万元，年初累计未分配利润为400万元。上年实现净利润200万元，分配的股利为120万元。

计算：

（1）假设明年需要增加投资200万元，公司的目标资本结构为权益资本占60%，债务资本占40%。如果公司采用剩余股利政策，本年应发放多少股利？

（2）如果公司采用固定股利政策，本年应发放多少股利？

（3）如果公司采用固定股利支付率政策，本年应发放多少股利？

4. **股票股利、股票分割与股票回购**　某公司本年实现净利润 5 100 万元，按照 10% 的比例提取法定盈余公积，按照 5% 的比例提取任意盈余公积，年初未分配利润为借方余额 100 万元，公司发行在外的普通股为 1 000 万股（每股面值为 2 元），分配利润前的股东权益为 8 000 万元，每股现行市价为 30 元，每股净资产（股东权益/普通股股数）为 8 元。

（1）计算提取的法定盈余公积、任意盈余公积数额。

（2）假设按照 1 股拆分成 2 股的比例进行股票分割，股票分割前从本年净利润中发放的现金股利为 800 万元，计算股票分割后的普通股股数、每股面值、股本、每股净资产。

（3）假设发放股票股利后盈利总额不变，“每股市价/每股收益”数值不变，欲通过发放股票股利将股价维持在 25 元/股，则股票股利发放率应为多少？

（4）假设股票股利发放率为 10%，股票股利按股票面值计算，并按发放股票股利后的股数发放现金股利，且希望普通股每股市价达到 24 元，不改变每股市价和每股净资产的比例关系，计算每股现金股利。

（5）假设按照目前的市价回购 150 万股，尚未进行利润分配，不改变每股市价和每股净资产的比例关系，计算股票回购后的每股市价。

综合案例

XYZ 科技股利分配政策调整

PART FIVE

5

|第 5 篇|

短期财务与计划篇

第15章

营运资本管理

章前引例

作为中国知名的房地产开发商，恒大集团的“爆雷”给资本市场带来了极大的冲击。自2009年上市以来，在房地产市场快速扩张期间，公司采取了大规模的土地储备和高杠杆的财务策略。然而，随着国家对房地产市场的调控政策加强以及市场环境的变化，恒大集团在2020年开始面临流动性压力。

公司在高速增长期间积累了大量存货，主要是未售出的房产项目。由于市场需求的减少和销售回款速度的下降，这些存货开始积压。同时，恒大集团的短期债务迅速增加，应付账款和短期借款等流动负债也居高不下，导致公司的净营运资本急剧减少。

2021年，恒大集团因债务违约问题受到市场和媒体的广泛关注。公司股价出现大幅波动，信用评级被下调，进一步加剧了融资难度。面对存货高企和短期偿债压力，恒大集团开始寻求资产出售、债务重组等措施来改善营运资本状况。但为时已晚，公司的2万多亿元负债难以得到有效处置，最终导致公司破产。

此案例凸显了在宏观经济和行业政策变化的背景下，企业如何通过有效的营运资本管理来维持流动性和稳健经营的重要性。本章将通过对营运资本管理相关内容的学习，对企业的短期经营活动进行合理评价。

学习目标

- 了解营运资本管理的基本概念。
- 掌握净营运资本、经营周期的计算。
- 了解短期财务管理有哪些策略，学会灵活运用。
- 养成正确的财务管理理念，形成科学的风险预测预判和控制思维。

第1节　营运资本管理概述

公司的大多数项目要求投入净营运资本。净营运资本主要包含现金、存货、应收账款和应付账款。营运资本又称循环资本，是流动资产和流动负债的总称，包含公司日常运营所需要的现金，但不包含超额现金。公司的运营不需要超额现金，公司可以按市场利率对超额现金进行投资，且超额现金可被视为资本的一部分，可被用于抵销公司的债务。第 6 章曾讨论过，净营运资本增加表示公司可用现金较少。

在第 2 章，我们曾指出，营运资本可以用来衡量公司的短期偿债能力，营运资本金额越大，公司履行支付义务的准备越充足，短期偿债能力越强。当营运资本出现负数时，也就是当一家公司的流动资产小于流动负债时，这家公司的运营可能随时因资金周转不灵而被迫中断。一家公司要维持正常的运营就必须拥有适量的营运资本。因此，营运资本管理是公司财务管理的重要组成部分。

营运资本管理实际上就是对流动资产及流动负债的管理。因此，营运资本管理涉及以下两个方面：一是企业应当在流动资产上投资多少，即资金运用管理，这主要包括现金管理、应收账款管理、存货管理等；二是企业应当怎样进行流动资产的融资，即资金筹措管理，这包含了短期借款管理和商业信用管理等。下面我们着重讨论存货管理和应收账款管理。

15.1.1 存货管理

存货是指企业在日常经营活动中持有以备售出的产成品、仍处于生产过程中的在产品或在生产过程中将消耗的原材料等。一般而言，存货在流动资产中占比较大，因此存货管理水平的高低将直接影响企业是否能够顺利开展经营活动。存货管理主要有以下几种方法：

一是 ABC 分类法。公司的日常经营活动一般会涉及多个存货品种。有些存货品种数量少但是金额大，管理不善会给公司带来巨大损失；有些存货品种数量多但是金额小，过度管理可能会增加管理成本，也不利于公司利润的最大化。对不同类型的存货进行区别对待，以提高公司的存货管理效率，这就是 ABC 分类法的基本思路。具体来说，ABC 分类法是按照一定标准，将存货划分为 A、B、C 三类，分别采用分品种重点管理、分类别一般控制和按总额灵活掌握的存货管理方法。

首先，要确定存货分类标准。分类标准主要分为以下两种：按金额分类和按品种数量分类。通常以金额标准为主，品种数量仅作为参考。其次，根据确定的标准将存货划分为 A、B、C 三类：A 类存货的特点是金额大，品种数量少；B 类存货的特点是金额一般，但是品种数量相对较多；C 类存货的特点是金额很小，品种数量多。最后，在分类的基础上对存货进行区别管理。例如，A 类存货可以分品种重点管理，B 类存货可以作为次重点，分类别一般控制，而 C 类存货只需对总额进行控制。

二是经济订购批量模型法。经济订购批量，是指能够使一定时期内的存货总成本达到最低点的进货数量。决定存货经济订购批量的成本因素主要包括变动性进货费用（简称“进货费用”）、变动性储存成本（简称“储存成本”）以及允许缺货时的缺货成本。不同的成本项目与订购批量呈不同的变动关系，因此存在一个最佳的订购批量，使得成本总和保持最低水平。

经济订购批量的基本模型以如下基本假设为前提：可以准确预测公司一定时期内的

进货总量；存货的价格稳定，并且不存在数量折扣；进货日期由公司自行决定，每当库存量为零时公司能及时补充存货，存货市场供应充足，不允许出现缺货情形；仓储条件及所需现金不受限制。由于公司不允许缺货，故不存在缺货成本。此时使进货费用与储存成本总和最低的进货数量，就是经济订购批量。具体介绍见第 18 章。

三是准时制存货管理法。准时制存货管理法，简称 JIT 管理法，是指平时企业的库存降到最低水平甚至是没有存货，只有在有客户订单时才进行生产。

JIT 管理法是一种先进的生产组织方法，“零存货”是所追求的最终目标。要达到零存货，企业必须选择稳定、可靠的供应商，后者将所需的原材料、外购件等适时送达生产现场交付企业使用；各生产程序之间不保存在产品；在销售环节要做到没有产成品存货，要广开销路，要建立完备的销售体系，做到在最后一个生产程序保质保量地完成生产，并能够及时将产品销售出去。

JIT 管理法有很多优点，它可以降低存货储存过程中的各种成本费用，如仓储费、占用资金的利息开支等，可以消除产品生产周期中可能存在的停工待料或有料待工等浪费现象。另外，由于企业实现了低存货甚至零存货，产品成本不受期初存货成本结转的影响，这不仅可以大大简化产品成本的计算工作，而且由于当期产品成本中没有掺杂上期成本因素，有助于正确评价企业当期生产工作的质量和经营业绩。

15.1.2 应收账款管理

应收账款是指企业在正常的经营过程中因销售商品、提供劳务等业务，应向购买单位收取的款项。应收账款是企业对外提供商业信用的结果，往往蕴含巨大的风险，因此要加强应收账款管理，采取有效的措施进行分析，及时发现问题和解决问题。对应收账款的管理需要注意以下方面：

1. 做好客户资信调查

一般来说，客户的资信通常取决于五个方面，即客户的品德、能力、资本、担保和条件，也就是通常所说的“5C”系统。这五个方面的信用资料可以通过以下途径取得：

一是财务报表。这是信用分析最理想的信息来源之一，但需注意财务报表的真实性，最好是取得经过审计的财务报表。通过计算一些财务比率，特别是对资产流动性和准时付款能力进行分析，来评价企业的能力、资本、条件，以提高企业应收账款投资的决策效果。

二是信用评级报告。银行等金融机构或社会媒体会定期向社会公布一些客户的信用资料，企业可以通过进行搜集，了解客户的注册情况、生产经营历史、现状与趋势、销货与盈利能力、税费缴纳情况等，看有无不良历史记录来评价企业的品德等。

三是商业交往信息。企业的每一个客户通常拥有多个供货单位，所以企业可以和与同一客户有关的各供货单位交换信用资料，如往来时期的长短、提供的信用条件以及支付货款的及时程度。

对上述信息进行综合信用分析后，企业就可以对客户的信用情况做出判断，并建立客户档案。除客户的基本资料如名称、电话、地址等外，还需着重记录客户的财务状况、资本实力以及历史往来情况等，并对每一个客户确定相应的信用等级。但要注意的是，信用等级并非一成不变，最好能每年进行一次全面审核，以便与客户的最新变化保持一致。对于不同信用等级的客户，企业在销售时就要采取不同的销售策略及结算方式。一般来说，企业在规定信用期限的同时往往会附有折扣条件，客户若在规定期限内付款可享受一定的折扣优惠。在信用期限内给予客户折扣无非是希望客户能尽早支付货款，但要注意把握好度，即提供折扣以取得的收益大于提供折扣的成本为宜。

2. 加强应收账款的日常管理

具体来讲，可以从以下几个方面来做好应收账款的日常管理工作：

（1）做好基础记录，了解客户付款的及时程度。基础记录工作包括企业对客户的信用条件、建立信用关系的日期、客户付款的时间、客户的欠款数额以及客户信用等级的变化等。企业只有掌握这些信息，才能及时采取相应的对策。

（2）编制账龄分析表，检查应收账款的实际占用天数。企业对应收账款收回情况的管理，可通过编制账龄分析表进行。据此了解有多少欠款尚在信用期限内，进行跟踪，有多少欠款已超过信用期限，计算出超期不同的款项各占多少，估计有多少欠款会造成坏账，如有大部分超期，企业应检查信用政策。

3. 加强应收账款的事后管理

应收账款的事后管理包括如下两方面工作：

（1）确定合理的收账程序。催收账款的程序一般为：信函通知—电报电话传真催收—派人面谈—诉诸法律。在采取法律行动前应考虑成本效益原则，遇到以下几种情况则不必起诉：诉讼费用超过债务；客户抵押品折现可冲销债务；客户的欠账不大，起诉可能使企业运行受到损害；起诉后收回账款的可能性有限。

（2）确定合理的讨债方法。若客户确实遇到暂时的困难，经努力可东山再起，企业可设法帮助客户渡过难关，以便收回账款，一般做法为进行应收账款债权重整，即接受欠账的客户按市价以低于债务的非货币性资产予以抵偿；将债务形式转变为“长期应收款”，确定一个合理的利率，同意客户分期偿债；修改债务条件，延长偿付期，甚至减少本金，激励客户还款；在共同经济利益的驱动下，将债权转变为对客户的长期投资，协助启动亏损企业，达到收回款项的目的。如果客户已达到破产界限，则应及时向法院起诉，以期在破产清算时得到部分清偿。

拓展阅读

央行将多举措推动应收账款融资

第 2 节　公司短期经营活动

15.2.1　公司净营运资本

净营运资本为流动资产与流动负债之间的差额，即

净营运资本＝流动资产－流动负债

流动资产是指能够在一年内或超过一年的一个营业周期内变现或使用的资产，主要包括：

（1）现金和现金等价物，包括货币资金、银行存款等；

（2）存货，包括原材料、在产品和产成品等；

（3）有价证券，主要是商业票据和银行票据；

（4）应收账款。

与流动资产类似，流动负债是指在一年内或超过一年的一个营业周期内必须清偿的债务，主要包括

（1）短期借款；

（2）应付账款；

（3）预付账款；

（4）应付票据；

（5）应计费用。

我们可以从资产负债表的角度来理解净营运资本。首先，我们都知道公司资产来源于负债和股东权益，即：

资产＝负债＋股东权益

进一步，资产可以细分为流动资产和非流动资产，负债可分为短期负债与长期负债，即：

流动资产＋非流动资产＝短期负债＋长期负债＋股东权益

根据净营运资本的定义，该式可以写为：

净营运资本＋非流动资产＝长期负债＋股东权益

可见，净营运资本的多少表明了公司长期资本来源在流动资产上的投资金额，是衡量公司流动性的重要指标。

拓展阅读

通用汽车公司再获贷款用作营运资本

15.2.2 公司经营周期

经营周期是指从支付现金购买产品或劳务、出售产品或劳务到收回货款为止的整个过程所需花费的时间。

举一个简单的例子来理解公司经营周期：假设在第 0 天，某公司购买了价值 2 万元的存货，货款当日支付。过了 30 天，客户以 3 万元购买了这批价值 2 万元的存货，要在 60 天后才能付款。从取得存货进行销售到最后收回货款的整个过程花费了 90 天，这叫作公司经营周期。经营周期由两个部分组成：一是取得存货和进行销售

所花的时间，叫作存货周期，本例中为 30 天；二是收回货款所花的时间，叫作应收账款周期，本例中为 60 天。由此我们可知，经营周期为存货周期与应收账款周期之和（见图 15－1）。

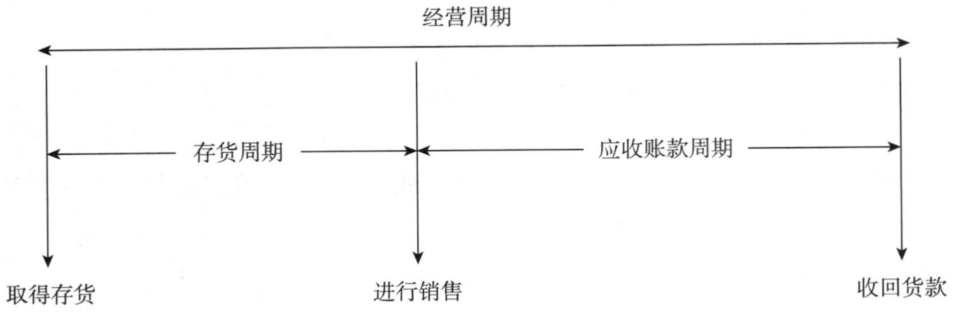

图 15－1　公司的经营周期

经营周期具体该如何计算呢？首先计算存货周期。假设公司花费 1 000 万元来取得存货，即销售成本为 1 000 万元，平均存货为 300 万元，则根据前面所学知识有

存货周转率＝销售成本/平均存货＝1 000/300＝3.33(次)

因此，存货在这一年周转了 3.33 次。这个数字意味着公司在这一年内购买并销售存货 3.33 次，因此平均持有存货的时间为

存货周期＝360 天/存货周转率＝360/3.33＝108.11(天)

也就是说，存货在出售前在该公司平均留存 108.11 天。

同理，假设销售额为 1 200 万元，且所有销售均为赊销，平均应收账款为 200 万元，应收账款周转率为：

应收账款周转率＝赊销额/平均应收账款＝1 200/200＝6(次)

若一年中应收账款周转了 6 次，那么应收账款周期为：

应收账款周期＝360/应收账款周转率＝360/6＝60(天)

公司的经营周期为存货周期与应收账款周期之和，即

经营周期＝108.11＋60＝168.11(天)

第 3 节　短期财务策略

公司的短期财务策略一般由两个部分组成：流动资产的投资规模以及流动资产的融资规模。影响流动资产投融资策略的因素有很多，主要有以下几个：

(1) 资产的收益性与风险性；

（2）企业经营的内外部环境；

（3）产业因素；

（4）影响企业政策的决策者等。

流动资产的投资规模可以用流动资产与销售收入之比来衡量。若比值偏高，说明公司倾向于保守型投资策略；若比值偏低，则说明公司实施的是激进型投资策略。流动资产的融资规模可以用短期负债与长期负债之比来衡量，保守型融资策略下的比值较低，而激进型融资策略下的比值则较高。

15.3.1　流动资产投资策略

公司流动资产的投资策略主要分为保守型和激进型两种。

保守型投资策略有以下表现：

（1）持有大量现金与短期证券；

（2）大量从事存货投资；

（3）放宽信用条件，持有较多的应收账款。

激进型投资策略有以下表现：

（1）持有少量现金，不投资短期证券；

（2）存货投资规模小；

（3）不允许赊销，无应收账款。

保守型投资策略在现金、存货、短期证券以及应收账款等项目上的投资水平较高，导致较高水平的现金流出，因此成本相对较高，但是保守型投资策略未来的现金流入也高。公司通过给客户提供较为宽松的信用条件，促进产品销售；大量的存货也可以随时满足客户的需求，增加销售。

流动资产管理实际上是在随投资水平提高而增加的成本与随投资水平降低而增加的成本之间进行权衡。随流动资产投资水平提高而增加的成本叫持有成本，随流动资产投资水平降低而增加的成本叫短缺成本。

持有成本主要有以下两种：一是持有流动资产的机会成本，因为与其他资产相比，流动资产的收益率偏低；二是维持该资产的经济价值而花费的成本，例如存货的仓储成本。

如果流动资产投资水平较低，就有可能产生短缺成本。一家公司现金不足可能会被迫选择出售有价证券。倘若有价证券无法被轻易售出，则无论公司是选择向银行借款还是选择折价出售有价证券，都会产生短缺成本（这种状态一般被称为现金短缺）。如果一家公司没有存货，即存货短缺，可能会因此失去客户。

图 15－2 描述了持有成本与短缺成本的基本特征。流动资产投资总成本由持有成本和短缺成本之和决定，总成本曲线最低点对应的 A 点为流动资产的最优投资水平。由于该曲线在最低点处较平坦，且难以精确求出最低点的位置，因此通常选择最低点附近的点即可。

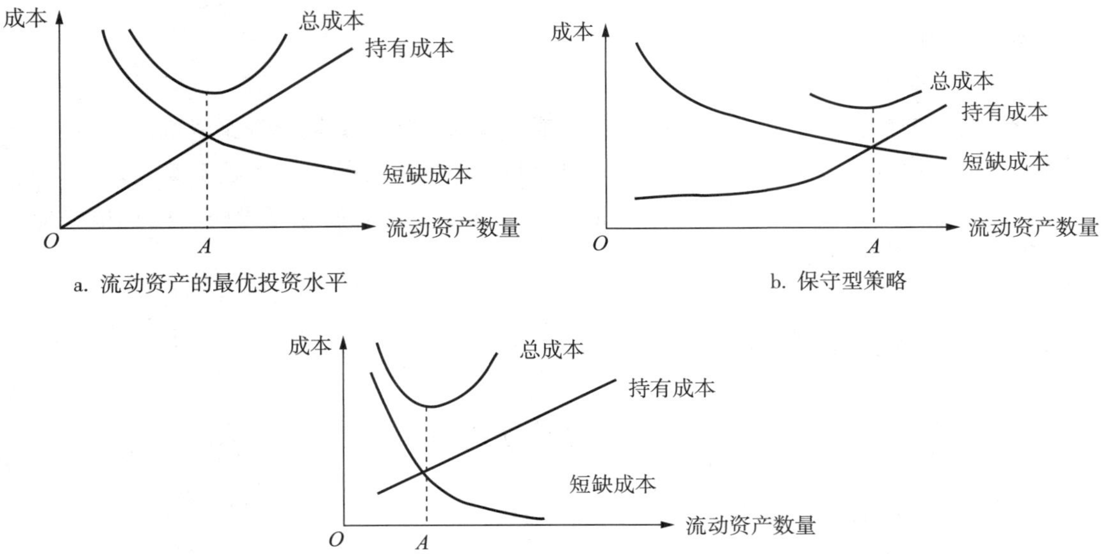

a. 流动资产的最优投资水平

b. 保守型策略

c. 激进型策略

图 15－2　流动资产投资图解

若持有成本较低或者短缺成本较高，则选择保守型投资策略；反之，则选择激进型投资策略。

15.3.2　流动资产融资策略

我们探讨了流动资产的投资水平，现在假设公司的流动资产投资水平是最优的，那么流动负债水平应当如何确定呢?

在理想的经济条件下，流动资产总是可以通过流动负债来筹措资金，而非流动资产可以通过长期负债和股东权益来筹措资金。在这种情况下，净营运资本为零。

我们来假设一个简单的情形：某谷物仓储商在收购谷物后，存储的谷物将在一年内售出。在一个收割期后，它保持高库存，而在临近下一个收割期时，库存水平较低。短期银行贷款可以用来收购谷物，谷物的销售使贷款得以清偿。如图 15－3 所示，假设非流动资产随时间的推移而增加，而流动资产在收割期期末增加，在下一个收割期前降为零。这些流动资产通过流动负债筹措资金，非流动资产通过长期负债及股东权益来筹措资金，而净营运资本则总是为零。

在现实情况下，销售的长期增长会导致某些对流动资产的永久性投资，所以流动资产不会降为零。我们可以认为，一家成长型公司对流动资产和非流动资产均有永久性需求，总资产需求会随着时间的推移表现出长期增长的趋势，并且围绕这种趋势会产生不可预测的季节性波动，图 15－4 刻画了这些特点。

接下来我们探讨如何筹措所需的资金。第一种情况如图 15－5a 所示，即使在季节性高峰期长期融资也超过总资产需求。随着季节性高峰期的结束，总资产需求从波峰

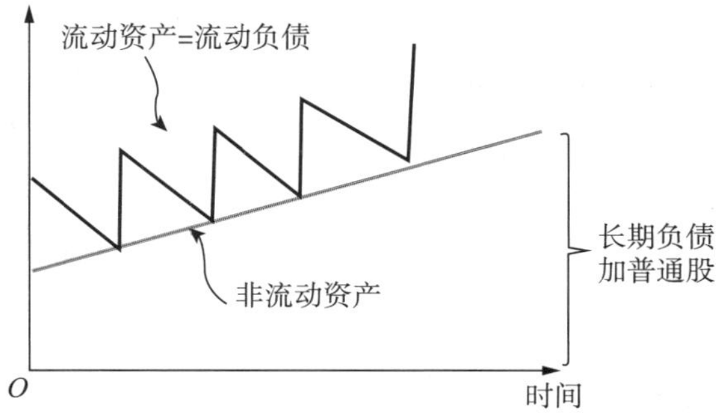

图 15-3　理想情况下的流动资产融资政策

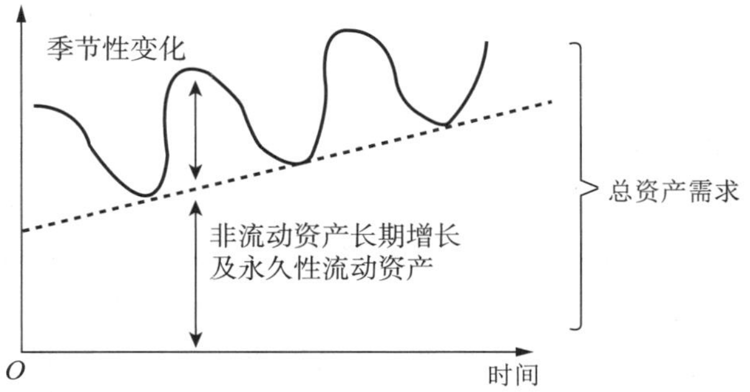

图 15-4　随时间变化的总资产需求

下降时公司持有过多的现金，这些现金可以投资于有价证券。在这种情况下公司总是有剩余的短期资金与大量的净营运资本来投资，因此被认为是一种保守型融资策略。

与之相反的是激进型融资策略，如图 15-5b 所示，当公司的长期资金来源不能满足总资产需求时，就必须通过短期融资的方式来弥补资金不足。

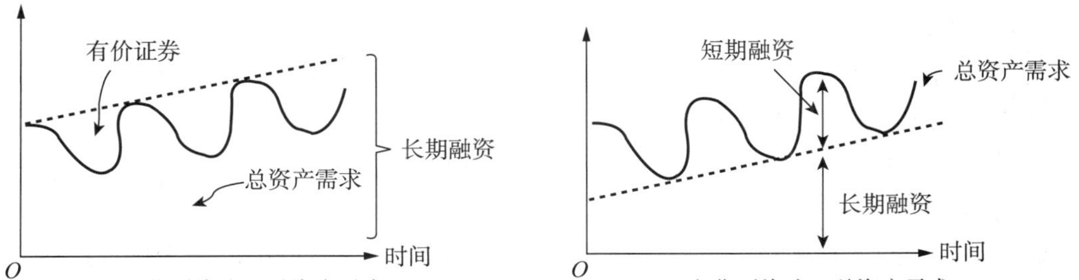

a. 长期融资大于总资产需求　　b. 长期融资小于总资产需求

图 15-5　不同情况下的融资策略

以上哪种策略是最优的呢？实际上并没有一个标准的答案，在采取恰当的融资策略之前，应当考虑以下影响因素：

（1）现金储备。在保守型融资策略下，公司持有较多的现金和拥有较少的短期负债，因此公司陷入财务困境的可能性较低。但是，这意味着公司要付出较多的持有成本，因为流动资产的收益率普遍较低，这一点我们之前也曾提到。

（2）期限匹配。不同资产的资金来源会有差异，一般来说，公司会以短期负债为存货筹措资金，以长期负债为固定资产融资，避免用短期负债的方式为长期资产融资。因为固定资产等长期资产产生现金流的期限较长，期限不匹配会导致公司需要频繁进行融资。另外，由于短期利率的波动性比长期利率大，因而短期负债风险更大。

（3）期限结构。一般情况下短期利率会低于长期利率，因此长期借款的成本比短期借款要高。

15.3.3 短期融资策略

常见的短期融资策略包括商业信贷、短期借款、商业票据、短期融资券和典当抵押融资。

1. 商业信贷

商业信贷在资产负债表中表现为应付账款，在西方国家是短期信贷中最大的一类，对小企业特别重要。商业信贷是融资的一种自发来源，它来自企业的日常赊销活动，随着销售额的增加，从应付账款中产生的融资供应量也就相应增加。商业信贷作为融资来源，特点是方便但不正规。没有资格从金融机构中取得信贷的企业有可能取得商业信贷。销售商之所以能够向客户（买方）提供融资，主要是由于它们经验丰富，了解客户的信誉，知道该行业的行销惯例。它们通常处于有利位置，可以判断客户的偿还能力和赊账风险。销售商所能提供的商业信贷受自身所获信贷规模的影响，随买方数量的多少而波动。获得融资的买方在使用这种商业信贷时应小心慎重，因为信贷扩张涉及销售商的成本，销售商可能会通过提高产品的销售价格来冲销它扩张的无条件信贷的成本。在销售商提供折扣的情况下，买方应仔细研究这种融资方式的使用成本。

2. 短期借款

短期借款是指企业向银行等金融机构借入的，期限在一年以内的款项。短期借款按有无担保可分为信用借款和抵押借款。

在信用借款情形下，向银行申请短期借款的公司请求银行授予一定的信贷额度，其中分为非承诺式信贷额度和承诺式信贷额度。非承诺式信贷额度是指不通过正式文书就能够在事先规定的额度内借款的非正式安排，银行设置的借款利率一般等于银行优惠利率加上额外的比率。承诺式信贷额度是一种具有法律效力的正式安排，一般要求企业向银行支付承诺费。

银行在发放短期贷款时，为降低贷款风险，需要企业提供担保，企业只有提供必要的担保才能取得借款。由于短期借款的期限短，因此短期借款的担保品一般是流动性强的资产，如应收账款、存货、应收票据等。应收账款担保借款，即借款企业以自身对应收账款的债权作为担保品取得的借款。应收票据贴现借款，即借款企业以票据作为担保品取得的借款。存货担保借款，即借款企业以存货作为担保品取得的借款。短期借款的成本主要体现为借款利率的高低，特别要考虑不同偿还方式下应付的实际利率。企业应根据不同情况，确定短期借款的成本，以便做出合理的选择。

短期借款较之商业信贷的优点是：筹资效率高、筹资弹性大。短期借款的缺点是：筹资风险高，实际利率较高，在补偿性余额和附加利率情形下尤其如此。企业可以选择短期借款的方式，也可以对提供贷款的银行做出选择。随着金融信贷业的发展，可向企业提供贷款的银行等金融机构不断增多，企业应在有利于自身的前提下，在各贷款机构之间做出选择，这是筹资理财的一项重要任务。企业在选择银行时，除了合理选择借款种类、借款利率和借款条件外，还要考虑下列因素：(1) 银行的基本政策；(2) 银行支持借款人活动的差别；(3) 银行的存款稳定性；(4) 银行在贷款方面的专业化程度；(5) 银行的规模；(6) 银行提供咨询服务的能力。

3. 商业票据

商业票据是由信用等级高的企业发行的无担保短期票据。商业票据的可靠程度依赖于企业信用，商业票据可以贴现，可以背书转让。商业票据的期限通常在一年以内，由于风险较大，利率一般高于同期银行存款利率。

商业票据这种融资方式突出的优点是融资成本低和手续简便，省去了与金融机构签订协议等许多麻烦，但由于受资金供给方资金规模的限制，也受企业本身在票据市场上知名度的限制，因而特别适用于大企业的短期融资。

银行承兑汇票也是商业票据的一种，是由在银行开立存款账户的存款人签发，向银行申请并经银行审查同意承兑的，保证在指定日期无条件支付确定金额给收款人或持票人的票据。对出票人签发的商业汇票进行承兑，是银行对出票人的资信认可而给予的信用支持。

4. 短期融资券

短期融资券是由企业发行的无担保短期本票。在我国，短期融资券是指企业依照短期融资券管理办法的条件和程序在银行间债券市场上发行和交易并约定在一定期限内还本付息的有价证券，是企业筹措短期（1 年以内）资金的直接融资方式。短期融资券的筹资成本较低，筹资数额较大，还可以提高企业信誉和知名度，但发行短期融资券的风险比较大，筹资弹性比较小，发行条件比较严格。

5. 典当抵押融资

典当抵押融资，简称典当，主要是指当户将动产、财产权利作为当物质押或者将房地产作为当物抵押给典当行，交付一定比例的费用，取得当金，并在约定期限内支付当金利息、偿还当金、赎回当物的行为。此种融资方式的特点为：第一，周转速度快，比如华夏典当行的房产典当业务可以实现一个工作日放款。第二，抵质押范围广，房产、汽车、股票、黄金、物资等均可充当当物。第三，没有资金用途限制，典当行不问资金用途，这和银行限制贷款用途不一样。第四，借贷方式灵活，比如可以选择五天一计息，也可以选择半月一计息，还可以选择最高限额式贷款。第五，利息要高于银行贷款利息。

思政课堂

国家关于营运资本管理的政策主要集中在加强企业资金内控管理、优化资本结构、提高资金使用效率和防控资金风险等方面。以下是一些具体的国家政策要点：

1. 加强资金内控管理：中央企业应建立健全资金内控管理体制机制，强化资金内控监督，构建事前规范、事中控制、事后评价的工作机制，确保内控要求嵌入资金活动全流程。明确相关部门、人员的职责和权限，严格资金支出范围和审批程序，实行大额资金支出集体决策和联签制度，加强网上银行、电子支付、密钥密码的安全管理。

2. 优化资本结构：通过债务重组、破产重整、清算注销等法制化方式主动减量，运用专业化整合、资产证券化等手段盘活存量，推进改制上市、引战混改等改革措施做优增量，实现资本动态优化调整。

3. 提高资金使用效率：中央企业应加强司库管理体系的顶层设计和实施，实现对全集团资金的集约管理和动态监控，提高资金运营效率、降低资金成本、防控资金风险。

4. 境外资金风险管控：中央企业内控部门需结合境外单位所在国家法律法规和企业内控要求，建立境外资金内控监管体系，加强境外资金风险防范和大额资金监督。

5. 强化资金集中管理：推动资金集中管理，提高资源配置效率，防范经营风险，确保资金安全和合规使用。

这些政策要求旨在指导企业如何更有效地管理营运资本，确保企业短期和长期的财务健康与稳定发展。

本章小结

本章介绍了营运资本管理。营运资本管理涉及流动资产与流动负债的管理。我们根据公司的财务报表，考察短期资金的来源与运用，研究在公司的经营活动中流动资产和流动负债是如何产生的。

公司的营运资本管理主要包括流动资产的投融资管理，因此本章具体介绍了流动资产的投资策略与融资策略。在介绍流动资产的投资策略时，涉及流动资产的成本问题。流动资产的成本包括持有成本和短缺成本，在进行投资决策时需要综合考量。

本章最后介绍了公司的短期融资策略。常见的短期融资策略包括商业信贷、短期借款、商业票据、短期融资券以及典当抵押融资。商业信贷是融资的一种自发来源，它来自企业的日常赊销活动，随着销售额的增加，应收账款也会相应增加。商业信贷作为一种融资来源，特点是方便但不正规。短期借款是指企业向银行等金融机构借入的，期限在一年以内的款项，特点是筹资效率高、弹性大但筹资风险高。商业票据是由信用等级高的企业发行的无担保短期票据，优点是融资成本低和手续简便，但是商业票据的可靠程度依赖于企业信用，因此风险大。短期融资券是由企业发行的无担保短期本票。短期融资券的筹资成本较低，筹资数额较大，还可以提高企业信誉和知名度，但发行短期融资券的风险比较大，筹资弹性比较小，发行条件比较严格。典当抵押融资是指当户将动产、财产权利作为当物质押或者将房地产作为当物抵押给典当行，交付一定比例的费用，取得当金，并在约定期限内支付当金利息、偿还当金、赎回当物的行为。典当抵押融资的特点是周转速度快、抵质押范围广、没有资金用途限制、借贷方式灵活，但利息要高于银行贷款利息。

中国公司金融实践

湖南华菱钢铁股份有限公司（简称“华菱钢铁”）于 1999 年 8 月在深圳证券交易所上市。公司拥有炼焦、烧结、炼铁、炼钢、轧材、钢材深加工等全流程的技术装备。产品涵盖宽厚板、热冷轧薄板、线棒材、无缝钢管四大系列近万个品种规格，在能源、造船、高建、工程机械、汽车等细分领域建立了领先优势。公司需采购铁矿石、煤、焦炭等。其中，铁矿石多依靠进口；煤主要在国内采购，少量进口；焦炭主要在国内采购。公司产品主要在国内市场销售，少量出口。

以下选取了华菱钢铁 2017—2021 年资产负债表中流动资产及流动负债的各组成项目占流动资产和流动负债的比重比较靠前的数据，具体情况如表 15－1、表 15－2 所示。

表 15－1　流动资产情况

占流动资产比重大的项目	2021-12-31		2020-12-31		2019-12-31		2018-12-31		2017-12-31	
	金额（亿元）	比例（%）	金额（亿元）	比例（%）	金额（亿元）	比例（%）	金额（亿元）	比例（%）	金额（亿元）	比例（%）
应收票据及应收账款	54.69	10.93	36.78	9.47	41.95	12.81	105	32.29	86.58	28.55
应收款项融资	92.6	18.51	84.79	21.84	69.96	21.36				
存货	113.7	22.72	106	27.31	84.97	25.95	84.25	25.91	77.61	25.59
流动资产	500.4	100	388.2	100	327.5	100	325.2	100	303.3	100

由表 15－1 可知，2021 年存货占流动资产的比例最大，五年内虽然存货金额持续攀升，但是所占比例变小了；尽管应收款项融资自 2019 年起才在报表中单独列报，但是金额最高升至 2021 年的 92.6 亿元，仅次于存货，三年内所占比例在 20%左右小幅度浮动；2018 年应收票据及应收账款占比最高，为 32.29%，而后骤降，2020 年低至 9.47%，从年报等资料可初步认为 2019—2021 年该项目金额及占比相对下降的原因是华菱钢铁进行了应收款项融资。

表 15－2　流动负债情况

占流动负债比重大的项目	2021-12-31		2020-12-31		2019-12-31		2018-12-31		2017-12-31	
	金额（亿元）	比例（%）	金额（亿元）	比例（%）	金额（亿元）	比例（%）	金额（亿元）	比例（%）	金额（亿元）	比例（%）
短期借款	84.37	15.73	105.4	23.34	157.6	33.21	129.9	31.51	238.3	48.88
应付票据及应付账款	183.1	34.14	157.6	34.90	123.2	26.01	115.4	28.00	136.9	28.08
流动负债	536.3	100	451.6	100	473.6	100	412.2	100	487.5	100

由表 15－2 可知，2017—2021 年应付票据及应付账款金额及所占比例皆大致呈上升趋势，2021 年高达 183.1 亿元，占流动负债的比例最大；短期借款金额大致呈下降趋势，且降幅明显，已由 2017 年的 238.3 亿元降至 2021 年的 84.37 亿元，占流动负债的比例从 2017 年的 48.88%降至 2021 年的 15.73%。

根据各项目金额及占比，初步判断华菱钢铁营运资本管理的重点为存货、应收款项融资、应收票据及应收账款、应付票据及应付账款、短期借款。

由表 15－3 可知，华菱钢铁的净营运资本始终为负，说明净营运资本持续短缺，此时企业部分非流动资产以流动负债作为资金来源，企业存在短期无法偿债的风险。但整体趋势基本向好发展，2021 年底净营运资本已逐渐回升至－35.9 亿元，这有利于降低企业违约的可能性，降低短期财务风险。2019 年净营运资本发生反趋势变化主要是流动负债激增所致，2021 年企业流动资产大幅增加且涨幅超过流动负债，因而净营运资本有所上升。与此同时，流动资产周期有所缩短。2017 年企业流动资产周转耗时约为 126 天，是五年中流动资产周转最慢的一年，2021 年已降至约 93 天，说明华菱钢铁在流动资产的周转管理上取得了一定进步。

表 15－3 净营运资本情况

	2021	2020	2019	2018	2017
净营运资本（亿元）	－35.9	－63.43	－146.08	－74.66	－180.61
流动资产周期（天）	93.44	110.77	109.76	120.4	125.87

由表 15－4 可知，2017—2021 年存货周期整体上呈缩短趋势，2017 年最长，为 44.43 天，到 2021 年近乎缩减一半，降至 26.51 天，表明华菱钢铁在存货管理上取得了较大成效，整体向好发展。

表 15－4 流动资产周转情况

	2021	2020	2019	2018	2017	五年平均
存货周期（天）	26.51	34.5	32.88	35.08	44.43	34.68
应收账款周期（天）	9.61	12.19	24.69	34.01	30.14	22.128
应付账款周期（天）	35.82	43.46	40.1	44.84	73.73	47.59
经营周期（天）	36.12	46.69	57.57	69.09	74.57	56.808
现金周期（天）	0.3	3.23	17.47	24.25	0.84	9.218

应收账款周期整体上呈下降趋势，在五年内实现了锐减，已从 2018 年的 34.01 天降为 2021 年的 9.61 天。仅根据此项数据难以断定华菱钢铁的应收账款管理水平是否真正实现了大幅提高，由表 15－1 可知，2019 年华菱钢铁对应收款项进行了融资，因此在随后几年里应收票据及应收账款金额大幅减小，该项目的周转率自然会有所提升。

应付账款周期在五年内已缩减一半，由 2017 年的 73.73 天缩短至 35.82 天，降幅明显。后续华菱钢铁需重点关注如何维持以往的应付账款高管理绩效。

经营周期在 2017 年最高，显然是由于 2017 年华菱钢铁对应收账款和存货缺乏高效的管理。2021 年经营周期已降至 36.12 天，约是最高周期的半数，这是存货周转提速和应收账款周期锐减综合作用的结果。

现金周期在五年中呈现先升后降的态势，其中 2017 年和 2021 年表现良好。由于应付账款周转天数远大于存货及应收账款周转天数，因而 2017 年现金周转天数仅为 0.84

天，可初步判断华菱钢铁 2017 年在营运资本管理中占用供应商资金的能力较强。而在 2021 年，虽然应付账款周期缩短，但存货和应收账款的周转均加快，因此 2021 年现金周转天数仅为 0.3 天。

思考题

1. 为何企业需要加强应收账款管理？
2. 华菱钢铁在应收账款管理中存在什么问题？
3. 请为提升华菱钢铁的营运资本管理绩效提出两点建议。

课后习题

简答题

1. **营运资本管理**　营运资本管理包括哪些内容？
2. **经营周期**　什么是经营周期？
3. **持有成本与短缺成本**　什么是持有成本和短缺成本？
4. **短期财务策略**　短期财务策略有哪几种？它们分别有什么特征？
5. **短期融资策略影响因素**　短期借款需要考虑哪些因素？
6. **短期融资策略**　短期融资策略有哪些？

计算题

经营周期　表 15－5 列示了某公司的财务信息。

假设公司全部产品均采用赊销方式销售，请计算该公司的经营周期。

表 15－5　某公司的财务信息　　单位：万元

项目	期初	期末
存货	17 840	19 903
应收账款	13 200	13 849
应付账款	15 876	16 693
销售净额	224 581	
销售成本	172 953	

第 16 章
现金管理

章前引例

上海宝尊电子商务有限公司（以下简称“宝尊电商”）创立于 2007 年，是中国品牌电商服务行业的领导者、先行者及数字商业赋能者。宝尊电商于 2015 年在美国纳斯达克上市，2020 年在香港联交所主板挂牌，完成回港二次上市。宝尊电商致力于通过科技创新和满足客户需求来赋能品牌发展。社交电商、直播电商等新型商业模式不断涌现，这在为电商行业注入新活力的同时，也加剧了行业内部的竞争。同时，一些品牌商为减少对单一服务商的依赖，开始自建电商团队或更换代运营服务商。因此，宝尊电商面临更激烈的市场竞争与客户流失风险。为了应对市场竞争和客户需求，宝尊电商一方面积极布局全渠道业务，向线下场景渗透，形成 L 形业务结构，通过全渠道中台业务的发展，解决全渠道场景下的销售、订单处理和网络化库存问题；另一方面关注新兴市场的发展趋势和消费者需求，积极拓展新的业务领域和市场空间。此外，宝尊电商还加大在技术研发、供应链管理和客户服务等方面的投入。然而，这类战略性资金的回收期较长，对宝尊电商的短期利润造成了压力，降低了公司净利润的增速，公司甚至于 2021 年出现了净亏损 2.2 亿元。

在后期的经营中，宝尊电商意识到自身在现金管理上的不足，于是加强对现金流的管理。首先，加强供应链管理，降低运营成本。宝尊电商不断推进供应链的数字化转型，利用先进的技术手段来提升供应链的透明度和效率。例如，通过开发 OMS（订单管理系统）、IOSP（库存和订单服务）、WMS（仓库管理系统）等中后台系统，确保供应链的顺畅运行和高效协同，降低人工错误成本。其次，成立精益管理委员会，专门负责推动成本控制及效率提升工作。通过在区域服务中心转移及新设岗位等方式，实现人力成本的大幅节约。最后，实施精益化流程改造，对业务流程进行深入优化。这包括对应收账款、应付账款以及库存等方面的精细化管理，以提高资金周转率和利用效率。在公司采取这一系列管理现金的措施后，库存周转天数大幅减少，资金利用效率有所提高。2024 年第一季度，宝尊电商的净收入达到 20 亿元，同比增长 5%。同时，经营性现金流显著提升，较 2023 年同期增加 1.3 亿元。

从这个案例中我们可以知道企业进行现金管理的重要性。现金充足的公司可以将精力集中在拓展新业务、寻找新客户、开发新产品等方面，而现金匮乏的公司不得不专注于补充现金流，这在一定程度上会阻碍公司的成长和发展。但公司持有的现金并不是越多越好，有效的现金管理使公司能够对现金进行控制，并经济、高效地开展经营活动，从而给公司带来经营效益。习近平 2023 年 12 月在中央经济工作会议上提出“必须把坚持高质量发展作为新时代的硬道理，完整、准确、全面贯彻新发展理念，推动经济实现质的有效提升和量的合理增长”。通过对企业现金管理知识的学习，一方面同学们可以对企业的经营状况与现金存量进行分析与预测，另一方面能够明确真实的市场需求、增强职业道德感与社会责任感。

学习目标

- 理解公司持有现金的动机、现金管理目标以及现金管理内容。
- 学习确定公司最佳现金持有量的方法。
- 掌握公司现金支付管理与回收管理方法。
- 了解公司对闲置现金的管理。
- 增强社会责任感，明确企业高效发展与国家经济高质量发展的联系。

第 1 节　现金管理概述

在市场经济条件下，公司唯有获利才有生存的价值和发展的可能，而公司能否获利在很大程度上取决于现金流转状况和现金管理水平。这是因为，公司的一切生产经营活动都可以看作是从一定数额的货币资金投入开始，经过生产活动转化为产品，再经过销售活动以一定数额的货币资金流回公司的过程，且该过程完全可以用现金流这样的链条加以描述；也就是说，只有现金流才能够将公司的资金筹措、使用、回收及分配过程，以及公司内部与之对应的研发、生产、销售等各个环节包括的一切要素，如技术、产品、劳动乃至物流配置的全过程抽象出来，并反映得清清楚楚。可见，现金是公司的血脉，现金的持有对公司的运营与发展起着举足轻重的作用。我们可以用图 16－1、图 16－2 来大致了解现金在公司内部的流动以及现金的产生周期。

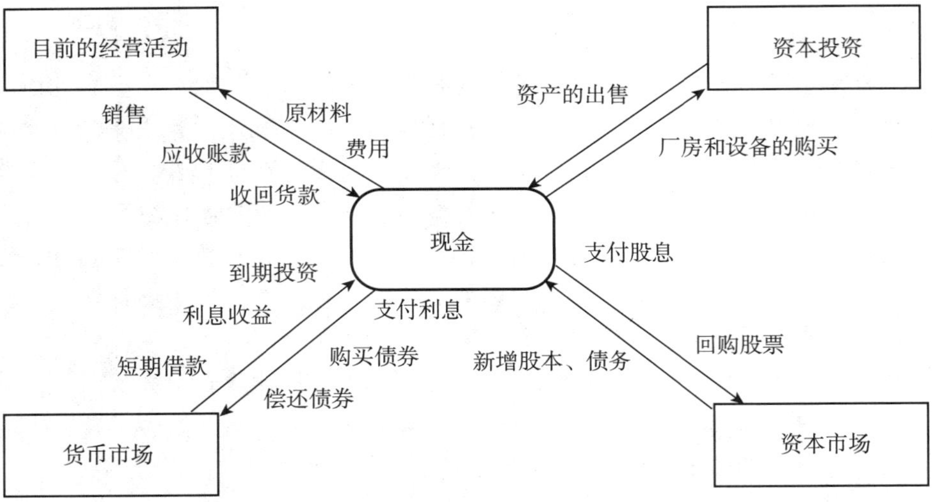

图 16-1　公司内部的现金流动过程

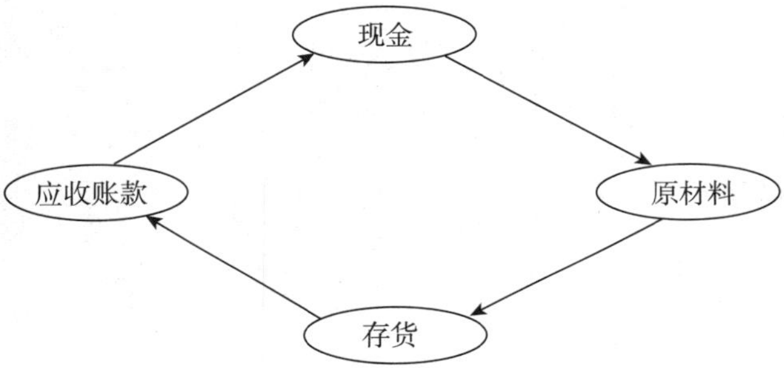

图 16-2　公司的现金产生周期

16.1.1　持有现金的相关理论

现金是公司资产中流动性最强的资产，持有一定数量的现金是公司正常开展生产活动的基础，是保证公司避免支付危机的必要条件；同时，现金又是获利能力最弱的一项资产，过多地持有现金会降低资产的获利能力。

企业持有现金的动机可以概括为以下几个：

（一）交易性动机

交易性动机是指公司为维持正常的经营活动而必须保有现金来保持一定的现金支付能力。交易性现金需求是公司为满足日常生产经营的需要而产生的，例如，公司在生产经营过程中需要购买原材料、支付各种成本费用、缴纳税款等。公司的现金来源有公司经营过程中的销售、资产出售和新的融资活动等。由于每天的现金收入和现金支出不可能完全同步，因此保留一定的现金余额可使公司交易不会被中断。一般来说，公司为满足交易性动机所持有的现金余额主要取决于公司的销售水平。

（二）预防性动机

预防性动机是指公司为应对未来的不确定性因素而需要持有现金来保持一定的现金支付能力。一般来说，市场行情瞬息万变和其他各种不可预测因素（如自然灾害、生产事故等）都会打乱公司现有的现金收支计划，公司通常难以对未来现金流入量和流出量做出准确的估计和预期，使现金收支失去平衡。因此，公司会在维持正常业务活动所需的现金之外保有一部分现金来应对未来不确定性因素造成的现金流入和流出的波动。公司为满足预防性动机所持有的现金余额主要取决于以下三个方面：一是公司愿意承担风险的程度；二是公司信用的大小，即公司临时举债能力的强弱；三是公司对未来现金流预测的可靠程度。

（三）投机性动机

投机性动机是指公司为了抓住各种转瞬即逝的市场机会、获取较大利益而持有现金，这是公司为了利用未来潜在的获利机会而保有一定的现金支付能力。一般来说，这种投机机会具有时间短、收益大的特点。例如，利用原材料的价格波动进行投机，当估计原材料价格将大幅上扬时大量购进原材料，从而获得价差收益；当公司预测未来利率将下降时，可以利用这部分现金购进有价证券以期在利率下降时获利。这部分现金持有量的大小往往与公司在金融市场上的投资机会及公司对待风险的态度有关。

（四）补偿性余额动机

除了上面三种动机，公司还会在贷款银行的账户中存有一定的现金余额，这部分现金余额被称为补偿性余额，用于偿付银行向公司提供服务产生的费用。补偿性余额几乎不会给公司带来收益，类似于银行向个人提供的免费支票服务。同出票人一样，公司存放的用于满足补偿性余额要求的现金也不得挪作他用。银行向公司提供信贷服务所要求的最低补偿性余额可能为公司持有的现金水平设定了一个下限。

虽然现金是公司持有的流动性最强的一种资产，它可以用来应对公司未来可能出现的流动性风险，但并不是说公司持有的现金越多越好。这是因为现金在公司手中几乎没有收益，它是一种非盈利性资产，持有现金会给公司带来一定的成本。因此，公司很有必要进行现金管理，即公司需要在流动性和收益性之间进行权衡，使现金收支在数量上和在时间上相互衔接，从而使公司所持有的现金在成本最低的情况下获利最大化。

16.1.2 现金管理目标、内容和最佳现金持有量

在公司生产经营中，现金只是公司流动资产的一部分，如同现金管理一样，公司对其他流动资产如应收账款、存货等的管理也十分重要。流动性管理与现金管理之间的区别非常直观。流动性管理关注公司应持有的流动资产的最优数量，而现金管理则关注最佳现金持有量的确定。在这里，我们重点分析公司的现金管理。

在对公司现金管理进行分析前，我们首先要对这里所说的现金有一个全面的认识。从字面上看，现金代表公司手中真正持有的现金，而在公司财务经理那里现金是指在生产过程中暂时停留在货币形态的现金和现金等价物。根据财政部《企业会计准则第 31

号——现金流量表》的定义，现金是指企业库存现金以及可以随时用于支付的存款，现金等价物是指企业持有的期限短、流动性强、易于转换为已知金额现金、价值变动风险很小的投资。在了解现金的概念后，我们来对公司现金管理进行具体分析。

（一）现金管理目标

就像一枚硬币具有正反两面一样，公司持有现金虽然取得了现金流动性所带来的便利，但持有现金也会给公司带来不利，这种不利在于持有现金给公司带来了经营之外的额外成本。如果公司持有现金而获得流动性所带来的价值正好等于持有现金所付出的成本，那么此时现金余额为最佳现金持有量。因为当公司增加一单位现金的持有时，现金流动性所带来的价值就会低于持有现金所付出的成本，从而使现金总效率下降；当公司降低一单位现金的持有时，现金流动性所带来的价值并没有完全被持有现金的成本抵消，仍高于所付出的成本，现金总效率未能实现最大化。所以，公司的现金管理目标是在保证正常开展经营活动的情况下，对现金流动性所带来的价值及持有现金所产生的成本进行评估和权衡，从而确定最佳现金持有量。进一步来看，现金管理目标可以分解为许多具体的内容，如保障企业正常经营，增强现金流量的可预测性，使闲置资金有效增值，为不可预见的现金支出提供融资安排，等等。

（二）现金管理内容

在明确了公司的现金管理目标后，接下来就是分析现金管理的具体内容。公司在进行现金管理时，首先应该考虑现金管理与公司战略之间的适应性，根据公司的经营战略制定合适的现金管理原则。制定现金管理策略时要对公司现金的流量、结构、流速、效率等方面进行综合分析，构建公司内外现金管理体系，在现金流量预测、现金收支管理和现金投资管理等方面进行决策和资源配置，并最终确定公司的最佳现金持有量。我们可以利用图 16－3 来更好地理解公司的现金管理内容。

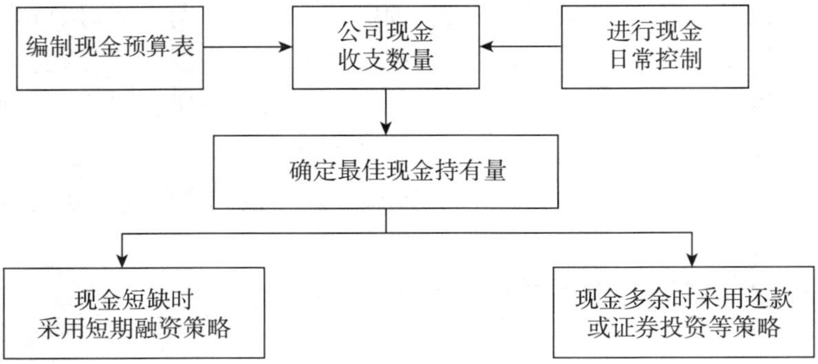

图 16－3　公司的现金管理内容

（三）持有现金的成本

在确定公司的最佳现金持有量之前，我们得先了解公司持有现金需要付出的成本。通常公司持有现金的成本可以划分为以下三种：

1. 持有成本

现金的持有成本是指公司因持有现金而放弃的再投资收益和增加的管理费。再投资收益是指公司因持有现金而无法获得将这部分现金投资于有价证券所产生的收益，因此，这部分成本也被称为机会成本，属于变动成本，与现金持有量成正比。例如，某公司持有 10 万元现金，如果该公司将这部分现金投资于有价证券，可以获得 5%的收益率，即一年之后这 10 万元可以给公司带来 5 000 元的收益，但因公司以现金形式持有，所以收益为 0 元，这 5 000 元就是持有现金的机会成本。

公司因持有现金而增加的管理费是指公司因持有现金而必须对现金进行管理所产生的费用，主要包括人员工资以及设置必要的安全设施产生的费用等。这部分成本属于固定成本，在一定范围内与持有现金的数额无关。

2. 转换成本

现金的转换成本是指公司用现金购入有价证券或转让有价证券来换取现金产生的交易费用，即在现金与有价证券之间转换的成本，如委托买卖佣金、委托手续费、证券过户费、交割手续费等。

现金的转换成本由两部分构成：一是与委托成交金额相关的变动转换成本，如手续费；二是与证券变现次数有关而与委托成交金额无关的固定转换成本，如证券过户费。在证券总额既定的情况下，前者与证券变现次数无关，属于最佳现金持有量决策的固定成本；后者与证券变现次数紧密相关，属于最佳现金持有量决策的变动成本。转换成本与现金持有量的关系是：在现金需要量一定的情况下，现金持有量越多，证券变现次数越少，转换成本就越小；现金持有量越少，证券变现次数越多，相应的转换成本就越大。

3. 短缺成本

现金的短缺成本是指公司在现金持有量不足而又无法立即将手中证券变现加以补充所造成的损失。这种损失包括直接损失和间接损失。直接损失是指现金的短缺使公司的经营与投资受到影响而造成的损失。间接损失是指现金的短缺给公司带来的无形损失。例如，由于现金短缺而无法按时支付货款或不能按期偿还借款，这将对公司的信用和形象造成损害。短缺成本与现金持有量负相关。

（四）最佳现金持有量的确定

如前所述，现金对公司至关重要，是公司的主要支付手段。若公司现金持有量不足，则难以应对流动性风险，若公司现金持有量过度，则有悖于追求利润最大化的原则，因此，公司有必要确定一个最佳现金持有量。多年来，有许多学者和财务管理者对此进行了研究，提出了许多可用于确定最佳现金持有量的方法，例如，成本分析模式、存货模式、随机模式、现金周转模式、因素模式等。这里主要介绍两种常用的方法：成本分析模式和存货模式。

1. 成本分析模式

成本分析模式是着眼于公司持有现金的总成本，分析预测该总成本最低时的最佳现金持有量的一种方法。在运用成本分析模式来确定最佳现金持有量时，假设公司不持有有价证券，只考虑与现金持有量相关的机会成本和短缺成本，对转换成本不予考虑。

持有现金的各种成本随现金持有量变化的机制以及由最小总成本决定的最佳现金持有量可以用图 16-4 来表示。

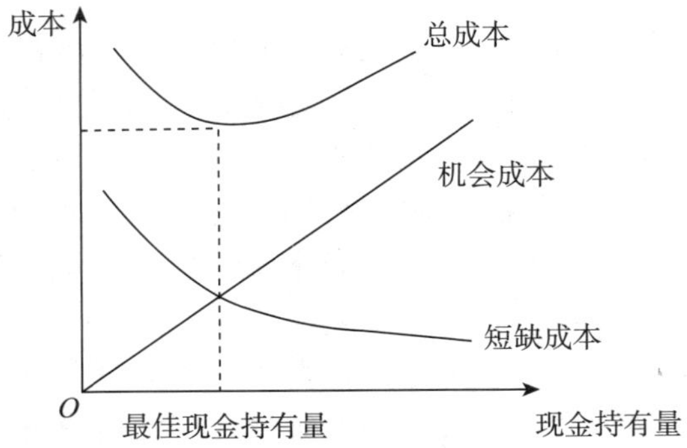

图 16－4　成本分析模式示意

根据成本分析模式确定最佳现金持有量的具体步骤为：

（1）根据不同的现金持有量测算并确定有关成本数值；

（2）按照不同的现金持有量及其有关成本资料编制最佳现金持有量测算表；

（3）在测算表中找出总成本最低的现金持有量，即最佳现金持有量。

2. 存货模式

存货模式是美国经济学家鲍莫尔（Baumol）于 1952 年提出的，他认为公司最佳现金持有量的确定与存货的经济订购批量问题在许多方面有相似之处，因此，他将存货的经济订购批量模型应用于确定目标现金持有量，这种方法的着眼点也是使相关成本之和最低。

运用存货模式来确定最佳现金持有量有以下几个前提假设：

（1）企业所需要的现金可通过证券变现取得，且证券变现的不确定性很小；

（2）企业预算期内的现金需要量可以预测；

（3）现金支出比较稳定，波动较小，且当现金余额降至零时均可通过将部分证券变现补足；

（4）证券的利率或收益率以及每次固定的交易费用均可获悉。

上面这些假设说明公司不会出现现金短缺，因此公司持有现金也就不用考虑短缺成本。确定最佳现金持有量的存货模式如图 16－5 所示。

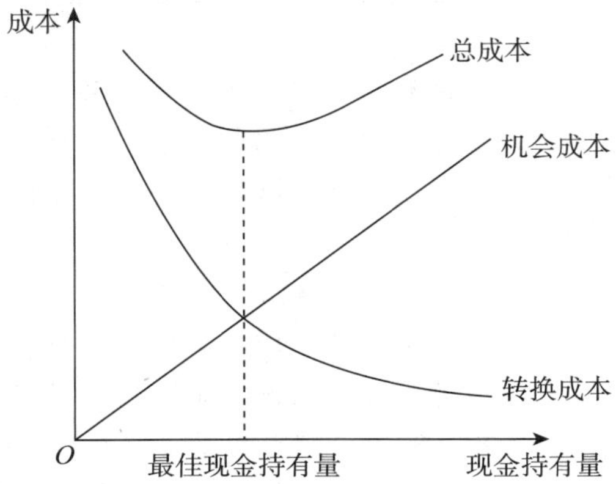

图 16－5　存货模式示意

在存货模式下，最佳现金持有量就是使机会成本与转换成本之和最低的现金持有量。如果现金持有量大，那么机会成本就高，相应的转换成本就低；如果现金持有量小，则机会成本就低，相应的转换成本就高。

持有现金的总成本可以用下式来表示：

$$总成本=机会成本+转换成本$$

$$机会成本=\frac{Q}{2}\times K$$

$$转换成本=\frac{T}{Q}\times K$$

$$\mathrm{TC}=\frac{Q}{2}\times K+\frac{T}{Q}\times F$$

其中：

TC 表示持有现金的总成本；

Q 表示现金持有量；

K 表示有价证券利率；

T 表示特定时期内的现金需要量；

F 表示有价证券的单次转换成本。

将上式两边对 Q 求导并令 TC 对 Q 的一阶导数等于零，解出最佳现金持有量 $Q_0=\sqrt{2TF/K}$，此时现金管理总成本最低，为 $\mathrm{TC}=\sqrt{2TFK}$。

【例 16－1】　某公司当前的收支比较稳定且未来收支大幅波动的可能性较小，现预计公司全年现金需要量为 16 万元，现金与有价证券之间的转换成本每次为 500 元，有价证券的年利率为 10%。

计算：

(1) 最佳现金持有量。

(2) 最佳现金持有量下的全年现金管理总成本以及全年有价证券的交易次数和交易间隔期。

拓展阅读

公司的库存现金管理规定

解：

(1) 最佳现金持有量 $=\sqrt{2\times 160\ 000\times 500/10\%}=40\ 000$（元）。

(2) 总成本 $=\sqrt{2\times 160\ 000\times 500\times 10\%}=4\ 000$（元）。

交易次数=160 000/4 000=4（次）。

交易间隔期=360/4=90（天）。

第 2 节　浮差与现金支付管理

公司现金管理的一个重要内容就是采取各种可行措施对公司的现金收支进行管理，并通过这种管理使现金在收支过程中实现价值最大化，最大限度地发挥效用。从字面上看就能知道现金收支管理可分为两个方面：现金支付管理和现金回收管理。在本节我们主要介绍现金支付管理。现金支付管理的目的是有计划地调节公司现金流通，延缓支付，节约现金使用。

16.2.1 支付浮差管理

（一）浮差

我们都知道公司开出支票或收到支票就会使得账面上的现金数额相应地减少或增加，而实际上公司银行账户上的余额并不与账面余额同步增减，因为公司开出或收到的支票并不一定立马提示银行兑付，因此公司账簿上记载的现金余额与公司在银行账户上的余额并不是一回事。我们用浮差来描述这一差额的大小，即浮差被定义为公司银行账户余额与公司账面余额的差额，它表示在结算过程中支票所发挥的净效应。在介绍公司浮差管理之前，我们需要知道支票结算过程包含的三个时间段以及在这三个时间段公司的浮差。这三个时间段分别是：邮寄时间、处理时间和结算时间。

（1）邮寄时间：指支票处于邮政系统中的时间；

（2）处理时间：指收款人处理支票所需的时间；

（3）结算时间：指通过银行系统进行支票结算所需的时间。

我们可以用图 16－6 来清晰地展示这一过程。

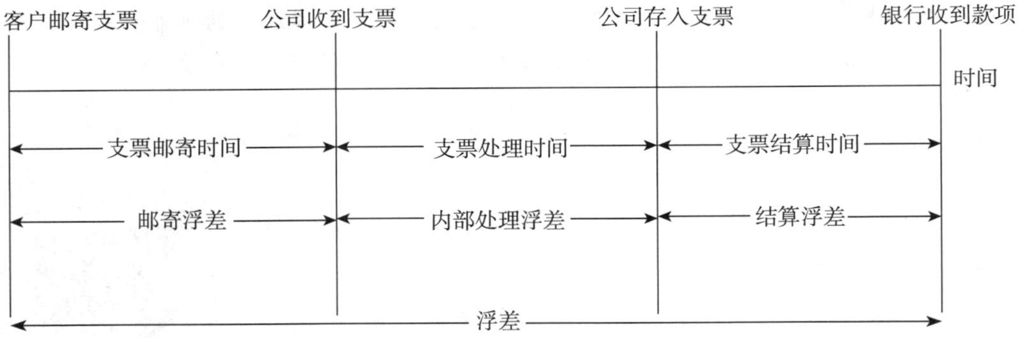

图 16－6　支票结算过程

（二）支付浮差

现金的支付浮差是指公司开出支票引起账面余额立即减少，但此时公司的银行账户余额并没有随着支票的开出而立即改变。公司可以从支付浮差中获益，其管理支付浮差的目标在于放慢付款速度，从而增大支票开具时间与支票通知支付时间的间隔，也就是达到晚支的目的。例如，某公司当前在银行的存款余额为 20 万元。在 8 月 5 日该公司购进一批设备，向卖方开出一张 20 万元的支票，此时公司账簿上的现金余额立即减少 20 万元，但是公司的开户银行并不知道这一支票的存在，因此公司银行账户上的余额并没有减少。直到设备供应方向银行提示付款，比如说 8 月 20 日，银行才会知道这一支票的存在。因此，在兑付之前，公司在银行的存款余额都会高于账面余额，公司拥有正浮差。

在8月5日之前，公司的现金状况为：

浮差＝公司的银行账户余额－公司的账面余额＝200 000－200 000＝0(元)

在8月5日至8月20日，公司的现金状况为：

支付浮差＝公司的银行账户余额－公司的账面余额＝200 000－0＝200 000(元)

在从支票开出到兑付之前的这一期间，公司的银行账户余额仍为20万元。因此公司在支票结算期间仍拥有这20万元的所有权，它可以获得这些现金在这一期间的全部好处，例如用这笔资金进行短期投资，获取一定的收益。

如上所述，支付浮差可以给公司带来收益，因此是公司所希望的，那么公司就会形成一些策略来尽可能地延迟支付，以达到增加支付浮差的目的。我们已经了解了支付延迟来自三个方面，即支票邮寄、支票处理以及支票结算所需要的时间，那么公司延迟支付只需延长其中一个或几个时间段。例如，公司可以开具由距离客户较远的银行付款的支票来增加通过银行系统进行支票结算的时间；公司也可以从距离客户较远的邮局寄出支票来增加支票的邮寄时间。但通过这种手段来增加支付浮差在经济上和道德上都是备受争议的。在经济方面，公司可以通过提前付款来获得一个较大的折扣，而这个折扣通常比延迟支付给公司节省的更多。在这种情况下，如果客户对付款时间的认定是寄出邮戳日期而非实际收到支票的日期，那么拉长邮寄时间没有任何好处。在道德方面，这种做法是一种不道德的商业行为，利用拉长邮寄时间等手段故意延迟支付，甚至在到期时仍未付款都会损害公司信誉与形象，也会恶化公司与客户之间的关系，这对公司来说都是不利的。

16.2.2 控制支付

通过上面的学习，我们已经知道最大化支付浮差是一种不经济、不道德的商业行为。但是，公司作为一个追求利润最大化的主体还是希望自身涉及支付的现金尽可能少。因此，公司已经发展出一些有效管理现金支付过程的制度。这些制度的一般理念就是公司银行账户上的存款不超过支付所需的最低金额。下面我们就来介绍一个能够达成这一目标的方法——零余额账户。

在零余额账户制度下，公司在银行设立的账户有别于一般账户，此时，公司在银行同时设立一个主账户和多个子账户，其中子账户的余额为零。当公司开出支票，持票人向银行提示付款时，如果相应子账户的余额为零，这笔付款所需的资金就会自动从主账户划转到该零余额账户。我们用图16-7来看看零余额账户与非零余额账户之间的差异。如果公司没有在银行开设零余额账户，那么公司的每个账户都必须存入一定的现金来满足安全库存现金要求，以备不时之需。这个时候这部分被冻结的现金就造成了资金的无效占用，从而降低了资金的使用效率，这对公司来说是不利的。而当公司使用零余额账户时，以图16-7为例，公司在银行开设两个子账户，即用于工资支付的账户和用于向供应商付款的账户，那么它就只需要在主账户中保有安全库存现金，并在需要时将资金划转到两个子账户。这一安排的关键在于，在零余额账户下，作为缓冲的现金总额较少，因而可以将较多的现金用于他途。

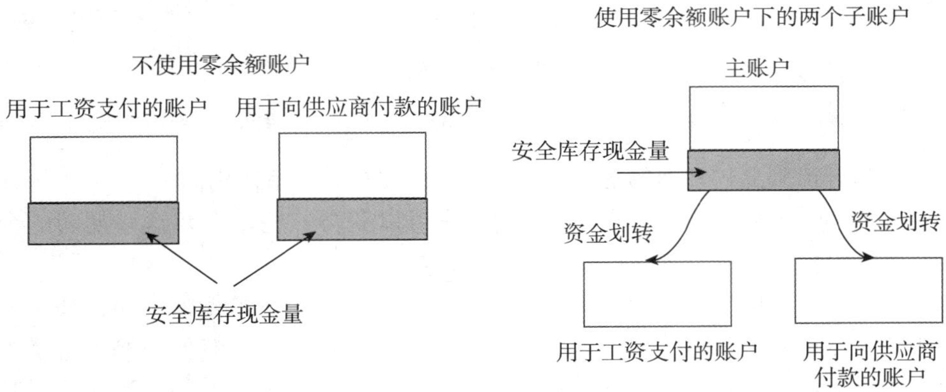

图 16-7　是否使用零余额账户的对比

第 3 节　现金回收与集中管理

在上一节我们介绍了公司的现金支付管理，知道了公司如何通过管理现金支付过程来使自身持有的现金量达到最佳。在这一节我们将从另一方面——现金回收来进一步了解公司的现金管理。在之前的讨论中，我们知道延迟收款对公司来说是不利的，所以，在其他条件不变的情况下，公司会采取一些措施来加速收款，缩短收款时间。除此之外，为了提高现金的使用效率，公司在收到现金后还需要将现金集中起来，使其得到最大程度的利用。在本节我们就来讨论一些现金回收与集中管理方法。

16.3.1　回收浮差

（一）回收浮差概述

公司既可以作为付款人开出支票，也可以作为收款人持票要求银行兑付。在公司作为收款人时，一收到支票就会引起账面余额增加，但其银行账户余额此时并没有改变，于是就产生了回收浮差。在这里我们同样以一个例子来具体介绍回收浮差。假设某公司当前的银行账户余额为 10 万元，在 9 月 18 日销售一批货物取得一张 10 万元的支票。此时公司账面余额立即增加 10 万元，但在公司拿着这张支票提示银行付款前（假设提示日是 9 月 25 日），公司的银行账户余额不会发生改变，仍为 10 万元，这时回收浮差为－10 万元。我们可以对此进行概括：

在 9 月 18 日之前，公司的现金状况为：

浮差＝公司的银行账户余额－公司的账面余额＝100 000－100 000＝0(元)

在 9 月 18 日至 9 月 25 日，公司的现金状况为：

回收浮差＝公司的银行账户余额－公司的账面余额
＝100 000－200 000＝－100 000(元)

与支付浮差一样，回收浮差的时间段也分为三个部分：邮寄时间、处理时间以及结算时间。在上一节我们已经进行具体介绍，这里就不再加以赘述。对回收浮差进行管理同样是采取相应的措施来改变这三个时间段的长短，即想办法缩短一个或几个时间段。

（二）净浮差

一般地，公司的付款活动会形成支付浮差，而收款活动会形成回收浮差。净效应也就是现金支付浮差与现金回收浮差之和，被称为净浮差。在任一时点净浮差实际上就是公司银行账户余额和公司账面余额之间的差额。如果在某一时点净浮差大于零，则说明此时公司的现金支付浮差在绝对值上大于现金回收浮差，且其银行账户余额大于账面余额。相反，如果净浮差小于零，则说明公司有净现金回收浮差。

其实，在很多时候，相比于账面余额，公司财务管理人员更关注银行账户余额和净浮差，因为公司账面上的现金余额并不是公司的实际可用余额。如果公司的财务经理知道支票开出几天之后才会进行结算，那么他就可以在银行账户上保留比他不知道这一情况更低的余额，而这可能会给公司带来一笔较大的收益。例如，某公司的日均销售收入为 10 亿元，如果公司进行现金回收管理，将回收进程缩短一天，并将这 10 亿元闲置资金投资于有价证券。在日收益率为 0.01%的水平下，该笔资金可以给公司带来 100 000 元的收益。

【例 16－2】　一公司在某天的银行账户余额为 30 万元，在这一天该公司销售一批商品获得了一张 5 万元的支票，同样是在这一天，该公司购进一批原材料开出了一张 10 万元的支票。

计算：

(1) 公司的现金支付浮差和现金回收浮差。

(2) 此时的净浮差。

解：

(1) 公司的现金支付浮差＝300 000－200 000＝100 000(元)。

公司的现金回收浮差＝300 000－350 000＝－50 000(元)。

(2) 净浮差＝现金支付浮差＋现金回收浮差＝100 000＋(－50 000)＝50 000(元)。

在上例中，这一天结束后公司的账面余额为 25 万元，公司的银行账户余额仍为 30 万元。若公司知道具体的支票结算时间，就可以对 30 万元而不是 25 万元进行投资，这也就是财务经理更关心公司银行账户余额或净浮差而非账面余额的原因。

（三）浮差管理

在前一节我们提到过，公司的现金管理包括回收和支付两个方面，因此浮差管理包括两个方面：控制现金回收和控制现金支付。公司控制现金回收的目标在于加速收款，缩短从客户付款到获得可用现金需要的时间。公司控制现金支付的目标在于控制付款，从而最小化公司的付款成本。总的来说，公司对现金回收以及现金支付的控制都是通过改变三个浮差时间段来进行的。接下来我们将介绍管理收款时间的一些方法。

16.3.2 柜台托收

柜台托收是指公司在销售商品或提供劳务后就立马能够获得款项，即客户使用现金支付。例如，公司经营便利店业务，我们在便利店购物后会立马付款，这样，公司就会立即得到这笔款项，一般来说，这些资金都会被存入公司的银行账户。所以，如果公司采取这种方式来进行现金回收，那么就不会存在邮寄延误的问题，公司回收现金的时间就会大大缩短。

16.3.3 预先授权支付

除了柜台托收之外，公司还有一些其他的收款方法来加速现金回收，例如预先授权支付。在这种收款方式下，公司与客户约定利用预先授权支票进行付款，预先授权支票与普通支票类似，但它不需要私人签字，只需经过合法授权。若公司采用这一收款方式，那么付款金额与付款日期都会事先确定好，等到了约定的日期，这笔款项就会自动从客户的银行账户转到公司的银行账户。所以这一支付安排可显著减少甚至消除收账延误，有助于公司预测未来现金流，同时也可以减少公司的费用开支以及收款的文书工作。

16.3.4 锁箱法与集中银行法

当公司的现金回收大部分或全部采用邮寄支票的形式时，公司就会着重考虑支票的接收地点。例如，公司可能会选择让所有支票都邮寄到同一地点，或者可能会有一些不同的收账地点以缩短邮寄时间。下面我们就来对这一问题进行讨论。

（一）锁箱法

锁箱法是公司运用最广泛的缩短现金回收时间的方法，它是为收回应收账款而设置的一种专用邮箱。当公司收款方式大多为邮寄支票的形式时，它必须决定支票应该寄往哪里以及如何收集分散的支票并存入银行。使用这种被称为锁箱的专用邮箱可以解决收款问题，加速现金回收。我们以图 16－8 来具体说明锁箱服务系统。

公司收账过程的第一步是客户将支票邮寄至邮政专用邮箱而非直接邮寄给公司，该专用邮箱由一家当地银行进行维护。通常，一家大公司在全国设置的专用邮箱可能达到几十个。在典型的锁箱服务系统中，银行每天开启邮箱获取支票的次数不止一次，银行会将取出的支票直接存入公司账户，然后将具体的操作过程用计算机记录下来并发送给公司。

由于客户是将支票寄到距离银行较近的邮局而不是公司，因此锁箱服务缩短了支票邮寄时间，同时，也正是因为支票的接收地点不是公司，因而不存在公司处理支票的时间问题。与将公司作为支票接收地点相比，锁箱法能帮助公司更快地完成现金的回收。

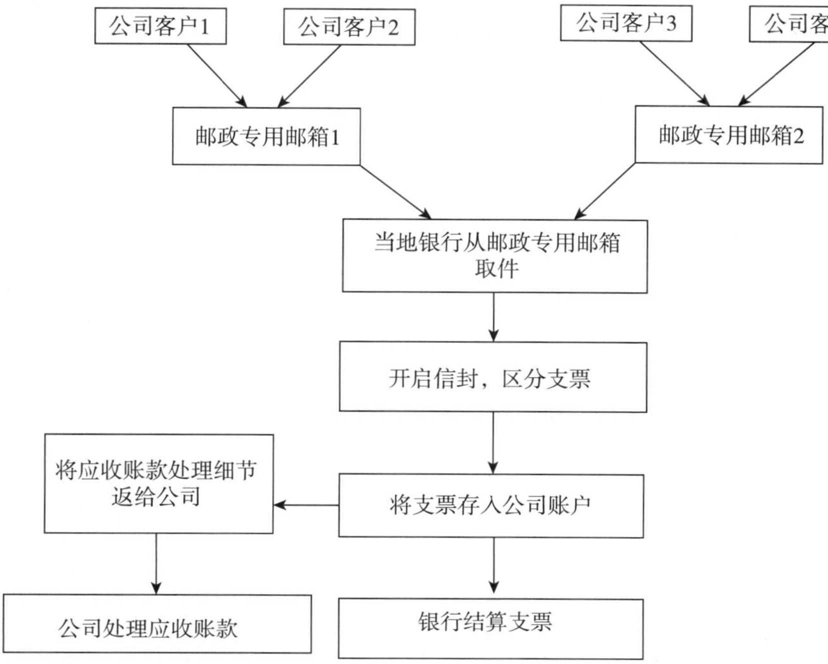

图 16－8　锁箱法操作流程

（二）集中银行法

我们知道公司的业务可能遍布各地，因此公司通常会设有多个收账地点，这个时候对于分散的现金公司管理起来可能比较困难，解决这个问题的一种方法就是将现金集中起来，也就是公司需要建立一个主账户，然后将其他账户上的现金转到该账户进行集中管理。这种方法就是集中银行法，它也是一种公司经常使用的加速收款的方法。公司通过定期集中现金，减少需要跟踪的账户数目，大大简化了现金管理工作，而且通过集中现金公司可以提高现金的使用效率，例如获得一个较好的短期投资收益率。

在这种方法下，公司的销售分支机构需要对客户支票的收取和处理过程负责，销售分支机构在取得支票后要将其存入当地银行，银行在扣除补偿性余额后将剩余的现金划转到主账户。这种方法缩短了现金回收期，因为相较于公司总部，销售分支机构距离客户更近，由它将客户支票存入银行大大缩短了支票的邮寄时间。除此之外，因为客户的支票付款行通常是在当地，所以银行结算时间也将缩短。集中银行法通常与锁箱法结合使用，我们用图 16－9 来说明这一现金管理系统。

第 4 节　闲置现金的类型及投资

通过上面的分析，我们知道公司或多或少都会持有一部分现金，但这部分现金如果仅仅是存在银行账户作为公司的闲置资金，那么它是几乎没有收益的。显然，这不符合

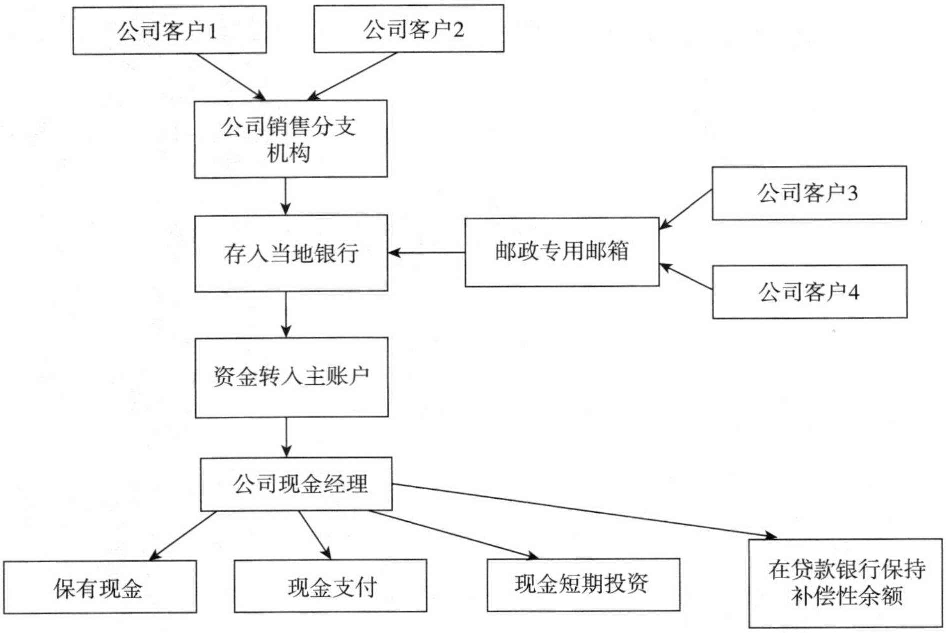

图 16－9　现金管理系统中的锁箱法和集中银行法

公司的经营原则，通常公司如果出现暂时性的现金剩余，它就可以在货币市场上进行短期投资。虽然进行证券投资存在各种成本，但对于那些拥有大量闲置资金的大公司来说，与持有闲置资金的机会成本相比，买卖证券的成本可能就微不足道了。

16.4.1　闲置现金的类型

在我们介绍公司对闲置现金进行投资前，我们先来了解公司闲置现金的类型。根据公司闲置现金产生的主要原因，我们可以将其分为季节性或周期性的闲置资金以及计划性的闲置现金。

1. 季节性或周期性的闲置现金

有些公司的主要经营活动具有季节性或周期性，因此它在一年中的某些月份或季节会有大量的现金流流入，而在某些月份或季节则出现现金流逆差。例如，生产棉服的公司受到天气的影响会形成季节性现金流模式。在天气较寒冷时，公司销售额会大幅上涨，因而在这一时期会有大量现金流流入，公司也就出现了闲置现金。在出现现金流顺差时，公司可以将这些暂时不用的现金投放到短期市场，从而获得一笔可观的收入。

2. 计划性的闲置现金

我们知道公司的经营活动存在很大的不确定性，因此公司通常会在有价证券上进行暂时性投资以备未来之需。例如，公司需要进行厂房建设、债券偿还、股利支付等大规模现金支出时，就可以通过将手中持有的有价证券卖出从而获取流动性。除此之外，公司还有可能面临其他的不利事件而产生大笔现金支出，例如大额诉讼败诉。因此，公司也会积累现金来应对这类突发事件。

16.4.2　闲置现金的投资

对于闲置现金，大部分公司可以自己成立工作小组来负责管理，一些大公司也可以成立专门的财务公司来进行综合运用。此外，公司也可以委托给专门的金融机构来实现对它的管理。但是不管管理主体是谁，这些闲置现金通常都是投向货币市场上的短期证券。我们都知道货币市场是短期金融资产的交易场所，在这个市场上交易的证券期限通常都不超过一年，这也满足了公司对闲置现金的暂时性投资。

（一）短期证券的特征

短期证券是指各种能够随时变现、持有时间不超过一年的有价证券或其他投资。正是因为短期证券的超强变现能力，公司可以随时在市场上将其卖出以获取流动性，因此，它们也被称为“准现金”。具体来看，这些短期证券的特征主要体现为以下几个方面：

1. 期限短

不像长期证券，短期证券的期限通常不会超过一年。这一特征也使得相较于长期证券，短期证券面临的利率风险更小。因为期限较长的证券对利率水平的变动更为敏感，即当利率变化时，长期证券的价格波动幅度要大于短期证券。因此，为了降低这种风险带来的价值损失，公司通常只投资期限不超过 90 天的短期证券。

2. 违约风险小

任何证券都存在违约风险，短期证券也不例外，但相较于长期证券其面临的不确定因素更少。当前在市场上一些信用评级机构提供了众多公司及其公开发行的证券的信用评级，这些信用评级都与违约风险息息相关。公司在进行短期证券投资时，应该尽量避免投资违约风险较大的那些。

3. 流动性强

就像我们所提到的，短期证券大都具有很强的流动性，能够随时满足公司以合理的价格迅速变现的要求。从流动性的概念来看，它具有以下两个特点：

（1）无价格压力效应。这一特点是指不会因为大额交易而使得资产价格大幅偏离资产价值，也即公司不会因为即时的现金需求而不得不降低短期证券的价格来将其出售。

（2）时效性。这一特点是指资产可以以现行市价快速出售，也即公司在出售短期证券时不会出现“无市”的情况。

（二）货币市场证券的种类

货币市场上有很多种类的证券可供投资者选择，下面我们就来介绍较为常见的几种。

1. 国库券

国库券是指由中央政府发行的期限在一年以内、无违约风险且流动性极强的短期债券。目前，我国国库券的品种和数量较少。

2. 大额可转让存单

大额可转让存单是指由商业银行发行的，期限在一年以内，证明持单人在开单银行存有一定金额的定期存款且可转让的短期投资工具。相较于国库券，大额可转让存单的违约风险更高，流动性更弱，但利率更高。

3. 回购协议

回购协议是指资金需求方在卖出证券的同时与证券购买方约定在未来某一时间以约定的价格回购该证券的交易协议，它的本质是一种抵押贷款。回购协议的期限非常短，从 1 天到 3 个月不等。由于有证券作为抵押品，因此信用风险相对较低。回购协议不像国库券和大额可转让存单一样存在二级交易市场。

4. 银行承兑汇票

银行承兑汇票是由在银行开立存款账户的存款人签发的（一般是进口公司），向开户行申请并经开户行审查同意承兑的，保证在指定日期无条件支付确定金额给收款人或持票人的商业票据。通常，银行承兑汇票的期限为 1～6 个月，由于有银行担保，因此风险较小，可在票据到期前向银行申请贴现。

拓展阅读

企业重视“闲置资金”管理

上述这些短期投资工具都是公司闲置现金可以投向的对象，除此之外，公司也可以将闲置现金投资于货币市场基金。在竞争日益激烈的今天，公司应该重视对闲置现金的利用，建立正确的理财观，使闲置现金得到最大程度的利用，从而为公司创造更大的效益。

思政课堂

在数字化浪潮的推动下，企业需提升财务管理水平来助力自身高质量发展。2022 年，国资委发布《关于中央企业加快建设世界一流财务管理体系的指导意见》，对推动中央企业进一步提升财务管理能力水平，加快建设世界一流财务管理体系做出明确规定。要求中央企业以习近平新时代中国特色社会主义思想为指导，深入贯彻落实习近平总书记关于国有企业改革发展和党的建设的重要论述，以高质量发展为主题，以深化供给侧结构性改革为主线，以更好履行经济责任、政治责任、社会责任为目标，推动财务管理理念变革、财务管理组织变革、财务管理机制变革、财务管理功能手段变革，更好统筹发展和安全，更加注重质量和效率，更加突出“支撑战略、支持决策、服务业务、创造价值、防控风险”功能作用，以“规范、精益、集约、稳健、高效、智慧”为标准，以数字技术与财务管理深度融合为抓手，固根基、强职能、优保障，加快构建世界一流财务管理体系，有力支撑服务国家战略，有力支撑建设世界一流企业，有力支撑增强国有经济竞争力、创新力、控制力、影响力、抗风险能力。

本章小结

公司持有现金是基于以下几个动机：交易性动机、预防性动机和投机性动机以及补偿性余额动机。

公司持有的现金量并不是越多越好，它进行现金管理的目标是确定最佳现金持有量，因为持有现金存在一定的成本，具体来说有以下三种：持有成本、转换成本和短缺成本。

公司常用以下两种方式来确定最佳现金持有量：成本分析模式和存货模式。

公司对现金的管理可以分为现金支付管理和现金回收管理。浮差被定义为公司银行账户余额与公司账面余额的差额，它表示在结算过程中支票所发挥的净效应。对于支付浮差，公司通常会采取控制支付的方式而不是故意延长支票邮寄时间等不道德的行为来增加支付浮差；对于回收浮差，有四种常用方法，即柜台托收、预先授权支付、锁箱法以及集中银行法，这些方法对公司而言都是行之有效的。

公司或多或少都会持有一部分现金，但这部分现金如果仅仅是存在银行账户作为公司的闲置资金，既不符合公司的经营原则，也是不明智的。通常公司会把这部分闲置现金投向货币市场进行短期投资以获取一定的收益。

中国公司金融实践

京东集团成立于 1998 年，到目前为止已有二十多年的发展历史。该集团定位于“以供应链为基础的技术与服务企业”，业务不仅包括传统的零售和物流服务，还扩展到了科技创新、健康等多个领域。京东集团的业务几乎遍布全球，在 2024 年《财富》世界 500 强排名中位列第 47，蝉联国内行业首位。

一方面，为了满足不断扩张的业务需要与加强集团自身的资金管理，另一方面，为了更好地支持我国企业的数字化转型和助力企业高质量发展，京东集团于 2017 年 4 月 25 日正式成立京东物流集团，标志着京东企业服务部门的建立。京东企业服务部门的主要职能有：

（1）现金管理和支付功能。该部门通过提供现金流管理和资金管理的相关服务，帮助集团内部及企业客户优化现金流状况，确保资金的充足性和流动性。此外，该部门的支付功能强大且灵活多样，可满足企业客户的各种支付需求。

（2）资本市场功能。该部门不直接参与资本市场活动，而是通过供应链金融服务、资本市场信息支持、助力企业上市与融资以及资本市场合作与生态构建等方面的努力，间接地为集团内部及企业客户在资本市场上的活动提供支持和帮助。

（3）金融市场功能。通过大数据和人工智能技术，对集团内部的财务数据进行深入分析。该部门能够及时发现资金流动中的问题和风险点，为集团管理层提供决策支持。

（4）风险管理功能。通过一系列技术手段和风控措施，确保集团内部及企业客户金融服务的稳健运行和资金安全。

（5）司库方案和咨询功能。该部门拥有专业的咨询团队，能够根据不同企业的实际需求和业务特点，提供定制化的司库咨询服务。

思考题

1. 京东集团通过京东企业服务部门进行现金管理主要在哪些方面提高了现金管理的效率和效益？

2. 京东集团的现金管理部门可以采取哪些方法来确定它应该持有多少现金？

3. 假设京东集团现在账户上有 5 000 万元存款，它于某一日存入 1 000 万元，隔日开具一张 2 500 万元的支票用于支付，那么现金回收浮差、现金支付浮差、净浮差、账面余额以及银行账户余额各是多少？

课后习题

简答题

1. **最佳现金持有量** 现金的持有动机有哪些？最佳现金持有量如何确定？

2. **补偿性余额** 什么是补偿性余额？为什么说补偿性余额提高了贷款的实际利率？

3. **现金管理与流动性管理** 现金管理与流动性管理有何不同之处？

4. **现金管理** 现金管理的目标及内容是什么？

5. **浮差** 公司倾向于净现金支付浮差还是净现金回收浮差？为什么？

6. **支付浮差** 假设公司的账面现金余额为10万元，但是ATM显示公司的现金余额为16万元，请解释这一现象。如果这一状况是持续的，将出现什么道德问题？

7. **现金管理** 公司可以运用哪些方法来进行现金支付管理？现金回收管理呢？

8. **零余额账户** 什么是零余额账户？使用这个账户对公司有什么好处？

9. **闲置现金投资** 在国库券、大额可转让存单、回购协议等短期证券中，你预期哪种收益率最高？为什么？

10. **现金管理** 如果公司有多余的现金，它应该怎么做？当现金不足时，它又会采取怎样的措施？

计算题

1. **最佳现金持有量** 某公司的现金收支状况比较稳定，预计全年（按360天计算）需要现金200 000元，现金与有价证券之间的转换成本为每次400元，有价证券的年利率为10%。

计算该公司最佳现金持有量及最低现金管理成本。

2. **浮差** 某公司在日常经营中平均每天要向供应商开出100 000元支票。一般来说，支票的结算时间为4天。同时，公司每天都会从客户处收到以支票形式进行的支付，平均每天250 000元，并且收到的支票在两天后成为公司的可用现金。

计算公司的现金支付浮差、现金回收浮差以及净浮差。

3. **浮差** 某公司打算聘用一家专业机构来提供记账和收款服务。这家专业机构可以使公司的应收账款周期缩短20天。公司平均每日收款额为1 200元，当前现金投资的年收益率为6%。这家专业机构提供记账和收款服务的收费水平为每月300元。

请问：公司是否应该聘用该专业机构？

4. **最佳现金持有量** 假设某公司现有A、B、C、D四种现金余额方案，有关成本资料如表16-1所示。

表16-1 某公司的四种现金余额方案

项目	A	B	C	D
现金余额（元）	10 000	20 000	30 000	40 000
机会成本（%）	10	10	10	10
短缺成本（元）	5 800	2 700	900	0

请问：哪种现金余额方案是最佳方案？

5. **浮差**　某公司每个月要处理 5 000 张支票，其中 60%的支票金额为 500 元，40%的支票金额为 800 元。金额为 500 元的支票平均延误两天，而金额为 800 元的支票平均延误三天。

请问：

（1）公司日均回收浮差是多少？

（2）公司加权平均延误天数是多少？

（3）公司愿意付出多少钱来消除这一浮差？

第 17 章
应收账款管理

章前引例

比亚迪于 1994 年在深圳成立，截至 2024 年 7 月 19 日市值已达到 7 682.21 亿元。然而 2018 年以前，比亚迪的供应链出现了较为严重的资金短缺问题，上游供应商的资金被过度消耗，而下游经销商存在占用比亚迪资金的情况，导致比亚迪的资金流动受到严重影响。此外，在比亚迪告别垂直整合的运营模式后，供应商越来越多，业务范围越来越广，不同的供应商面临着各种各样的资金压力。

为保证供应链的稳定，作为核心企业的比亚迪于 2018 年建设完成“迪链”平台。比亚迪与供应商根据交易订单在“迪链”平台上完成线上签约后，不会立即向供应商以现金形式支付货款，而是通过“迪链”平台向供应商签发以比亚迪企业信用作为背书的“迪链”数字凭证。供应商既可以凭借持有的“迪链”凭证在供应链上进行交易，也可以将其作为数字资产在“迪链”平台质押给核心企业比亚迪或者金融机构来申请融资。供应商手中的“迪链”凭证到期后，比亚迪就会在平台上对到期凭证进行偿付。

“迪链”供应链金融平台的核心企业以真实的贸易背景为基础，通过引入数字凭证改善上下游企业之间的信息不对称，使得中小企业获得银行等资金提供方的信贷支持，极大地加快了供应链内部的产品交易，推动比亚迪供应链实现资金高效流动和资金迅速回笼，最终实现了比亚迪在市场上的领先地位。这还有助于解决中小企业融资难、融资贵和资金短缺等问题，助力中小企业健康发展，支持实体经济，支持普惠金融。

学习目标

- 了解应收账款及其信用。
- 理解适合企业应收账款管理的信用政策。
- 掌握不同的收账政策，在成本与收益的权衡下选择恰当的收账方式。
- 了解应收账款融资的主要方法。
- 了解中国特色金融文化的内涵要义，增强信用意识和义利观念。

应收账款是指企业在正常经营过程中因销售产品、提供服务等业务，应向购买单位收取的款项，它表示企业在销售过程中被购买单位占用的资金。应收账款产生的原因主要表现在以下两个方面：

（1）促进销售。一般来说，企业更希望进行现款销售，但是市场竞争压力迫使企业提供信用即赊销，以便扩大销售渠道。由此可见，企业出于扩大销售的竞争需要，通常以赊销或其他优惠方式来吸引客户，于是产生了应收账款。由竞争引起的应收账款是一种商业信用。

（2）减少存货。通过赊销可以加快产品销售速度，从而降低产成品存货的数量，有利于降低产成品存货的管理费、仓储费和保险费支出。因此，在产成品存货较多时，企业可以以较为优惠的价格条件进行赊销，以节约各项存货支出。

企业应及时收回应收账款以弥补自身在生产经营过程中的各种耗费，保证持续经营；对于被拖欠的应收账款应采取措施，组织催收；对于确实无法收回的应收账款，凡符合坏账条件的，均应在取得有关证明并按规定程序报批后做坏账损失处理。

第 1 节　应收账款概述

应收账款是允许客户赊购时产生的应收而未收的流动资产，企业在为客户提供赊销服务的同时也就意味着向客户提供了信用，适当的信用政策才能实现企业提高销售数量、减少坏账损失以及加快应收账款周转的目标。在本节我们将讨论应收账款及其信用。

应收账款（account receivable）是企业在正常经营活动中因销售产品或者提供服务等业务，应向购买单位收取的款项，它是企业流动资产的重要组成部分。如果企业向购买者以赊销方式出售产品或者提供服务，就产生了应收账款。赊销实际上就是企业为了获取更高的现金收入而把产品转化为现金的这个时间跨度人为拉长的过程，这在客观上割裂了资金转化为产品、产品再转化为资金的链条，使得企业资金周转放缓，经营成本加大。由于时间跨度拉长，在收回现金的过程中就会有很多不确定的因素产生，使得发生坏账的概率增大，形成损失。但并不是所有企业的交易都会涉及应收账款，比如，企业在所提供的产品或服务是面向范围很广且不固定的客户时就会要求现金支付，这时没有应收账款，但绝大多数企业的销售活动都会产生应收账款。信用与应收账款管理的主要目的是实现销售数量、坏账损失和应收账款周转率的最优组合，使企业利润最大化。

企业在销售产品或者提供服务时允许购买者延期付款，即向客户提供信用，但要与客户确定销售条款，条款指明最迟付款的时间、提前付款的折扣等信用条件。比如，规定付款期为 90 天，但如果在 30 天内付款，则给予 3%的折扣。对客户来说，虽然 90 天的付款期看似是获得了免费信用，但如果放弃提前付款的折扣，实际上等于购买了信用，即从供应商那里借款，而且这一借款成本很高。比如上面提到的信用条件，假如客户决定放弃 3%的折扣，在第 90 天付款，这就相当于客户多支付了 3%的款项从而获得了额外 60 天的信用，实际上这相当于按 18.56% [=(3÷97)×(360÷60)] 的年利率借款。我们可以具体计算这一借款的利率：假设购买了 100 元的产品，如果在 30 天内付款，将得到 3%的折扣，货款为 97 元；如果等到第 90 天才付款，则需支付 100 元，这 60 天的信用增加支付 3.09%。这就是说，为延长的 60 天的信用所支付的利率是 3.09%，假设一年为 360 天，则一年有 6 个 60 天，那么 60 天贷款期的年利率为 18.56%。企业提供信用条件的目的是寻找提高销售数量、减少坏账损失以及加快应收账款周转的最优组合，这就需要企业做出综合考虑。应收账款产生后就要进行管理，应收账款的管理政策又被称为信用政策，涉及销售条件、信用分析和收账政策等方面的规定。

第 2 节　公司的授权决策

如果一家公司在向客户销售产品或提供服务时，允许购买者在购买日后支付款项，公司就产生了一笔应收账款，对于购买方而言有了对应的应付账款，在这种赊销方式下，公司向客户提供了商业信用。因此，商业信用管理就是应收账款管理。当然，公司更希望在销售产品或提供服务时立即收到款项，但通常这样做会流失一部分客源。在本节我们将讨论公司如何进行授权决策。

17.2.1　信用政策基本概念

公司应收账款主要由信用政策决定。信用政策（credit policy）是指企业为对应收账款进行规划与控制而确立的基本原则性行为规范，是企业财务政策的一个重要组成部分。信用政策主要包括销售条件、信用分析和收账政策三项内容，主要作用是调节企业应收账款的水平与质量。

（1）销售条件（terms of sale）是指公司对外提供的商业信用条件。只要销售商品，就必须对计划进行销售的商品确定销售条件。销售条件包括信用期限和现金折扣两部分内容。

（2）信用分析（credit analysis）是指确定某一特定客户是否会付款的过程，即授信者对受信者的信用进行分析的过程。为了确保应收账款的流动性，对授信对象的信用分析尤为关键，分析过程主要包括取得授信对象的相关信息、分析授信对象的信用、做出信用决策。

（3）收账政策（collection policy）是信用政策的最后一项内容，包括监控应收账款以便发现问题和取得逾期款项。

下面我们将依次讨论这三部分内容。

17.2.2　销售条件

我们已经了解到，在赊销方式下，公司必须对计划进行销售的商品确定销售条件，销售条件在不同行业中有所差异，但在同一行业中一般是相似的。接下来我们将通过以下三个方面的分析来让大家进一步理解销售条件。

（一）基本形式

要理解商业信用条件是如何报出的，我们可以通过一个例子来说明。如果公司向客户提供的信用条件为“$n/30$”，这意味着受信者需要在发票开出之日起 30 天内付清款项，付款时间可以是这 30 天中的任何一天，这是无现金折扣的销售条件形式；如果公司向客户提供的信用条件为“2/10，$n/45$”，表示购买者如果在第 1～10 天的任何一天付款，就可以享受 2%的现金折扣，如果在第 11～45 天付款，购买者必须全额付清款项，这是有现金折扣的销售条件形式，即提前付款可以享受一定的现金折扣。

（二）信用期限

信用期限（credit period）是指公司授予商业信用的时间长度，如在“$n/30$”信用条件下信用期限为 30 天。对于有现金折扣的销售条件，存在净信用期限和现金折扣期限。净信用期限是购买者必须付款的期限，现金折扣期限是购买者可以获得现金折扣的期限。如在“3/20，$n/35$”的信用条件下，净信用期限为 35 天，现金折扣期限为 20 天。

对于不同的行业，信用期限差异较大，公司在设定信用期限的时候需要着重考虑以下几个方面：

（1）购买者的信用风险。如果购买者处于高风险行业、有破产的可能，信用风险越大，公司设定的信用期限会越短。

（2）商品的可保存期限。如果商品不易保存、容易腐坏，则公司设定的信用期限会较短。

（3）应收账款规模。如果赊销的款项数额较大或购买者为大客户，则公司设定的信用期限会长一些。

（4）竞争程度。如果市场处于高度竞争的状态或为买方市场，公司会通过设定更长的信用期限来增强竞争力。

（5）客户类型。通常情况下，同一个销售者会向不同的客户提供不同的信用期限。例如，服装行业供应商提供给批发商和零售商的信用期限可能会不同，提供给前者的信用期限可能比提供给后者的长一些。

（三）现金折扣

现金折扣（cash discount）是销售条款中的一项特殊条款。公司设定现金折扣期限的目的在于加快应收账款的回收速度，减少公司在应收账款上的投资。当加速回收应收账款所获得的收益超过折扣成本时，提供现金折扣才是有意义的。我们可以通过一个例子来分析这一问题。假设当 A 公司提供的销售条件是“$n/35$”，应收账款周转天数为 30 天。如果公司提供“2/15，$n/35$”的销售条件，50%的客户将在 15 天内付款，50%的客户将在第 35 天付款，则新的平均收账期为 25 天，缩短了 5 天。如果公司的年销售额为 1 000 万元，则日均销售额为 27 777.78 元，公司在应收账款上的投资将减少 138 888.89 元。只有减少的这部分投资的收益超过折扣成本，该公司给予的现金折扣才是有效的。

17.2.3　信用分析

在授信决策过程中，一家公司需要区分在授信后将会偿付货款的客户和将不偿付货款的客户，运用一系列机制和流程来计算出客户违约概率，对债务人的道德品格、资本实力、还款能力、担保及环境条件等进行系统分析，以确定是否授予信用以及相应的信用条件等，这些统称信用分析。

（一）信用政策分析

一家公司决定是否转换信用政策主要关注授信决策的 NPV 是否大于 0，只有当公司授予信用所带来的 NPV 为正时，公司才会对客户进行授信。在评估新的信用政策时，公司需要考虑以下五个基本因素：

（1）收入效应。一方面，在公司决定授予信用后，部分客户可能会利用信用条件来延迟支付时间，使公司的收账期拉长。另一方面，授信可能会提高公司的销量，同时公司也可以就授信索取更高的费用。总之，授信能使公司的总收入增加。

（2）成本效应。公司在授信后可能会导致收入的延迟，但销售产品的成本却是立即产生的，增加的销量会使得公司成本提高。

（3）债务成本。如果公司授予信用，它将需要为由此产生的应收账款融资。因此，公司的短期借款成本就成为授信决策的一个决定因素。

（4）违约概率。在公司授信后，部分获得信用的客户可能不会结清款项，使公司承受违约损失。

（5）现金折扣。当公司在信用条件中加入现金折扣时，一些客户会选择提前支付以获得相应的现金折扣。

下面我们以一个简单的案例来说明如何分析信用政策，以判断一家公司转换信用政策是否可行。

H 公司采用赊销的方式销售产品，该产品的单位售价为 30 元，单位产品的变动成本为 15 元。当该公司没有向客户提供现金折扣时，该产品的年销量为 10 万件，应收账款的平均回收期为 30 天，坏账损失率为 2%。为了增加销量，同时加速应收账款的回收，公司考虑向客户提供“2/10，n/60”的信用条件。估计采用这一新的信用条件后，销量将增长 20%，有 70%的客户将在折扣期内付款，坏账损失率将会下降到 1%。此外，应收账款的机会成本为 15%，该公司的生产能力有剩余。那么 H 公司是否应该转换信用政策呢？为了解决这个问题，我们需要计算政策转换前后的收益，判断收益是否增加。

采用旧的信用条件：

销售收入＝30×10＝300(万元)

信用成本前收益＝10×(30－15)＝150(万元)

应收账款的机会成本＝15×10×30/360×15%＝1.875(万元)

应收账款的坏账成本＝300×2%＝6(万元)

信用成本后收益＝150－1.875－6＝142.125(万元)

采用新的信用条件：

销售收入＝30×10×(1＋20%)＝360(万元)

现金折扣＝360×70%×2%＝5.04(万元)

信用成本前收益＝10×(1＋20%)×(30－15)－5.04＝174.96(万元)

应收账款的机会成本＝15×10×(1＋20%)×(10×70%＋60×30%)/360×15%

＝1.875(万元)

应收账款的坏账成本＝360×1%＝3.6(万元)

信用成本后收益＝174.96－1.875－3.6＝169.485(万元)

政策转换收益＝169.485－142.125＝27.36(万元)

通过计算可知，在新的信用条件下信用成本后收益增加了 27.36 万元，所以应采用新的信用政策。

（二）信用分析过程

信用分析是指决定是否对某一特定客户授信的过程。一旦公司决定将信用授予客户，就需要甄别可以对哪类客户进行信用销售，对哪类客户只适用现款销售。通常，我们需要先判断在什么情况下公司可以对某一特定客户授信，答案取决于公司拒绝授信后客户的反应。如果公司拒绝授信，客户将会继续以现款购买还是放弃购买？

首先，我们考虑一个最简单的例子。假设一名新客户想要以每单位 P 的价格赊购一单位商品，如果公司拒绝授信，客户将放弃购买；如果公司授予信用，那么在一个月内，客户可能会付款，也可能会违约，违约概率为 h。在本例中，概率 h 也可表示新客户中未付款客户所占百分比。该业务为单次销售业务，应收账款的月度必要收益率为 R，每单位商品的可变成本为 v。我们可以清晰地判断出，如果公司拒绝授信，那么增量现金流为 0；如果公司授予信用，那么它将在本月支出 v，同时在次月收回（$1-h$）P。授予信用的净现值为：

$$\text{NPV}=-v+(1-h)P/(1+R)$$

假设 $v=25$，$h=20\%$，$P=50$，$R=2\%$，则对于该公司来说净现值为：

$$\text{NPV}=-25+(1-20\%)\times 50/1.02=14.22(\text{元})$$

因为 NPV 大于 0，所以该公司应该授信。

这个例子表明，在授信给新客户时，公司承担了可变成本（v）的风险，以获得价格（P）的回报。就一名新客户来说，即使违约概率很高，公司也很可能对其授信。在该公司的例子中我们可以将净现值设为 0，看看公司盈亏平衡时客户的违约概率能达到什么水平。

$$\text{NPV}=0=-25+(1-h)\times 50/1.02$$

$$h=49\%$$

只要新客户的违约概率低于 49%，公司就应该对其授信。49%是对于新客户公司所能接受的最高违约概率，但如果是本来以现款购买的老客户希望赊购，那么可接受的最高违约概率将会低得多。主要差异在于：如果公司对一名老客户授信，公司就承担了价格（P）的风险，这是因为如果不授信，公司当月即可收回销售额 P；如果公司对一名新客户授信，公司承担的风险仅限于可变成本 v。

接下来，我们对上述单次销售进行拓展。假设第一次购买没有违约的新客户将会变成公司的永久客户。如果公司授信，当月支出变动成本 v。下个月，如果客户违约（概率 h），则公司收入为 0；如果客户付款（概率 $1-h$），公司收入为 P，且这名客户会以信用的形式购买又一单位商品，公司又支出变动成本 v，那这个月净现金流量为 $P-v$。在之后的每个月，公司都将产生 $P-v$ 的现金净流入。可计算公司授信的净现值为：

$$\mathrm{NPV}=-v+(1-h)(P-v)/R=-25+(1-20\%)\times(50-25)/0.02=975(\text{元})$$

我们仍然将净现值设为 0，计算公司盈亏平衡时所能容忍的客户最高违约概率：

$$\mathrm{NPV}=0=-25+(1-h)(50-25)/0.02$$
$$h=98\%$$

由此，我们得出在重复购买的情况下，公司所能接受的最高违约概率为 98%，说明只要客户不是必然违约，公司就应该授信。上述重复购买的例子可能夸大了公司可接受的最高违约概率，但它确实表明，在进行信用分析后，最好的方法往往是对大部分客户授信。

（三）资信程度

客户的资信程度是影响企业制定信用标准的重要因素。一般按照 5C 信用评价体系来评估客户的资信程度，其中：

品质（character）是指个人或企业的诚实和正直表现。品质反映了个人或企业在过去的还款中所体现的还款意愿。

能力（capacity）反映的是个人或企业在债务到期时可用于偿还债务的当前和未来的财务资源，可以使用流动比率和未来现金流预测等方法评价申请人的还款能力。

资本（capital）是指如果个人或企业当前的现金流不足以偿还债务，他们在短期和长期可供使用的财务资源。

抵押品（collateral）是指当个人或企业不满足借款条件时，可以用作债务担保的资产。

环境（condition）是指影响客户还款能力和还款意愿的经济环境。

对申请人的这些条件进行评价以决定是否向申请人提供信用。以上信息可以通过直接调查获得，也可以通过间接调查获得。直接调查是指调查人员通过与被调查单位进行直接接触，通过面谈、观看等方式获取信用资料；间接调查是以被调查单位以及其他单位保存的有关原始记录和核算资料为基础，通过加工整理获得被调查单位的信用资料。这些资料主要来自以下几个方面：（1）通过财务报表分析掌握一家企业的财务状况和信用状况；（2）通过信用评级机构获得可信度较高的信用资料；（3）许多银行都设有信用部来对客户的信用状况进行记录、评估，因此银行也是信用资料的一个重要来源；（4）其他途径，如财税部门、工商管理部门、消费者协会等机构都有可能提供相关的信用资料。

17.2.4 收账政策

应收账款产生后，企业应采取各种措施，努力争取按期收回款项，否则会因拖欠时间过长而产生坏账损失。企业采取的措施主要包括对应收账款收回情况进行监督、动态更新客户的信用档案、制定应收账款坏账准备金制度和制定适当的收账政策。

拓展阅读

强化国企应收账款管理，实现国有经济高质量发展

（一）对应收账款收回情况进行监督

企业的应收账款发生时间有长有短，有的还在信用期内，有的已经超出信用期。通常，拖欠时间越长，收回款项的可能性就越小，形成坏账的可能性就越大。因此，企业应对应收账款实施严密的监督，以便随时掌握应收账款的收回情况。企业可以通过编制账龄分析表来进行实时的监督。应收账款账龄分析表如表 17－1 所示。

表 17－1 应收账款账龄分析表

应收账款账龄	账户数（个）	金额（元）	结构百分比（%）
信用期内	200	1 800 000	60
超信用期（1～30 天）	80	600 000	20
超信用期（31～60 天）	50	300 000	10
超信用期（61～90 天）	20	100 000	3.3
超信用期（90 天以上）	30	200 000	6.7
合计	380	3 000 000	100

从表 17－1 中我们可以看出，有 180 万元的应收账款处于信用期内，占全部应收账款的 60%，剩余 40%的应收账款已经超出了信用期。其中，20%的应收账款在超信用期 30 天内。6.7%的应收账款超出信用期 90 天以上，这部分应收账款超出信用期的时间过长，企业应加大催收力度，避免因拖欠太久而成为企业的坏账损失。

利用应收账款账龄分析表，企业可以了解到以下情况：

（1）有多少欠款处于信用期内。处于信用期内的应收账款占全部应收账款的比例越高越好，但到期后能否收回还有很大的不确定性。因此，对仍处于信用期内的应收账款进行实时的监督是有必要的。

（2）有多少欠款超出了信用期，超出信用期不同时间的款项各占多少，有多少欠款会因拖欠太久而可能变成坏账。对于不同拖欠时间的欠款，企业应采取不同的收账方法，制定出经济、可行的收账政策。对于可能发生的坏账损失，则应提前做好准备，充分估计这一因素对损益的影响。

（二）动态更新客户的信用档案

企业应该定期更新客户的信用档案，并追踪了解客户最新的经营情况。对一些处于较低信用等级的合作单位，需要多加注意，定期了解合作单位的财务状况和信用状况，一旦客户发生巨大的不可控变化，有关部门一定要及时了解情况并根据客户的变化来制订不同的解决方案，从而降低因客户原因产生的不能收回应收账款的风险。

（三）制定应收账款坏账准备金制度

坏账准备金制度是指企业按照事先确定的比例来估计坏账损失并计提坏账准备金，在发生坏账时冲减坏账准备金。建立坏账准备金制度的关键是合理地确定计提坏账准备金的比例。计提比例的确定是建立在历史经验数据的基础上。企业可以根据以往应收账款发生坏账的比例和当前信用政策的实际情况来估计计提坏账准备金的比例。

计提坏账准备金的方法有三种：一是销货百分比法，即按赊销货款的一定比例计提坏账准备金；二是账龄分析法，即按照账龄长短分别确定不同的计提比例，账龄越短，则计提比例越小，账龄越长，则计提比例越大；三是应收账款余额百分比法，即按应收账款期末余额的一定比例计提坏账准备金。

（四）制定适当的收账政策

收账政策是指企业对超出信用期不同时间长度的应收账款的不同催收方式，以及准备为此付出的代价。对超出信用期时间较短的客户，不过多打扰，只需进行必要的提醒；对超出信用期时间稍长的客户，可以措辞委婉地催款；对超出信用期时间较长的客户，可以频繁地通过电话催询；对超出信用期时间很长的客户，可在催款时措辞严厉，必要时提请仲裁或提起诉讼等。

企业催收账款是要发生费用的，某些催款方式发生的费用还会很高（如诉讼费）。通常而言，收账的花费越大，收账措施就越有力，可收回的账款越多，坏账损失也就越小。因此，想要制定有效、适当的收账政策，就需要在收账费用和所减少坏账损失之间做出权衡。

第 3 节 应收账款融资

应收账款融资是指企业将因赊销而形成的应收账款有条件地转让给专门的融资机构，使企业得到所需资金，提高资金周转率。应收账款融资是集融资、结算、财务管理和风险担保于一体的综合性金融服务。该种融资方式是以买卖双方真实存在的交易为背景，若债务人到期未履行付款义务，由于有应收账款做担保，银行等贷款机构便能从中获得一定的保障，从而降低贷款机构的贷款风险。

17.3.1 应收账款融资方式

应收账款融资有多种方式，目前有三种得到广泛应用：应收账款质押融资、应收账款让售融资和应收账款证券化融资。三种应收账款融资方式都会为企业创造现金收入，在具体选择采用某种方式时，应结合应收账款的性质、会计准则、财务制度的要求、财务报表的结构等多方面标准来综合分析。

应收账款质押融资，是指以企业与银行签订的合同为基准（指明期限和信贷限额），企业以应收账款质押向银行提出贷款申请，以期获得短期借款来保证企业正常经营。在向供应商融通资金后，若购货方未履约付款，银行等融资机构不仅具有要求供应商偿还资金的追索权，而且能够通过将质押的应收账款贴现或变卖等方式，取得价款的优先受偿权。在该种融资方式下，作为资金提供方的金融机构不需要承担可能出现的各种损失，但融资企业则要承担还款责任或接受违约带来的惩罚，该种方式在提高资产流动性的同时也为企业开辟了另一种融资渠道。

应收账款让售融资，是指应收账款的债权人向保理商出售应收账款，从而获得融资的方式。在此过程中，应收账款的相关事务均由保理商负责，如进口商资信评估、销售账户管理、信用风险担保、账款催收等，并由保理商承担损失，这项业务也被称为保理。按有无第三方担保，保理可分为有担保的保理和无担保的保理。按有无追索权，保理可分为有追索权的保理和无追索权的保理。

应收账款证券化融资，是指将应收账款作为标的资产，借助金融机构的结构性重组与设计，将其转变为可以在金融市场上出售与流通的证券，据以融资的过程。采取这种融资方式不仅要求应收账款的数量达到一定的规模，而且要求应收账款的质量较好，而应收账款质量受原始债务人的信用状况、经营状况以及宏观环境等多种因素影响。结合自身的财务状况和具体安排，企业可对应收账款进行证券化融资，有助于提高企业资本充足率、增强资产流动性。

与我们日常生活紧密相关的金融服务——京东白条就是一个典型的应收账款资产证券化的例子。京东白条是通过京东商城推出的一项金融服务，面向的主要客户为个人消费者。在京东集团自建的信用体系中合格的客户在京东商城进行购物时可以通过京东白条先购买商品，然后通过分期还款的方式来偿还货款。2015 年 10 月 28 日，京东集团正式推出京东白条应收账款债权资产支持专项计划，在深圳证券交易所挂牌，这是我国国内首个以电商企业应收账款为基础资产的资产证券化项目，它为整个电商行业借资产支持证券来实现融资目的提供了新想法、新手段，对整个经济市场的发展有着重要的意义。京东白条应收账款资产证券化的运作流程如下：

(1) 京东世纪贸易有限公司建立基础资产池。依据与大数据相结合建立的京东白条风控系统，负责从众多的京东白条中选出符合入池标准的应收账款进入资产池，并且资产池保持动态更新，在规定的购买日会有新的应收账款进入资产池。

(2) 投资者与华泰资管签订协议购买证券。

(3) 华泰资管使用筹集来的资金购买资产池中的相应资产，并牵头负责对资产池进行管理，包括循环期的购买、资金的回收和支付等。

(4) 华泰资管委托资产服务机构（正东金控）对资产池进行管理，包含但不限于使用前期的回款在循环期进行购买、应收账款回收等。

(5) 兴业银行作为托管人负责专项计划成立后的资金划转。

(6) 华泰资管在负责维护基础资产、监督托管人的同时需要按照合同将按期收回的资金支付给投资者。

专项计划的交易结构如图 17－1 所示。

应收账款在资产证券化的过程中实现了收益和风险在参与主体之间的重新分配。在这个过程中，原始权益人、计划管理人和投资者各取所需，多方共赢。

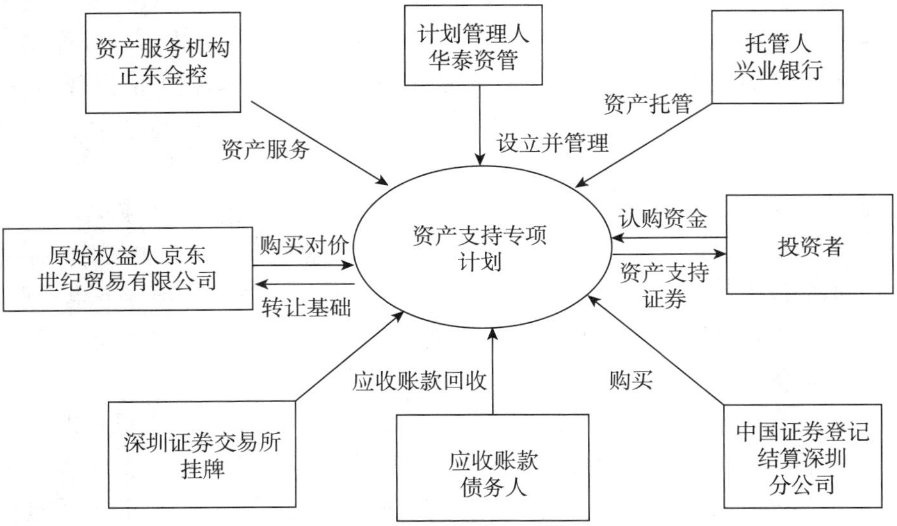

图 17-1　京东白条应收账款债权资产支持专项计划交易结构

目前我国中小企业总数占企业总数的 99%，提供近 70%的进出口贸易额，解决了 90%的就业，却只用了不到 30%的金融资源。中小企业由于知名度低、缺乏自有资金、资产规模有限，较难借助资本平台筹集资金，该种情况导致中小企业对银行等金融机构的更大依赖。当前我国企业的应收账款占总资产的比例为 50%～60%，并呈现出日益增大的趋势，而且应收账款质押融资成本相较于同期银行贷款利率偏低。因此，在实践中企业采用应收账款质押融资的方式偏多，故本章接下来所讨论的应收账款融资均为应收账款质押融资。

17.3.2　传统应收账款融资模式

传统应收账款融资模式是指中小企业与金融机构（在此定为银行）之间的单线融资模式。在该种模式下，企业将贸易形成的应收账款质押，向银行申请贷款，银行在对该笔应收账款进行审核后，根据企业的生产经营、资信水平及该笔应收账款的质量来决定是否放贷及利率，企业至到期日归还贷款本金及利息。企业与银行单线联系是传统模式的特点，中小企业以自身的应收账款为质押品申请贷款，银行通过审核后进行放贷，在到期日该企业结清贷款本息。具体流程如图 17-2 所示。

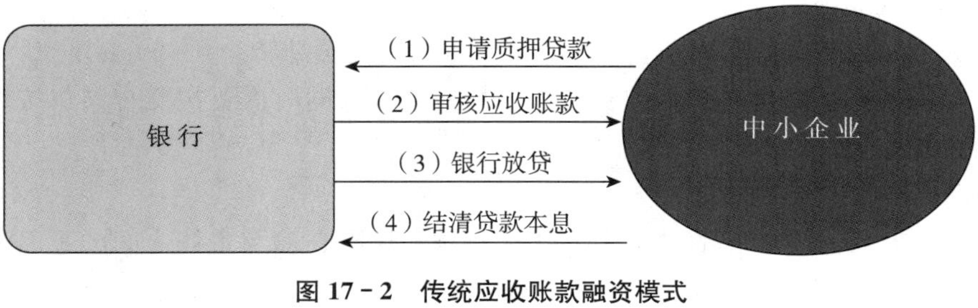

图 17-2　传统应收账款融资模式

17.3.3 供应链金融应收账款融资模式

供应链金融，是指在真实交易的背景下，围绕并依托核心企业的信用，为链条上的上下游企业提供金融服务。具体是指，基于供应链内部交易往来的结构进行分析，金融机构对该过程中的资金流、信息流、物流、商流进行综合把控，分别向链条上的不同节点提供信用，并用交易产生的收入偿还贷款。供应链金融的实质是依靠对供应链四流（商流、物流、信息流、资金流）的控制，帮助企业提高流动资产的周转率，达到解决自身融资问题的目的。引入核心企业是供应链的最大特点，核心企业的加入不仅能为贷款难的上下游中小企业注入资金，而且能让银行等金融机构参与到链条中各企业的交易过程，促进企业间战略协同关系的长久维系，同时提高整条供应链的竞争力。

拓展阅读

应收账款融资能为小微企业带来啥

与传统模式相同，中小企业也是将应收账款质押给银行来申请贷款，但供应链金融应收账款融资模式引入了第三者即核心企业。具体来说，供应链的上游供应商在与下游核心企业交易的过程中形成应收账款，双方签订协议，将该笔账款进行质押并向银行申请贷款（期限不超过该笔账款账期），由银行审核该笔应收账款的质量和真实性后，银行为资金有限的中小企业放贷。在此种融资模式下，供应链上的上游供应商即为资金有限的中小企业，下游制造商为提供担保的核心企业，资金提供者即银行便是借贷中介，三者形成一个整体，可简单视为一条供应链上的三个主体。供应链金融应收账款融资模式由于具有应收账款容易管理和银行享有追索权的特征，故而在银行和企业之间认可度较高、更易接受。这对企业来说能及时获得银行贷款，对整条供应链来说能保证其顺畅运营和持续运作，对银行来说有利于资金的流动和管理，可以说是多方共赢。

在该模式下，供应链上的核心企业从上游中小企业处采购，双方签订购销合同，处于核心地位的买方（核心企业）为实现自身财务的经济性往往拖欠货款，时滞性的产生会造成卖方（中小企业）的应收账款积压，为缓解资金约束，中小企业与核心企业达成协议并向银行申请应收账款质押融资，随后卖方按合同发货，再将应收账款让渡给银行，银行核实该笔应收账款的真实性并通知卖方进行应收账款的转让。银行根据两家企业的信用状况和应收账款的质量进行放贷。在到期日，买方根据银行和卖方的指定账户将款项汇入，卖方账户接收银行扣除贷款利息等后的余额。供应链金融应收账款融资模式的流程如图 17-3 所示。

如表 17-2 所示，传统应收账款融资模式下的企业和银行单线联系，由于无核心企业的参与，所以应收账款债务人不确定，银行在决定是否贷款给中小企业时，也仅仅对该中小企业的资信状况、资产拥有量等进行信用评估，双方的收益主要受应收账款金额、银行放贷利率、企业再生产收益率、银行付出的信息费用等的影响。在供应链金融应收账款融资模式下，由于核心企业的高资信水平和大规模，整条供应链的信用捆绑会使中小企业更容易获得银行贷款。当上游中小企业与下游核心企业进行货物交易时，应收账款产生，中小企业为卖方和应收账款债权人，而应收账款债务人实际上为核心企业，核心企

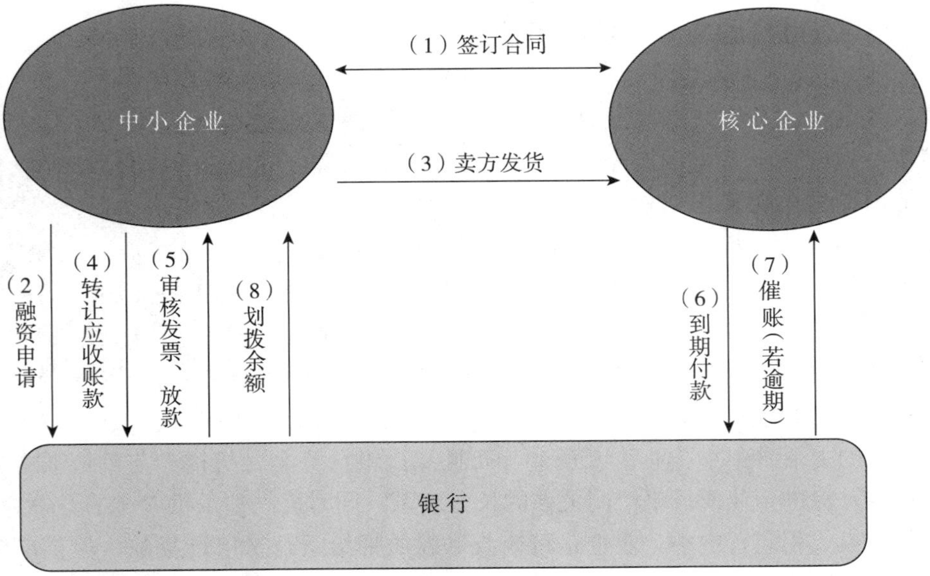

图 17－3 供应链金融应收账款融资模式

业在助力中小企业获得资金融通机会的同时，还能参与到链条上其他企业的资金流中，促进整条供应链的资金流动，带动其中企业的发展。由于有核心企业做担保，银行更容易放贷，而三个参与主体的收益主要受应收账款金额、银行放贷利率、中小企业再生产收益率及违约惩罚、核心企业投资收益率及违约惩罚、银行付出的监督成本、银行中间业务收入、应收账款延期系数等的影响。

表 17－2 传统应收账款融资模式与供应链金融应收账款融资模式的比较

应收账款融资模式	核心企业是否参与	应收账款债务人	信用主体
传统模式	否	不确定	中小企业
供应链金融模式	是	核心企业	中小企业与核心企业

思政课堂

2020 年 9 月 18 日，中国人民银行等部门联合发布《关于规范发展供应链金融 支持供应链产业链稳定循环和优化升级的意见》，文件明确要求各级部门积极稳步推动供应链金融规范、发展和创新。通过加快供应链金融的数字化发展、提升应收账款标准化和披露透明度以及加强供应链金融配套基础设施建设等措施来提升供应链产业链整体运行效率、促进经济良性循环，最终实现服务实体经济的目的。2024 年 7 月 18 日中国共产党第二十届中央委员会第三次全体会议通过的《中共中央关于进一步全面深化改革 推进中国式现代化的决定》明确强调了要健全提升产业链供应链韧性和安全水平制度、建立产业链供应链安全风险评估和应对机制。

本章小结

应收账款是企业向购买者赊销产品或者赊账提供服务产生的债权。公司应收账款主要由信用政策决定。信用政策主要包括销售条件、信用分析和收账政策三部分内容。

销售条件是指公司对外提供的商业信用条件。销售条件包括信用期限和现金折扣。现金折扣是销售条款中的一项特殊条款。公司设定现金折扣期限的目的在于加快应收账款的回收速度，减少公司在应收账款上的投资，当加速回收应收账款所获得的收益超过折扣成本时，公司设定的现金折扣才是有效的。

信用分析是指分析客户违约概率，对债务人的道德品格、资本实力、还款能力、担保及环境条件等进行系统分析，以确定是否授予信用以及相应的信用条件等。

在对客户授信、产生应收账款后，公司应采取各种措施，努力争取按期收回款项，否则会因拖欠时间过长而产生坏账损失。公司采取的措施主要包括对应收账款收回情况进行监督、动态更新客户的信用档案、制定应收账款坏账准备金制度和制定适当的收账政策。

应收账款融资是指公司将因赊销而形成的应收账款有条件地转让给专门的融资机构，使公司得到所需资金，提高资金周转率。应收账款融资有多种方式，目前有三种得到广泛应用：应收账款质押融资、应收账款让售融资和应收账款证券化融资。

供应链金融应收账款融资模式是将供应链金融引入应收账款融资的最新应用。与传统应收账款融资模式不同，供应链金融应收账款融资模式引入了第三者即核心企业，具有应收账款容易管理和银行享有追索权的特征，故而在银行和企业之间认可度较高、更易接受。这对企业来说能及时获得银行贷款，对整条供应链来说能保证其顺畅运营和持续运作，对银行来说有利于资金的流动和管理，是一种多方共赢的创新应用。

中国公司金融实践

崇德公司目前采用 $n/30$ 按发票金额（即无现金折扣）付款的信用政策，拟将信用期限放宽至 60 天。同时，为了吸引客户尽早付款，公司给出了“1/30，$n/60$”的现金折扣条件，预计将会有 50%的客户享受现金折扣。公司的必要收益率为 15%。其他相关数据如表 17-3 所示。

表 17-3 其他相关数据

项目	方案	
	$n/30$	1/30，$n/60$
销售量（件）	100 000	120 000
销售额（单价 5 元）（元）	500 000	600 000
变动成本（每件 3 元）（元）	300 000	360 000
固定成本（元）	60 000	60 000
毛利（元）	140 000	180 000

续表

项目	方案	
	n/30	1/30，*n*/60
可能发生的收账费用（元）	3 000	5 000
可能发生的坏账损失（元）	5 000	8 000

思考题

1. 试说明信用条件“1/30，*n*/60”的具体含义。
2. 计算客户放弃现金折扣的年实际成本。
3. 计算公司平均收账期的变化及应收账款所占用资金的变化。
4. 计算政策转换后应收账款机会成本的变化。
5. 比较新、旧信用政策的净收益，说明公司是否应该转换信用政策。

课后习题

简答题

1. **应收账款及其功能** 什么是应收账款？应收账款的功能有哪些？

2. **信用政策** 制定信用政策有哪几个步骤？请简要介绍。

3. **销售条件** 信用条件“1/15，*n*/40”是什么意思？

4. **应收账款融资模式** 常见的应收账款融资模式有哪些？它们的具体操作是怎样的？

5. **供应链金融应收账款融资模式** 传统应收账款融资模式与供应链金融应收账款融资模式有何异同？

计算题

1. **信用成本** 假设供应商给予A公司的信用条件为“1/15，*n*/40”，若A公司放弃折扣并在第40天付款，计算放弃折扣的年实际成本。

2. **应收账款占用资金** 假设公司目前的信用条件为“*n*/40”，平均收账期为40天。如果公司提供“2/20、*n*/40”的信用条件，那么可能有50%的客户将会在20天内付款，剩余客户的平均收账期仍为40天。请问新的平均收账期是多少天？如果公司的年销售额为1 500万元，那么应收账款所占用的资金有什么变化？

3. **应收账款机会成本** 假设某公司全年赊销收入净额的预测值为630万元，应收账款周转天数为40天，变动成本率为60%，有价证券利率为15%，则应收账款机会成本是多少？

4. **信用政策** 某公司的销售收入为100 000元，固定成本为3 000元，变动成本为60 000元，平均收账期为30天，可能发生的收账费用为2 000元，可能发生的坏账损失为10 000元，请问公司采用此信用政策的净收益为多少？

5. **信用政策** 某公司计划将现行信用政策“*n*/30”改为“1/20，*n*/40”，预计有70%的客户将享受现金折扣，该公司的最低收益率为15%。其他相关数据如表17-4所示。

表 17-4　其他相关数据

项目	方案	
	$n/30$	$1/20$，$n/40$
销售收入（元）	150 000	200 000
变动成本率（%）	60	60
可能发生的收账费用（元）	1 500	2 000
可能发生的坏账损失（元）	1 500	1 800

请问：该公司是否应该转换信用政策？

第18章
存货管理

章前引例

由于市场细分程度进一步提高，白酒行业相较于其他行业面临更大的存货压力，容易陷入产销脱节困境。“互联网+”带来的生产和消费形式的变革，对生产白酒的贵州茅台来说是一种难得的机遇。2015年，贵州茅台存货周转率为0.15。面对经济下行压力，贵州茅台作为白酒行业的领军企业，在利用“互联网+”来缓解传统酒业面临的存货管理难题方面进行了积极的探索，主动求变开辟了“新”的赛道，成功上线运行数字营销平台i茅台。截至2022年末注册用户超3 000万，实现销售收入118.83亿元。在数字赋能方面，按照“智慧茅台2.0”顶层规划，实施营销数字化系统、供应链管理系统等项目，进一步拉通集成供应链体系。近十年来，贵州茅台通过运用“互联网+”的信息技术手段，对生产各环节的库存进行精准的预测和管理，公司的存货管理水平有了很大程度的提高。2023年贵州茅台存货周转率为0.28，存货周转速度有了显著提升，减少了资金占用成本，有效地避免了生产的盲目性和存货堆积，提高了公司的经济效益。

学习目标

- 掌握存货的类型和存货管理的概念。
- 熟悉ABC分类法和经济订购批量（EOQ）模型法。
- 了解物料需求计划（MRP）和准时制（JIT）这两种引致需求存货管理方法。
- 了解供应链中的存货融资模式及其风险。
- 了解供应链金融在企业融资中的应用，增强金融风险防范意识。

像应收账款一样，几乎每个企业都拥有一定比例的存货，其中制造业企业的存货一般会超过资产的15%，零售业企业的存货一般会超过25%。存货政策会影响销售收入，对企业的生存和发展具有重大影响。

存货是指企业在日常经营活动中为销售活动而持有的产成品、仍处于生产过程中的在产品或生产过程中将消耗的原材料。存货是企业的一项重要资产，企业需要存货的原因有很多，主要原因如下：

（1）存货是保证企业可持续运营的必要条件。市场是变幻莫测的，一旦生产环节出现问题，就无法满足订单要求，从而也就无法满足市场需求，企业就会面临违约风险，产生信用危机。

（2）存货是保证企业稳定生产的必要条件。当今企业都处在供应链中，企业自身已很难完成全部原材料的生产，需要上游企业提供原材料，一旦供应链出现危机，企业的生产将不能保证，所以一定量的存货有利于企业整个生产的稳定。

（3）存货是维持成本的重要条件。保持一定量的存货有利于企业降低成本，大批量的订购总是存在一些优惠条件。另外，当市场上原材料价格过高时，如果企业在此之前就储备有足够的原材料，那么就能在市场中取得竞争优势。

（4）存货是维持均衡生产、稳定产品价格的必要手段。市场需求是在不断变化的，拥有充足的存货可以在一定程度上保证产品的供给，在需求发生大幅度变化时有利于维持产品价格的稳定。

存货不仅在企业的营运资本中占有很大比重，而且是流动性较差的流动资产，故企业的存货决策对企业的经营业绩存在重要的影响，存货管理的重要性自然不言而喻。

存货管理又称库存管理和存货控制，是指订购、存储和使用公司库存的过程，存货管理目标是使存货成本最小化。企业通过存货管理将各种存货的数量控制在适当的范围内，以免出现存货过多，造成存货积压，浪费仓库空间，增加存货持有成本，或出现存货过少，造成停工待料，无法顺利进行生产，增加存货短缺成本等情况。

第 1 节　存货管理概述

18.1.1　存货的类型

在介绍存货管理政策和存货管理方法之前，有必要对存货进行分类，因为不同类型的存货具有不同的性质，而不同存货的不同性质是做出存货管理决策的重要依据，所以在这里说明存货的类型是有必要的。

一般来说，企业的存货可分为三类，即原材料、在产品和产成品。

原材料是“原料”和“材料”的合称，是指企业在生产过程中经加工改变其形态并构成产品实体主要部分的各种原料及主要材料、辅助材料、外购半成品（外购件）、修理用备件（备品备件）、包装材料、燃料等。对于工业而言，一般把采掘业和农业产品称为原料，如开采出来的矿石是冶金原料，种植出来的棉花是纺织原料等。经过进一步加工的原料被称为材料，如由加工木材制成的木板和由加工小麦制成的面粉等。原材料是企业在生产流程的起点所使用的。

在产品是指企业中已完成一个或多个生产阶段并验收入库，但仍需要继续加工以制成产成品的产品，如已加工入库的零件、部件等。在产品在存货中所占比例主要由生产总时长决定：生产总时长越长，在产品占存货的比例就越大；生产总时长越短，在产品占存货的比例就越小。

产成品是指企业已经完成全部生产过程并验收入库，可以作为商品对外销售，或可以按照合同规定的条件送交订货单位的产品。一家公司的原材料可能是另一家公司的产成品。例如，对于钢铁制造商而言，铁矿石是原材料，钢材是产成品，而对于汽车制造商而言，钢材是原材料，汽车是产成品。如果对一种存货的需求是由对另一种存货的需求引起的，我们称之为引致需求。产成品和其他类型的存货存在这样的关系，即对其他存货的需求是对产成品的需求所引致的需求。

不同类型的存货流动性也不同。一般来说，原材料（如大宗商品）的标准化程度高，用途广，易变现，流动性强，而在产品的流动性相对较弱，产成品的流动性取决于产品性质。

18.1.2 存货成本

（一）存货成本的概念

存货成本是存货在订货、购入、储存过程中所发生的各种费用，以及存货短缺造成的经济损失。它一般包括：

（1）订购成本。指订货所发生的有关费用，包括采购部门的费用、订货过程中的文件处理费、邮电费等。订购成本包括变动性订购成本和固定性订购成本两部分，其中变动性订购成本是与订货次数直接相关的费用，固定性订购成本是维持采购部门正常活动所必需的费用。

（2）采购成本。指由购买货物而发生的买价（购买价格或发票价格）和运杂费（运输费用和装卸费用等）构成的成本，包括无关成本和相关成本。无关成本是指单位采购成本不变、与采购数量无关的成本，相关成本是指单位采购成本变化、与采购数量相关的成本。

（3）储存成本。指在储存过程中所发生的费用，包括仓库的折旧费、修理费、保险费和所占用资金的利息等。储存成本分为变动性储存成本和固定性储存成本两部分，其中变动性储存成本是指与储存数量和储存时间直接相关的费用，固定性储存成本则是维持一定的储存能力所必需的费用。

拓展阅读

剪标打折清库存？

（4）缺货成本。指因未能储存足够的存货以满足生产经营需要而造成的经济损失，如存货短缺引起的停工损失、少生产产品而损失的利润、因延期交货而支付的违约金以及在商誉上的损失等。缺货成本与平均缺货量及缺货时间成正比。

（二）发出存货成本的计量

企业可采用先进先出法、移动加权平均法、月末一次加权平均法来确定发出存货的成本，目前不允许以后进先出法来确定发出存货的成本。

1. 先进先出法

先进先出法是指以先购入的存货应先发出（即销售或耗用）这样一种存货实物流动假设为前提，对发出存货进行计价的一种方法。采用这种方法，先购入的存货成本在后购入的存货成本之前转出，据此确定发出存货和期末存货的成本。具体操作是：在收入存货时，逐笔登记收入存货的数量、单价和金额；在发出存货时，按照先进先出的原则逐笔登记存货的发出成本和结存金额。

【例 18－1】 A 公司 2023 年 4 月有关存货甲的收、发、存情况如下：

(1) 4 月 1 日结存 600 件，单位成本为 3 万元；

(2) 4 月 5 日购入 400 件，单位成本为 2.5 万元；

(3) 4 月 12 日发出 800 件；

(4) 4 月 20 日购入 400 件，单位成本为 3.5 万元；

(5) 4 月 28 日发出 300 件；

(6) 4 月 30 日购入 200 件，单位成本为 4 万元。

不考虑其他因素，采用先进先出法来计算 2023 年 4 月发出存货的成本和 4 月 30 日结存的存货成本。

答：本月可供发出存货成本＝600×3＋400×2.5＋400×3.5＋200×4＝5 000(万元)。

本月发出存货成本＝600×3＋400×2.5＋100×3.5＝3 150(万元)。

本月末结存存货成本＝5 000－3 150＝1 850(万元)。

2. 移动加权平均法

移动加权平均法是指以每次进货的成本加上原有存货的成本，除以每次进货数量加上原有存货数量，据以计算存货加权平均单位成本，作为在下次进货前计算各次发出存货成本依据的一种方法。

【例 18－2】 依据例 18－1 中题干的内容，采用移动加权平均法来计算 2023 年 4 月发出存货的成本和 4 月 30 日结存的存货成本。

4 月 5 日购入后存货甲的移动加权平均单位成本＝(600×3＋400×2.5)/(600＋400)＝2.8(万元)。

4 月 12 日发出存货成本＝800×2.8＝2 240(万元)。

4 月 20 日购入后存货甲的移动加权平均单位成本＝(200×2.8＋400×3.5)/(200＋400)＝3.267(万元)。

4 月 28 日发出存货成本＝300×3.267＝980(万元)。

本月发出存货成本＝2 240＋980＝3 220(万元)。

本月末结存存货成本＝5 000－3 220＝1 780(万元)。

3. 月末一次加权平均法

月末一次加权平均法是指以本月全部进货数量加上月初存货数量，除本月全部存货成本，计算存货加权平均单位成本，以此计算本月发出存货成本和本月末结存存货成本的一种方法。

【例 18－3】 依据例 18－1 中题干的内容，采用月末一次加权平均法来计算 2023 年 4 月发出存货的成本和 4 月 30 日结存的存货成本。

存货甲月末一次加权平均单位成本＝5 000/(600＋400＋400＋200)＝3.125(万元)。

本月发出存货成本＝3.125×(800＋300)＝3 437.5(万元)。

本月末结存存货成本＝5 000－3 437.5＝1 562.5(万元)。

（三）存货管理政策

存货对许多企业来说都是一项巨大的投资，一般来说，制造业企业和零售业企业的存货比较多。存货管理政策会影响企业的销售收入和利润，有时需要用存货去刺激销售。

存货管理政策由大量的小存货管理策略组成，主要涉及购买存货的种类、购买的时间和数量等。在制定存货管理政策时，公司的财务经理是没有控制权的，存货决策权一般是分散的，例如生产部门、销售部门都有决策权。

企业对取得存货、仓储保管、领用发出、清查盘点、销售处置等环节都需要进行相应的决策。

1. 取得存货

存货的取得有多种方式，有自制、外购等，在选择以何种方式取得存货时，企业需要根据所处行业的特点、未来的经营计划和市场因素等综合考虑，应本着经济效益最大化的原则，选择最合适的存货取得方式。一旦决策失误，可能会导致存货积压或短缺。

2. 仓储保管

一般而言，生产企业为保证生产过程的连续性，需要对存货进行仓储保管，要选择最合适的仓储保管方法。一旦存货仓储保管方法不当、监督不严密，可能会导致损坏变质、价值贬损、资源浪费。

3. 领用发出

领用存货时会涉及存货领用发出问题，针对这一环节要制定相应的存货领用办法，必须进行严格的审批。如果存货领用发出审批不严格、手续不完备，可能会导致货物流失。

4. 清查盘点

清查盘点存货一方面要核对实物数量，看是否账实相符；另一方面要关注实物质量，看是否有明显的损坏。该环节的主要风险是：清查盘点存货制度不完善、计划不可行，可能导致工作流于形式，无法查清存货的真实状况。

5. 销售处置

存货退出生产经营环节时，需要对存货进行销售处置，这包括正常的对外销售以及因变质、毁损等进行的处置。在该过程中，一定要明确责任制度。如果存货报废处置责任不明确、审批不到位，可能导致企业利益受损。

第 2 节　存货管理方法及其应用

我们已经知道存货管理目标是使存货成本最小化，接下来我们将介绍 ABC 分类法和经济订购批量（EOQ）模型法这两种常用的存货管理方法。

18.2.1　ABC 分类法及其应用

对于企业而言，存货的种类繁多，数量巨大，如果对每一种存货都详加管理，不仅会耗费相当多的资金和人力，而且有可能会忽视重点物资的库存，甚至持有过多不重要的物资，造成企业资源的浪费。选择恰当的存货管理方法，一方面能降低资金占用率，节约资金成本，另一方面可以提高总资产周转率，进而增加企业的经济效益。

ABC 分类法（activity based classification）源于帕累托原则。这种方法的主要思想就是对决定某事物的因素分清主次，找到少数可以起决定性作用的因素和占多数但对事物的影响程度较小的因素，从而将更多注意力放在关键因素上，以取得最好的管理效果。后来戴克将这种思想应用于库存管理。经不断发展和完善，ABC 分类法已被广泛应用于存货管理、成本管理和生产管理等方面。

在应用 ABC 分类法来对库存物资进行分类时，主要统计和分析两类数据：一类是存货的品种数量，另一类是存货的出库金额。将存货数量百分比和存货出库金额百分比作为参考依据，把不同类型的存货分为 A、B、C 三个类别。A 类存货，品种数量不多，占存货总量的 15%左右，但是价值却超过存货总价值的一半，达60%～80%，这类存货本身的价值和它对企业的重要性都很大；C 类存货品种繁多，数量占比很大，超过存货总量的 50%，但是价值只占存货总价值的 10%左右，所以对企业的重要性也就相对较小；B 类存货刚好介于 A 类存货和 C 类存货之间，有一定的价值，对企业的重要性一般。

在存货管理中，对 A 类存货应该加强管理，因为 A 类存货占用了绝大部分存货资金，数量却相对较少，所以企业有必要对 A 类存货重点管理。首先要细分 A 类存货中的每一个品种，可以考虑尽量增加订货次数，这样可以相对减少资金的大量占用，以及降低存货的储存费用。要做到随时核对库存数量以及使用情况，对 A 类存货定期严格执行盘点，通过提高库存管理的精确度来有效加强对企业经营的保障。

以下是对 A 类存货进行管理的参考性步骤：

第一步，确定 A 类存货的所有品种，按预测的需求量进行编号，方便盘点检查；

第二步，与上游供应商协商减少前置时间，可考虑定期订货，根据市场情况做出必要调整；

第三步，与下游经销商达成稳定合作的协议，尽量降低需求变动；

第四步，定期多次对 A 类存货进行检查，实时监控库存情况。

对于 B 类存货而言，管理者要给予适当的关注度，不能忽视对这类存货的管理，但也不必投入过多力量。可以不细分 B 类存货的每一个品种，因为 B 类存货的品种数量要远多于 A 类存货，管理者没有必要花费大量精力，但可以进行大的类别划分，事先确定订购点和订购量，之后定期检查就可以了。

相对来说，C 类存货就可以较少关注，它的品种数量最多但金额很小，所以就可以考虑减少订货次数，增加订货数量，企业既不会有太大的经济负担，又可能获得优惠的购买价格。对于 C 类存货的管理，可以简化程序，降低检查频率。

ABC 分类法作为存货管理中一种很实用的方法，无论是从管理能力角度来看还是从经济角度来看，都不失为一种好方法，现代企业几乎都在采用。ABC 分类法最大的好处在于方便存货管理人员抓住重点，同时兼顾了普通存货，做到全面管理。高效的存货管理减少了资金的占用成本，有效提升了资金的使用效率。不过，ABC 分类法也存在些许不完善之处：一是对 A 类存货的高度精确管理势必会造成盘点检查十分烦琐；二是如果忽视 B 类和 C 类存货有时也会造成重大风险，例如一些造价低但是对整件产品起重要作用的零部件，对这类存货应该适当提高关注度。

所以，在实际运用过程中，企业不能照搬照抄，而是应当根据行业以及自身实际情况，把 ABC 分类法和其他行之有效的管理方法结合起来，比如下文将提到的经济订购批量模型法。只有这样，企业才能充分发挥出 ABC 分类法的优势，不断提高运行效率，增加企业利润。

18.2.2 经济订购批量模型法及其应用

存货储存原则，实际上就是选择补充多少库存和该何时补充库存，了解最优库存量是存货管理最重要的事情。如果库存量太大，虽然可以减少存货短缺，保障生产经营，但是存货持有成本过高也会给企业带来较大的经济负担。如果库存量太小，虽然可以减少储存费用，但会使存货的订购次数变多，从而增加再订购成本。不仅如此，存货数量太少还会提高生产经营风险，比如原材料的不足会给企业带来订单损失。

经济订购批量（economic order quantity，EOQ）模型法是用来确定最优存货水平的一种经典方法。1915 年，哈里斯（F. W. Harries）在研究企业库存问题时首次提出了 EOQ 模型，后来威尔逊（R. H. Wilson）在研究同类问题时得到了与哈里斯相同的结论。图 18－1 反映了持有存货的成本与存货数量的关系。在对存货管理的分析中，使各种成本之和最小的存货订购批量，就是经济订购批量。图 18－1 中的最佳存货水平即为经济订购批量，在该水平下存货总成本最低。

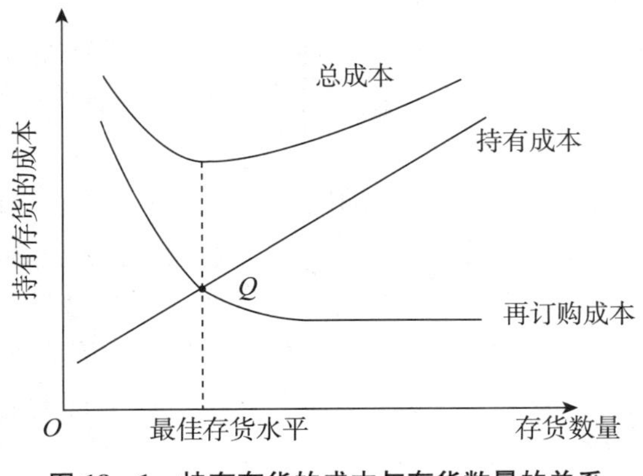

图 18－1 持有存货的成本与存货数量的关系

存货管理一般不用考虑存货的采购成本，因为企业消耗的存货数量主要取决于销售量，采购成本与存货的订购批量无关。持有存货就必须支付存货的订购与储存相关费用，存货总成本应等于再订购成本与持有成本之和，接下来我们将详细讨论。

（一）再订购成本

再订购成本源于企业在订购过程中产生的成本，比如与供货商的谈判协商、人员联系以及货物运输发生的费用。一般来说，在其他条件相同的情况下，单次订购的成本是固定的，所以再订购成本会随着订购次数的增加而增加。企业为降低再订购成本会倾向于增加单次订购的存货数量，因为在订购总量不变的情况下这样做显然能够减少订购次数。

假设企业一次订购某种原材料的数量为 Q，在一定时期内对该存货的需求为 T，单次订购的成本为 S，那么可以得到一定时期内企业的再订购成本为：

$$\text{再订购成本}=\frac{T}{Q}\times S \tag{18-1}$$

（二）持有成本

持有成本即对存货的保存和管理发生的费用。无论是原材料还是产成品，仓库维护、人员管理以及意外损耗等构成了持有成本。由于持有成本主要与库存量有关，假设单位存货的储存成本不变，则持有成本会随存货数量成比例地变化。由于存货数量并不是恒定不变的，因此我们一般使用平均存货数量。用 H 表示单位存货的储存成本，存货的持有成本为：

$$\text{持有成本}=\frac{Q}{2}\times H \tag{18-2}$$

（三）总成本与最佳存货水平

获得并持有存货所花费的总成本等于再订购成本与持有成本之和，用 C 表示。

$$C=\frac{T}{Q}\times S+\frac{Q}{2}\times H \tag{18-3}$$

要使存货总成本最小，就需要满足：

$$\frac{\mathrm{d}C}{\mathrm{d}Q}=-\frac{TS}{Q^2}+\frac{1}{2}H=0 \tag{18-4}$$

可以解出经济订购批量为：

$$\mathrm{EOQ}=\sqrt{\frac{2TS}{H}} \tag{18-5}$$

EOQ 模型法的主要优点在于考虑了存货再订购成本和存货持有成本，并在理论上得出了合理的订购批量与最佳的投资效益。当企业面临的现实情况改变时，这种方法可以灵活调整，尽可能适应各种不同的需要。同时，很多管理专家在这种方法的基础之上扩充延伸，得到了更加普遍和一般化的方法，在指导存货计划方面有很大的参考价值。

利用传统 EOQ 模型法确定经济订购批量，应该满足如下主要假设条件：

（1）在一定时期内，企业对某种存货的需求量稳定而且可预测；

（2）在一定时期内，企业单次订购的成本保持不变，不考虑折扣优惠；

（3）在一定时期内，存货的单位储存成本保持不变；

（4）在经营期内存货消耗速度是大致均匀的，企业具备及时补充存货的能力，需要时可立即拿出，不允许出现缺货。

以上假设也正是 EOQ 模型法的不足，限定条件过于严格，只要有一个条件不能满足，从理论上说就不能采用这种方法来确定经济订购批量。所以在实际应用中会受到限制，几乎没有企业能够同时满足以上条件，为使模型具有较高适用性，一般都会放松假设并改进模型。

常见错误

EOQ 模型理论的缺陷

在众多对 EOQ 模型理论的质疑中，令人印象深刻的要数伯比奇教授在其著作《生产管理原理》中提出的批评。不过，对 EOQ 模型理论的许多批评并不是批评该方法在内容上的缺点，而是批评不顾实际情况就随便使用这种方法的做法。伯比奇教授认为不加思量地采用 EOQ 模型的做法是鲁莽的，因为它未考虑可供使用的资本就确定投资的数额。它强行使用无效率的多阶段订货办法而且回避了准备阶段的费用，更谈不上分析及减少这项费用。在现实中把存货管理费用减少到最低限度的公司也并不一定会比物资储备过量的公司获得更多的利益。

【例 18-4】 桑达是一家专门销售运动用品的公司，每年销售网球拍 800 只。每期存货总共有 100 只。假设每次都售完再订购，而每只球拍的储存成本为 2 元。请问球拍的持有成本是多少？如果单次订购成本为 120 元，那么该公司的当前再订购成本以及经济订购批量是多少？

（1）该公司网球拍每期存货从 100 只开始直至售完，所以平均存货为 50 只。根据公式$\frac{Q}{2}\times H=\frac{100}{2}\times 2=100$（元），说明持有成本一共是 100 元。

（2）公司每年销售 800 只网球拍，每次订购 100 只，因此一共需要订购 8 次，当前再订购成本为$\frac{T}{Q}\times S=\frac{800}{100}\times 120=960$（元）。

（3）经济订购批量为：$\mathrm{EOQ}=\sqrt{\frac{2TS}{H}}=\sqrt{\frac{2\times 800\times 120}{2}}=310$ 只。

（四）再订购点

考虑更现实的情况，企业在经营过程中不可能等到存货消耗殆尽才订购，企业从发出订单到新的存货入库会需要一段时间，商品到达客户手中的等待时间必然也会延迟企业对客户的交货时间，从而增大丧失客户与销售收入的风险，这不符合追求高收益的理念。因此，企业往往会在存货用尽之前一段时间就开始订购，问题是我们应该如何确定这一订购时点。

假设在企业订购的存货到达并投入使用的时点恰好库存量耗尽，即上一期存货为 0，那么我们就可以推算出该期存货订购指令发出时刻的库存量：每日存货消耗量×订货周期（交货时间）。我们将企业发出订购指令时持有的存货数量称为再订购点，用 R 表示：

$$R=d\times L \tag{18-6}$$

其中，d 表示订货周期，L 表示每日存货消耗量。

此时的库存量就是订购存货的信号，如果存货数量降至这一水平，企业就应该立即订购存货，否则很可能会发生存货短缺。在图 18－2 中，T_1 时刻对应发出订购指令的再订购点，T_1 到 T_2 正是我们所考虑的交货时间，该时间段消耗的存货数量就等于 Q_2-Q_1。在 T_2 时刻，新的存货又使企业回到期初的库存水平。

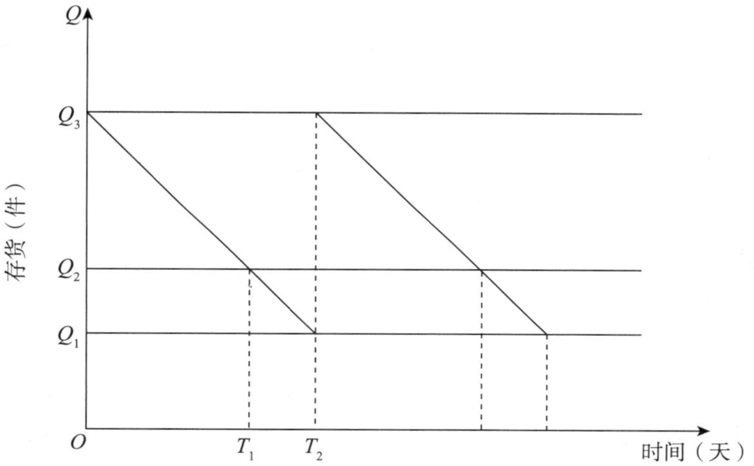

图 18－2　再订购点与安全存货

（五）安全存货

安全存货又被称为保险存货，将每日存货消耗量乘以交货时间就能确定再订购点，然后在这一水平上多出的一定数量存货就是安全存货。在日常经营活动中，企业按照经济订购批量和再订购点发出订购指令后，会受到市场供求、运输条件以及国家政策等因素的影响，可能会遇到需求增大和货物送达延迟的情况，从而会造成存货短缺。设置安全存货能够缓冲意外出现的存货短缺，减少经营过程中的不确定性。

现实中，因为企业设置了安全存货，所以在发出订购指令后，经过必要的运输时间存货到达时，库存量应该是企业设置的安全存货水平。图 18－2 中，Q_1 代表安全存货数量，如果企业要储备安全存货，那么此时的再订购点就应该加上企业所设定的安全存货。用 B 表示安全存货，此时的再订购点为：

$$R=d\times L+B \tag{18-7}$$

Q_1 的大小又会因为企业不同而有所不同，受到包括存货消耗的稳定性、进货渠道的稳定性以及短缺成本的高低等因素影响，也与企业经营者的风险偏好有关。增加安全存货可以减少存货短缺成本，但是相应地会增加存货持有成本，管理者应该合理度量安全存货数量，有效促进企业经营发展。

【例 18-5】 某生产化肥的企业对某种原材料的年需求为 720 件，为避免存货积压造成资源浪费，现阶段公司每期期初存货为 100 件，用完再订购，单次订购成本为 20 元，且单件存货持有成本为 2 元。

（1）请确定该企业的经济订购批量。

（2）为保证任何时刻生产经营都不中断，存货管理部门对该原材料设置了安全存货 20 件。如果每日消耗量为 5 件，交货期为 5 天，请问再订购点处于什么位置？

答：（1）根据 EOQ 模型，该种存货的经济订购批量为：

$$\mathrm{EOQ}=\sqrt{\frac{2TS}{H}}=\sqrt{\frac{2\times720\times20}{2}}=120(\text{件})$$

（2）由于交货期为 5 天，且每日消耗 5 件，根据式（18-7），再订购点为：

$$R=d\times L+B=5\times5+20=45(\text{件})$$

所以交货期内需要使用 25 件存货，而安全存货为 20 件，所以当库存水平为 45 件的时候，企业就需要发出订购该种原材料的指令了。

（六）运量费率

在 EOQ 模型中，货物运输费用包含在存货再订购成本中，并未具体分析货物运输费用对经济订购批量的影响。在货物的实际交付过程中，若供货商作为卖方支付了货物从产地到买方要求的库存地点的运输费用，则无须考虑运输费用对存货总成本的影响。但是，若所有权在产地就已经发生了转移，买方就需要承担将货物运回自己仓库的费用，所以必须考虑运量费率对存货总成本的影响。

考虑到经济成本，很多企业都会选择每次运输大批量货物，每次运输的货物总量越大，单件货物的运输成本就越低，从而产生运量费率折扣。不仅如此，如果企业每次订购大量存货，在总需求不变的情况下，可以减少订货次数，降低有关费用。在实践中，可以通过比较 EOQ 模型下的存货总成本与享受运量费率折扣所要求的订货批量产生的存货总成本，选择总成本最低的方案。

（七）数量折扣

在现实中，很多供货商为了增加销量，让客户订购更多货物，提供数量折扣是它们常用的方法，这就是我们通常所说的“量大价优”，订货达到一定数量后就可以享受折扣优惠，即可以获得更低的购买价格。表 18-1 提供了某种存货的数量折扣样本，我们从中可以发现，随着购买数量的上升，商品单价在逐渐下降。

表 18-1 数量折扣

商品单价（元）	8	7.6	7.2	6.5	6	5
购买数量（单位）	1～100	101～200	201～300	301～500	501～1 000	1 000 以上

用 Q^* 代表提供数量折扣时的订购批量，此时的存货总成本应该为：

$$C=\frac{T}{Q^*}\times S+\frac{Q^*}{2}\times H \tag{18-8}$$

存货订购批量大于折扣要求的数量是获得折扣的必要条件，多数情况下需要在 EOQ 的水平上加购，这样就会增大存货总成本，所以公司需要在较低购买价格和较高存货总成本之间进行选择。判断的方法并不复杂：如果折扣带来的收益大于追加订购所产生的存货总成本，就应该接受加大订购批量获得折扣的方案，反之则拒绝。换句话说，还是要选择存货总成本最低的订购批量。具体决策过程如下：

第一步，先按照 EOQ 模型计算出最佳订购批量和存货总成本，这里的总成本包括存货的采购成本；

第二步，在满足供货商数量折扣要求的条件下，计算出不同订购批量的存货总成本；

第三步，比较以上两步计算的存货总成本，选择存货总成本最低的订购批量即可。

18.2.3　引致需求存货管理方法及其应用

如前文所述，对某些存货的需求取决于对其他存货的需求。以汽车制造商为例，其对车架、轮胎、发动机以及其他零部件的需求，取决于市场对汽车产成品的需求。如何管理由产成品需求引起的引致需求存货？物料需求计划和准时制是对引致需求存货的两种管理方法。

1. 物料需求计划

物料需求计划（material requirements planning，MRP）是一种将存货管理和生产计划合二为一的计算机辅助生产计划。1965 年，IBM 的奥列基（J. A. Oricky）博士提出了独立需求和引致需求的概念，用户订货对企业来说是独立需求，但这项订单所需要的一切零部件、原材料，不但需要的数量可以确定，就连需要的时间也可以确定，因而称对零部件、原材料的需求为引致需求。奥列基博士指出订购点法只适用于独立需求项目，对引致需求项目的管理需要应用 MRP。MRP 的基本理念是，一旦确定了所需产成品的存货量，就可以确定多少半成品才能满足产成品的需要。之后又可以根据所需半成品的存货量来确定所需原材料的存货量。这种由所需产成品存货量倒推其他存货需求量的方法源于半成品与原材料之间的相互依存性。MRP 对那些产成品需要由多种零部件制造而成的复杂产品来说特别重要。

MRP 旨在回答三个问题：需要什么？需要多少？何时需要？MRP 首先根据对产成品需求的预测制订主生产计划（master production schedule，MPS），再根据反映母件和所有子件从属关系、单位用量和其他属性的物料清单（bill of material，BOM）以及库存记录，按照工艺流程倒推，计算出构成产成品的半成品和原材料的需求量，由产成品的交货期确定各种零部件的生产计划和采购计划。

其中，如果零部件是企业生产的，就需要根据各自的生产时间长短来提前安排生产，形成零部件生产计划。如果零部件是企业外购的，就需要根据各自的到货时间来确定订货时间，形成零部件采购计划。按照生产计划进行生产并按照采购计划进行采购，就可以实现所有零部件的出产计划，从而不仅能够保证产成品的交货，而且能够减少零部件的库存，从而减少对流动资金的占用。

MRP 的逻辑如图 18－3 所示。

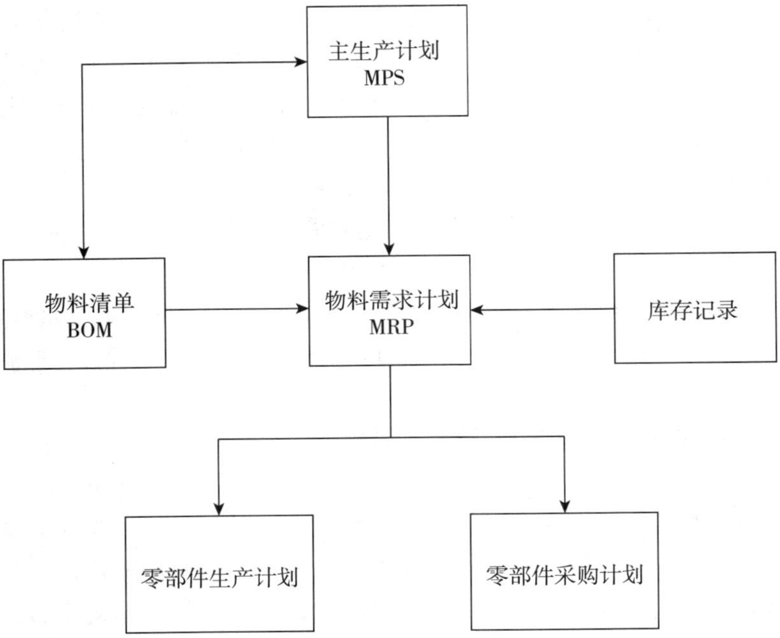

图 18－3　MRP 的逻辑

由图 18－3 可知，物料需求计划（MRP）是根据主生产计划（MPS）、物料清单（BOM）和库存记录形成的。主产品就是企业用以满足市场需求的产成品。例如，汽车制造商生产的汽车、计算机制造商生产的计算机，都是各自的主产品。物料清单主要反映主产品的层次结构以及所有零部件的结构关系和数量组成。根据物料清单，可以确定主产品及其各个零部件的需要量、需要时间和它们相互间的装配关系。主生产计划主要确定主产品和由物料清单决定的零部件的出产进度，表现为各时间段内主产品和所有零部件的出产时间、出产数量或装配时间、装配数量等。库存记录反映了主产品及其所有零部件的库存量、已订未到量和已分配但还未提走的数量。制订物料需求计划有一个指导思想，就是要在满足主生产计划的前提下尽可能减少库存。需求优先由库存物资满足，仓库中有存货的，就不再安排生产或采购。由物料需求计划得出零部件生产计划和零部件采购计划，再根据零部件生产计划和零部件采购计划安排生产和采购。

MRP 的特点有：

（1）需求的相关性。对于一般的工业企业，存货需求具有相关性。根据订单确定产成品的数量后，由 BOM 即可推算出所需半成品和原材料的数量，这种根据产成品需求推算出的其他存货需求称为相关需求。不仅各种存货数量是相关的，所需时间也是相关的。

（2）需求的确定性。MRP 的存货需求都是根据 MPS、BOM 和库存记录精确计算出来的，各种存货所需的数量和时间都是严格确定的。

（3）计划的复杂性。MRP 需要把主产品的零部件需要数量和时间、先后关系等精确计算出来。如果产品结构复杂，零部件数量庞大，计算量就会非常大，人力根本不能胜任，不得不依靠计算机。

MRP 的发展大体经历了从初级 MRP 到闭环 MRP，再到制造资源计划（manufacturing resources planning，MRPⅡ）等几次飞跃。闭环 MRP 是在初级 MRP 的基础上，考虑企业能力约束，提出能力需求计划和执行及控制计划，形成一个环形回路。在闭环 MRP 之后，又发展出 MRPⅡ，MRPⅡ是以 MRP 为核心，覆盖企业经营活动所有领域，把生产、采购、财务、销售、工程技术等各个子系统整合成一个一体化的系统。

2. 准时制

准时制（just-in-time，JIT）是一种现代管理引致需求存货的方法。JIT 存货管理法的目标就是在满足准时生产的前提下只保留足够的存货，使引致需求存货最小化，从而最大化周转率。JIT 存货管理法由日本丰田公司的副总裁大野耐一在 1953 年提出。JIT 存货管理法是存货管理的一场革命，基本理念是“只在需要的时候，按需要的量，生产所需的产品”，以零库存或库存量达到最小为目标。

JIT 存货管理法需要频繁地再订货和再储备。要使 JIT 存货管理法有效运转并避免存货短缺或过剩，供应链上的企业就需要高度合作。日本制造商中存在以大型制造商（如丰田公司）为核心、与多个供应商紧密联系的产业群，也称为经连会。大型制造商通过经连会与供应商密切合作，有效地运用 JIT 存货管理法来组织生产。

在实现准时生产中最重要的管理工具是看板（Kanban），看板是一种生产排程工具，表示某工序何时需要多少数量的某种物料。看板上的信息通常包括：产品名称、制造编号、零件号码、零件外观、容器形式、容器容量、移送地点等。在每个运送零部件的集装箱里都有一块看板，制造商打开集装箱后就将看板交给供应商，供应商接到看板后就开始准备下一批零部件。理想的情况是，下一批零部件送到时，制造商正好用完上一批零部件。通过精确地协调供应与生产，日本制造商大大地降低了零部件的库存，提高了企业周转率，从而增强了企业盈利能力。JIT 存货管理法是日本汽车工业在全球市场上取得竞争优势的一个重要原因，而丰田公司也是全球运用 JIT 存货管理法最娴熟的公司之一。

从看板管理到 JIT 存货管理的实现过程如图 18－4 所示。

由图 18－4 可知，企业通过看板管理实现生产均衡化，而生产均衡化是指总装配线中的后工序在向前工序领取零部件时，均衡地使用各种零部件来生产产品。生产均衡化是实现 JIT 存货管理的前提。生产均衡化表现为缩短作业更换时间和后工序领取。缩短作业更换时间可以实现生产批量最小化，后工序领取可以实现生产同步化。生产同步化是指工序间不为半成品设置仓库，前一工序的加工结束后，立即将加工完成的半成品转到下一工序，装配与加工几乎同时进行。最终通过生产批量最小化与生产同步化实现 JIT 存货管理。

看板管理是 JIT 存货管理不可或缺且最独特的一部分，因此也有人将 JIT 系统称为“看板系统”。但这种说法并不正确。日本筑波大学的门田安弘教授曾指出：“丰田生产方式是一个完整的生产技术综合体，而看板管理仅仅是实现准时生产的工具之一。把看板管理等同于丰田生产方式是一种非常错误的认识。”

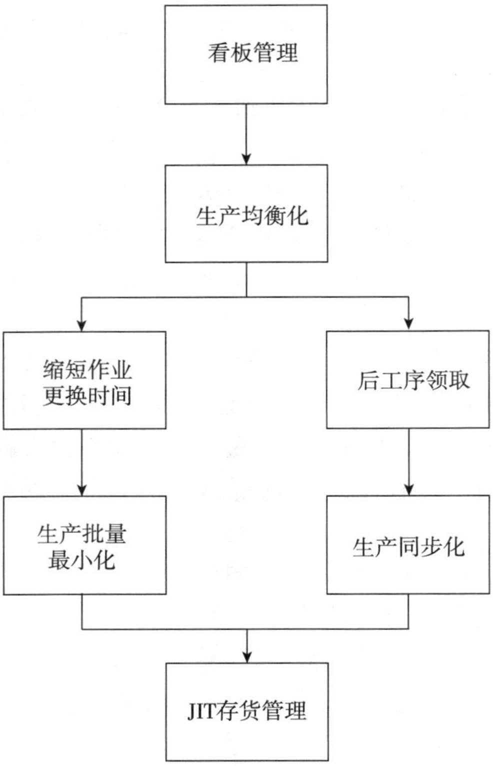

图 18－4　从看板管理到 JIT 存货管理的实现过程

许多大型零售商使用 JIT 存货管理法来最大限度地降低库存成本，并在适当的时间为客户提供大量商品。例如，美国大型零售商沃尔玛和塔吉特随着对特定商品的需求升温来安排这类季节性商品的到货，随着季节的结束和需求的减退，货架被清理而为下个季节的特定商品腾出空间。

JIT 存货管理法在 20 世纪 70 年代末期从日本引入我国。长春第一汽车制造厂最先开始应用看板管理法来控制生产现场作业。到了 1982 年，长春第一汽车制造厂采用看板取货的零件数已达生产零件总数的 43%。

JIT 存货管理法最大的特点就是低库存甚至实现零库存，所以可以有效地降低存货的持有成本，减少流动资金的占用，从而增强企业的盈利能力。但 JIT 存货管理法有一个致命的缺点，那就是供应链的潜在中断。如果供应商无法及时交付原材料，可以想象这可能会使整个生产过程中断，而无法满足订单需求。例如：在受疫情影响的三年时间里，丰田公司在 2021 年反复停产、减产，也让汽车生产失去平衡。因此，冗余机制在缺货时比按时、按量的机制更为重要。JIT 存货管理法中固有的隐性支出也同样重要，尽管不那么引人注目。生产较小数量的待售商品意味着每次装运的原材料花费较少，但实际上最终会使公司付出更大成本。生产水平高的企业受益于规模经济，即随着产量的增加，生产每件商品的平均成本实际上降低了。供应商对大量批发购买会提供折扣优惠。采用 JIT 存货管理法的企业可能会为每件商品支付更高的成本，因为它们必须下较小而更频繁的订单，而这些订单不符合享受此类折扣优惠的条件，况且频繁订购会产生额外的运输和交付费用。另外，JIT 存货管理法存在的另一个弊端是，整车企业很难与底下供应商进行接触，客户网络无法共享，也无法溯源。2011 年日本发生大地震，瑞萨工厂一度停产让车企深受影响，而车企却浑然不知瑞萨竟是其 Tier1 的主要供应商，它们无法预判风险所在。因此，增强终端供应链的可见性很重要。

第 3 节　供应链金融在存货管理中的应用

18.3.1　供应链融资

作为一种金融服务，供应链金融的运营模式主要包括商业银行主导模式、核心企业主导模式、物流企业主导模式，以上三种为传统的供应链金融模式。同时，随着互联网科技的发展，电商平台模式和 P2P 平台模式则作为供应链金融互联网化的典型代表崭露头角。

拓展阅读

央行等八部门出手规范供应链金融创新

供应链融资是指一个产业供应链中的多个上下游企业，凭借在供应链上所处的地位，以信息流、资金流以及物流的良好运行为保障，以具有业务往来的核心企业为中心，高效便捷地获得银行贷款的活动。中小企业融资难正是供应链金融要解决的首要问题，而存货融资是中小企业在供应链金融体系中获得资金来源的重要融资业务。

存货融资又称融通仓模式。顾名思义，“融通仓”指的是集金融、流通、仓储于一体的思想，是将资金流、信息流、物流统一起来综合管理的融资模式。简单来说，存货融资就是指借款人以存货为质押物、以存货产生的收入为主要还款来源的业务活动。本节主要讨论由物流企业主导的供应链金融模式，在存货融资过程中，除了融资企业和提供贷款的金融机构外，还有第三方物流企业的参与。在存货融资模式下，中小企业可以全面质押仓库中的存货，充分利用长期积压的货物，完成资金的优化配置。

对于银行等金融机构来说，首要解决的是风险问题。从官方公布的数据来看，2024 年第四季度末，我国商业银行不良贷款余额为 3.3 万亿元，不良贷款率为 1.5%，可见银行贷款质量还有待提高。抵押贷款是银行贷出资金的惯用方式，银行为控制风险就需要对抵押物价值进行全面有效的评估，而我国银行抵押业务主要是对住房等不动产进行估值。由于各行各业的货物不计其数，因此评估起来需要耗费极大的时间和人工成本。物流企业具备较强的货物资产评估能力，因而能够充当让金融机构信任的担保人，为生产企业提供担保，成为生产企业融资过程中的重要角色。与传统的抵押贷款融资相比，存货融资是将存货作为质押物，而且它不是主要体现作为贷款方的金融机构与借款企业双方的责权关系，而是更加突出第三方物流企业的作用。

18.3.2 存货融资模式选择

在具体业务上，存货融资分为质押担保融资和信用担保融资。

（一）质押担保融资

在质押担保融资过程中，借款企业将存货作为质押物存入物流企业指定的仓库中，然后由物流企业对货物进行核查、估值，开出相关证明文件。由于有了物流企业提供的担保，银行等金融机构就会根据存货价值向借款企业发放相应比例的贷款。借款企业想要收回存货进行销售，就需要按照规定偿付相应的借款。

质押担保融资的具体流程如图 18-5 所示：

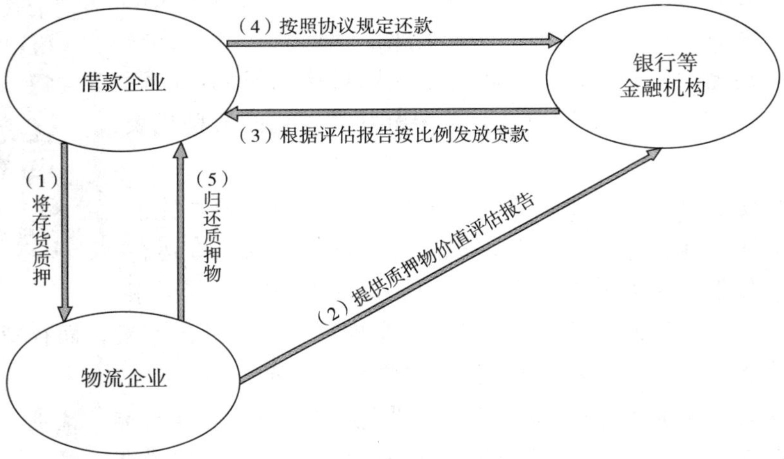

图 18-5 质押担保融资流程

（1）质押货物。借款企业以存货为质押物，向银行等金融机构办理融资。借款企业首先将货物寄存在物流企业的融通仓中进行仓储、监管，此时物权实际上已经转移到物流企业手中。

（2）价值评估。存货融资需要引入物流企业来对借款企业的质押存货进行验收入库和价值评估，同时签字盖章，出具证明文件。

（3）发放贷款。在前面两步的基础上，借款企业能够获得银行等金融机构的授信并获得融资，借款企业（采购方）凭借从银行等金融机构处获得的贷款向核心企业（供应商）支付货款，然后借款企业获得货物并销售出去。

（4）按规定还款。借款企业按规定一次或多次还款，金融机构根据还款情况开具证明。如果借款企业发生违约，未能还款或未及时还款，金融机构则享有优先求偿权。

（5）归还质押物。物流企业根据金融机构开具的还款证明，将质押存货由仓储方面核实后归还借款企业。

显然，采用质押担保融资模式，借款企业可以将先前被存货占用的资金盘活，有效提升资源配置效率。质押担保融资模式更有利于中小企业扩展经营，扩大市场规模。

（二）信用担保融资

信用担保融资，是指银行等金融机构按照物流企业的经营规模、经营绩效、资产负债率和信用状况等指标授予其一定的信贷额度。信贷资金会被发放给那些满足条件的物流企业，物流企业直接为客户提供质押融资服务。物流企业同时为客户提供了仓储服务和质押融资服务。

相比质押担保融资，信用担保融资的好处在于节约了成本，金融机构不再进行烦琐的仓单审查工作，省去了融资过程中各种耗时费力的程序。信用担保融资的具体流程如图 18－6 所示。

（1）金融机构根据物流企业的经营和信用状况授予其一定的信贷额度；

（2）借款企业将质押物送到物流企业融通仓中，交由融通仓监督管理；

（3）物流企业根据信贷额度，参考质押物价值向借款企业发放一定比例的贷款；

（4）借款企业按照规定向物流企业还款。

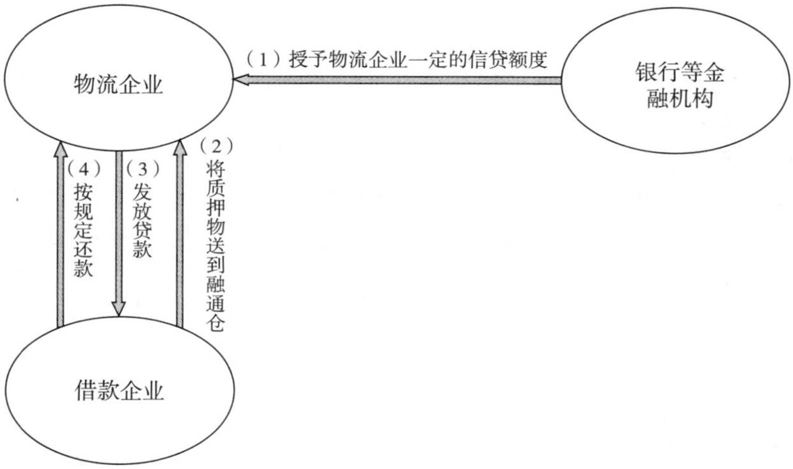

图 18－6　信用担保融资流程

18.3.3　存货融资的主要风险

虽然存货融资缓解了金融机构面临的信息不对称问题，使中小企业获得了融资，显著降低了中小企业的融资困难程度，但是存货融资存在的潜在风险也是不言而喻的。具体来看，存货融资主要存在以下三方面的风险：

1. *存货风险*

存货风险是指存货自身存在的风险。首先，存货的产权是否清晰明确十分重要，产权清晰是保证货物转移过程中三方不会产生纠纷的必要条件。其次，存货的价格波动和是否容易出售进而变现都会对其质押价值产生影响。因为价格波动太大的货物难以进行准确的价值评估，且当借款企业违约时，不易出售的货物的变现成本过高，导致收回的资金低于发放的贷款。最后，存货的属性，比如易腐蚀、易挥发等特性都会影响其质押价值。

2. 信用违约风险

信用违约风险主要针对需要资金的中小企业，这些借款企业本身的规模就不大，偿债能力十分有限，难免会遇到突发情况而出现资金周转不灵。如果中小企业没有按期还款或者无法还款，提供贷款的金融机构就要自行处理质押物。

3. 操作风险

操作风险主要产生于物流企业和金融机构。充当质押物的存货将交由第三方物流企业管理，那么物流企业的仓储管理能力就会影响存货的安全。如果仓储设备老旧，人员效率低下，不仅会增加管理成本，而且可能导致存货价值受损。对于金融机构而言，操作风险主要体现在流程管理以及人员对业务的熟悉程度方面，质押物检查、合同签署、批准放款等主要流程都需要保证不出差错，否则就会对相关主体造成损失。

思政课堂

2021 年政府工作报告首提创新供应链金融服务模式，国家发展改革委等部门于 2021 年 3 月 16 日发布了《关于加快推动制造服务业高质量发展的意见》。值得关注的是，该文件在“拓宽融资渠道”方面与 2021 年政府工作报告的精神一脉相承，强调了要创新发展供应链金融，开发适合制造服务业特点的金融产品等举措。同时要大力支持制造业企业发挥自身供应链优势赋能上下游企业，促进各环节高效衔接和全流程协同；健全制造业供应链服务体系，稳步推进制造业智慧供应链体系，创新网络和服务平台建设，推动制造业供应链向产业服务供应链转型。

本章小结

存货是指企业在日常经营活动中为销售活动而持有的产成品、仍处于生产过程中的在产品或生产过程中将消耗的原材料。一般来说，企业的存货分为三类，即原材料、在产品和产成品。存货管理又称库存管理和存货控制，是指订购、存储和使用公司库存的过程。

ABC 分类法的主要思想就是对决定某事物的因素分清主次，找到少数可以起决定性作用的因素和占多数但对事物影响程度较小的因素，从而将更多注意力放在关键因素上，以取得最好的管理效果。经济订购批量（EOQ）模型法是用来确定最优存货水平的一种经典方法。对存货管理的分析涉及确定使各种成本之和最小的存货订购批量，即经济订购批量。

物料需求计划和准时制是管理引致需求存货的两种方法。物料需求计划（MRP）是一种将存货管理和生产计划合二为一的计算机辅助生产计划。物料需求计划（MRP）的基本理念是，一旦确定所需产成品的存货量，就可以确定多少半成品才能满足产成品的需要。准时制（JIT）是一种现代管理引致需求存货的方法。JIT 存货管理法的目标就是在满足准时生产的前提下，只保留足够的存货，使引致需求存货最小化，从而最大化周转率，以零库存或库存量达到最小为目标。

存货融资是指借款人以存货为质押物、以存货产生的收入为主要还款来源的业务活动，在存货融资过程中，除了融资企业和提供贷款的金融机构外，还有第三方物流企业的参与。在存货融资模式下，中小企业可以全面质押仓库中的存货，充分利用长期积压的货物，完成资金的优化配置。在具体业务上，存货融资分为质押担保融资和信用担保融资。存货融资的主要风险包括：(1) 存货风险；(2) 信用违约风险；(3) 操作风险。

中国公司金融实践

浙江嘉欣丝绸股份有限公司（以下简称嘉欣丝绸）坐落于"中国绸都"嘉兴，前身是1983年成立的嘉兴市丝绸公司，深耕近四十年，已经成为一个以丝、绸、服装为主业，进行多元产业布局的现代化企业集团，现拥有全资及控股企业30多家，业务覆盖工业制造、国际国内贸易、品牌、行业供应链平台、房产、教育等六大板块，拥有最完整的丝绸全产业链，是中国最大的丝绸产品研发与制造企业之一。

旗下中国茧丝绸交易市场（金蚕网）是1992年经国家外经贸部和纺织工业部批准的全国性茧丝绸专业交易市场，拥有深厚的国资背景，中国丝绸进出口总公司和几家国有省级丝绸进出口公司都是股东。2013年，中国茧丝绸交易市场嘉兴指数被中国社会科学院财经战略研究院评为"中国十大最具影响力商品市场指数"，该指数已逐渐成为全球丝绸定价的风向标。

中国茧丝绸交易市场拥有由国家茧丝绸行业风险发展基金资助建立的先进的计算机交易网络系统（金蚕工程）、完善的资金结算中心和覆盖行业产销区域的物流、金融配套服务体系。经过多年发展，中国茧丝绸交易市场已成为我国茧丝绸行业的交易、价格、信息、物流和供应链服务中心。

2014年，嘉欣丝绸通过控股子公司嘉兴市中丝茧丝绸市场发展有限公司开展供应链金融业务，公司在2亿元额度内为供应链企业提供财务资金融通，财务资助对象主要为中国茧丝绸会员单位及驻场企业，以茧丝绸市场交易产品作为供应链金融质押物。此外，公司于2015年公告拟以12.06元/股的价格非公开发行不超过5 720万股，募集资金6.6亿元，其中5.5亿元用于金蚕网茧丝绸行业供应链金融业务的实施。在2016年通过了中国工商银行"茧丝绸供应链融资核心企业"的资格审批，与银行合作开发了三方闭环的茧丝绸供应链融资业务模式。

金蚕网茧丝绸行业供应链金融服务正是通过金蚕网在行业中所发挥的核心枢纽作用，采用与金融机构合作及融资租赁模式，针对企业的不同需求推出多元化的融资方案，为茧丝绸产业链上下游企业提供一站式融资服务，帮助解决行业内中小企业融资难的问题。

思考题

1. 嘉欣丝绸供应链金融模式的成功主要源于哪些方面的优势？
2. 你如何看待未来该模式的发展？

课后习题

简答题

1. **存货管理** 试述存货管理对企业的重要性以及当前主要的存货管理方法。
2. **ABC 分类法** 简述 ABC 分类法在存货管理中的主要思想。
3. **EOQ 模型法** EOQ 模型法需要满足哪些主要的假设？
4. **EOQ 模型法** 评价 EOQ 模型法对现代企业存货管理的指导意义。
5. **供应链存货融资** 与传统融资方式相比，供应链存货融资具有哪些方面的优势？
6. **存货融资模式** 供应链存货融资主要有哪些模式？
7. **存货融资模式** 谈一谈存货融资模式在互联网化趋势下面临的机遇和挑战。

计算题

1. **经济订购批量** 假设某投影仪制造商每年销售 2 500 台，每期订购 900 台投影仪的零件，零件以套计数，每套零件匹配一台投影仪，单次订购成本为 200 元。由于投影仪属于贵重设备，对储存温度和湿度都有一定要求，单台投影仪的年储存成本为 100 元。请问该公司的存货持有成本和经济订购批量为多少？

2. **经济订购批量及其拓展** 一家化工企业每年耗费原材料 7 000 千克，这种原材料的售价为每千克 80 元，单位储存成本为 15 元，单次订购成本为 525 元。假定每日消耗的原材料数量保持不变。

（1）假定每日消耗的原材料数量不随订购批量的变化而变化，经济订购批量以及该订购批量下的存货总成本为多少？

（2）如果企业购买的原材料从订货日至到货日的时间为 8 天，则企业的再订购点在什么水平？

（3）如果供货商决定开展促销活动，只要订货超过 1 000 千克就提供 3%的批量折扣，那么此时的最佳订购批量应该是多少？

3. **经济订购批量** 某汽车零部件公司计划下一年度生产特种轮胎 30 000 只，这种轮胎需要在普通轮胎的基础上加工制得。由于该公司只生产高端产品，普通轮胎只能向供应商购买。一年按照 300 天计算，生产率为每天 100 只，单次订购准备费用为 300 元，交货期为 5 天，单位生产费用为 10 元，单只轮胎的储存费用为 8 元/年，试求经济订购批量和再订购点。

综合案例

菜鸟网络供应链金融平台风险研究

PART SIX

6

|第6篇|

公司金融专题篇

第 19 章

公司并购与重组

章前引例

2022 年，中国物流行业迎来了一次重大变革。作为国内领先的供应链解决方案提供商，京东物流宣布以 89.76 亿元的价格收购了德邦股份 66.5%的股权，这一举措不仅刷新了中国物流行业并购金额的纪录，更标志着京东物流在大件快递和快运市场的深远布局。

此次收购背景与党的二十大报告提出的高质量发展战略不谋而合。报告强调了构建现代化经济体系、推动经济结构优化升级的重要性，同时提出了加强国家战略科技力量、增强产业链供应链自主可控能力的要求。京东物流的这一战略举措，正是对国家战略的积极响应。收购过程充满策略与智慧。从市场传闻到最终公告，再到获得监管机构的批准，每一步都体现了企业在收购过程中的谨慎与精明。京东物流通过此次收购，不仅弥补了自身在快运网络方面的不足，更通过德邦股份的专业能力和市场优势，加强了在供应链物流服务方面的核心竞争力。

京东物流斥资近 90 亿元收购德邦股份是否合理？此次收购动机又是什么？本章将深入探讨并购与重组策略、过程及其对企业价值的影响。学完本章后，相信读者会对此次收购事件有一个新的了解。

学习目标

- 掌握公司并购的基本概念。
- 掌握公司并购的基本形式。
- 掌握公司重组的基本模式。
- 了解公司并购的支付方式。
- 掌握协同效应的概念及来源。
- 了解并购与重组的会计处理以及法律规定。
- 提升自身的政治素养和法治意识，深刻认识公司的并购与重组活动在服务国家战略等方面起到的重要作用。

第1节 公司并购与重组概述

19.1.1 公司并购的基本形式

公司的扩张通常有两种方式——内在成长与外部扩张，外部扩张通常是通过公司并购来实现的。公司并购即公司之间的兼并与收购行为，是公司法人在平等自愿、等价有偿的基础上，以一定的经济方式取得其他公司法人产权的行为，是公司法人进行资本运作和经营的一种主要形式。公司并购具有成本低、速度快，可以帮助企业迅速扩大生产规模或者扩展分销渠道的优点。

公司并购主要包括公司合并、资产收购、股权收购三种形式。

1. 公司合并

公司合并是指两家或两家以上的公司按照公司法所规定的条件和程序，通过订立合并协议，共同组成一家公司的法律行为。公司合并可以分为吸收合并和新设合并两种形式。吸收合并又称存续合并，它是指通过将一家或一家以上的公司并入另一家公司的方式而进行公司合并的一种法律行为。被合并的公司解散，其法人资格消失。接受被合并公司的公司继续存在，并办理变更登记手续。新设合并是指两家或两家以上的公司以注销各自的法人资格为前提而合并组成一家公司的法律行为。结果是，原有公司的法人资格均告消失。新组建公司办理设立登记手续取得法人资格。公司合并的效应主要是优化资源配置、形成规模经济、增强市场竞争力、提高经济效益。

2. 资产收购

资产收购是指一家或几家公司的资产转让给一家新成立或收购前就存在的公司以取得各种形式的转让收入（包括股权、其他有价证券、现金、其他财产或债务免除）。在资产收购交易中，转让企业可以在转让后继续存在，也可以通过清算将资产转让所得分配给原股东。因此，资产收购是一种外延范围较大的改组业务，可能是整体资产转让，也可能是正式的依法进行的吸收合并，还可能是非正式的经济性合并，或是公司分立。

3. 股权收购

股权收购可通过两种方式进行：一是购买目标公司股东的股份；二是向目标公司的股东发行收购方的股份，换取前者持有的目标公司股份。前一种方式使资金流入目标公司的股东账户，后一种方式不产生现金流（还可合理避税）。收购方购买目标公司一定比例的股权，从而获得目标公司控制权，则被称为合并，未取得目标公司控制权时被称为投资。投资目的可能是看准了此项投资未来有较高的收益率，也可能是为了加强双方的合作关系或为了进入某个产业领域做准备，还有可能是为了获得目标公司的无形资产（专利权、商标权等）。

股权收购和资产收购都是公司进行并购常用的形式，虽然从字面上看两者都是收购，但是二者在以下几个方面存在区别：

（1）标的不同。

股权收购的标的，是目标公司的股权。股权收购的主体是收购方和目标公司股东。目标公司股权发生转让，一般不影响目标公司的资产运营和生产经营。资产收购的标的，是目标公司的资产，如设备、房产、土地等有形资产以及专利、商标等无形资产。资产收购的主体是收购方和目标公司。资产收购将导致目标资产的流动，但目标公司的股东结构和公司性质可能并不发生变更。收购的资产可能被吸收纳入收购方，也可能另设企业独立经营。

（2）交易性质不同。

股权收购实质上为目标公司的股权转让，权利和义务只在收购方和目标公司股东之间发生。收购方通过收购行为成为目标公司股东，并获得了在目标公司的股东权，譬如分红权、表决权等，但目标公司本身的资产并没有变化，因此收购方可能更加关注目标公司的经营状况以及发展前景。

资产收购为一般的资产买卖，涉及的是买卖双方有关资产转让的合同权利和义务，通常不会影响目标公司的股东。但也有资产由于是在公司名下，且收购方以获得资产为目的，因此最终呈现为以股权转让方式进行，例如公司名下拥有的土地、房产等。该类收购以资产为目的，因此对目标公司的经营状况关注度不高。

（3）变更内容不同。

股权收购因为股东变动须办理股东变更手续，而部分资产收购一般需要对资产的权属进行变更，程序比股权变更复杂。

（4）债权债务承担不同。

股权收购后，收购方成为目标公司股东，收购方作为新股东将以出资额或股份为限对目标公司承担责任，目标公司的原有债务仍然由目标公司承担。因此，股权收购存在一定的或有负债风险。在资产收购中，通常债权债务比较清晰，或有负债风险较小。

（5）税收不同。

股权收购的纳税义务人是收购方和目标公司股东，而与目标公司无关，主要涉及所得税及印花税。资产收购的纳税义务人是收购方和目标公司，根据目标资产的不同，纳税义务人需要缴纳不同的税种，主要有增值税、所得税、契税和印花税等。

（6）政府审批差异。

在股权收购中，因为目标公司性质不同，相关政府部门的监管态度亦有所不同。如果收购不涉及国有股权、上市公司股权，通常只需办理变更登记。如果收购涉及外资，通常情况下需要经商务部门审批并办理变更登记；如果收购使得市场份额达到规定的标准，根据反垄断法等相关规定，收购交易可能还需要经过反垄断审查机构的审批；如果收购涉及国有股权，需要经过国有资产管理部门的审批，并且经过评估、进场交易等程序；如果收购涉及上市公司股权，还需要经过中国证监会的审批。相对而言，收购方会承担较大的审批风险。

在资产收购中，需要留意转让的资产属于何种情形。如果不涉及国有资产、上市公司资产，通常不需要相关政府部门的审批。对于外商投资企业，如果目标资产属于曾享受过进口设备减免税优惠待遇并仍处在海关监管年限内，根据相关规定，必须得到海关的许可并补缴关税后才能转让。如果涉及国有资产，还需要经过资产评估、挂牌转让等程序。如果涉及上市公司重大资产，上市公司还应报中国证监会批准。

（7）受第三方权益限制因素不同。

在股权收购中，受影响最大的是目标公司股东。比如，股份有限公司需要在场内交易，有限责任公司需要过半数股东同意并且放弃优先购买权，合营公司需要合营他方同意等。

在资产收购中，受影响最大的是对该资产享有权利的人，如担保人、抵押权人、商标权人、专利权人、租赁权人。对于资产的转让，必须得到相关权利人的同意或者必须履行对相关权利人的义务。

19.1.2 公司重组的基本模式

公司重组是为了在战略上改善公司的经营管理状况，推动企业创新、增强企业核心竞争力，针对公司产权关系或债务、资产、管理结构所开展的公司改组及整合的过程。公司重组通过对企业资源进行合理配置，实现资产保值增值的目标。通常来说，公司重组有以下三种模式：分立型公司重组模式、分拆上市型公司重组模式与整体上市型公司重组模式。

1. 分立型公司重组模式

分立型公司重组模式是指母公司将自身在某子公司所持股份按母公司股东在母公司中的持股比例分配给母公司股东，从而在法律上和组织上将子公司的经营分离出去，形成两家相互独立的股权结构相同的公司。在这一分立过程中，不会出现股权和控制权向母公司及其股东之外的第三者转移的情况。

分立型公司重组模式根据原有法人资格是否存在，可以划分为新设分立和派生分立。新设分立，是指一家公司将全部财产进行分割，分别归入两家或两家以上新公司的行为。新设分立以原公司的法人资格撤销为前提，因此又被称为解散分立。在新设分立中，原公司的财产按各家新设立公司的宗旨、性质、业务范围进行重新分配组合，同时原公司的债权债务由新设立的公司分别承受。派生分立，是指一家公司将一部分财产或业务依法分出，形成两家或两家以上公司的行为。在派生分立中，原公司保持法人资格，继续存在，因此派生分立又被称为存续分立。原公司的债权债务可由原公司和新公司分别承受。

2. 分拆上市型公司重组模式

分拆上市是指母公司将一部分资产转移到新设立公司，再将子公司的部分股权拿出来向社会出售。认购股权的人可以是母公司股东，也可以不是。这种重组方式可以在不丧失控制权的情况下给母公司带来现金收入。同时母公司股东也可以自由改变对母公司和子公司两家公司的投资比例，投资决策更加灵活。

由于多元化经营的公司通常存在不透明的问题，而且公司是否能够在互不相关的行业同时经营好一直受到投资者的质疑，因此，当这类多元化经营的公司将主要子公司分拆上市时，母公司和子公司在市场上的估值大多会增加，即出现价值释放现象。

公司分拆主要分为三类：横向分拆、纵向分拆和混合分拆。横向分拆是指对母公司的股权进行分离，分拆出与母公司从事同种业务的子公司，实现子公司的首次公开发行。纵向分拆是指由于母公司所从事业务涉及某一产业链的不同环节，将母公司的股权分离后，分拆出与母公司从事同一行业但处于产业链不同环节的子公司并进行首次公开发行。混合分拆是指由于母公司进行多元化经营，因而将母公司的业务结构中与母公司核心业务关联度较小的某一类型业务分离出去，组建一家可以首次公开发行的公司，以便母公司与子公司可以更好地集中资源优势，做大做强核心业务，提高竞争力。

3. 整体上市型公司重组模式

整体上市是指一家公司将主要资产和业务整体改制为股份公司上市的做法。实现整体上市的方式主要有两种：一是通过整体改制后首次公开发行上市；二是借助所控股的上市公司，通过吸收合并或资产重组的方式实现经营性资产的整体上市。按上市地点划分，整体上市又可以分为境内上市和境外上市两种。

整体上市能为公司带来以下好处：业绩增长和估值溢价。整体上市有利于更好地利用和发挥集团的资源及优势，完善公司产品结构，提高盈利水平，因此能带来业绩增长的好处。另外，由于注入了优良资产，主业更加突出，关联交易和同业竞争大幅减少，公司的行业地位更有优势，因此整体上市会带来估值溢价的好处。

19.1.3 善意接管与敌意接管

按照并购方和目标方的合作态度，即目标方同意与否，并购可以分为善意接管和敌意接管。大多数并购都是善意接管，此时并购是在友好的氛围中开展的，并购企业选择并购策略，决策愿意支付的最高价格，确定初始标价，并与目标企业联系，并购企业的执行总裁一般会对目标企业的执行总裁提出并购建议。如果目标方接受，并购最终达成，此时的并购被称为善意接管。

当然，并不是所有的并购都是善意的。目标方管理层可能拒绝并购，那么此时并购方就必须决定是否还要继续。敌意接管就是指在目标方管理层拒绝后，并购方依然以各式手段强行并购，例如通过并购委托书、收购股票等接管目标方。

敌意接管一般采用要约收购和竞价收购的方式。要约收购是指收购方通过直接向目标方股东发出以高出当时市价的水平购买后者手中股票要约的方式完成的收购。竞价收购是指收购方通过证券交易所集中竞价的方式完成的收购。

19.1.4 并购的支付方式

在并购中常用的支付方式有现金支付、证券支付和综合支付几种。在现实生活中，这几种支付方式各有利弊，采用哪种支付方式要视实际情况而定。

1. 现金支付

现金支付是指并购方通过支付一定数量的现金来购买目标方的资产或股权，从而实现并购交易的一种支付方式。

现金支付的优越性主要表现在以下几个方面：

（1）程序相对简单，可以减少并购方的决策时间，避免错过最佳并购时机。

（2）可迅速直接达到并购目的。

在激烈的市场竞争条件下，选择一个目标方并非易事。并购方可以果断利用现金这一支付工具迅速达到并购目的。另外，在进行并购交易时，如果目标方的股东和管理层对并购方怀有敌意，目标方则很有可能会进行反并购布防，而现金并购可以隐藏并购方的准备工作，使目标方措手不及。

（3）可确保并购方控制权稳定。

一旦目标方股东收到了对所持有股份的现金支付，就失去了对目标方的权益。对于并购方而言，用现金支付时现有的股东权益不会因此被稀释，也不会产生控制权转移的反向并购。

（4）现金是一种价值稳定的支付工具。

现金不存在流动性变化或者变现的问题，目标方股东所获得的支付价值是确定的。这有利于这些股东权衡利弊从而尽快促成交易，他们也不必承受因证券支付而带来的收益不确定性。

当然，现金支付也有弊端，主要表现在以下几个方面：

（1）受即时付现能力的限制。现金支付要求并购方在确定的日期支付相当大数量的货币，这就受到本身现金头寸的制约。

（2）因为并购方在市场结构中占据的地位不同，获现能力的差异较大，交易规模也会受到限制。

（3）在跨国并购中，采用现金支付方式则意味着并购方额外面临货币的可兑换性风险以及汇率风险。

2. 证券支付

证券支付中最常见的方式是股票支付，股票支付是指并购方以自身或控股企业的股票作为支付手段来购买目标方的资产或股权，从而实现并购交易的一种支付方式。如果以股票支付的方式购买目标方的股票，这类交易被称为换股收购或换股合并。相应地，换股收购是就支付方式而言的，不是就融资方式而言的。股票支付不同于并购融资中的股票融资，股票融资无论是公开增发还是定向增发均是以增发股票的方式融得现金，这些现金可能是并购现金支付中的现金来源。

股票支付的优点主要表现在以下几个方面：

（1）能应对规模较大的交易。当目标方规模较大时，使用现金支付方式来完成并购交易对并购方的即时获现能力和未来现金回收率要求很高。采用股票支付方式，并购方就无须另行筹资来支付并购费用，公司的营运资本不会遭到占用，从而减轻了现金压力。

（2）并购交易完成后，目标方股东不会失去其股东权益，并购后的公司由并购双方股东共同掌控，但是大多数情况下并购方股东握有经营的主导控制权。

（3）并购双方股东共同承担估价下降风险。

比如 X 公司很难对目标 Y 公司进行估价，若用现金支付，并购后发现 Y 公司有一些

"家丑"，那么全部亏损都将由X公司股东承担；但若采用股票支付，Y公司股东将分担亏损。

股票支付的不足主要表现在：

(1) 使得并购方现有的股权结构发生变化，老股东拥有的权益比例将下降。若股权变动足够大，老股东将面临失去公司控制权的风险。

(2) 并购方增发新股可能会使每股权益下降，特别是如果目标方盈利状况较差或支付价格较低，必然会稀释老股东的原有权益。

(3) 并购方增发新股会使每股净资产下降，从而对股价产生不利影响。这制约了老股东的流动性需求和持有该股票的良好预期。

(4) 收购成本具有不确定性，这加大了并购风险，同时还会招来风险套利者。风险套利者会抬高目标方的股价，打压并购方的股价，以便在并购后对冲抵补获利，这种情况就会导致并购方收购成本的增加。

(5) 受到上市规则的制约，并且程序相对复杂，可能会延误，并且会给怀有敌意的目标方进行反并购布防提供便利，也给竞争对手提供了参与竞争的机会。

3. 综合支付

综合支付是指利用多种支付工具的组合来完成并购交易的一种支付方式。支付工具不仅包括现金和普通股，而且包括优先股、认股权证、公司债券、可转换债券、资产等多种形式。

(1) 优先股。

优先股股东具有特别权利，即优先于普通股股东以固定的股息分取公司收益，并且在公司清算时享有优先分取剩余资产的权利，但优先股股东参与公司管理等的权利受到限制。首先，使用优先股作为支付工具，对并购方来说不会占用营运资本，且能避免即时付现。其次，优先股没有表决权，就避免了发行股票时产生控制权的转移。另外，优先股具有在并购后有无盈利都要支付股息的不足。如果优先股是可转换优先股，在一定条件下允许持有者将它转换成普通股，则当被转换为普通股时，它的执行价格通常要高于普通股当前的市价，使并购方有利可图。对于目标方股东而言，优先股在发行人分配税后利润的情况下能获得固定股息，对想要获得长期稳定收益的股东具有一定的吸引力。

(2) 认股权证。

认股权证是一种由上市公司发行的，在有效期内赋予持有人以指定价格购买该公司一定数量新股权利的证明文件。由于权证允许持有人以约定价格在约定时间购买或者出售约定数量的标的资产（有权利但无义务），因此，它并不会在发行权证之初就改变上市公司的股本结构和股东结构。

对并购方而言，发行认股权证的好处是既可以达到筹资和置换目标方资产的目的，也可以延期支付股利，从而为公司提供额外的股本基础。但是，一旦认购权被行使，就会涉及公司控制权的稀释。因此，在发行认股权证时要保障并购方原始股东的利益，要按控股比例派送给原始股东。

目标方股东和其他认股权证持有人不能被视为公司股东，不能享受正常的股东权利，也不可能获得公司控制权。购入认股权证后，持有人所获得的是一种换股权利，是否行使权利则不受任何约束。认股权证之所以具有吸引力，一方面是由于投资者对并购后公司的发展前景有较好的预期；另一方面是由于在价格上它比股票要便宜，认购款项可延期支付的机动性比较强，获利的可能性比较大。

（3）公司债券。

公司债券能作为一种支付工具，首先要能在证券交易所或场外交易市场流通。相对于股票，发行公司债券可以节省不少融资成本。对并购方股东来说，以公司债券作为支付方式并不改变公司控制权的结构；对目标方股东来说，债券可以减少信息不对称等问题，目标方股东能减轻市场预期所带来的烦恼。

（4）可转换债券。

可转换债券是指发行人向购买者提供一种选择权，后者在一定期限内可以按某一特定的价格将债券转换为股票。

从并购方的角度看，采用可转换债券这种支付方式的好处是：

1）提供了一种能以比现行价格更高的价格出售股票的方式。

2）能以比普通债券更低的利率和更宽松的合约条件来发售债券。

对目标方股东而言，采用可转换债券也有一些优势：

1）可转换债券具有双重性质：债券的安全性和类似股票的可使本金增值的特性。

2）在股票价格比较低的时候，持有人可以将转换期延长到预期股票价格将要上升的时候。

拓展阅读

优化再融资和并购重组政策，有效激发市场活力

（5）资产。

存货、固定资产等资产有时也可以作为一种支付方式。这时，交易双方先将资产作价再互相出售资产，这也被称为资产置换。

第 2 节　并购与重组是否创造了价值

19.2.1　协同效应

协同效应指的是并购后的公司竞争力增强，使得净现金流量超过两家公司独立存在时的预期净现金流量之和，或者并购后的公司业绩比两家公司独立存在时的预期业绩高。

并购产生的协同效应主要包括：经营协同效应、管理协同效应和财务协同效应。

1. 经营协同效应

经营协同效应是指实现协同后的公司生产经营活动在效率方面的提高所产生的效益，即协同改善了公司经营，从而提高了公司效益，包括产生的规模经济、优势互补、成本降低、市场份额扩大、更全面的服务等。

经营协同效应主要表现在以下几个方面：

（1）规模经济。

规模经济是指随着生产规模的扩大，单位产品成本下降，从而收益率提高。显然，规模经济的实现主要是针对横向协同而言，两家产销相同（或相似）产品的企业进行协同后，有可能在经营过程的任何一个环节（产、供、销）和任何一个方面（人、财、物）实现规模经济。

（2）纵向一体化。

纵向一体化主要是针对纵向协同而言。在纵向协同中，目标方要么是原材料或零部件供应商，要么是并购方产品的买主。

（3）市场力或垄断权。

市场力或垄断权主要是针对横向协同而言（某些纵向协同和混合协同也可能会增加公司的市场力或垄断权，但不明显），如横向并购。两家产销同一产品的公司合并，有可能导致该行业的自由竞争程度降低。并购后的公司可以借机提高产品价格，获取垄断利润。因此，以获取市场力或垄断权为目的的协同往往对社会公众无益，也可能降低整个社会经济的运行效率。

（4）资源互补。

协同可以达到资源互补从而优化资源配置的目的。比如，有 X 和 Y 这样两家公司，X 公司在研究与开发方面有很强的实力，但是在市场营销方面能力十分薄弱，而 Y 公司在市场营销方面实力很强，但在研究与开发方面能力不足。如果两家公司合并，就会把整个组织好的部分同公司各部门结合与协调起来，而去除那些不需要的部分，使对两家公司的能力达到协调有效的利用。

2. 管理协同效应

研究管理协同效应的理论又称差别效率理论。管理协同效应主要指的是协同给公司管理活动在效率方面带来的变化及因为效率的提高而产生的效益。在管理效率高的公司与管理效率不高的公司协同之后，低效率公司的管理效率得以提高，那就是所谓的管理协同效应。管理协同效应源于行业和企业专属管理资源的不可分性。

管理协同效应主要表现在以下几个方面：

（1）节省单位产品管理费用。

开展并购，通过协同将许多企业置于同一企业的领导之下，企业管理费用在更多数量的产品中分摊，单位产品的管理费用可以大大减少。

（2）提高企业运营效率。

根据差别效率理论，如果 X 公司比 Y 公司更有效率，在 X 公司并购 Y 公司之后，Y 公司的效率便被提高到 X 公司的水平。效率通过并购得到了提高，从而使整个经济的效率由于此类并购活动而提高。

3. 财务协同效应

财务协同效应是指协同的发生在财务方面给并购后的公司带来收益，包括财务能力提高、合理避税和预期效应。在企业并购中产生的财务协同效应是指在并购发生后通过将并购企业的低资本成本的内部资金投资于被并购企业的高效益项目，从而使并购后企业的资金使用效益得到提高。

财务协同效应主要表现在以下几个方面：

（1）企业内部现金流入量更为充足，在时间分布上更为合理。

并购发生后，企业规模得以扩大，资金来源更为多样化。被并购企业可以从并购企业那里得到闲置的资金，投向具有良好回报的项目，而良好的投资回报又可以带来更多的资金收益。这种良性循环可以增强企业内部资金的创造机能，使现金流入量更为充足。就企业内部资金而言，由于混合并购使企业涵盖了多种不同行业，而不同行业的投资回报速度、时间存在差别，从而使资金回收的时间分布相对平均，即当一个行业产生投资回报时，可以用于其他行业的投资项目，等到该行业需要再投资时，又可以使用其他行业的投资回报。通过财务预算在企业中始终保持着一定数量的可调动的自由现金流量，从而达到优化资金时间分布的目的。

（2）企业资金流向更有效益的投资机会。

混合并购使得企业经营所涉及的行业不断增加，经营多样化为企业提供了丰富的投资选择，企业从中选取最为有利的项目。同时，并购后的企业相当于拥有一个小型资本市场，把原本属于外部资本市场的资金供给职能内部化了，使企业资金流向更有效益的投资机会，最直接的结果就是提高企业投资收益率并明显提高企业资金利用效率。而且，多样化的投资必然降低投资组合风险，因为当一种投资的非系统性风险较大时，另外几种投资的非系统性风险可能较小，由多种投资形成的组合可以使风险相互抵消。资产组合理论认为只要投资项目的风险分布是非完全正相关的，则多样化的资产组合就能够起到降低风险的作用。

（3）企业资本增加，破产风险降低，负债能力和外部融资能力提高。

企业并购扩大了自有资本的数量，自有资本越多，由于企业破产而给债权人带来损失的风险就越小。并购后债务负担能力会从一家企业转移到另一家企业。因为一旦并购成功，对企业负债能力的评价就不再是以单家企业为基础，而是以并购后的整体企业为基础，这就使得原本属于高负债能力企业的负债能力转移到低负债能力企业，解决了负债能力对企业融资产生的限制。另外，那些信用等级较低的被并购企业通过并购将信用等级提高到并购企业的水平，为外部融资减少了障碍。无论是负债能力的相对提高，破产风险的降低，还是信用等级的整体性提高，都可提高企业形象，从而能更容易地从资本市场上取得资金。

（4）企业筹资费用降低。

并购后可以根据整体企业的需要发行证券来筹集资金，避免了各自为战的发行方式，减少了发行次数。而整体发行的费用要明显小于各企业单独多次发行的费用之和，因此企业的筹资费用就大大降低了。

19.2.2 协同效应的来源

协同效应的来源主要可以从收入和成本、税收减免、风险管理三个方面来考量。

1. 收入和成本

企业进行并购的一个重要原因在于联合企业可能会比两家独立企业产生更多的收入。

这些增加的收入主要来源于以下几个方面：

（1）营销利得。

企业在进行并购后通过改进营销策略，可以增加经营收入。一般而言，企业可改进的营销策略包括之前无效或者效率很低的媒介节目和广告投入，薄弱或者不完善的分销网络，以及不平衡的产品结构等。

（2）战略收益。

企业在进行并购后会得到一些战略上的益处，进行资源互补。这些也会带来企业收入的上升。

（3）市场和垄断力量。

企业间的并购可以减少竞争。同行业企业之间的不断并购会使得市场价格上升，企业由此获得垄断利润。

除了收入增加以外，企业进行并购的另一个重要原因是联合企业可能会比两家独立企业更有效率，并购可以提高企业经营效率。这主要表现为规模经济。规模经济即随着产量的提高，产品的平均成本反而更低的现象。规模经济反映的是生产要素的集中程度同经济效益之间的关系。规模经济的特性在于随着产量的增加，长期平均总成本下降。但规模经济仅仅意味着生产规模越大越好吗？答案是否定的。因为规模经济追求的是能获取最佳经济效益的生产规模。一旦企业生产规模扩大到一定程度，边际效益反而会逐渐下降甚至变成负值。在横向并购中，企业可以获得规模经济效益。通过纵向并购，企业也可以获取经营效益，但此时的主要原因在于纵向并购使那些联系密切的经营活动之间的协作变得更加容易。

2. 税收减免

某些并购发生的强大动力则在于可以获得税收利得，由并购产生的税收利得大致有如下几个来源：

（1）经营净损失形成的纳税亏损。

若一家企业同时拥有一个盈利部门和一个亏损部门，那么它的税收将会很低，因为亏损可以将收益抵消。但如果这两个部门是两家相互独立的企业，此时盈利企业是无法利用亏损企业的亏损额来抵消自己的收益的。因此，若出现这种情况，并购可以起到降低税收的作用。

（2）利用未被充分利用的举债能力。

在并购有助于提高负债水平和创造更多税收收益时，存在两种情况。第一种情况是目标企业负债少，并购企业将部分负债分摊给目标企业。第二种情况是目标企业和并购企业都存在最优负债水平，并购降低了风险并且产生了更强的举债能力和更多的税收收益。

1）第一种情况：利用未用的举债能力。

从之前的章节中我们知道，每家企业都拥有一定的举债能力，一定的举债能力是有利的。因为负债越多，抵税收益也就越多，每家企业的最优负债水平是当边际税收收益等于边际财务困境成本时的负债水平。这个负债量的决定因素有很多，但其中最重要的一个因素就是企业的风险水平。举个例子：一家公用事业类企业可以承担的负债权益比要高于一家技术型企业。

一些企业的负债水平低于最优负债水平，可能是因为企业管理者不了解如何合理地评估举债能力，或者企业管理者是风险规避者。企业的负债水平低反而会减少企业价值。

若目标企业是低负债或者没有负债的企业，并购企业在并购完成后能够提高前者的负债水平，从而创造更多的税收收益。

2）第二种情况：提高举债能力。

两只处于不同行业的风险相同的股票，形成资产组合的风险会低于单只股票的风险，两只股票形成的资产组合将会产生单一股票所不存在的多元化效应。并购也一样，并购后企业的风险会低于两家独立的企业，并购使得企业的风险降低，举债能力提高。从之前的章节中我们知道，负债可以产生抵税作用，如果负债水平在并购后提高了，那么税收反而会下降，这是因为支付的利息在并购后提高了，并购后企业支付的税收将会低于并购前两家独立企业支付的税收的总和。

总的来说，我们认为在某种情况下，当目标企业的杠杆水平较低时，并购企业可以把一部分负债分摊给目标企业，从而产生税收收益。在另外一种情况下，当目标企业和并购企业都存在最优负债水平时，并购会降低风险，进而提高举债能力，并能提高税收收益。

（3）剩余资金。

一些拥有自由现金流量的企业，不仅可以用自由现金流量来购买固定收益证券，而且可以用自由现金流量来开展并购活动。在并购情况下，并购企业的股东不仅可以避免因为企业发放股利而付税，而且可以得到由被并购企业发放的免税股利。

3. 风险管理

并购可以降低经营成本，同样地，并购也能对企业的风险进行转移，从而消除一部分原有的风险。

19.2.3 非上市交易和杠杆收购

当一家非上市公司收购一家上市公司的股票时，这家上市公司就会转为非上市公司，这家上市公司的股票也将会离开市场，不再进行交易。这种收购则被称为非上市交易。

杠杆收购又称融资并购、举债经营收购，是一种公司金融手段。杠杆收购一般是指公司利用收购目标的资产作为抵押物，收购此公司的策略。杠杆收购的主体一般是专业的金融投资公司，金融投资公司收购目标企业的目的是以合适的价钱买下，通过经营使目标企业增值，并通过财务杠杆增加投资收益。通常收购公司只出一小部分的钱，收购的资金大部分来源于银行抵押贷款、机构借款和发行垃圾债券（高收益、高风险债券）等，由被收购公司的资产和未来现金流及收益做担保并用来还本付息。如果收购成功并且取得了预期效益，贷款者不能分享收购后公司资产升值所带来的收益（除非有债转股协议）。在操作过程中可能要先安排贷款作为短期融资，然后通过举债完成收购。杠杆收购在国外往往是由收购公司发行大量的垃圾债券，成立一个股权高度集中、财务结构具有高杠杆性的新公司。在中国，收购公司大都是用被收购公司的股权做质押向银行借款来完成收购的。

1. 杠杆收购的步骤

在具体应用中，杠杆收购的步骤如下：

第一阶段：杠杆收购的设计准备阶段。

这一阶段主要是收购企业制订收购方案，与目标企业进行谈判，进行收购的融资安排，必要时以自有资金参股目标企业。

第二阶段：集资阶段。

收购企业先筹集相当于收购价格 10%的资金，然后以准备收购的目标企业的资产为抵押物，向银行借入过渡性款项（相当于收购价格 50%～70%的资金），向投资者推销占收购价格 20%～40%的债券。

第三阶段：收购企业以筹集到的资金购入目标企业的一定股份。

第四阶段：对收购后的目标企业进行整改，以获得相当于收购时所形成负债的现金流，降低债务风险。

2. 杠杆收购的特点

杠杆收购的特点包括：

（1）收购资金绝大部分来自债务融资；

（2）剩余资金部分来自股权融资，通常是财务投资者（私募投资者）；

（3）通过资本重组实现高杠杆的财务结构；

（4）法人主体由旧的公司变为新的公司。

3. 杠杆收购的优点

杠杆收购的优点具体如下：

（1）对收购方的资产或现金要求比较低；

（2）产生了协同效应；

（3）提高了运营效率；

（4）产生了杠杆作用。

19.2.4 并购与重组的会计处理以及法律规定

并购与重组的会计处理主要包括购买法和权益结合法。按照控制对象划分，公司并购可以分为同一控制下的公司并购和非同一控制下的公司并购两种类型。同一控制下的公司并购是指参与并购的双方在并购前后均受同一方或者相同的多方最终控制，且该控制并非暂时性的，在这种情况下一般采用权益结合法。非同一控制下的公司并购是指参与并购的双方在并购前后均不受同一方或相同的多方最终控制，在这种情况下一般运用购买法。

1. 购买法

购买法是将并购视为购买普通资产的交易。假定并购是一家企业取得其他企业净资产的一项交易，并按与购买普通资产相同的原则，对并购进行会计处理。

购买法的特点如下：

（1）并购企业取得目标企业的资产和负债并按照公允价值记录。

（2）并购价格超过并购所取得的目标企业净资产公允价值的部分作为商誉，视企业并购方式的不同，该商誉的列示不同。

（3）并购发生的相关费用的处理：若以发行股票为代价，登记和发行成本直接冲销股票的公允价值，差额计入资本公积；法律费、咨询费和佣金等其他直接费用增加净资产或投资成本，间接费用计入当期损益。

（4）并购企业的利润包括自身当年实现的利润及并购日后目标企业实现的利润。

（5）目标企业的留存收益不能转入并购企业，所以并购企业的留存收益有可能因为并购而减少。

在运用购买法来对并购进行会计处理时，要先解决以下问题：

（1）确定并购生效日。

企业之间的并购并不是一次性就直接完成的，因此在对并购进行会计处理时，若要确定并购价格和获得目标企业可辨认资产和负债的公允价值，首先要确定并购生效日。除此之外，并购生效日的确定还会影响合并利润表，因为在购买法下合并利润表对并购前的损益是不允许追溯的。

（2）确定目标企业可辨认资产和负债的公允价值。

根据购买法的原理，在合并资产负债表时，对目标企业的可辨认资产和负债按照并购日的公允价值计量，并购价格与目标企业净资产公允价值之间的差额为商誉。

2. 权益结合法

权益结合法是两个或两个以上参与并购的企业主体，将资产和权益融合在一起，这时的会计处理不需要重新对资产、负债进行确认和计量，只需要将参与并购的企业的资产、负债、收入和费用按账面价值相加，构成新实体的资产和负债，并调整股东权益。

权益结合法的特点如下：

（1）参与并购的企业的净资产按账面价值计量。

（2）参与并购的企业的当期以及需要披露的资产、负债、收入和费用，均按账面价值计量。

（3）如果参与并购的企业的会计政策及会计处理不一致，应予以追溯调整，以保持并购前后的一致性。

（4）并购发生的所有费用，不论是直接的还是间接的，均确认为当期损益。

（5）不论并购发生在会计年度的哪一个时间点，参与并购的企业整个年度的利润要全部包含在并购后的企业当中。

购买法和权益结合法各具优缺点。在赞成采用购买法的人看来，购买法易于反映并购作为产权交易的经济性质，且符合传统的历史成本原则，即购买资产按购买价格入账；另一部分人则认为，由于股票价格以及可辨认资产、负债的公允价值实际上往往难以客观确定，采用该方法得出的财务信息不一定可靠。但总体来说，由于权益结合法存在难以反映并购的性质且易被用作利润操纵工具等严重缺陷，各国的会计准则制定机构更倾向于购买法。

3. 购买法和权益结合法操作实例

下面通过具体案例来更好地区分购买法和权益结合法。

X 公司在 2020 年年末并购了 Y 公司，X 公司以 3 股 X 公司面值为 1 元的普通股和 Y 公司股东交换 2 股 Y 公司面值为 1 元的普通股，并购前 X 公司的股票以每股 3～3.4 元的价格在市场上交易，考虑到并购后 X 公司增发股票可能导致市场价格下落等因素，确定自家股票的公允价值是每股 2.80 元。并购发生前 X 公司和 Y 公司的资产负债表及相应公允价值如表 19－1 所示。

表 19－1　X 公司和 Y 公司资产负债表及相应公允价值　　单位：元

	X 公司	Y 公司	Y 公司
	账面价值	账面价值	公允价值
银行存款	240 000	210 000	210 000
应收账款（净值）	360 000	190 000	170 000
存货	500 000	200 000	280 000
固定资产（净值）	1 440 000	1 260 000	1 940 000
无形资产	1 100 000	180 000	720 000
资产合计	3 640 000	2 040 000	—
应付账款	420 000	320 000	320 000
应付债券	0	760 000	654 036
股本	1 560 000	610 000	—
资本公积	700 000	240 000	—
盈余公积	960 000	110 000	—
负债及股东权益合计	3 640 000	2 040 000	—

（1）购买法。根据上面给出的案例，通过购买法进行会计处理。

1）确定购买成本。

$$\begin{aligned}X\text{公司发行股票的公允价值}&=\text{每股公允价值}\times\text{发行股票数量}\\&=2.80\times(610\ 000\div1\times3/2)\\&=2\ 562\ 000(\text{元})\end{aligned}$$

$$X\text{公司发行股票的账面价值}=610\ 000\div1\times3/2\times1=915\ 000(\text{元})$$

股票的公允价值和账面价值的差额记作资本公积，此时为 1 647 000 元，X 公司发行股票的公允价值超过所取得的净资产公允价值（2 345 964 元）216 036 元，计作商誉；Y 公司应付债券的公允价值与账面价值的差额 105 964 元计作债券折价。

2）会计分录。X 公司并购 Y 公司的会计分录为：

借：银行存款	210 000
应收账款（净值）	170 000

存货 280 000
固定资产（净值） 1 940 000
无形资产——专利权 720 000
——商誉 216 036
应付债券——债券折价 105 964
贷：股本 915 000
资本公积 1 647 000
应付账款 320 000
应付债券——债券面值 760 000

3）X 公司并购 Y 公司后的资产负债表见表 19－2。

表 19－2 X 公司合并资产负债表

2020 年 12 月 31 日 单位：元

资产		负债及股东权益	
银行存款	450 000	应付账款	740 000
应收账款（净值）	530 000	应付债券	654 036
存货	780 000	股本	2 475 000
固定资产（净值）	3 380 000	资本公积	2 347 000
无形资产——专利权	1 820 000	盈余公积	960 000
无形资产——商誉	216 036		
资产合计	7 176 036	负债及股东权益合计	7 176 036

（2）权益结合法。仍然是上述案例，X 公司发行面值为 1 元的普通股 915 000 股来并购 Y 公司，此时会计分录如下：

借：银行存款 210 000
应收账款 190 000
存货 200 000
固定资产（净值） 1 260 000
无形资产——专利权 180 000
资本公积 65 000
贷：应付账款 320 000
应付债券 760 000
股本 915 000
盈余公积 110 000

在上述分录中，Y 公司的资产和负债是按照账面价值计量的；3 股 X 公司面值为 1 元的普通股交换 2 股 Y 公司面值为 1 元的股票，X 公司发行的股本为 915 000 元，超过 Y 公司的股本 305 000 元，该差额先冲减 Y 公司的资本公积 240 000 元，剩余部分 65 000 元再冲减 X 公司的资本公积。并购后 X 公司的资产负债表如表 19－3 所示。

表 19-3　X 公司合并资产负债表

2020 年 12 月 31 日　　单位：元

资产		负债及股东权益	
银行存款	450 000	应付账款	740 000
应收账款（净值）	550 000	应付债券	760 000
存货	700 000	股本	2 475 000
固定资产（净值）	2 700 000	资本公积	635 000
无形资产——专利权	1 280 000	盈余公积	1 070 000
资产合计	5 680 000	负债及股东权益合计	5 680 000

4. 并购与重组的法律法规

我国并购与重组的法律法规主要包括法律、行政法规、部门规章、规范性文件四个基本层次。

（1）法律。

《中华人民共和国公司法》，这是关于企业并购与重组的基本法律，尤其是第十一章“公司合并、分立、增资、减资”。

《中华人民共和国证券法》，尤其是第二章“证券发行”和第四章“上市公司的收购”，是并购法律体系的基础与核心。

《中华人民共和国反垄断法》，当企业并购与重组后达到第四章“经营者集中”的规定标准，需事先向国务院反垄断执法机构申报。

《中华人民共和国企业破产法》，尤其是第八章“重整”，为企业并购与重组提供了法律路径。

《中华人民共和国企业国有资产法》，国有企业实施并购与重组的，要特别重视国有资产交易需要遵守的交易安全性原则，以及应该走的审批程序和应该办的手续。

（2）行政法规

《关于当前金融促进经济发展的若干意见》支持有条件的企业利用资本市场开展兼并重组，促进上市公司行业整合和产业升级，减少审批环节，提升市场效率，不断提高上市公司竞争力。允许商业银行对境内外企业发放并购贷款。研究完善企业并购税收政策，积极推动企业兼并重组。

（3）部门规章

《上市公司收购管理办法》第五十六条规定：收购人拥有权益的股份超过该公司已发行股份的 30%的，应当向该公司所有股东发出全面要约；收购人预计无法在事实发生之日起 30 日内发出全面要约的，应当在前述 30 日内促使其控制的股东将所持有的上市公司股份减持至 30%或者 30%以下，并自减持之日起 2 个工作日内予以公告；其后收购人或者其控制的股东拟继续增持的，应当采取要约方式。

《上市公司收购管理办法》第六十三条规定：经上市公司股东会非关联股东批准，投资者取得上市公司向其发行的新股，导致其在该公司拥有权益的股份超过该公司已发行股份的30%，投资者承诺3年内不转让本次向其发行的新股，且公司股东会同意投资者免于发出要约时，投资者可以免于发出要约。

（4）规范性文件

1）《关于填报上市公司并购重组方案概况表的通知》。

2）《上市公司重大资产重组申报工作指引》。

3）《公开发行证券的公司信息披露内容与格式准则第15号——权益变动报告书》。

4）《公开发行证券的公司信息披露内容与格式准则第16号——上市公司收购报告书》。

5）《公开发行证券的公司信息披露内容与格式准则第17号——要约收购报告书》。

6）《公开发行证券的公司信息披露内容与格式准则第18号——被收购公司董事会报告书》。

7）《公开发行证券的公司信息披露内容与格式准则第26号——上市公司重大资产重组》。

8）《〈上市公司收购管理办法〉第六十二条有关上市公司严重财务困难的适用意见——证券期货法律适用意见第7号》。

9）《〈上市公司收购管理办法〉第七十四条有关通过集中竞价交易方式增持上市公司股份的收购完成时点认定的适用意见——证券期货法律适用意见第9号》。

延伸阅读

乐居财经研究院的统计数据显示，已发布年报的40家港股上市物业企业2020年总营收突破千亿元大关，平均营收约为30亿元。专家预计，物业行业上市潮将延续，基于业绩增长源于在管面积扩张的逻辑，物业行业在规模化发展过程中将迎来并购潮。

数据显示，不少上市物业企业2020年业绩实现高速增长。如碧桂园服务2020年净利润同比增幅逾六成。物业行业头部效应明显，排名前十的龙头物业企业2020年总营收占全行业的60%以上。

专家认为，上市物业企业业绩大幅提高主要得益于在管面积持续增加所带来的收入增长，并购是它们扩大规模的主要手段之一。

易居企业集团CEO表示，规模是物业企业发展的基础，规模扩张仍是物业企业发展的核心。除开发增量的辅助外，物业企业通过股权合作、并购快速“增厚”自身管理体量。

易居企业集团CEO还指出，物业企业上市募资中的大部分资金用于并购等来实现战略扩张。所有上市物业企业的募资总额已近千亿元。如此庞大的资金量需与更多并购动作相匹配。①

思政课堂

随着我国经济进入高质量发展阶段，党的十九大报告提出了深化金融体制改革、推动形成全面开放新格局的明确要求，这为我们在新时代背景下审视公司并购与重组提供

① 资料来源：上市物业企业业绩大增　行业将迎并购潮．中国证券报，2021-04-08.

了新的视角。公司并购与重组活动，应当与国家宏观经济政策同频共振，积极响应国家关于促进产业升级、加快科技创新、实现区域协调发展等战略部署。这些活动在优化资源配置、提高产业集中度、增强国际竞争力等方面发挥着关键作用，是实现国家经济战略目标的重要手段。

公司并购与重组不仅是企业层面的战略举措，更是响应国家战略、推动经济高质量发展的实际行动。它们应致力于优化产业结构，淘汰落后产能，同时积极向创新驱动和活力充沛的领域集中资源，与国家的“三去一降一补”政策同步。在此过程中，遵守《中华人民共和国反垄断法》等法律法规至关重要，确保并购与重组活动不损害市场公平竞争，保护消费者和中小企业权益，体现法治社会的核心价值。同时，企业在并购与重组中应承担社会责任，保护环境，尊重劳动者权益，与社会主义核心价值观和可持续发展理念相一致。此外，国家鼓励企业通过并购与重组整合创新资源，加强技术研发和知识产权保护，以科技创新推动产业转型升级，与创新驱动发展战略相契合。这些原则共同构成了公司并购与重组在新时代背景下的行动指南，旨在实现国家经济战略目标，促进社会和谐与可持续发展。

通过本章的学习，我们不仅要掌握公司并购与重组的财务分析和战略规划，更应深刻认识到这些活动在服务国家战略、遵守法律法规、履行社会责任、促进科技创新方面的重要作用。让我们在实践中不断提升自身的政治素养和法治意识，为推动经济高质量发展和社会进步贡献力量。

本章小结

本章介绍了公司并购的基本形式，公司并购作为企业整合资源、优化结构的重要手段，主要包括公司合并、资产收购、股权收购三种形式。股权收购和资产收购在标的、交易性质、变更内容、债权债务承担、税收、政府审批、受第三方权益限制因素等方面存在差异。在对并购的动机进行分析时，要注意区分并购是善意接管还是敌意接管。

接着本章介绍了并购的支付方式，常用的支付方式包括现金支付、证券支付、综合支付等，其中证券支付主要是股票支付。这几种支付方式各有利弊，并购方应该结合自身具体形势，谨慎选择支付方式。这与党的十九大报告提出的增强金融服务实体经济能力、促进多层次资本市场健康发展的理念高度契合。

然后，本章主要介绍了协同效应的概念和分类。协同效应是指并购后的公司竞争力增强，使得净现金流量超过两家公司独立存在时的预期净现金流量之和，或者并购后的公司业绩比两家公司独立存在时的预期业绩高。协同效应包括经营协同效应、管理协同效应和财务协同效应。协同效应的来源主要包括三个方面，即并购带来的收入上升和成本下降、税收减免以及风险管理。这些效应的实现有助于推动企业技术创新和管理创新，有助于促进实现党的二十大报告提出的加快建设制造强国、质量强国的目标。

最后，本章介绍了并购的会计处理。同一控制下的公司并购一般运用权益结合法；非同一控制下的公司并购一般运用购买法。这两种方法都各具优缺点。本章还介绍了我国关于并购重组的一些法律法规，主要包括法律、行政法规、部门规章、规范性文件四个基本层次。这些法律法规为企业的并购与重组活动提供指导，确保并购与重组活动在法治轨道上健康有序进行。

中国公司金融实践

2016 年，中国化工集团有限公司（以下简称“中国化工”），作为中国最大的化工企业，以 430 亿美元的巨额资金收购了瑞士先正达公司（以下简称“先正达”），后者是一家全球领先的农药和种子公司。此次收购不仅是中国化工历史上的里程碑事件，也是中国企业海外并购的标志性案例。

先正达在全球农化行业具有显著的市场地位和技术优势，尤其是在转基因种子和农药领域拥有先进的研发能力和广泛的专利组合。中国化工作为一家多元化的化工企业，业务范围涵盖化工新材料、特种化学品、基础化学品等多个领域。

此次收购的决策是在全球化背景下，中国化工为了实现业务的多元化和国际化战略，同时响应国家关于保障粮食安全和推动农业现代化的政策导向而做出的。收购完成后，中国化工不仅扩大了自身的业务范围，也获得了进入全球农化市场的重要途径。

然而，此次收购也引起了国际社会的广泛关注，尤其是在监管审批、政治敏感性以及文化整合等方面面临诸多挑战。在收购过程中，中国化工需要克服包括美国外国投资委员会（CFIUS）审查在内的多项监管障碍，同时也需要考虑与先正达原有企业文化和运营模式的融合问题。

思考题

1. 从战略角度分析中国化工收购先正达的主要动机及长远目标。
2. 讨论在跨国并购中中国化工可能面临的政治、监管、文化和市场风险。
3. 评估收购完成后中国化工在整合先正达的过程中可能采取的策略。
4. 考虑国家政策和国际市场环境，分析这次收购对中国化工未来发展的影响。

课后习题

简答题

1. **并购与重组**　并购与重组的基本形式或模式有哪几种？分别具有什么特点？
2. **并购与重组**　简要说明股权收购和资产收购的区别。
3. **并购**　并购的支付方式有哪些？
4. **证券支付**　简要回答证券支付的优缺点。
5. **协同效应**　什么是协同效应？它具体表现在哪些方面？
6. **并购与重组**　简要阐述并购与重组的会计处理。
7. **敌意接管**　简要阐述敌意接管一般采取的方式。
8. **并购动机**　假设 A 公司和 B 公司位于不同的时区，两家公司经营的高峰时段是当地时间的早上 10 点和下午 3 点，持续时间为 45 分钟。在高峰时段，双方公司可以利用百分百的产能，而在其他时段产能利用率只有 65%。在此种情况下，两家公司应该进行并购吗？

9. **并购动机**　若你是一家公司的股东，这家公司同时收到了来自两家公司的接管要约，此时应该支持低价要约吗？这个问题的答案会因为并购形式的不同而变化吗？

10. **协同效应**　A 公司用 6.2 亿元的现金收购了 B 公司的所有普通股。基于最近的市场信息，B 公司的市场价值约为 5.85 亿元。如果此次并购产生了规模效应，那么在并购中因为协同效应所获得的利润的最低估值是多少？

第20章
行为公司金融

章前引例

传统金融理论的基础是有效市场假说。该理论认为，只要金融市场中存在理性投资者，非理性行为就不构成对金融资产价格的根本性影响，依然由理性投资者决定市场达到有效。理性经济人假设是有效市场假说的前提，那么在现实中投资者能否如此理性？事实表明并非如此，投资者并非完全理性，市场并非完全有效。因此，很多金融实践遇到的问题用传统金融理论解释不通。

习近平总书记强调坚持底线思维、防范化解重大风险，这要求我们对非理性因素给予足够的重视。以P2P借贷为例，P2P借贷平台以便捷性、低门槛吸引了大量投资者和借款人。然而，随着一些平台的相继倒闭，投资者开始质疑：为何在传统金融理论中被认为理性的市场参与者会陷入高风险的投资而无法自拔？为何市场未能有效预测并防范这些风险？这些问题指向了传统金融理论的局限性。它忽略了人类行为的复杂性和非理性因素。例如，投资者可能因为过度自信而低估了风险，或者因为厌恶损失而在面临损失时做出非理性决策。这些行为偏差在P2P借贷市场的表现尤为明显，投资者往往因为对高收益的追逐而忽视了潜在的风险。在P2P借贷的决策过程中，人们相信自己对熟悉领域的预测，重视最近发生的事件，注重借贷决策可能造成的损失。这些心理活动都会给借贷结果带来影响，使投资者的实际决策结果不符合金融投资的最优决策和传统理论。这些现象提醒我们，金融活动不仅仅是冷冰冰的数字游戏，更是涉及道德、责任与社会影响的实践活动。

金融市场的健康发展需要投资者、企业和监管机构的共同努力，坚持正确的价值观和社会责任。行为金融学正是在这样的背景下应运而生。它将心理学原理与金融分析相结合，为我们理解市场参与者的实际行为提供了新的视角，通过学习本章内容，或许我们能更好地解释上述问题。

拓展阅读

互联网金融地方监管整治加码

学习目标

- 了解行为学在公司金融中的理论基础。

- 理解什么是偏差、经验推断、框架效应与缓解陷阱。
- 学习行为金融学在价值评估和财务管理中的应用。
- 理解代理冲突与公司治理中相关的心理学现象。
- 理解市场效率的传统理论和行为理论。
- 提升专业素养，科学识别市场偏差，促进市场效率与公平，维护市场秩序。

行为金融学的早期学术思想，主要产生于对宏观经济与投资经济心理学实验的相关研究，如凯恩斯的选美博弈、格雷厄姆的投资分析、西蒙的有限理性假设以及心理学家卡尼曼等人所做的一系列经济心理学实验。直到 20 世纪八九十年代，行为金融学才正式得到主流经济学家的承认。这些早期研究为后来的行为金融学奠定了基础。随着时间的推移，中国对资本市场的重视程度进一步提升，强调深化金融体制改革、促进金融市场健康发展的重要性。这为对行为金融学的研究提供了更为广阔的政策背景和实践土壤。

进入 21 世纪以后，行为学的应用研究领域空前发展，行为公司金融和宏观行为金融是主要的拓展领域。在党的二十大的背景下，中国金融市场的开放和创新为行为金融学研究提供了丰富的实证材料和案例分析，促进了行为金融理论的本土化和实践应用。行为公司金融作为行为金融学的一个重要分支，日益受到学者的重视。在理性人假设和有效市场假说的条件下，莫迪利亚尼和米勒提出了企业价值与资本结构无关的命题。随后金融经济学产生了一系列新的理论和模型，例如代理理论、信号理论及优序融资理论等。这些理论和模型都是从资本市场有效假说角度来讨论公司财务行为的，都是建立在理性行为人、资本资产定价模型和有效市场假说三个理论的基础上的。但是大量的实践观察和实证分析表明，心理因素会干扰这三个传统的理论基础，行为金融学对公司理财实践有重要的意义，行为公司金融也因此产生。行为公司金融的核心思想是认为公司管理层的非理性与股票市场的非有效性会对公司投融资行为产生重要的影响。在党的二十大精神的指导下，中国金融市场的参与者和监管者都在积极探索如何将行为金融理论应用于实践，以促进金融市场的稳定和健康发展。

第 1 节　行为学在公司金融中的理论基础

20.1.1　行为学基础

（一）公司决策中的心理学现象

心理学研究表明人类的大脑可以被划分为两个系统：直觉系统和谨慎系统。直觉系统会帮助我们产生一个快速的判断；谨慎系统形成决策的过程较为缓慢。直觉系统运行时更加直观，缺少严谨的计算。因此，直觉系统可能会引导人们做出一些不明智的决策。谨慎系统可以有效纠正那些基于直觉系统做出的决策。但是，使用谨慎系统比使用直觉系统要付出更多的努力，人们在调用谨慎系统时往往存在惰性。

双系统决策就是指人们同时使用直觉系统和谨慎系统进行决策。研究行为公司金融的一个很重要的方面就是看双系统如何影响人们在公司金融环境中的行为决策。传统公司金融教材大多考察谨慎系统如何影响决策过程，而行为公司金融理论则考虑在叠加直觉系统的情况下如何帮助管理层做出更好的决策。

（二）偏差、经验推断、框架效应与缓解陷阱

偏差指的是人类倾向于犯一类特定的错误。常见的偏差包括过度乐观、过度自信、确认性偏差和控制幻觉。

（1）过度乐观。心理学家认为人们都存在过度乐观的心理，准确地说，人们通常会高估有利结果的发生概率而低估不利结果的发生概率。

（2）过度自信。人们在运用知识和能力来解决困难任务时，往往会过度自信。过度自信刻画了人们对个人知识与能力局限性的认知偏差。过度自信的人会认为他比实际知道得更多，比实际能做得更好。过度自信并不代表人们是无知的，只是说明他们认为的比真实情况更好。

人们总是过度相信自己的主观判断，夸大事件发生的概率，忽视那些不确定的因素，甚至会相信一些小道消息，而且人们更相信自己在熟悉领域所做出的决策，但是所谓的“熟悉”不过是理解它的优势，对存在的问题却视而不见。

（3）确认性偏差。人们往往会花费大量时间来搜寻能够证明他们观点的论据，却很少去搜集那些能够反对他们观点的论据。确认性偏差是指人们会搜寻或直接采用那些支持自己观点的信息。

（4）控制幻觉。当人们做出决策时，最终结果往往取决于个人能力和相伴的运气。心理学家认为人们往往会夸大自己对决策结果的掌控力，这种现象被称为控制幻觉。

人们在使用经验推断法进行判断时往往会产生各种偏差，常见的偏差包括以下四种：

（1）代表性偏差。人们在进行判断时，往往会依赖那些基于类比和定形的历史经验。心理学家认为人们过于依赖事情的代表性或典型性，从而会导致系统性的认知偏差。

（2）可得性偏差。心理学家认为人们倾向于将更大的权重赋予更容易获取的信息。这种过度依赖易得信息的倾向就是可得性偏差。

（3）锚定与调整偏差。人们心里的起始数值常常会进一步锚定他们的判断，心理学家认为人们常常会犯锚定与调整偏差。

（4）情绪启发式偏差。人们的情感反应迅速而自发地产生，并与所谓的“情绪池”联系在一起，情绪池储存了人们有意或无意想起的记忆中的图像。在根据情绪池进行决策时，人们选择了心理上的捷径而不是权衡各种选择的利弊，这被认为是依赖情绪启发。

框架效应是指人们的决策很容易受到决策目标框架化方式的影响。接下来我们来了解两种类型的框架效应。

（1）损失规避。人们对损失的感受强度大于对收益的感受强度。损失规避会使得人们对承担风险更加谨慎。

（2）四重风险模式。损失规避在风险同时涉及收益和损失时发挥作用。四重风险模式则是在可能的结果要么是单方面收益、要么是单方面亏损时发挥作用。

模式一：在非零收益发生的概率不太小时，人们倾向于风险偏好。

模式二：在非零收益发生的概率非常小时，人们倾向于风险规避。

模式三：在非零损失发生的概率不太小时，人们倾向于风险规避。

模式四：在非零损失发生的概率非常小时，人们倾向于风险偏好。

缓解陷阱是指过度乐观和过度自信等偏差刻画了错误的判断。判断和决策的错误是人类正常经验的一部分，因为人的本性不完美。与此同时，还有一种说法是不要让完美与将事情做好为敌，也就是说，不要让完美的不可能阻碍了寻求减少错误的方法。

20.1.2　行为分析学

（一）公司金融决策的传统分析方法

企业的主要筹资方式包括向银行借款、发行商业票据、出售公司债券、发行新股和产生营运现金流等。当企业从事项目开发、购买固定资产、囤积存货、支付股东红利或参与并购等活动时会相应产生资金需求。

传统公司价值最大化方法论的基石是现金流折现分析。由于现金流具有不确定性，通常采用期望值或者平均值来对其价值进行评估。在进行现金流折现分析时，风险因素一般体现在预期现金流的折现率上，只有当一个项目的未来现金流现值大于初始投资时，这个项目才是值得的。

从理论上说，管理者为投资者的利益服务，但在现实中管理者和投资者的利益无法完全一致，这种利益冲突被称为代理冲突。代理冲突可能会妨碍公司管理者做出让公司价值最大化的决策。在这种情况下产生的成本被视为委托代理成本。

管理者会试图构造一个可以使他们的绩效最大化的目标函数，这个函数可以涵盖很多内容，例如公司通过经营和投资获得的税后现金流现值、与融资策略相关的价值以及与管理利益相关的净收益，这三方面综合起来一般被称为调整净现值。在传统的设定中市场被认为是有效的，所以管理者和投资者都认为估值可以反映已有市场信息。

当以上几个方面相互独立时，管理者的决策环境是最简单的，因为这时管理者的营运、融资和补偿的角色不会产生交互作用。在这种情况下就可以分别考虑关于资本预算与资本结构的问题，做出使实际净现值最大化的投资决策以及合适的资本结构决策，平衡税盾收益和财务困境成本，但是在现实中以上几个方面会相互影响从而使事情复杂化。

（二）公司金融决策的行为学分析方法

传统金融理论为管理者做出使公司价值最大化的决策提供依据。但是在实践中，心理陷阱经常妨碍管理者正确应用这些技巧。行为公司金融就有助于我们了解财务经理所面临的各种决策中的心理陷阱。

与代理冲突类似，心理陷阱也会导致管理者选择做出损害股东利益的行为。但是行为成本是由管理者的决策失误造成的，而不是他们为了自身的利益故意造成的。因为造成损失的原因不一样，所以需要对症下药，采取不同的措施来弥补和纠正，降低成本。应对代理冲突强调的是使用激励措施，而应对心理陷阱则重在有针对性的培训和方法改进等。

心理陷阱也会影响投资者的判断，即使在所有信息都差不多的情况下，管理者也可能会对市场价值做出完全不一样的判断。当心理陷阱扭曲市场价格时，我们就说市场价格反映了市场情绪。管理者发现市场情绪时，会认为自己有机会利用迎合理论及市场择时理论来谋求利益。迎合理论是指利用做出迎合投资者情绪的决策的方式来提高公司股价。市场择时理论则是指股票被错误定价后管理者发行或回购股票的行为，即当股价被过分高估时，理性的管理者可能发行更多的股票以利用投资者的过度热情，当股价被过分低估时，管理者可能会回购股票。

表 20－1 展示了常见的心理陷阱导致的错误决策及决策影响。

表 20－1　常见的心理陷阱导致的错误决策及决策影响

心理陷阱	错误决策	决策影响
1. 偏差		
过度乐观	在经济低谷延迟削减成本	利润降低
过度自信	在现金充足时期进行次优收购	低谷风险，公司价值降低
确认性偏差	忽视与个人当前观点相冲突的信息	公司价值降低
控制幻觉	高估自身控制力	增加公司不必要的成本
2. 经验推断		
代表性偏差	基于有偏差的预期选择了错误的项目	公司价值降低
可得性偏差	基于有偏差的预期选择了错误的项目	公司价值降低
锚定与调整偏差	过分关注数字，对环境变化的调整不够	公司价值降低
情绪启发式偏差	依据直觉进行决策	公司价值降低
3. 框架效应		
损失规避	同样规模的风险带来的烦恼比同样规模的收益带来的喜悦大	由于厌恶债务放弃了税盾收益
四重风险模式	向不断亏损的项目不断注入资金	公司价值降低

第 2 节　行为学在公司金融中的应用

20.2.1　价值评估

常用的两种传统的估值方法是内在价值估值法和比较估值法。前者是基于现金流折现分析的估值方法，后者主要是基于市盈率、市销率等比率的估值方法。最常用的对公司内在价值进行估计的方法现金流折现法涉及未来的自由现金流量。对公司而言，自由现金流量是指公司经营活动现金流扣除固定资产投资和净营运资本变化后的现金流量，是公司在当年产生的能够支付给投资者的现金流量。公司内在价值可以通过多种计算方式获得，包括股利折现模型、自由现金流量折现模型等。股利折现模型和自由现金流量折现模型采用了收入的资本化定价方法，通过预测公司未来的股利或者未来的自由现金流量，然后将它们折现得到公司内在价值。

比较估值法关注待估值公司股权的市场价值和公司之间是否具有可比性。财务分析师在分析中应该用什么样的市盈率估计值以及这样的估计值可信度有多高，都取决于待估值公司的市盈率与类似公司的市盈率的可比性。除此之外，财务分析师倾向于利用其他比率进行重复的估值分析，比如市销率、市场占有率等。比较估值法简单易懂，也是投资者广泛使用的估值方法。在比较估值法中，常用的指标有市盈率（P/E）、市净率（P/B）、企业倍数（EV/EBITDA）等。

基于现值分析的估值公式已经被视为完整理论的一部分，但是在现实中股权估值在很大程度上基于经验推断法，因此估值很容易产生偏差。财务分析师和财务管理人员依赖现金流折现模型和可比公司估值法的组合。大量经验表明，在设定价格目标时，财务分析师倾向于产生一系列偏差，他们容易过度重视过去的销售增长，而不太重视过去的盈利水平，因此会倾向于高估报告亏损的企业，尤其是当亏损很大时。相比于有大量应收账款的公司，他们倾向于低估有大量现金流的公司，与此同时他们还倾向于错误地估计有高利润率的公司。

20.2.2 财务管理

（一）资本预算

资本预算又称建设性预算或投资预算，是指企业为了今后更好地发展和获取更大的收益而做出的资本支出计划。它是综合反映建设资金来源与运用的预算，其中支出主要用于经济建设，收入主要是债务收入。

1. 资本预算的传统分析方法

传统的资本预算分析方法强调评估项目现金流的不同方式，包括以何种方式将项目风险纳入分析。决定是否接受某一项目的最重要准则是净现值准则，理论上净现值衡量的是如果项目被采纳，该项目以为投资者创造的增量价值计量的价值。折现率的出发点是衡量公司的资本成本，即投资者持有公司长期债权和权益的预期收益率。理论上资本成本是债务资本成本与权益资本成本的加权平均，它们的权重为市场价值。实际上管理者在获得适当折现率的过程中会面临一系列挑战，这些挑战包括不得不依赖资本资产定价模型来估计权益资本成本，并必须通过调整资本成本来反映不同项目的风险、税收和交易费用。与净现值比较接近的一个概念是内部收益率，项目的内部收益率被定义为任何使项目净现值等于零的折现率。管理者可能会使用内部收益率来决定是否采纳一个项目，还有些公司使用回收期法来评估项目。项目回收期被定义为未来现金流总额能够覆盖初始投资所需要的时间。

2. 资本预算中的过度乐观和过度自信

过度乐观导致管理者对项目现金流产生偏高的预测。由心理因素导致的偏差仅仅为过度乐观的项目预期提供了部分解释，管理者的个人偏好同样是导致偏差的原因之一。私人利益会引发代理冲突。在传统教科书所列的方法中，薪酬政策被视为解决由代理冲突导致的乐观预期的关键方法，但是并不能解决由于心理因素产生的乐观预期问题。

对于资本预算而言，过度自信会导致管理者低估项目的风险。过度自信同时具备正面和负面的影响。对于创新型行业来说，过度自信的管理者通常会比非过度自信的管理者投资力度更大，并因此产生更多的专利和专利引用，拥有更多成功的研发项目。过度乐观的管理者所在公司的股票表现出更大的波动性。

（二）资本结构

1. 传统的资本结构分析方法

传统的资本结构分析方法主要是为了反映五个要素：税盾、财务困境的期望成本、基于信息不对称的信号机制、管理纪律和财务灵活性。

税盾和财务困境的期望成本是莫迪利亚尼和米勒的权衡理论的核心。这一理论强调债务税盾与财务困境成本之间的权衡。由于支付的利息可以抵税，资本结构会影响公司的税后现金流，从这一角度来说，债务为公司提供了税盾，税盾的价值是公司税率和债务总额的乘积。破产直接导致额外的法律费用，由于公司破产，法院会指派法定的托管人来保护债权人的利益，自然地，托管人对濒临破产公司的管理者的决策会施加限制，这也是公司面临的间接财务困境成本。

承担过多的债务通常涉及如下权衡：债务增加可以有效提高公司税盾，但同时也会增加公司陷入财务困境的期望成本。若公司在面临以上权衡时实现了使负债权益比达到最优，则称公司选择了最优资本结构。

优序融资理论可以看作一种信号机制，这种信号表明公司尚未达到最优的资本结构。公司融资遵循优先顺序以获取额外的融资。在融资过程中，公司首先使用内部产生的现金收益。一旦耗尽现金，它就采用债务融资方式。如果耗尽了债务融资能力，那么它就会将发行新股作为最后的手段。

公司保持财务灵活性的原因在于，如果突然出现获利的投资机会，高负债水平可能会使公司难以迅速筹集资金，因此，这种可能性会使管理者保持公司的财务灵活性。相应地，财务灵活性这一目标能够限制管理者过度使用债务来融资的冲动。在不存在代理冲突的情况下，公司可以通过承担较高的债务水平来约束管理者，从而使管理者承受支付利息和偿还本金的经营压力，因此债务可在一定程度上约束管理者。

从传统理论来看，管理者通过融资决策和投资决策来最大化公司的调整现值、净现值以及融资效应。融资效应包括税盾和新股发行成本。在某些情况下，融资决策和投资决策是独立的，两者互不影响。在这种情况下投资决策的目标是使净现值最大化，而融资决策的目标是平衡上面讨论的五个要素。但是投资决策和融资决策并不总是独立的，在两者相关的情况下寻求公司价值的最大化需要管理者根据融资决策来做出公司的投资决策。

2. 关于融资和投资的行为学考虑

传统公司金融的两个重要假设是管理者完全理性和市场有效。行为公司金融放松了这两个假设，允许管理者不理性并容易陷入心理陷阱，也接受市场价格偏离相应的内在价值。设想一个完全理性的管理者所处的世界，情绪会造成市场价格与内在价值的偏离。不考虑代理冲突，在不存在价格扭曲的情况下，管理者会毫不犹豫地选择公司市场价值最大化这一目标。然而在存在扭曲的情况下，管理者会陷入一个窘境：管理者知道证券的长期价格会回归内在价值，管理者认识到当前或许能够做出短期增加公司市场价值的决策，但就长期而言这种决策会降低公司的内在价值，从而也会降低长期价值。

在实践中基于行为学的考量和基于传统的考量结合在一起共同影响管理者做出的资本结构决策。基于行为学的考量，主要指市场择时以及利用有定价偏误的市场价格低买高卖，当股价被高估时公司增发新的股票，当股价被低估时公司回购市场中的股票，在这方面对公司内在价值的认知非常重要。在某些情况下认知是客观的，在另一些情况下则存在偏差。

（三）风险和收益

拓展阅读

《关于引导对外投融资基金健康发展的意见》

1. 风险和收益的传统分析方法

分析风险和收益的关系最经典的出发点是资本资产定价模型，该模型提供了收益率的确定理论。资本资产定价模型要求投资者是风险规避者，并要求市场以风险溢价的形式对风险承担进行补偿。资本资产定价模型的主要原则是股票的风险溢价是股票的贝塔值和市场风险溢价的乘积，对于单只股票而言，可以用证券市场线来表示。

2. 财务主管的判断偏误

财务主管在多大程度上会利用金融教科书上的理论来对公司的资本成本做出判断是无法确定的。但是当管理者试图将项目风险与公司资本成本相结合，并以此来确定一个项目是否值得实施时，事情就会变得清晰起来。调查发现，管理者一般会用单一折现率来衡量所有项目，但当采用单一折现率会引致很高的风险和成本时，他们会更少地依赖单一折现率，转而考虑其他方法。理论上管理者对项目现金流的折现率应该反映现金流的系统性风险，如此现金流包含了多个部分，每个部分面临不同的风险水平，管理者应该用相应的折现率来对每一部分进行单独折现。

简单的经验推断“一个折现率适用于所有项目”会导致决策偏误，这种推断导致在其他方面相同的情况下，高风险项目比安全项目更受青睐。在传统的框架中对项目风险的考量应该包括系统性风险，然而估计项目风险中的系统性风险极具挑战性，因为可得性偏差会导致管理者更倾向于关注公司的异质性风险。

除了采用经验推断法外，众多公司并不会真正使用它们的资本成本作为折现率。调查数据显示公司存在使用更高折现率的倾向。假设公司将折现率设定在资本成本之上，这会使公司放弃很多本可以产生正净现值的项目。公司之所以会这样做，是因为在考量中结合了如下三个因素：融资约束、经营限制和抑制性风险。从心理学来说，管理者设置高收益率是为了补偿其过度乐观的项目现金流预测。但是只有少于10%的调查者认同这是管理者调高折现率的原因。

20.2.3 代理冲突和公司治理

1. 代理冲突的传统分析方法

代理理论研究的是薪酬合约的结构，薪酬合约是委托人提供给代理人，以使代理人按照委托人的利益开展行动的一种契约。在公司治理领域，委托人是公司股东，公司董事会代表了股东利益，而公司管理者则为代理人。理性的委托人向理性的代理人提供一份包含激励和惩罚的合约以达成三个目标。第一个目标是为代理人提供一份合约，这份合约至少和代理人的自由选择具有同样的吸引力，这样才能吸引代理人参与，这一目标被称为参与约束。第二个目标结合了管理者和投资者的利益，被称为激励相容约束。第三个目标是使所提供的合约不会对代理人过于慷慨，这一目标被称为无过度支付约束。

在传统的做法中，公司股票和股票期权是激励相容的典型工具，然而激励相容往往阻止管理者对公司特有风险进行分散。承担这种风险的管理者可能会表现出过度的风险厌恶，这会损害投资者的利益。理论上股票期权有助于克服管理者的风险厌恶倾向，这是因为股票期权在公司绩效优良的情况下给予管理者较高的报酬，却不会在公司业绩较差时惩罚管理者。

2. 代理冲突中的行为学现象

委托人对代理人的激励政策，常常难以基于公司业绩对管理者进行合理的薪酬支付并避免过度支付。导致这种情况的心理因素，包括过度自信、前景理论、风险厌恶、时间偏好和相对收入。

有三个重要的行为学现象，这三个现象和用于奖励员工尤其是高管的股票期权有关：其一是过度乐观、过度自信的员工会高估他们公司的价值，进而高估授予他们的股票期权的价值；其二，许多员工偏好那些具有巨大回报的小概率事件，一些人将其称为赌场效应；其三，股票期权的激励提升了财务欺诈倾向。

理论上，授予管理层股票是为了使他们的利益和股东利益一致。在传统理论中，一个隐含的假设是市场是有效的，而在实践中定价可能并非有效。股票和股票期权的使用导致管理层存在使用欺诈手段来迎合投资者的动机。过度乐观和过度自信会对管理者的小心谨慎造成干扰。股票期权的授予可能促使管理者接受一些高风险项目，通过对高风险项目的投资来增加公司收益，最终风险是由公司承担，而产生的收益则可以被管理者分享。当管理者发现他们可以操纵公司股票的市场价格时，股票和股票期权这样的薪酬实际上加剧了代理人进行欺诈的倾向。这似乎与公司治理相关，对于那些有更高的机构投资者和大股东持股比例的公司而言，因为公司管理者更有可能由于糟糕的业绩而遭到解雇，所以这类公司的管理者对股东进行欺诈的倾向更强。

20.2.4 无效市场和公司决策

1. 市场效率的传统理论

风险溢价是投资者对所承担的风险索取的、在无风险收益之上的最小合理补偿，如果投资者的收益超过无风险收益与风险溢价之和，则认为该投资者获得了正的异常收益。在传统理论框架中，理性投资者会时刻关注市场，并寻求市场中能够带来异常收益的机会。因此，当市场中存在此类机会时，这些投资者会迅速捕捉信息并利用这些信息来获利。在具体操作上，他们会买入价格被低估的证券，并抛售价格被高估的证券，该行为被称为套利。伴随着理性投资者抬高被低估的股价并同时压低被高估的股价的市场行为，套利机会会逐渐消失。因此，在传统金融学观念中，市场无效的情况往往规模很小，周期极短，并且无法预测。

有效市场假说从对市场价格变动的统计研究发展而来，认为市场价格变动是随机游走并且无法预测的。效率更多的是围绕资本资产定价模型以及多因子模型展开。常用的多因子模型是五因子模型，五因子模型通过收益率数据捕捉有价证券的历史信息。根据有效市场假说，证券的高预期收益意味着风险补偿，高风险往往对应着低市值、高账面市值比、高盈利能力以及低投资规模的企业。

经典理论认为，当股票价格反映了公开可得的市场信息时，公司管理者应该信任市场价格，这意味着除非管理者掌握私有信息，否则他们没有理由认为公司的股票价格偏低。传统理论警示管理者在进行择时交易时需慎重，择时交易的主要策略是当管理者认为公司股票价格被高估时增发新股，认为公司股票价格被低估时进行股票回购。

2. 市场效率的行为学理论

根据行为金融学的观点，源于心理学现象的错误估值很有可能导致证券实际价值与证券有效价格在长期内大幅偏离。导致这种估值偏差的原因是个体情绪，即便市场中存在理性的投资者，这种源于情绪的偏差也没有办法消除，这种情绪被称为有限套利。市场无效的意义非常重要，因为它给那些希望进行择时交易或者迎合市场的公司管理者带来了很多机会。

非理性繁荣是一种特殊的情绪现象，它是由过度乐观和过度自信的情绪造成的，股票价格被高估。有多种对情绪进行测度的方法，其中一种被称为情绪指数的指标源于两位经济学家——马尔科姆·贝克以及杰夫·沃格勒。他们认为当情绪值上升时，投资者会通过持有更高比例的股票并转向投机性强的股票来提升资产组合的风险。一类典型的人们热衷于投机其股票的公司是那些创立时间短、当前无盈利但未来有盈利潜力或虽无盈利记录但在未来有较高不确定性的公司，这些公司的特征被投资者广泛地运用在股票估值中。另外一类公司是有更长的盈利记录、较高比例的有形资产以及稳定的分红的公司，相对而言，对它们的股票进行估值更加容易，估值区间也更为稳定。在实际操作中，人们往往依据股票总的历史波动率来区分安全型股票和投机型股票。

贝克和沃格勒由此引入情绪 β 的概念，它测度的是股票历史收益率对情绪指数变化的敏感程度。当投资者过度乐观时，拥有较大正向情绪 β 值的股票，其价值倾向于被高估，然而由于未来事件的影响可能会造成被高估的预期收益率无法实现，因此实际收益率并不会令人满意。

3. 管理者决策

当公司股价存在偏误时，公司管理者是最自然的套利者，他们可以采用市场择时和迎合行为来对所在公司的股票进行套利。从这个角度来说，研究发现内部人员交易具有更高的收益率。这也说明了公司管理者会掌握优于外部投资者的内部信息。

公司管理者的投机行为也是受到限制的，但是对他们的一些限制往往没有对专业基金经理的限制那样严格。当公司管理者所在公司的价值和股票价格被高估时，专业的基金经理需要深思熟虑来考虑卖空的成本，而此时公司管理者可以通过股票增发来获利。此外，公司管理者往往拥有更长的绩效评估期，也很少需要预留巨额资产来应对赎回压力。

传统的有效市场理论认为公司管理者应该相信市场价格，因为参与任何具有风险的投机活动都是毫无价值可言的；而行为金融理论给出了更为微妙的建议，即在定价存在偏误的情形下，那些足够聪明的公司管理者能够通过迎合市场以及择时的方式来使公司增值。足够聪明是指对包含了心理陷阱的弱点的自我认识。如果这种陷阱足够大，就会超过公司管理者所拥有的其他优势，也就是说，当拥有明确的方法和目标时，理性的公司管理者会像套利者一样行动。

思政课堂

在探讨行为公司金融时，我们不仅要学会运用金融理论和工具来分析市场行为和决策偏差，更应深刻理解这些行为和决策如何与国家政策和法律法规相结合，共同促进金融市场的稳定与健康发展。国家政策不仅为金融市场发展指明方向，如供给侧结构性改革所强调的金融创新与风险管理，也深刻影响投资者情绪与市场预期，要求我们在行为公司金融分析中深入考虑政策导向。同时，法律法规如《中华人民共和国证券法》和《中华人民共和国公司法》为金融活动提供规范与保障，确立市场参与者的权利义务，维护市场秩序，凸显依法治市的重要性。社会主义核心价值观引导我们在金融活动中坚持诚实守信和公平正义，反对违法行为，确保金融资源合理配置，支持经济社会发展。作为未来金融行业的从业者，我们需积极学习国家政策，熟知法律法规，培养职业道德，提升专业素养，运用行为公司金融知识来识别市场偏差，促进市场效率与公平，为国家经济的高质量发展做出积极贡献。

本章小结

本章主要学习了行为学在公司金融中的理论基础，如偏差、经验推断、框架效应与缓解陷阱。经验推断与框架效应会妨碍管理者对公司金融中传统方法的最佳应用，会导致他们做出损害公司价值的决策。常见的偏差主要有过度乐观、过度自信、确认性偏差和控制幻觉。由于对公司前景过度乐观，管理者会面临过度自信，忽略与自己观点不符的信息，夸大对决策最终结果的控制力，从而导致他们选择净现值为负的项目。人们在使用经验推断法进行判断时往往会产生各种偏差，这类偏差包括代表性偏差、可得性偏差、锚定与调整偏差和情绪启发式偏差。管理者如果在做出判断时过于依赖思维定式，过于强调已有信息的重要性，过度局限于自己对形势的分析，则容易在资金运用方面做出错误的决策。框架效应讨论的主要问题是损失规避和四重风险模式。经验推断和行为偏差对估值有重要影响。金融世界是不完美的，现实中许多估值方法都是由经验驱动的。经验推断和框架效应会在管理者预测项目现金流时发挥作用。过度乐观会导致管理者对现金流的预测水平过高，过度自信会导致管理者低估项目风险。有效市场假说的支持者认为，套利会导致定价的无效程度降低并最终消失。行为金融理论的支持者认为套利是有限的，结果是市场价格极大地背离内在价值，并且持续很长一段时间。

理论上，管理者会基于风险和收益之间的关系来做出资本预算决策和评估证券价值，公司管理者的判断涉及市场风险溢价和不同证券的系统性风险。在实务中我们可以识别出代表性偏差在这些决策中所体现出的影响。

资深的管理者在现金缺乏的公司中倾向于拒绝净现值为正的项目，因为他们高估了公司的内在价值。过度乐观和过度自信的管理者倾向于采纳净现值为负的项目，因为他们高估了这些项目未来的现金流。

中国公司金融实践

2014 年 9 月，阿里巴巴集团控股有限公司（以下简称“阿里巴巴”）作为中国领先的电子商务巨头，在美国纽约证券交易所进行了首次公开募股（IPO）。阿里巴巴的 IPO 是当时全球资本市场历史上规模最大的一次，筹集资金高达 250 亿美元，IPO 定价为每股 68 美元。

IPO 首日，阿里巴巴的股价表现出色，开盘价飙升至 92.7 美元，较发行价上涨了 36.32%，收盘价进一步上涨至 93.89 美元，较发行价上涨了 38.07%。然而，尽管首日交易表现强劲，市场对阿里巴巴 IPO 的抑价现象仍有诸多讨论。IPO 抑价即上市公司在发行新股的首日，收盘价明显高于发行价，初始收益率普遍偏高的现象。根据有效市场假说，在竞争性市场中，股票的价格应该接近内在价值，不应该存在明显的抑价现象。

阿里巴巴的 IPO 吸引了全球投资者的广泛关注，其业务模式、增长潜力和在中国电商市场的主导地位是投资者考虑的主要因素。然而，IPO 过程中的定价策略、市场预期、投资者情绪和信息披露等因素，都可能对 IPO 抑价现象产生影响。

思考题

1. 如果股票首次发行时的价格不仅仅由企业的内在价值决定，那么还有什么其他决定因素？这些因素是否与个体或群体的心理状态有关？它们是如何与市场的基本因素交织在一起影响股票的发行价格的？

2. 试从行为公司金融的角度解释存在 IPO 抑价的原因。

课后习题

简答题

1. **偏差**　常见的偏差有哪些？我们应该如何理解这些偏差？偏差会对投资者和管理者的决策产生什么样的影响？

2. **过度乐观与过度自信**　什么是过度乐观、过度自信？过度乐观与过度自信是管理者的重要特征，该特征有助于管理者开始和完成那些原本被拒绝的项目吗？

3. **风险和收益**　一个行为学派的观点是，在难以估计概率的复杂状况下，简单的经验推断通常要好过复杂的经验推断。请利用经验性固定折现率来讨论这个观点。

4. **有限套利**　什么是套利？套利存在的假设前提是什么？为什么说套利是有限的？

5. **决策偏好**　人们在金融决策中容易形成哪些决策偏好？它们会对人们的决策产生什么样的影响？

6. **损失规避** 假设你持有两只股票，这两只股票的价值基本一样：如果上涨能够盈利 100 元，如果下跌会损失 100 元。它们唯一的区别在于上涨和下跌的可能性不一样：第 1 只股票有 50%的可能性上涨，有 50%的可能性下跌，第 2 只股票上涨和下跌的可能性是未知的。如果你必须出售一只股票，你会选择先出售哪一只？为什么？在你的选择中是否存在某种偏好？

7. **无效市场** 大量案例表明，市场并不能正确、及时地反映相关信息，市场对一价定律的违背、股票收益的可预测性和股价对无信息事件的反应对市场的有效性提出了质疑。请以此对股票市场的有效性进行讨论。

8. **无效市场** 在市场无效的前提下，管理者财务决策的目标是什么？如何采取相应的财务策略来应对市场非理性的需求？

9. **管理者决策** 管理者的确认性偏差和损失规避如何同时对企业的投资行为产生影响？这可能存在怎样的危害？

10. **价值评估** 贵州茅台酒股份有限公司（以下简称“贵州茅台”），作为中国高端白酒的代表性企业，长期以来一直是中国 A 股市场上的绩优股。以 2020 年为例，贵州茅台的股价从年初的 1 000 元左右上涨至年末的近 2 000 元，市值突破了 2.5 万亿元。在此期间，贵州茅台的每股收益（EPS）为 32.8 元，分红方案为每 10 股派息 170.25 元，显示出公司强劲的盈利能力和良好的股东回报。根据市场情况和贵州茅台的财务表现，评估公司股票的市场价格是否合理，并给出理由。

11. **代理冲突** 传统方法是如何减少代理冲突的？从行为学的角度对这些传统方法进行分析，这些方法是否会加剧代理冲突？如何利用一些心理学方法来减少代理冲突？

12. **风险和收益** 1999 年标准普尔 500 指数收益率为 21%，2000 年标准普尔 500 指数收益率为－9.1%，2001 年标准普尔 500 指数收益率为－16.1%。华尔街分析师预测标准普尔 500 指数会在 2002 年增长 21%，实际情况是 2002 年该指数下降了 23%。华尔街分析师预测 2003 年标准普尔 500 指数会增长 15.3%。这些预测反映了哪些心理偏误？

综合案例

中国平安保险收购上海家化

参考文献

[1] 韦罗内西. 固定收益证券. 北京：机械工业出版社，2019.

[2] 韩兴国，马圆平. 天津中环半导体股份有限公司投资价值分析：基于两阶段自由现金流折现模型. 企业科技与发展，2020 (7)：148－150.

[3] 王化成，刘俊彦，廖冠民. 财务管理学. 10 版. 北京：中国人民大学出版社，2024.

[4] 靳云汇，刘霖. 中国股票市场 CAPM 的实证研究. 金融研究，2001 (7)：106－115.

[5] 李磊宁，高言，戴韡. 固定收益证券. 北京：机械工业出版社，2014.

[6] 李曜，刘莉亚，邓辛. 公司金融. 2 版. 北京：中国人民大学出版社，2019.

[7] 罗斯，威斯特菲尔德，杰富，等. 公司理财：原书第 11 版. 北京：机械工业出版社，2017.

[8] 姚亚伟. 固定收益证券. 北京：人民邮电出版社，2015.

[9] 布里格姆，戴夫斯. 中级财务管理：原书第 11 版. 北京：机械工业出版社，2017.

[10] 朱叶. 公司金融. 3 版. 北京：北京大学出版社，2016.

[11] Eugene F. Brigham and Joel F. Houston, *Fundamentals of Financial Management*, Concise 8th ed., Cengage Learning, 2015.

[12] Franco Modigliani and Merton H. Miller, "Corporate Income Taxes and the Cost of Capital: A Correction," *American Economic Review*, June 1963, 53: 433－443.

[13] Franco Modigliani and Merton H. Miller, "The Cost of Capital, Corporation Finance, and the Theory of Investment," *American Economic Review*, June 1958, 48: 261－297.

[14] Richard A. Brealy, Stewart C. Myers and Franklin Allen, *Principles of Corporate Finance*, 11th ed., McGraw-Hill, 2012.

[15] Robert S. Hamada, "Portfolio Analysis, Market Equilibrium, and Corporation Finance," *Journal of Finance*, March 1969, 24 (1): 13－31.

图书在版编目（CIP）数据

公司金融/潜力，胡军，王青主编；赖少杰，高祥副主编. -- 2 版. --北京：中国人民大学出版社，2025. 8. --（新编 21 世纪金融学系列教材）. -- ISBN 978-7-300-33634-3

Ⅰ. F276. 6

中国国家版本馆 CIP 数据核字第 2025L21V91 号

新编 21 世纪金融学系列教材

公司金融（第二版）

潜 力 胡 军 王 青 主 编

赖少杰 高 祥 副主编

Gongsi Jinrong

出版发行	中国人民大学出版社		
社　　址	北京中关村大街 31 号	**邮政编码**	100080
电　　话	010－62511242（总编室）		010－62511770（质管部）
	010－82501766（邮购部）		010－62514148（门市部）
	010－62511173（发行公司）		010－62515275（盗版举报）
网　　址	http://www. crup. com. cn		
经　　销	新华书店		
印　　刷	天津旭非印刷有限公司	**版　　次**	2021 年 8 月第 1 版
开　　本	787 mm×1092 mm　1/16		2025 年 8 月第 2 版
印　　张	26. 25 插页 1	**印　　次**	2025 年 8 月第 1 次印刷
字　　数	601 000	**定　　价**	56. 00 元

教学支持说明

1. 教辅资源获取方式

为秉承中国人民大学出版社对教材类产品一贯的教学支持，我们将向采纳本书作为教材的教师免费提供丰富的教辅资源。您可直接到中国人民大学出版社官网的教师服务中心注册下载——http://www.crup.com.cn/Teacher。

如遇到注册、搜索等技术问题，可咨询网页右下角在线 QQ 客服，周一到周五工作时间有专人负责处理。

注册成为我社教师会员后，您可长期根据您所属的课程类别申请纸质样书、电子样书和教辅资源，自行完成免费下载。您也可登录我社官网的“教师服务中心”，我们经常举办赠送纸质样书、赠送电子样书、线上直播、资源下载、全国各专业培训及会议信息共享等网上教材进校园活动，期待您的积极参与！

2. 高校教师可加入下述学科教师 QQ 交流群，获取更多教学服务

经济类教师交流群：809471792

财政金融教师交流群：766895628

国际贸易教师交流群：162921240

税收教师交流群：119667851

3. 购书联系方式

网上书店咨询电话：010－82501766

邮购咨询电话：010－62515351

团购咨询电话：010－62513136

中国人民大学出版社经济分社

地址：北京市海淀区中关村大街甲 59 号文化大厦 1506 室　100872

电话：010－62515803　010－62516948

传真：010－62514775

E-mail：jjfs@crup.com.cn